U0943773

中国科举通史

刘海峰◎主编

科举前史卷

张亚群◎著

人民出版社

作者简介

张亚群　1961 年生，安徽人，教育学博士。厦门大学教育研究院教授、博士生导师，厦门大学考试研究中心副主任，兼任九三学社中央文化工作委员会委员、九三学社中央思想建设研究中心研究员，中华炎黄文化研究会科举文化专业委员会常务理事、副秘书长，中国教育学会教育史分会副理事长，三明学院闽台书院与经世致用文化研究中心学术委员会委员。长期从事中国文化史、高等教育史、考试理论研究，出版《科举革废与近代中国高等教育的转型》、《高校自主招生与高考改革》、《中国近代大学通识教育与创新人才培养》等专著 5 部、合著 5 部、编著 4 部，发表《科举学的文化视角》、《科举制下通识教育传统的演变及其启示》等论文 220 多篇，其中多篇被《新华文摘》、《高等学校文科学术文摘》、人大复印报刊资料等转载。论著获部省级科学研究优秀成果奖 5 项。

总　论

在中国历史上的各种具体制度中，科举制实行之早、历时之久和影响之大是独一无二的。历史上许多事物或者昙花一现，或者影响有限，时间一久许多人便不知道是怎么一回事了，而科举虽早已成为历史陈迹，但今天中国人普遍还略知一二，甚至乡间不识字的老太太都可能讲出几个古时考秀才、中状元的民间故事，不少科场逸闻趣事至今还被口耳相传，足见科举对中国社会的影响是多么广泛深远。由于历经长远岁月的推行和演进，1300 年间，科举不仅关乎政治风向、国势强弱、教育体制、办学目标、阶层流动、科场文体、学术发展，而且牵涉应试方式、职业选择、社会习俗、文风变易、文学作品、婚姻取向等等。在中国历史上，很难找出哪种制度比科举制的影响更为重大而深远。科举制对隋唐至明清 1300 年间中国政治、教育、社会、文化等各方面具有重大的影响。在一定程度上，科举塑造了中国古代社会的文化形态与知识分子的性格和形象。科举不仅对中国文化有过全方位影响，而且对东亚国家的科举制和英美等西方国家的公务员考试制度也产生过影响，对当今中国社会的文化教育仍有深刻的影响。

一、“科举是国家取人材第一路”

所谓科举，就是中国和东亚国家帝制时代设科考试、选才任官的制度。自从隋炀帝大业元年（605）建立进士科以后，特别是唐代以后，科举制逐渐发展壮大。“凡国之大柄，莫先择士。”① 到中晚唐时期，绝大部分年份都开科取士。甚至到唐昭宗时，唐朝已摇摇欲坠，战乱不断，还年年开科，认真对待科举取士。南宋洪迈《容斋随笔 · 四笔》卷六《乾宁复试进士》说：

① 《旧唐书》卷一一九《杨绾传》，第 3431 页。

“是时，国祚如赘斿，悍镇强藩，请隧问鼎之不暇，顾卷卷若此。”唐王朝至昭宗时已是日薄西山，气息奄奄，但还是念念不忘科举取士。晚唐八十年间，只有四年停举，除非万不得已，科场年年照开。这四次停举皆因战乱，政局动荡不安，有时连唐皇室性命都难保才无暇顾及开科。

在“置君犹易吏，变国若传舍”的五代十国时期，战乱频仍，烽火连天，政局动荡不安，在短短的五十三年中经历了五次改朝换代，前后有十四个皇帝走马灯似的登上中原政治舞台。但就是在这样的动乱年代，除了后梁有三年因考虑“举子学业未精”等原因、后晋有两年因“员阙少而选人多”而停举外，其他年份一如既往不断开科取士。而且，各个地方割据政权多数也举办科举考试。即使是在国运日危之时，南唐后主李煜犹留意于科第。据《十国春秋》卷一七《南唐·后主本纪》载，北宋开宝八年（975），宋兵已将南唐首都金陵城团团围住，南唐政权危在旦夕，却还照样举行科举考试。当时，“举国皆知亡在旦暮，而光政副使张洎犹谓北师已老，将自循去，后主益甘其言，晏然自安，命户部员外郎伍乔于围城中放进士孙确等三十八人”。当时，往往是朝代可以改，皇帝可以换，但科场却不可不开。这说明科举制在唐代以后已带有强大的历史惯性，能够与时迁徙，与世偃仰，成为跨越时代的一种基本政治和文教制度，科举已成为中国社会政治生活和人文活动中不可或缺的重要内容。

科场连着官场，科场的风云变幻，往往与官场息息相关，因此宋代以后，科举制已成为“帝制时代中国最为重要的一项政治及社会制度”①。两宋统治者高度重视科举，即使在激烈的宋金战争、宋蒙战争过程中，科举考试一如既往。南宋建炎元年（1127）高宗开科取士诏曾指出：“国家设科取人，制爵待士，岁月等阴阳之信，法令如金石之坚。”② 所谓“岁月等阴阳之信”，就是说开科的时间非常固定，其准确可信等同于自然界昼夜季节的变化，具有高度的稳定性和规律性。有关科举的法令则有金石般的刚性，得到普遍的贯彻。③

① 李弘祺：《宋代官学教育与科举》，第14页。

② （元）马端临：《文献通考》卷三二《选举考》，第299页。

③ 清人李渔为江南贡院明远楼所题的著名对联：“矩令若霜严，看多士俯伏低徊，群嚣尽息；襟期同月朗，喜此地江山人物，一览无遗。”其中的“襟期同月朗”，与“岁月等阴阳之信”是同样的意思，指科举周期的规律类似于日月和季节变化的自然现象。

科场无小事，无论是科举改革还是科场案，科举一有风吹草动，往往就会惊动朝廷。历代统治者也高度重视科举取士。明代永乐皇帝曾说："科举是国家取人材第一路，不可滥。"① 经历过元代的反复动荡，到明清两代，科举制进入超稳定的成熟阶段，更为稳固和连续，三年一开科成了几乎是雷打不动的社会大事。即使遭遇战乱和大灾等不可预测的事件，也要易地开科或次年补行。例如1900年发生庚子之变，无法正常举行科举考试，但就是在慈禧太后和光绪皇帝出逃后回銮河南的情况下，1901年12月还下令，次年要补行辛丑（1901）恩科和壬寅（1902）正科乡、会试。有人曾感叹："在如此仓皇播越之中，而对于下年之乡、会试，尚复兢兢注意，足见当时视取士之典，尚为郑重。"② 因此有的学者认为科举是中国古代社会最为特殊的方面。③

1864年12月，在狄更斯主编的英文周刊《一年到头》上，刊载了一篇名为《中国的竞争考试》的文章，谈到科举制的稳定性和独特性，指出科举的独一无二之处在于，"科举这个教育机器几乎是从不间断地实施其功能：它是唯一没有被动摇过基础的制度，是在权威一再崩溃和颠覆中唯一能维持全面而广泛的影响的制度，当其他帝国统治的代表一次又一次被推翻并被践踏为尘土时，它在全民族的眼中却是神圣的唯一避难所"④。1866年12月，有位西方人士也指出："中国的竞争性文士考试制度是该国特有的制度，并且持续了一千多年。长期以来，它得到每一个朝代每一位皇帝的认可和支持，得到人民普遍的赞同和接受。"⑤

科举制的稳定性和规律性是如此之强，周而复始贯穿各朝，连一般皇帝都不敢或不能随意改变其制，或者短暂改变之后又不得不恢复原状。明清时期，每逢子、午、卯、酉年的八月都举行乡试，而八月十五考第三场，几乎是五百余年一贯制，以至于科举这种社会活动的出现，有点类似于日月和季节变化的自然现象。这是极为独特的。当一种社会制度的运行，任何人都无法凭个人意志加以改变的时候，便说明其体现了某种不以人的主观意志为转

① 《明太宗实录》卷二八"永乐二年二月己酉"，第507页。

② （清）吴永：《庚子西狩丛谈》，第122页。

③ Ann Waltner, *Building on the Ladder of Success: The Ladder of Success in Imperial China and Recent Work on Social Mobility*, Ming Studies, 17, Fall, 1983, p. 30.

④ Chinese Competitive Examinations, *All Year Round*, Vol. XII, Dec. 17, 1864, pp. 445-453.

⑤ J. G. Keer, *Description of the Great Examination Hall at Canton*, Journal of the North-China Branch of Royal Asiatic Society, New Series, No. 3, Dec., 1866, pp. 63-69.

移的客观规律。

在科举时代，因为考试选官比其他选举取士方法更适应社会的需求，所以各个朝代皆将其作为拔取人才的首要途径。自五代以后，入主中原的少数民族政权，或迟或早都采用了科举制。“中国的那些大将军们、成功的侵略者和不可一世的帝王们都在这强有力的科举等级制度无法抗拒的进攻面前，或顽强的抵御之下，为之折服。”① 包括农民起义军建立的政权如明末李自成建立的政权、清代洪秀全建立的太平天国政权，也都实行了科举制，连中国周边国家如古代朝鲜和越南，也模仿中国建立了自己的科举考试系统。科举制跨越了中国不同朝代和政权以及东亚不同民族和国家而被广泛实行，说明它在古代社会有其存在的必然性与合理性。

“科场关系大典，务期甄拔真才。”② 就像战争意义非常重大因而不能完全交给将军们决定一样，科举在古代实在太重要，对其做重大的变革并不是主管部门如礼部所能决定，而是帝制时代最高决策层，通常需要交由朝廷各相关部门和宰相商议，最后由皇帝本人做出决断。在1300年科举史上，曾经发生六次有关科举存废的争论，虽然也有过几次中断，不过少则几年，至多30余年便重新复活了，因而清代学者梁章钜认为“终古必无废科目之虞”③。确实，在各种选拔人才的方式之中，科举制是最适应古代中国社会的选才制度。④

“事至久而后精，谋以众而加详。”⑤ 科举制度的发展体现出历史与逻辑的统一。这就像中国瓷器的发展历程，唐代瓷器较为古朴，宋代仍是清一色居多，元代开始出现青花瓷，明代瓷器开始走向五彩缤纷，清代瓷器则达到成熟绚烂的程度。科举制也是在隋唐时期变动改革中逐步发展完善，到明清时期臻于鼎盛严密，科场长期成为中国社会政治和人文教育活动的一个关键场域。

科举是一种高利害、高竞争、高风险的选拔性考试，一旦登科及第，便

---

① E. L. Oxenham, *Age of Candidates at Chinese Examination*: *Tabular Statement*, Journal of the China Branch of the Royal Asiatic Society, for the Year 1888, New Series, Vol. XXIII, Shanghai, 1889, pp. 286–287.

② （清）杜受田、英汇等：《钦定科场条例》卷二九《搜检士子》，乾隆十二年上谕，《续修四库全书》第830册。

③ （清）梁章钜：《浪迹丛谈》卷五《科目》。

④ 刘海峰：《科举制长期存在原因析论》，《厦门大学学报》（哲学社会科学版）1997年第4期。

⑤ （宋）曹彦约：《昌谷集》卷一四《栖贤进士题名序》，第15页。

风光无限。盛唐时期，“进士为士林华选，四方观听，希其风采，每岁得第之人，不浃辰而周闻天下”[①]。到晚唐时期，朝野进一步重视进士科，“朝廷设文学之科，以求髦俊，台阁清选，莫不由兹”[②]。进士科出身者日益成为中高层官员的主流。到宋代，绝大多数宰相都由进士出身者担任。即使是辽、金、元这样的少数民族统治的朝代，也通过科举选拔了许多才智之士。史载：“辽起唐季，颇用唐进士法取人。……金承辽后，凡事欲轶辽世，故进士科目兼采唐、宋之法而增损之。其及第出身，视前代特重，而法亦密焉。若夫以策论进士取其国人，而用女直文字以为程文，斯盖就其所长以收其用，又欲行其国字，使人通习而不废耳。终金之代，科目得人为盛。”[③] 明代中叶以后，非进士不入翰林，非翰林不入内阁。清代科举考试的影响更是无所不在。1851 年，来华西方人士布朗（Bram）在考察包括武举、宗室科举、翻译科举等各类科举之后指出：“政府看来将竞争与考试制度运用到每一个可能的方面。”[④]

作为国家“抡才大典”，科举考试具有权威性和严肃性，考官和举子也都高度重视，多数时候科场中也秩序井然。欧阳修《礼部贡院阅进士就试》诗云：“紫案焚香暖吹轻，广庭清晓席群英。无哗战士衔枚勇，下笔春蚕食叶声。”[⑤] 将科举考试的庄严和答卷时的静穆情形生动地描述出来。与此说法类似，1903 年光绪癸卯科河南乡试，河东总督陈夔龙入闱监临，也描述了贡院中的考试情状：“比时场内人数以万计，灯笼火伞以数千计，堂上堂下火光烛天。而凡百执事视动俱寂，几若衔枚战士，万马无声。亦似有文昌魁斗，临在上而质在旁者。此无他，功令本极严肃，人心先存敬畏。奋多士功名之路，实隐寓天人感召之机。”[⑥] 可见尽管当时科举制已经风雨飘摇，但在河南贡院内举行的末科乡试仍然十分严肃认真。

由于科举在当时社会上居于非常重要的地位，实行科举制的时代通常被称为科举时代。何刚德在《客座偶谈》中说：“有清时代，一科举时代也。二

① （唐）杜佑：《通典》卷一五《选举》，第 84 页。

② （宋）王溥：《唐会要》卷七六《进士》，第 1382 页。

③ 《金史》卷五一《选举志》，第 1129—1130 页。

④ Samuel R. Bram, *Chinese Culture: Or Remarks on the Causes of the Peculiarities of the Chinese*, Journal of the American Oriental Society, 1851, Vol. 2, pp. 198 - 201.

⑤ （宋）欧阳修：《欧阳文忠全集》卷一二《礼部贡院阅进士就试》。

⑥ （清）陈夔龙：《梦蕉亭杂记》卷二，第 70—71 页。

百余年，粉饰升平，祸乱不作者，不得谓非科举之效，所谓英雄入吾彀中是也。大抵利禄之途，人人争趋，御世之术，饵之而已。乃疏导无方，壅塞之弊无以宣泄，其尾闾横决，至不可收拾。末季事变纷歧，何一不因科举直接间接而起？”正如一位西方人所说的：“科举考试制度的确给中国人带来了好处。毫无疑问，它是整个行政制度中的最大亮点，例如它和政府其他部门的联系。……他们全体一致毫不犹豫地宣称，他们的科举制度是无可置疑的，而我们的确也没有确凿的证据说明我们不该接受这一结论。”① 因此，可以说科举制是适应中国传统社会的一种重要制度。

二、“数千年中莫大之举动”

历史的长河不息地奔腾，涛飞浪卷，汹涌澎湃，挟千年风云，淘万古泥沙，从遥远的汉唐，迅速进入20世纪。在曲折的历史进程中，有峡谷，有平川，而在西学东渐的大潮中，有如惊涛拍岸，卷起千堆雪，中国社会面临“数千年未有之大变局”，遇到了旷古未有的难以应对的挑战，面临着生存的危机，科举制也面临着不得不变革的困境。清朝末年，积贫积弱、国力日衰的中国面临列强侵略，在见识到西方各国的强大、寻找自身衰弱的原因与寻求追赶东西方大国的途径的时候，人们认识到科举考试内容和文体的落后，尤其是八股文脱离实际，浪费士人的才智，于是废止八股文被提上议事日程，在1901年首先被废去。同时规定乡、会试头场试中国政治史事论五篇，二场试各国政治艺学策五篇。

从1898年戊戌变法改革科举，到1905年9月科举制的废止，科举制的革废方案屡经反复，往往是改革或渐废的方案刚公布不久，便被后一道诏令所取代和否定，以至原计划在1911年废科举的规划提前到1905年实施。这是一段匆忙写就的历史，这是一段令人眼花缭乱的历史。

废止八股文、采用与当时内政外交有关的问题为策问题目，这是清末科举考试的重大改革。随后便有西方人士说这“毫无疑问是科举考试制度中的

---

① ［英］赫伯特·翟理斯著：《简论中国古代文明——以哲学、文学、教育为例》，何进平译，《天府新论》2009年第S1期。

一次革命”，“此次改革实际上是非常完全的”。[①] 这些规定在清末 1902 年、1903 年最后两科的乡试中都得到了遵守，在最后两科的会试与殿试中也体现出科举改革的精神。不过，“社会的组织机构，正像各种动物一样，不是在预见环境将要产生变化时，早早着手适应性的变革，而是临到变化已经发生时，才开始进行反应性的改革。这是人们不能不承认的社会生物学的事实”[②]。最后几年的科举制改革是在内外交困的强大压力下被迫作出的调整，尽管科举考试的内容与题型已经出现重大的变化，但科举考试中西历史、政治外交知识，被有的人看作是“散行八股”[③]，主政的张之洞等人认为科举阻碍了新式学堂的兴办，要想图强就必须兴办学堂，要兴办学堂就要废止科举。于是在 1903 年以后，废科举被提上朝廷的议事日程，只是当时考虑的是接下去几科渐进减少录取名额，到 1911 年完全废止。但因为 1904 年以后内忧外患更为严重，于是科举又被推到了风口浪尖，于 1905 年 9 月被提前彻底废止。

科举这艘自汉代开始建造的航船，从隋代起锚扬帆后，历经云谲波诡的唐代河段、波涛起伏的宋代流域、跌宕汹涌的元代河谷，进入波澜不惊的明清水域，经过 500 余年平稳航行之后，整艘船的复杂精细的结构和部件已经变得老化失灵，行驶至清末，船破恰遇顶头风，在强劲的欧风美雨和坚船利炮的冲击之下，已是摇摇欲坠。科举制在 20 世纪初虽也作过一些改革挽救措施，但就像木制帆船再大也有腐朽的时候，在蒸汽机船时代只能落得被淘汰的命运，更新部件已来不及，终于无法阻止其最后沉没。然而，此时东西洋许多国家借鉴中国科举而建立的文官考试制度正在扬帆远航，真令人有“沉舟侧畔千帆过”之感。

在废科举之前，多数人对废科举持乐观的态度，对废科举带来学堂兴盛的局面充满期待。但当时也有人担心废科举会引起一系列的社会问题，“此等之事关系于社会者至深，社会行科举之法千有余年，其他之事无不与科举相连，今一日举而废之，则社会必有大不便”；“废科举设学堂之后，恐中国识字之人必至锐减，而其效果将使乡曲之中并稍识高头讲章之理之人，而亦无

---

① C. H. Lacey Sites, *Chinese Civil Service Examinations*, The East of Asia Magazine, Special Educational Number, June, 1904, pp. 62 – 72.

② ［英］阿什比著：《科技发达时代的大学教育》，滕大春、滕大生译，第 147 页。

③ 林砥中：《奴隶科举奴隶学堂》，《鹭江报》1903 年 4 月 27 日。

之。遂使风俗更加败坏，而吏治亦愈不易言。则于立宪之途更背驰矣，此又急宜加意者也”。[①]

废止科举是中国历史上的重大事件，是“数千年中莫大之举动”。连深谙社会进化和世事变迁的严复，对废科举的后果也感到难以逆料。废科举后才四个月，他于1906年1月，在环球中国学生会上的演说中，谈到废科举的重大影响无法估量时说：“不佞尝谓此事乃吾国数千年中莫大之举动，言其重要，直无异古者之废封建、开阡陌。造因如此，结果如何，非吾党浅学微识者所敢妄道。”[②] 严复自称“浅学微识者”，但他的论断其实具有很强的预见性。

长期在华的传教士林乐知也在《万国公报》发表评论说：“停废科举一事，直取汉唐以后腐败全国之根株，而一朝断绝之，其影响之大，于将来中国前途当有可惊可骇之奇效。”[③] 林乐知是从废科举的积极方面去预见其深远影响的，随后不久他便于1907年5月去世。中国社会和文化教育在废科举后确实发生了可惊的变化，出现了快速的发展，但林乐知大概也没有预料到废科举带来传统社会礼崩乐坏、秩序瓦解，与积极影响相当，其消极影响也相当“可骇”。待科举真正废去，随后而来的社会无序、政治动荡与文化断裂，还是大大超过了一般人的估计和想象。因此有这种说法：“末世不察，至薄帖括为小技，而未审先朝驾驭英雄之彀，即在乎此。科举一废，士气浮嚣，自由革命，遂成今日无父无君之变局。”[④] 废科举不仅意味着科举时代的结束，而且预示着君主制度的覆亡。正如德国汉学家傅吾康在1960年出版的《中国科举制度革废考》一书结尾指出的：科举制的崩溃是传统国家灭亡的开始。[⑤]只是大部分人还是认为，科举停废为近代教育的发展扫清了障碍，使中国社会历史的变革出现了新气象，是一件值得肯定的大事。

---

① 《论废科举后补救之法》（录乙巳八月十二日《中外日报》），《东方杂志》1905年第2卷第11期。

② （清）严复：《论教育与国家之关系》，《东方杂志》1906年第2卷第3期。

③ ［美］林乐知：《中国教育之前途》，《万国公报》第39册，总第24014页。

④ （清）陈夔龙：《梦蕉亭杂记》卷二，第71页。

⑤ Wolfgang Franke, *The Reform and Abolition of the Traditional Chinese Examination System*, Harvard University Press, Cambridge, Mass, 1960, p. 71.

三、科举制的千秋功罪

一部科举史，就是一部1300年间中国知识分子的竞争史，一部士人的喜怒哀乐辛酸史，一部科举精英人物的发家史，也是一部中国古代文明的兴衰史。经过1300年的持久实行，科举对传统社会的文化教育、官僚政治和历史发展进程等各方面都产生过重大而深远的影响，科举在中国已经成为一种在历史上留下深刻印记的考试制度，一种中国帝制时代具有代表性的文化符号。科举可以说是一把锋利的“双刃剑”，其积极作用与消极影响皆十分显著，大体而言，至少有以下几个方面。

（一）维护统一与压抑个性

科举制维护国家政治和文化统一的功能是十分强大的，它在全国采用相同的考试教材、考试文体和考试时间，使全国各地统一意志、统一步调、统一行动。科举制度既是中央集权的产物，又是维护国家统一和巩固中央集权的制度保障。唐代各地的举子，每年都有机会赴首都长安参加明经和进士科的考试，宋以后三年一开科，全国各地精英人才也集中到京师参与考试。这种聚会使各地声气相通，各地举子赴考期间可以互相观摩比较、学习竞争，进而达到融合同化。尽管中国领土辽阔、方言众多、风俗各异，且中国人地方观念相当重，但若想中举及第，就须研读相同的儒家经典，使用同一种文字写诗作文，也就必然使文化趋同划一。另外，在根据各地户籍多寡和文风高下规定不同的中式限额的情况下，有意照顾边远省份和少数民族地区，增加了这些地区和民族对中央政府的向心力，有利于国家的统一与民族凝聚力的加强。宋代以后，中国再未出现春秋战国或魏晋南北朝时期那样长期分裂、割据状态，与科举制的实行有相当密切的关系。美国在华传教士丁韪良在1896年曾指出：“尽管具有其缺陷，科举制对维护中国的统一和帮助它保持一个令人尊敬的文明水准，起到了比任何其它制度更大的作用。”①

然而，科举这种统一大规模考试在贯彻公平选才的同时，却无法选出个性独特及具有某方面特别专长者，容易抑制求异思维。科举考试的内容以

---

① W. A. P. Martin, *A Cycle of Cathay, or China, South and North with Personal Reminiscences*, Edinburgh and London, 1896, pp. 42－43.

“四书”、“五经”等儒家经义为主，考生对儒家经典的阐释只能遵守朱熹的章句集注，不能有所变化和自由发挥，作八股文则规定以古人的口气“代圣贤立言”。士人要想通过科举入仕实现“修齐治平”，就必须服膺当朝统治，放弃自己思想的独立性。这种统一考试制度在一定程度上抑制了士人的自由思想和发散性思维，不利于发明创造和学术的多元发展。

（二）普及文化与忽视科技

在奉行官本位的中国古代，参加科举是士人获得社会地位和经济利益的主要甚至是唯一的途径。“满朝朱紫贵，尽是读书人”的客观事实，自然会使人们信奉“少小须勤学，文章可立身”的劝学格言。十年寒窗无人问，一举成名天下知。范进中举之后，不仅使亲朋完全改变了态度，而且很快就富贵起来，这种科举时代戏剧性的“中举效应”，使许多人确信“书中自有黄金屋，书中自有颜如玉”。由于科举注重测验应试者的文化知识水平，受名利的驱使和家庭乡族的推动，许多人努力向学，勤苦读书。尽管能及第或中举的机会很少，但只要存在着通过自身奋斗出人头地的可能，便可调动人们的学习积极性，促进重学风气的形成。因此，科举取士的利诱或激励机制，有力地促进了社会上重学风气的形成和文化的普及，推动经学、史学、文学和书法艺术高度繁荣。由于科举考试以儒家经典为依据，科举为儒学的传承、繁衍和普及起到了任何其他制度无法相比的作用。1300年间科举以经术取士，造成了一场旷日持久的读经运动，使古代中国成为一个儒学社会。又因为以文取士，科举时代的中国传统社会成为一个读书至上的诗书社会，是一个朝野尚文、大多数读书人皆能吟诗作文的文学社会。

但是，科举对中国古代文化也有相当消极的影响。科举考试具有强大的“指挥棒”功能，指导着士人的努力方向，科举考什么社会上便教什么学什么，不考什么社会上便不教什么不学什么。科举考经史辞章，人们便将心思才华用于经史辞章，而这些内容多局限于人文学科范围。虽然唐代和清末设有算学科举，但只是次要科目，并不受到重视。当整个知识阶层才学都用于诗赋经义的时候，科学技术自然便相对被冷落了，这在一定程度上使中国古代人文学科高度发达，自然科学技术不易发展。当然，明清以后中国科技落后于西方的根源并不在科举制度，而在于重道轻器、重学轻术的传统文化，因为在隋代科举制产生之前中国已是一个重人事轻技艺的国家，但科举制强化了当时重治术轻技术的观念却是不争的事实。

（三）贤能治国与做官第一

作为一种自由报考的选拔性考试，科举制至少在程序上给所有考生提供了公平竞争的机会，世家大族无法垄断仕途，因此“富不过三代”。在科举时代，实行精英治国或贤能治国体制，能否当官以才学为依据，“学，则庶人之子为公卿；不学，则公卿之子为庶人”①。官宦人家的子弟也只有通过科举才能使其家道不致中落，若无法延续其科第链条，则无法保住其家庭的政治和经济地位。而一些士人通过科举，“朝为田舍郎，暮登天子堂”，青云直上至中高层官员，形成了相当大的社会阶层流动，使政府官员的结构多样化，这种官员成分的不断更新有利于保持活力和清明吏治。由于任官授职有比较刚性的资格标准，保证了政府官员具有较高的文化素质，并在相当范围内减少了买官卖官、任用私人的机会，至少在政府机构的入口处限制了植党营私的机会，这也是为何科举会被西方国家文官考试制度所借鉴而成为中国的“第五大发明”的原因。

另外，由于科举制为士人开放了入仕的机会，因此使官僚政治得到强化，使“做官第一主义”在中国根深蒂固。在科举社会，“万般皆下品，唯有读书高”的观念深入人心，而读书的目的就是为了应举入仕。科举制的长期实施，使广大读书人相信举业至上，养成了对当官的向往和迷恋心态。科举制客观上帮助了唯书唯上的心理定式的形成，这对中国社会有着长远的消极影响。直到 1905 年科举被废止之后，有相当一段时间法政专门学校和学生数占了全国各类学校和学生数的一半以上，求学的目的便是为了从政。② 就是在当代，教育界和社会上也还存在着“学而优则仕”的观念。

（四）鼓励向学与片面应试

科举具有强大的以考促学功能，政府利用科举吸引社会各方办学，调动民间办学的积极性，减省了政府财政开支。当时颇为普及的启蒙识字教育和中等教育基本上是由民间私塾承担的。科举起码在数量上促进了私学的发展，扩大了教育范围，打破了世族、官僚垄断教育的状况，促使教育机会下移，

① （宋）黄坚：《古文真宝前集》卷一《柳屯田劝学文》，第 2 页。

② 宋方青：《科举革废与清末法政教育》，《厦门大学学报》（哲学社会科学版）2009 年第 5 期。

养成了中华民族重视读书的传统。即使是农、工、商家庭的子弟，家长也督促及早向学，只要有一线成才希望，父母往往愿意含辛茹苦，送子就读。科举制的利诱促使读书人急剧增加，北宋进士苏辙曾说："凡今农工商贾之家，未有不舍其旧而为士者也。"① 科举时代，读书应举成为一种社会风尚，"为父兄者，以其子与弟不文为咎；为母妻者，以其子与夫不学为辱"②。这种风气的长盛不衰，有力地推动了教育的普及和文化的发展，甚至连偏远的村落也是如此，故有"孤村到晓犹灯火，知有人家夜读书"③ 的诗句。当今中华民族成为世界上最重视子女教育的民族之一，与科举时代形成的重学传统是密切相关的。

重视读书应举同时也造成了过分重视考试结果的功利主义教育价值观。当时科举不仅成为教育的手段，也成了教育的目的。许多举子读书的唯一目的就是应试，各级学校多是片面追求中举及第率。为了在激烈科举竞争中取得优胜，许多人"三更灯火五更鸡"，只重视文化学习，很少顾及身体的锻炼，积成文弱的体质。就是在智育方面的学习，也往往是揣摩科场文体和应试技巧。在科举制下讲求功利的应考之风，使科举制的选拔功能逐渐下降，在欧风美雨和坚船利炮的冲击之下，科举制走到了穷途末路，终于遭到了被废止的命运。

四、还原科举制的真相

1905 年科举制的停废，终结了 1300 年尊崇科举的时代。此后的 100 年，总体而言，中国进入了一个盲目批判科举的时代。从 2005 年科举制百年祭开始终结盲目批判科举的时代，中国逐渐进入一个理性评价科举、重新认识科举的时代。④ 我们应该认识到，科举制在中国历史上具有重大的影响，利弊并存，它"使得中国兴盛，也因此而使中国衰败"⑤。但清末为了废科举，对科举制进行了激愤的完全否定，难免以偏概全，而后人们对科举多数留下了坏

① （明）杨士奇等：《历代名臣奏议》卷二六七《苏辙〈请去三冗疏〉》，第 3505 页。

② （宋）洪迈：《容斋随笔・四笔》卷五《饶州风俗》，第 531 页。

③ （宋）晁冲之：《晁具茨先生诗集》卷一二《夜行》，第 53 页。

④ 刘海峰：《终结盲目批判科举的时代》，《东南学术》2005 年第 4 期。

⑤ ［美］威尔・杜兰：《世界文明史》（四）《中国与远东》，台北幼狮翻译中心编译，1978 年，第 198 页。

印象，至今许多人对科举仍存有根深蒂固的偏见。由于长期对科举制进行片面的、妖魔化的宣传，使很多根本不了解科举制的人在认识它之前就留下了坏印象。在多数人眼中，科举制祸国殃民，罪大恶极，禁锢了中华民族的创造力，是过去中国腐败落后的重要根源。

偏见比无知离真相更远。就对科举的认识而言，这句话很有道理。没有接受过片面宣传灌输的人，如过去乡间不识字的老太太对科举的认识可能还更接近于科举制的真相。由于考状元、考秀才的传统戏剧和故事，人们对科举形成了朴素的认识，“私订终身后花园，落难公子中状元”，知道贫苦的读书人可以刻苦攻读参加考试而改变命运，知道靠自己的才学考秀才、考状元是很好的事。而经历过以往中学教科书《范进中举》《孔乙己》的宣传灌输，科举给人们留下的多是坏印象。然而，文学作品不等同于历史事实，“范进”、“孔乙己”等虚构文学人物的可笑，不应掩盖苏东坡、林则徐等真实进士群体的可敬。作为传统文化的研究者，笔者觉得有责任还原历史真相，具有一种历史使命感和学术责任感。

为科举制平反，需要在一定程度复活历史、再现历史，回到历史情景中去。在交通不便的古时候，为了实现治国、平天下的理想和抱负，或者为了出人头地光耀门楣，许多人寒窗苦读十年，不畏旅途的艰难险阻，长途跋涉几个月到京城赶考。没有坚强的毅力和恒心，能做得到这一点吗？我们民族历史上的许多出身穷苦的文化精英，正是通过科举，实现了社会阶层流动，为国家和民族作出了重要的贡献。没有科举考试的平等竞争，他们能有机会走出乡村到京城去考试，能有机会进入主流社会或政府高层去施展才华吗？科举是连接统治者与平民阶层的纽带，朝廷用科举来选拔满足统治需要的官员，而士人则通过科举来获得成为政府官员的机会，或实现理想抱负或获取政治经济的利益。

有关现代人任意裁剪历史的一个典型例子，是对《儒林外史》的态度。《儒林外史》一书确实讽刺批判了一些科举时代的应试现象，不过，只要不是戴着有色眼镜阅读此书，便可以看出此书对科举的态度并不是单纯的批判，其实对科举也有所肯定。清代《儒林外史》有五十回抄本、五十六回刊本、六十回石印本，而1954年以后整理出版的五十五回排印本，却将五十六回刊本中叙述补授全书中主要人物进士翰林的“幽榜”的最后一回删去，其原因是认为该回的内容与全书“反科举”的中心思想不符。这实际上是先入为主认定科举不好，将自己的观点强加在古人身上，任意地剪裁历史。因为从第五十五回“添四客述往思来　弹一曲高山流水”的内容来看，并不是全书的结尾，而第五十六回中的“幽榜”才构成此书完整的结尾，是这部小说不可缺少的一部分。① 因此，20 世纪 80 年代末以后出版的许多版本的《儒林外史》都将第五十六回重新收回，也就是还原历史真实。②

在废科举后相当长时期内，人们习惯于对科举采取“有罪推定”的套路。“有罪推定”是指刑事司法程序中以有罪为预设前提去寻找“被告人”有罪的证据，这很容易导致冤狱产生。科举制虽然在清末被废止，但笔者觉得不能因此而对其采用“有罪推定”的办法，并以论带史，去寻找科举史上值得批判的东西。为了说明科举时代许多进步人士对其也持批判的态度，于是细大不捐地搜罗对科举的批评言论，好像古代人多认为科举不好似的。为了说科举制不好，甚至说科举选拔的进士没有真才实学者，连状元也多是庸才。

其实，科举时代多数人是高度肯定其公平性和选拔功能的。当时社会上崇重科举，因为“自制科取士以来，名臣良吏，多出举业，扬名荣亲，道无逾此”③。几乎每一本《乡试录》、《会试录》都有主考官写的前序和后序，明清时期主持乡试和会试的众多著名人物，都在这些科举录中对公平取才客观衡文的情况作过叙述和肯定。不否定其中有自夸的成分，但同样也不能否定其中有写实的成分。可以这么说，从隋唐到明清大部分科举人物对科举制多是肯定的。1300 年间，中国历史上重要的文化成果或重大的文明积累，有很大一部分就是科举人物的贡献，例如《太平御览》、《册府元龟》、《永乐大典》、《古今图书集成》和《四库全书》等重大典籍，都是进士们主持编纂的。否定科举制，将与肯定韩柳欧苏等著名科举人物产生悖论。要总结与弘扬优秀的民族文化传统，科举是一个绕不开的重要元素。

中国现代思想文化舞台上许多第一流的人物都程度不同地论及科举，如梁启超、孙中山、蔡元培、胡适、鲁迅、顾颉刚、毛泽东、陈寅恪、钱穆等。

---

① 陈美林：《关于〈儒林外史〉“幽榜”的作者及其评价问题》，《西北大学学报》（哲学社会科学版）1979 年第 4 期。

② 刘海频：《〈儒林外史〉呈现的科举活动与科举观》，《教育与考试》2008 年第 4 期。

③ （清）邵廷采：《思复堂文集》卷一〇《姚江书院训约》，第 478 页。

对科举制的评价，恶评与好评反差极大，在这些著名人物中，孙中山是对科举评价最高的一个，他曾说："中国自世卿贵族门阀荐举制度推翻，唐宋厉行考试，明清尤峻法执行，无论试诗赋、策论、八股文，人才辈出；虽所试科目不合时用，制度则昭若日月。"① 一百多年来，科举评价跌宕起伏，至"文革"中达到最低点。已经走出"文革"时代的中国人，应该逐渐摆脱"文革"的大批判思维。从 20 世纪 80 年代以后，尤其是 2005 年以后，学术界对科举的评价已经越来越客观，而且越来越接近历史的真相。现在的问题是，社会上对科举的认识还深受过去长期片面批判的影响，对科举的印象多是负面，仍然需要一个不短的过程，才有可能在大众的心目中真正还原历史的真相。

五、替沉默的古人说话

要想还原科举制的真相，我们应尽量重构科举场景，还原科举情景。不要再与古人为敌，而要与古人为友。我们需要走进历史时空，走近古人，与那些文化巨人对话，深入他们的心灵，倾听他们的声音。

历史已逝，今人的身体已不可能回到古代，但思绪和目光却可以进入古代，追寻古人的足迹，与古人神交。"不薄今人爱古人。"翻开一本本科举时代流传下来的线装古籍，阅读一篇篇关于科举的策论文赋和笔记故事，有时仿佛能够走进古代中国，走近科举人物，并与他们对话，了解他们的所思所想，感受古人心灵的律动和思想的起伏。经过一番精神行走之后，回转身来，看看现代人对科举的认识，以及许多强加给古人的批判科举的观点，这时，我们可能感觉自己背后站着成千上万进士出身的文化先辈，具有一种使命感，有责任替这些被误解的沉默的大多数人发声。

走进古代中国，我们可能见到认真备考的白居易、韩愈，可能遇到赶考路上的王安石、苏轼，可能看到在激烈争论科举改革的欧阳修、司马光，可能目睹文天祥中状元的风光、张居正进士及第的得意、吴敬梓屡试不第的无奈……当我们看了大量古人关于科举的记述，触摸历史的脉动时，可以听到古人的声音，感觉到他们及第后的欢欣与轻快、落第后的痛苦与无奈。看到许多进

① 《孙中山全集》第一卷《与刘成禺的谈话》，第 445 页。

士在抵御外敌时大义凛然、视死如归的记载，我们可以感受到他们心灵深处的精忠与信义。

陈寅恪曾说："凡著中国古代哲学史者，其对于古人之学说，应具了解之同情，方可下笔。盖古人著书立说，皆有所为而发。故其所处之环境，所受之背景，非完全明了，则其学说不易评论。……所谓真了解者，必神游冥想，与立说之古人处于同一境界，而对于其所持论所以不得不如是之苦心孤诣，表一种之同情，始能批评其学说之是非得失，而无隔阂肤廓之论。否则数千年前之陈言旧说，与今日之情势迥殊，何一不可以可笑可怪目之乎？"① 我们认识科举也应设身处地，将自己置身于古代特定的历史情景之中，站在前人的社会背景和心理状态思考问题，才能真切地感受到当时人的所思所想。

在民族文化自觉、弘扬优秀传统文化的大背景下，我们不应再让科举制长久蒙冤，不应再让科举人物长期失语，而要替沉默的古人说话。将科举批倒批臭，说科举选拔出来的多是没有真才实学者，那些进士出身的精英人物无论如何都想象不到，千百年后他们的后代，会将他们那么重视且觉得十分公正的科举制贬损得一无是处。无视众多优秀人才从进士出身的事实，说科举选拔出来的都是庸才或蠢材，这叫白居易、苏东坡们情何以堪？叫文天祥、林则徐们怎能瞑目？

古人已经作古，自然不会说话，受到后人的误解或者有许多委屈，也无法申辩，只有沉默。但是，历史真相遮蔽得了一时，遮蔽不了永世。古人留下的文字，以及进士们彪炳史册的业绩，却无法抹杀，在中国文化自觉、民族复兴的大背景下，到一定时候，被冷落多年的肯定科举的文字迟早会被人们重新提出，其冤屈总能够得到申辩。

我们应该将科举人物定性为我们民族历史上的精英群体之一。其理由：一是因为科举时代考试录取率很低，清代许多省的乡试录取率只有1%—3%，中举及第之后立即成为社会的精英阶层；二是因为无论是从政治事功、文学创作等方面，还是从教育事业、文化繁荣等方面来看，进士等科举人物都作出了重要贡献，自然属于传统社会的精英人物。而且，这些科举精英中的许多人，还是起自垄亩，从草根阶层跻身主流社会的，这主要归因于科举具有

---

① 陈寅恪：《冯友兰〈中国哲学史〉上册审查报告》，原载冯友兰《中国哲学史》上册，1930年本。

促进社会阶层流动的功能，确实使一部分人“朝为田舍郎，暮登天子堂”。科举不论从历史沿革还是从具体实施的结果上，都充分体现出“至公”的理念，其影响不仅在科举文化所辐射的范畴之内，而且还在更为广泛的古代和现代社会领域。确实，无论政权如何更迭，公平始终是科举变革的“关键词”。“科举的公平理念与措施不仅在历史上具有先进性与现代性，在当今社会仍具有普适性，有些做法的公平程度至今未被超越，有相当丰厚的历史遗产值得今天的高考所继承。”①

美国学者艾尔曼认为：“虽然中国的科举制度在1905年被废除了，这种传统却以另一种方式被传承下来。如今各个国家普遍设立考试制度，这是从以前的中国科举制度转变而来的。尽管其内容改变了，但它的技术、方法和规制都被延续下来。从这个方面看，我不赞同科举制度是落后的这种观点，我认为它是进步的，只是到了清朝末年，大家都把它与清政府联系在一起，因为清政府是腐败的，所以与之有关的东西都要废除。现在我们可以看到，在科举考试被废除后，考试制度还是得到了继承，如孙中山时期的考试院，实际上是把科举制度现代化了。以科举为主的考试制度实际上是非常有意义的。我们要多了解其作用，并给出它一个新的评论，而不是全盘否定，认定它没有价值。”②

评价科举制这样一个具有世界影响的制度，评价废科举这样一个重大的历史事件，不能就事论事，只局限于中国近代教育史或中国历史的范围，而要放宽视野，将其置于整个世界文明发展史的更广阔的范围来考察。科举对中国社会历史进程有深刻的影响，但由于日本、朝鲜、越南等东亚国家曾长短不同地仿行过科举，且西方文官考试制度曾受科举制的影响，所以科举对世界文明进程也起过重要的推动作用。科举制通过考试竞争来选拔人才，作为人类创造的重要制度文明成果，是中国对世界的最大贡献之一。

知今有助于通古，借助对现代考试问题的了解，我们能够更清楚地看出科举制的本来面貌。同时，在古代的历史时空行走，走近古人，最后还是要跳出古代，为现代社会提供一种可资借鉴的经验和参考。历史并不会完全过

---

① 郑若玲：《科举至公之道及其现实启思》，《厦门大学学报》（哲学社会科学版）2010年第5期。

② 褚国飞：《中国历史上的科举、考据与科学——访美国普林斯顿大学艾尔曼教授》，《中国社会科学报》2009年12月29日。

去，它还会影响现实。实行1300年的科举制虽然在形式上已被废止一百多年，但其精神实质已经成为中国考试文化的重要构成部分，当今公务员考试、高考制度、国家统一法律职业资格考试中都依稀可以看到科举的影子，历史就以这样一种方式无形地制约社会与文化变迁的进程。

尽管经过科举百年祭的争论，已在一定程度上改变国人以往对科举制的片面印象，但许多人对科举的了解还是很不全面，或不准确。例如，甚至连个别在报章上介绍和批判科举制的“专家”，还在说明清乡试“每场考三天两夜，三场共十二天六夜”，考生被锁在狭小的号舍中苦不堪言。其实，每场考试只有一天，包括入场、考试、出场只有两天时间。① 连“专家”都还以讹传讹，将基本的考试时间弄错，难怪一般民众对科举多是一知半解了。因此，纠正以往的偏见、普及客观的知识，还有大量的工作要做。

随着科举学研究的深化，中国人对科举的印象逐渐在拨乱反正。在研究科举之前多数人对科举制只可能有坏印象，在研究科举之后对科举制却有了不坏的印象。科举不是妖魔鬼怪，不是洪水猛兽，不是传统社会的万恶之源，而是中国古代的一项重大发明。我们应客观全面地认识科举，深入系统地研究科举，将科举学研究推到一个新的高度，以无愧于发明这种独特考试制度的中华民族的祖先。②

六、从制度史到科举史

由于科举制地位重要且影响巨大，所以以往国内外学术界十分重视研究科举制，而且研究历史悠久、研究人员众多、研究成果丰硕，以至科举学已逐渐成为一门国际性的学问。

不过，以往的科举研究多偏重制度史方面，所出著作也以制度史居多。科举是一种考试制度，制度方面的考释当然是重要的，但过于偏重制度史研究，对其他方面如科举活动和思想等就相对注意得不够。在科举制度、思想、活动三者之中，制度往往是历史上记载最为详备、最受人瞩目的部分，也是

① 乡试每场实际考试时间是初九这一整天，但要在头一天（初八）点名入场，初九当天考完后交卷出场或次日出场；休息准备一天（初十）之后，十一日再入场，十二日考第二场；同样，十五日考第三场。举子在贡院中一共是6天6夜。

② 刘海峰：《科举停废110年祭》，《厦门大学学报》（哲学社会科学版）2015年第5期。

较为稳定、影响较大的部分，因为科举制度多以政府法令的形式颁布，正史中记载也较明确。然而，科举制度的形成及运行本身就是一种动态演变的过程，而且科举制度与活动史有相符合也有分离的情况，我们既要研究科举制度的演变，更要考察制度的实施情况和结果。

即使是科举制度史，也有必要以新思维、新眼光来加以审视。在一定意义上说，一切历史都是“当代史”。英国史学家卡尔认为：“历史是历史学家跟他的事实之间相互作用的连续不断的过程，是现在跟过去之间永无止境的问答交谈。”① 历史虽然不是一位可以任人打扮的少女，但总是不断地被后人“改写”。时代不同，人们的认识也不会相同。21 世纪初研究者的学术眼光与 20 世纪 70 年代以前学者的观点也不会一样。在以往批判传统、否定科举的大气候下，不少科举研究论著偏重于采用清末学者的观点，着重批判科举的弊端，喜欢引用明清一些笔记小说的某些描写来说明科举对知识分子而言是多么糟糕的一种制度，有的史料抄来抄去，陈陈相因，较少去阅读发掘科举时代大量肯定科举公平性和存在合理性的资料，以致在人们印象中科举成了一种坏透顶的考试制度。现在，需要全面客观地还原历史事实，重新评价科举制度，包括撰写中国科举史。

科举史不同于科举制度史，它包含科举的政治史、科举的教育史、科举的社会史、科举的文化史、科举的文学史等诸多方面。2005 年 9 月，在中国科举制废止一百周年的时候，在厦门大学召开了“科举制与科举学国际学术研讨会”。此后研讨会每年一届，由高水平大学和研究机构、考试管理机构、科举博物馆等主办，至今已经召开了 19 届，已成为多学科学者互相切磋、交流科举研究成果的平台，是一个影响颇大的系列学术研讨会。有的学者认为这个系列研讨会讨论的是科举制与科举学两个方面，将科举制与科举学加以区别开来论述。科举学的本意是关于科举研究的学问或专学，科举学其实包含了科举制度的研究。不过，将科举制与科举学对应，就从中国科举制度史与中国科举史的分野来看，也无不可。科举史更注重科举活动和实际运作情况。

作为中国帝制社会后期人文活动的首要内容，科举与知识阶层的命运息

---

① ［英］爱德华·霍列特·卡尔著：《历史是什么?》，吴柱存译，第 28 页。

息相关。在中国历史上，可能再也找不出其他任何一种政治文化制度曾经如此深刻地影响知识分子的思维方式、人生前途和生活态度了。1300 年间，科举及第、金榜题名几乎成了所有读书人梦寐以求的理想，很少有读书人完全不为科名所动、从未参加过科举考试的。因此，围绕科举的备考、赶考、待榜等活动成为多数读书人经历过的科举生涯。科举活动史或实施史是科举研究中十分重要的一个方面，完整的描述需要用通史的篇幅才能够呈现出来。

本套书是第一部中国科举通史著作，具有集大成性质。将力图在以往海内外各个断代、各个学科的科举研究成果的基础上，对中国科举史作出较为全面的描述分析，不仅作科举制度史的叙述，而且更侧重科举制度运作的实际情况，并顾及考试思想的历史发展。在叙事中注重制度与人的互动关系，注重科举制度与科举人物之间的依存关系和交互影响。既不同于一般的科举制度史那样面面俱到地介绍和考释制度，也不同于《韩国科举史》那样主要罗列登科者姓名的写法，本书是按历史时代顺序，以科举制度发展演变为经，以人物事件、活动、思想为纬，纵横交错地叙述中国科举史的演进历程。书后还附有《中国科举大事年表》，以便对科举实际运作历史有一全面的把握。本书体现出还科举本来面目的学术观点，本着实事求是的历史唯物主义态度，尽量对我们先民发明的这一重要制度作出较为公正客观的介绍评价，使读者了解科举不仅造就了“范进”和“孔乙己”一类的儒生，而且也选拔出包拯和林则徐这样的人才，既有吴敬梓和蒲松龄这样的科场失意者，更有白居易和欧阳修这样的科场成功者。本书将以科场风云和科举活动为主线，将科举制度和科举文化熟练地把握并消纳内化之后，以较准确晓畅的文字叙述出来，以期达到学术性、思想性与可读性兼具的境界，使读者阅读本书之后，对科举能有一个较为明确的认识，知道科举与中国 1300 年间大部分精英人物和所有地区密切相关。

全书分为科举前史、隋唐五代、宋代、辽金元、明代、清代共六卷。下面就让我们来展开跌宕起伏、波澜壮阔的千年科举画卷，看看科举在中国历史上是如何从理论先导、制度建立，走到兴盛荣耀、衰变革废的历程吧。

目　录

导　语

中国考试影响广泛，源远流长。在当今学校教育和社会生活中，考试的影响无所不在。从学校招生、学业评价到国家录用公务员，从行业性执业资格或专业技术资格的认定、职业技能鉴定到外语水平或计算机等级的区分，考试的应用范围不断扩大，考试在测量、评价人的知识与才能方面发挥着重要作用。现代考试类型虽然繁多，但追本溯源，其原生态则为古代中国的选官考试。本书从文化和制度层面，探索科举考试的起源。

一、考试与文化

研究科举考试的起源，需要深入探究中国古代文化的特质，认识民族文化传统与科举制产生的内在关系。从文化视角来看，采用考试形式选拔治国人才，在很大程度上是由中国文化发展特点所决定的。①

作为崇尚礼乐教化与“选贤与能”的国度，中国考试起源于先秦政治文化。古代中国的考试，无论是学校考试还是国家考试，均以选拔官员为首要目的。西周时期，大学就承担着选士功能。《礼记·学记》载：“古之教者，家有塾，党有庠，术有序，国有学。比年入学，中年考校。”其“考校”方法现已不得而知，但分年“考校”的标准却留下记录：“一年视离经辨志，三年视敬业乐群，五年视博习亲师，七年视论学取友，谓之小成。九年知类通达，强立而不反，谓之大成。”② 汉代的太学考试和察举考试，率先在世界上使用笔试方法，逐渐提升了考试在选士任官中的地位。

---

① 张亚群：《从中国传统文化演进看科举考试的起源》，见教育部考试中心编《中国考试史专题论文集》，第575页。

② （汉）郑玄注，（唐）孔颖达等正义：《礼记正义》卷三六《学记》，见《十三经注疏》（下），第1521页。

隋唐时期，科举制度的创立，使中国进入了考试选拔官员的时代。科举逐渐成为古代教育的重心，考试成为中国文化的重要因子。科举考试寓古代文官考试和古代高等教育考试于一体，对我国文化、教育的历史演进产生了广泛而深刻的影响。明末清初特别是近代以降，在西方学者的印象中，科举考试成为中国文化与教育奇特性的一个典型表现。1922 年，英国大哲学家、思想家罗素（Bertrand Russell）在论述“19 世纪以前的中国”时曾指出：

> 中国文化有几个普遍的特征。在这里我只选择最重要的几个：(1) 文字由表意符号构成，而不是用字母；(2) 在受教育的阶层中孔子的伦理学说取代了宗教；(3) 政府掌握在由科举制度选拔出来的文人学士而非世袭贵族手中。
>
> 如果没有这项制度（引者按：指科举制度），那么文学性的、非迷信的制度比如孔教恐怕就无法维持这么久。①

罗素的上述见解是深刻的。他不仅透过文化层面看到中西传统文化的一大差异——考试选拔官员，而且对科举考试的演变、地位和影响作了理性分析和颇为公允的评价。罗素认为：“中国的知识分子与别的国家迥然不同，占有其特殊的地位。中国的世袭贵族已消灭了两千多年了，执掌政权的都是考试中的获胜者。这样，受教育的人就掌握了别的国家贵族所掌握的势力。”②

台湾著名学者李弘祺认为：“科举制度的采行，至少可以上推到隋朝，在中国实行了一千三百年，无疑的是人类历史上实行得非常长久的制度之一，如果把汉代的察举或选举制度也算是一种考试制度，那么中国人用一套‘任贤制度’的观念来选拔人才，时间已经超过二千年，就是把魏晋南北朝的三百多年不算进去，它也是世界史上非常灿烂的一篇诗篇，我认为西方恐怕只有天主教皇的推举制度可以相比拟。”③

李弘祺还指出，中国的考试制度一个重要的特色就是“任贤制度”（meritocracy）。“中国是历史上第一个提倡这个观念的文明。就是英国人也承认他们要到十九世纪才真正完全接受这样的观念和制度。明末西方学者到中国来，

① 罗素：《中国问题》，第 24、32 页。
② 罗素：《中国问题》，第 58 页。
③ 李弘祺：《卷里营营：历史、教育与文化演讲集》，第 79—80 页。

第一个让他们印象深刻的就是中国的科举。他们说中国没有学校，但却能训练出许多的学者，端赖考试的制度。可见这种选举人才、不分阶级的理念是中国的贡献，连带由于对这个理念的执着，所以中国也成了世界上对公正的考试制度最为信赖的文明。”① 由此可见，考试在中国古代文化史、教育史和政治史上发挥了不可替代的历史作用。

二、察举与科举

科举考试是中国古代选官的重要方式，它具有自身的制度渊源，经历了长期的演化过程。研究科举制的起源，既要探究社会政治文化动因，也需要全面、系统地考察古代选官制度的演化过程、特征及其规律性。先秦时期，选官制度经历了从世官制到荐举制的变革。春秋时期，各诸侯国逐渐打破世官制的限制。至战国中后期，逐渐确立官僚“选任制”。秦朝统一中国后，推行中央集权的郡县制和官僚政治。西汉统治者创立的察举制，使荐举制系统化、程式化，成为选官的主要路径。这一制度延续到隋朝初年，为科举取士所取代。从制度渊源来看，察举制是科举制的直接来源。从某种意义上说，察举就是广义的科举。

察举制是一种以推荐为主、由下而上的选拔官员的方式，它虽然与以考试为取士的自由报考的科举制存在性质差异，但是，在选才标准、科目设置乃至选拔方式等方面，也包含了科举选士的某些要素，具有相似的特征。东汉中期至南北朝后期，各政权为适应社会政治变迁和选才的需要，逐渐重视考试选士的作用，为科举考试制度的产生奠定了基础。

南北朝后期，从荐举选官向考试选士转变具有一定的必然性。两汉以来的察举制实践表明，仅仅依靠推荐的形式选拔封建统治人才，难以克服名与实、任人唯贤与任人唯亲、家与国、中央与地方的矛盾。这就促使人们逐渐重视考试在人才选拔中的特殊作用。东晋思想家葛洪曾指出，运用集中闭卷考试选拔经学人才，不仅能起到“不立学官而人自勤乐”的促学作用，而且还可成为杜绝“属托之冀”和“人事因缘”的重要手段。② 由于分科考试选

① 李弘祺：《卷里营营：历史、教育与文化演讲集》，第 80 页。

② （晋）葛洪撰，杨明照校笺：《抱朴子外篇校笺》卷一五《审举篇》，第 209 页。

拔人才比荐举制更具客观公平性，因而也容易为广大士人所认同。

从价值导向和选士科目来看，科举与察举亦有继承性。受儒家文化传统影响，无论是察举选士，还是科举考试，均以古典人文科目为主，经学与文学合一，重文举轻武举。士人必须接受相应的儒学、文学、历史等文化知识教育和写作技能训练，通过相应的选拔程序和取士标准，才能进入封建统治阶层。两汉察举，以孝、廉为基本科目，注重被荐举者的德行评价，崇尚经学、文学才能。科举虽不再以德行表现作为取士标准，但仍注重经学、文学才能。

三、本书主要内容及基本结论

本书围绕中国古代选官制度的主题，以历史变迁为序，系统考察先秦至南北朝时期选官方式的演变轨迹，探究前科举时代选官制度演化的动因、特征及发展趋势，揭示科举制产生的根源。全书包括绪论、正文六章及参考文献、后记。

第一章从文化视角，论述考试选拔人才的思想渊源，阐明中国古代思想文化特征及其对选官制度、教育价值导向的影响。研究内容包括三方面：一是考察先秦各家学派有关治国与选士的理念，包括选贤任能的政治理念、"大一统"的国家理念、公平公正的社会理念，分析其历史影响。二是考察先秦选官制度的变革过程及阶段性特征，包括荐举制的实施与作用、军功入仕与客卿养士、选士制度对后世的影响。秦朝统一全国前后，荐举已成为选拔官吏的重要途径。不仅职位高的官员可以荐举僚属升任，而且下级官员还可以荐举别人升任比自己高的职任。入仕路径主要有保举、军功、客、吏道、通法、征士等。三是论析先秦时期人才选拔的教育基础，包括官学的起源及特点，私学的兴起、发展及特点演变；先秦各家学派的教育价值观及其对人才选拔的历史影响。通过这些研究，对科举考试的文化渊源形成总体认识。

第二章从选士政策、举措等方面，论述西汉察举选士和学校考试选士活动及其对政治、教育和社会的影响。考察西汉王朝创立察举制的原因、过程、特点及实施状况。察举制自文景时期试行，至汉武帝"举贤良""察孝廉"，逐渐成为汉代选拔官吏的主要仕途。察举常科主要有孝廉、秀才科，特科主要有贤良方正与文学、明经、明法、童子科等。察举方式主要采用策试，由皇帝出题策问。选拔标准既有总的基本要求，也有各科具体的要求。察举标准主要包括四方面：以德行为首要标准，崇尚孝、廉的品性；以才学作为选士的主要依据，注重考察被举者的经学、文学、史学的基本素养和语言文字表达能力；以“治术”为重要标准，注重被举者的政绩；注重专门才能，发挥人才的特殊作用。在学校考试选士方面，论述太学考试类别及其影响；考察郡国学校及书馆、经馆等私学的办学状况与作用。

第三章论析东汉时期察举制变革的原因、举措、特点、实施状况与影响，探讨学校选士制度的发展及其作用。察举改革举措主要包括建立“试职”、“累功”制；确立察举比例制；“左雄改制”规定，取士科目分为“诸生”和“文吏”两科，采用文化考试，“诸生试家法，文吏课笺奏”。这些改革举措促进了察举制的完善，推动了选士规模的扩大。另外，受汉末政治腐败影响，察举制出现严重危机。在学校考选活动方面，获得较大发展。东汉时期，太学规模扩大，太学生来源广泛。政府完善太学博士和太学生选拔制度；太学恢复甲乙两科制度，加强考试的管理。中央政府兴办四姓小侯学、鸿都门学及其他专门教育机构，培养和选拔各类人才。地方官学获得发展，促进了儒学文化的推广。私学地位上升、影响扩大。

第四章探究魏晋时期选官制度的演变、学校教育的变迁以及考试选才思想的发展。研究内容包括九品中正制建立并长期延续的历史与社会政治根源，九品中正制的内容、实施及其对社会、政治的影响。九品中正制与察举之关系，察举式微的原因及表现。魏晋时期孝廉、秀才、贤良对策、“寒素”等科目察举活动。太学、国学教育制度、征选博士等举措及其教育影响。在选才思想方面，论述刘劭的人才品鉴思想、葛洪的人才观与考试观以及其他政治家、朝臣、士人的人才思想和选才观，分析这些思想观念的内涵、价值与历史影响。

第五章全面考察和分析南北朝察举制演变、学校教育复兴的过程、特点及其影响。研究内容包括学校教育和私学的发展、儒师讲学活动、家族教育的发展；选士制度的特点；南朝察举复兴的原因；察举选士标准的演化以及选士范围的扩大，逐渐重视对策和射策在选士中的作用；列举察举孝廉、秀才活动；考察北朝教育及察举的实施，包括北朝教育与文化的重建、北朝察举与门第之关系、察举制的演变。在儒学教育方面，考察河西地区、中原地区官学、私学的复兴过程，论述其对中原儒学文化重建的历史影响。在选士方面，列举北朝察举、学校选士实例。选士科目包括贤良、方正、直言、孝廉、秀才、明经等察举科目以及太学等博士选拔考试。通过论述北朝选士政策、选官制度的演变，揭示察举制变革中选士标准从重门第逐渐向尚才学转化的一般趋势。

第六章从社会政治、文化教育、考试制度等方面，论析南北朝后期科举制产生的动因及表现。研究内容包括在经济政治方面，探究南北朝均田制的创建及其对政治的影响，寒门势力的崛起及其对选官制度的影响，国家统一对选士制度变革的要求。在文化教育方面，考察这一时期文学、史学、律学、书学、医学等专门教育发展状况，并列举士族教育事例，论述儒学复兴、文化融合、官学和家庭教育发展与考试选士的关系，阐明各类教育为科举制的诞生提供了重要的文化和人才基础。在考试制度研究方面，概述学术界有关"科举"起始的代表性观点，辨析"科举"的不同含义；结合史实，考察科举名称、科目名称、科第名称或科第名位之起源，策试制度的发展，考试选才范围的扩大，论析科举制萌芽的过程与表现。

通过历史考察和综合分析，本书得出以下一些基本结论。

第一，科举制度的形成，既有其社会政治、经济根源，也有深层的文化因素的作用。从思想文化渊源来看，科举制是先秦以来"大一统"政治观念和贤能治国思想在特定历史条件下演化的产物，也是儒家所倡导的"学而优则仕"社会本位教育价值观的制度化，同时汲取了法家思想，强调入仕的客观化和形式化，强调官吏的才干和试用，这些都反映了中国传统文化的基本价值取向。儒家教育理念与贤能治国的人才观、"大一统"的政治理念相互作用，产生了以国家为主导、推荐与考试相结合的人才选拔制度。

第二，先秦时期是我国选士制度产生和演变的重要阶段，既有以推荐、考察为主的"荐举"制度，也有以考试、考核为手段的"献策"、"军功"等选才方式。"试"的方式和标准多种多样。军功入仕"试"的是军事功劳，"农战"检验的是农业成绩，文学游说"试"的是文学、韬略和口才。这些不同的选士方式，成为汉唐"察举"与"科举"制度之滥觞。

第三，汉代察举选拔出一批德才兼备的治国人才，促进了社会政治、文化的发展，为后世选官制度的变革与发展奠定了基础。察举选士活动对两汉社会风气产生双重影响，既发挥了社会教化的积极功能，也在一定程度上助长了权贵势力的膨胀。“左雄改制”是汉代察举乃至中国考试发展史上一件大事，在完善人才选拔制度、矫正察举弊端、发挥考试选拔功能等方面发挥了不可替代的作用。东汉私学的讲学活动，范围广、影响大，既为察举选士奠定了重要的人才基础，也促进了经学变革、文化传承和古代教育的发展。东汉后期，政治黑暗，吏治腐败，破坏了察举制运作的社会基础，严重削弱其选贤任能的功能，加速了东汉王朝的崩溃。

第四，汉代统治者建立了完整的官学教育体系，与察举选士相配合，促进了人才的培养与选拔；另外，“独尊儒术”政策的推行，强化了重人文轻自然的知识价值观，反映在选士制度上，太学与察举缺少自然科学方面的科目，察举策问的内容限于经学、文学、法律等人文政务科目，这种状况不利于培养和选拔科学人才。西汉时期私学的复兴，使教育教学活动在一定程度上摆脱了官府的束缚，实现学术思想的自由；扩大了教育对象，广泛提升了民众文化素养和社会文明程度，也为东汉私学的繁盛奠定了重要基础。

第五，在中国古代选官制度发展史上，魏晋时期是一个重要转折阶段。一方面继续沿用汉代开创的察举选士、太学考试入仕的路径，任用经学人才；另一方面开始建立九品中正制，实行新的选官方式。九品中正制继承了东汉选士乡议的传统，是察举制在特定社会条件下演化的结果。它适应了曹魏统治者为巩固新政权而重新分配选拔人才权力的需要，是社会失序状态下统治者的权宜之计。这项制度为南北朝统治者所承袭，延续近四百年之久。其重要原因在于，“人士流移”这个问题自汉末至南北朝始终存在，而选举制度仍然部分地保存着东汉旧传统，需要权威人士主持对被举者的评议。从一定意义上可以说，正是由于魏晋南北朝时期选官弊端的加深，催化了科举考试制度的诞生。

第六，科举制的起源是一个渐进的由观念到制度、由量变到质变的演化过程，受文化观念、政治需要、经济变革等因素的推动。南北朝后期，学术文化的发展，为科举考试内容的定型奠定了基础；南北文化的整合，促进了科举制度的产生。士族在官吏选拔与任用上的特权逐渐削弱，寒人在各级政权任官比例增加，清浊之分逐渐淡化，门第品位失其意义。均田制下农民人身依附关系的松动，为普通士人参加科举考试创造了前提条件；社会阶级结构的变化和皇权的加强，奠定了考试选士的社会、政治基础；隋朝建立后，国家统一局面的出现和地方行政管理机构变革，为统一考试提供了充分的政治条件。

第七，南北朝时期，学校教育出现新的特点，教育内容和招生对象扩展，中央官学类型增加，形成国子学、太学、四门学并立之制，并出现文学、史学、律学、书学、算学、医学等专门教育。梁武帝重视并提倡儒术，置五经博士，五馆生皆引“寒门俊才”，促进了私人讲学传经之风的兴起。学校制度及专门教育的发展，促进了考试选才的兴起，为隋唐科举制的诞生提供了重要的文化和人才基础。

第八，科举术语作为古代考试文化的载体，在历史演变过程中具有传承与变异的双重特性。一方面，科举术语一旦形成，就具有相对独立性，在一定的时空范围内传播、流行，从不同侧面反映出科举考试的历史活动；另一方面，因科举考试制度、考试科目及社会文化教育的变迁，一些科举名词术语的名称、含义随之发生变异。

科举名词的起源早于科举制度的创立，从科举名词术语的起源及演变中，我们不难发现科举制产生的轨迹。魏晋以前，由地方州郡向朝廷推荐人才，泛称“贡举”。与贡举相关的另一个名词“诏举”则起源于汉代。隋唐科举科目名称中，有的起源于先秦时期或汉朝以降察举时代。与科举考试活动相关的名词，如考试、诏策、策问、对策、射策、公车等，也可溯至汉代察举选士活动。南北朝时期，除了承袭汉魏察举科目、名词之外，开始出现后世科举考试的一些名词术语，或将传统名词的词意加以转换，赋以新义，如“甲第”、“甲科”、“明经”等，这些都标志着科举制的萌芽。

第一章　科举考试的文化渊源

中国是考试的故乡，科举是古代考试之集大成者。作为自隋唐至明清所实行的一种全国性的人才选拔制度，科举考试具有文官考试和高等教育考试的双重性质。就其积极作用和世界影响而言，科举考试是中国对人类文明的伟大贡献之一。创立于隋唐的科举制，不仅具有特定的社会政治经济根源，而且还有其深刻的民族文化根源。从文化渊源来看，科举制是先秦以来贤能治国的思想、“大一统”的国家观念和公平公正社会理念在特定历史条件下演化的产物，也是儒家所倡导的“学而优则仕”社会本位教育价值观的制度化，反映了中国传统文化的基本价值取向。

第一节　先秦贤能治国的思想

历史学上，先秦是指秦王朝统一中国之前的漫长历史时期，从远古起至公元前221年为止。先秦时期是中国文化发展的第一个阶段，它奠定了中国文化的基本精神和主要内容。“中国文化的一切因子都在先秦时代具备了，中国文化的基本精神和内容，各种各样的思想、观念，自然的、人生的、哲学的、政治的、艺术的乃至科学的，大至宇宙观、世界观，小至一些具体观念乃至格言警句，后世所有的，外国所有的，大都可以在先秦时代找到，而且许多都有比较完整的记载。”① 对后世科举制度的创立产生深远影响的一些观念文化，如尚贤思想、大一统观念等政治文化，“学而优则仕”的教育价值观念，以及某些科举名词，如“进士”、“俊士”、“秀才”、“至公”等，都肇始

① 熊铁基：《汉唐文化史》，第12页。

于此。

一、选贤任能的政治理念

从文化结构上看，科举考试属于制度文化层面，它与物质文化、精神文化构成有机的文化整体，受观念文化的制约和影响。钱穆先生曾指出："制度多从观念产生，却未必能规定观念。"① 观念文化的产生需要深入经济、政治结构和自然生态环境中去寻找依据。考察中国古代文化发展史，不难发现，科举考试制度的形成，经历了从思想观念的萌芽到考试制度的建设这一长期的历史演化过程，其中，尚贤思想作为重要的政治理念，对后世科举考试制度的创立产生了深远影响。

（一）尚贤思想的起源与发展

1. 尚贤思想的起源

尚贤思想是先秦时期重要的思想观念，其源头可溯至远古氏族社会的"军事民主"观念和政治实践。尧舜禹时期，部落联盟首领所实行的"禅让"制，就包含了"尚贤"观念。孔子曾列举"舜有五人而天下治"②。通过这一事例，我们可以看到，舜之所以能治理好国家，是因为依靠禹、稷、契、皋陶、伯益五位贤臣来帮助其治理国家。

夏王朝建立后，以王位"世袭制"取代原始氏族制下"传贤才"。商朝王位继承实行"传弟"和"传子"相结合，晚期逐渐流行嫡长子制。为了维护统治，商王设立官僚机构，任命为数众多的"臣"或"臣正"，其中包括一些贤臣。如商王汤的辅佐伊尹、武丁的大臣傅说，就是颇有治国才能的人。此外，还分封"侯"、"伯"，效忠商王。西周时期，通过层层"分封"，建立起自天子到诸侯、卿大夫、家臣不同等级制度和从属关系。春秋战国时期，周王室式微。各诸侯国相互争夺激烈，人才的作用显得十分突出，统治者关注和网罗人才。在此历史背景下，一些政治家和思想家提出各自的政治学说，促进了尚贤思想的发展。

---

① 钱穆：《中国文化史导论》，第53页。

② （三国魏）何晏等注，（宋）邢昺等疏：《论语注疏》卷八《泰伯》，载《十三经注疏》（下），第2487页。

2. 春秋战国时期的尚贤思想

春秋初期政治家管仲参与齐国改革，在思想观念上提出了一些新的见解。管仲提出“备长存乎任贤”①，国家长治久安在于选择贤能的人辅佐国政。这一主张为齐桓公所接受。管仲在行政、经济、军事、用人制度上实行一系列改革，使齐国一跃成为春秋首霸。孔子称赞说：“管仲相桓公，霸诸侯，一匡天下，民到于今受其赐。”②

管仲的人才观为后世学者所继承。春秋末年兴起的儒家学派，主张人治，重视执政者的作用，特别强调“举贤与能”。《礼记·大传》列举圣王治理天下的五项举措中，就包括“举贤”、“使能”两项。这些都是行政者的职责所在，“民不与焉”。君王能够与民变革的事项，主要包括“立权度量，考文章，改正朔，殊徽号，异器械，别衣服”。这里的“考文章”，是指考察、核查礼乐制度。

孔子崇尚西周礼乐制度，重视整理古代典章文献，总结历史经验教训，特别强调“为政在人”。当鲁哀公问政于孔子时，孔子讲“政在选贤”③。《论语·卫灵公》篇记载，孔子说：“臧文仲其窃位者与？知柳下惠之贤，而不与立也。”其弟子仲弓做了鲁国卿家贵族季孙氏的总管，向孔子问政，孔子回答说：“先有司，赦小过，举贤才。”仲弓又问：“焉知贤才而举之？”孔子进一步阐发说：“举尔所知。尔所不知，人其舍诸？”④ 就是说，选贤首先应关注你所知道的人才，如果人人都做到了这一点，还担心遗漏贤能之士吗？由此可见孔子尚贤思想之一斑。

孟子作为儒家学派的重要代表人物，进一步阐述任用贤才的意义与举措。《孟子·告子下》篇以百里奚为例，“虞不用百里奚而亡，秦穆公用之而霸”，说明选贤使能的得失。思孟学派在其论著中强调人才的重要性。《礼记·中庸》篇主张：“为政在人，取人以身，修身以道，修道以仁。”又说：“义者宜也，尊贤为大。”把“尊贤”列为治国安邦“九经”之第二位，仅次于

---

① （春秋）管仲：《管子》卷二《版法》，见张玉良、赵世超等译《白话管子》，第65页。

② （三国魏）何晏等注，（宋）邢昺等疏：《论语注疏》卷一四《宪问》，载《十三经注疏》（下），第2512页。

③ （战国）韩非子撰；（清）王先慎集解：《韩非子集解》卷一六《难三》，第371页。

④ （三国魏）何晏等注，（宋）邢昺等疏：《论语注疏》卷一三《子路》，载《十三经注疏》（下），第2506页。

“修身”。认为：“修身则道立，尊贤则不惑。”① 孟子首次明确提出“贤者在位，能者在职”的政治主张，指出：“莫如贵德而尊士，贤者在位，能者在职；国家闲暇，及是时，明其政刑。虽大国，必畏之矣。”② 他认为实行“王政”，首要的一项是“尊贤使能，俊杰在位，则天下之士皆悦，而愿立于其朝矣”③。以职位卑下的人尊敬高贵的人，称为“贵贵”；以高贵的人尊敬职位卑下的人，称为“尊贤”，“贵贵尊贤，其义一也”④。在《梁惠王下》篇，孟子回答齐宣王说，国君“进贤”要慎重，不为左右、大夫所言而定取舍，要参考“国人”的意见，再考察其贤否，然后决定用与舍。

孟子认为，古代君子也要谋取官位，士人入仕具有社会正当性和历史必然性。他认为：“士之仕也，犹农夫之耕也；农夫岂为出疆舍其耒耜哉？”“古之人未尝不欲仕也，又恶其不由其道也。”士的职责就像农工商一样，是社会的分工不同，各有其职责，发挥各自的作用。“士之失位也，犹诸侯之失国家也。”⑤ 另外，孟子又指出，士人入仕要合乎儒家之道。士人的职责就是在家孝顺父母，出外尊敬长辈，遵守古代圣王的礼法道义，以培养后代的学者。在伦理教化方面作为表率，发挥独特的教育作用。

先秦儒家集大成者荀况，提出“任贤”说，丰富了尚贤思想的内涵。《荀子》一书中，多以“贤”、“罢”对举，前者是指堪当治国大任的智能之士，后者则指弱不任事者。荀子认为：“尊圣者王，贵贤者霸，敬贤者存，慢贤者亡，古今一也。”“尚贤使能，等贵贱，分亲疏，序长幼”，这是先王之道。“尚贤、使能，则主尊而下安”⑥。他主张：“贤能不待次而举，罢不能不待须而废，中庸民不待政而化。”作为国家统治者，需要“平政爱民”、“隆礼敬士”、“尚贤使能”，这些都是国君的大节。“王道”就是争夺贤人。“王者之论：无德不贵，无能不官，无功不赏”，“尚贤使能而等位不遗”，⑦ 才能安定天下。由此可见，儒家对于选贤任能的重视。

---

① （汉）郑玄注，（唐）孔颖达等疏：《礼记正义》卷五二《中庸》，载《十三经注疏》（下），第1629、1630页。

② （战国）孟轲撰，杨伯峻译注：《孟子译注》（上）卷三《公孙丑上》，第75页。

③ （战国）孟轲撰，杨伯峻译注：《孟子译注》（上）卷三《公孙丑上》，第77页。

④ （战国）孟轲撰，杨伯峻译注：《孟子译注》（上）卷一〇《万章下》，第237页。

⑤ （战国）孟轲撰，杨伯峻译注：《孟子译注》（上）卷六《滕文公下》，第142页。

⑥ （战国）荀况撰，（清）王先谦集解：《荀子集解》（下）卷一七《君子》，第453页。

⑦ （战国）荀况撰，（清）王先谦集解：《荀子集解》（上）卷五《王制》，第148、159页。

春秋战国之际另一思想家、政治家墨翟，创立墨家学派，也提出了“尚贤”说。墨子充分肯定贤才在社会政治中的重要地位，提出“尚贤为政之本也”[①]。《墨子·尚贤》上、中、下三篇阐述了这一观点。墨子以圣王言行为例，论证了“尚贤使能为政”的重要性。《传》曰：“求圣君哲人，以裨辅而身。”《汤誓》曰：“聿求元圣，与之勠力同心，以治天下。”[②] 尧举舜为天子，而治天下。禹举益于阴方之中，授之政，九州成。武汤任用伊挚为相，终能灭夏兴商。武丁重用傅说为三公，使国力强盛。文王举闳夭、泰颠于罝罔之中，授之政，西土服。由此得见，“尚欲祖述尧舜禹汤之道，将不可以不尚贤。夫尚贤者，政之本也”[③]。

为了实现治国安民的目的，墨子极力主张“尚贤”。他提出：“国有贤良之士众，则国家之治厚；贤良之士寡，则国家之治薄。”为政之要务，“将在于众贤而已”，即搜求大量人才，以适应为政的需要。墨子反对儒家“亲亲有术，尊贤有等”的看法，主张“不党父兄，不偏富贵，不嬖颜色”，他强调国家用人应打破等级身份，认为，“古者圣王之为政，列德而尚贤，虽在农与工肆之人，有能则举之。高予之爵，重予之禄，任之以事，断予之令”，让其有职有权，发挥作用。“故官无常贵而民无终贱，有能则举之，无能则下之。”[④] 这一主张反映了小生产者要求改变自身经济政治地位、参与政权的愿望，是对以血缘为基础的贵族等级制度的冲击，具有明显的历史进步意义。

墨子从正反两方面论证举贤应赏罚得当，建立良好的社会风尚。他说：“故士者，所以为辅相承嗣也。”“贤者举而上之，富而贵之，以为官长。”“进贤”就是要举贤而抑不肖者，使民众都能够“劝其赏，畏其罚，相率而为贤者”，实现“贤者众而不肖者寡”的政治愿望。[⑤] 如果赏罚不当，则使“为贤者不劝，而为暴者不沮矣”。其结果，“使治官府则盗窃，守城则倍畔，君有难则不死，出亡则不从，使断狱则不中，分财则不均，与谋事不得，举事不成，入守不固，出诛不强”，最后导致“失措其国家，倾覆其社稷者”。究

① （战国）墨翟撰，（清）毕沅校注：《墨子》卷二《尚贤上》，第 25 页。
② （战国）墨翟撰，（清）毕沅校注：《墨子》卷二《尚贤中》，第 29 页。
③ （战国）墨翟撰，（清）毕沅校注：《墨子》卷二《尚贤上》，第 25 页。
④ （战国）墨翟撰，（清）毕沅校注：《墨子》卷二《尚贤上》，第 23—24 页。
⑤ （战国）墨翟撰，（清）毕沅校注：《墨子》卷二《尚贤中》，第 26 页。

其原因，“皆以明小物而不明大物也”①。

即使是“尚法不尚贤”的法家学派，也不反对任用贤能为君主统治服务。慎到认为：“亡国之君，非一人之罪也；治国之君，非一人之力也。将治乱，在乎贤使任职。”② 因此，他要求“臣尽智力以善其事”③。商鞅认为，世俗所谓“贤者”，只不过是“听其言”，问其同党的评论，没有等到其有功就加以重用，没等到其犯罪就加以惩处，因而为“污吏”、“小人”所欺诈。“夫举贤能，世之所治也，而治之所以乱。”④

战国末年，随着社会政治、经济和文化的发展，出现了各家学术相互融合的趋势。这一时期杂家代表作品《吕氏春秋》，虽然对墨家思想吸收较少，但对其“尚贤”、“兼爱”之说，则有所吸收。吕不韦认为，如同治病需有良医，“君人者”立功名，“要在得贤”。如：“魏文侯师卜子夏，友田子方，礼段干木，国治身逸。”⑤ 他认为：“身定，国安，天下治，必贤人。”“得贤人，国无不安，名无不荣；失贤人，国无不危，名无不辱。先王之索贤人无不以也，极卑极贱，极远极劳。”⑥

《吕氏春秋·爱类》篇提出：“仁人之于民也，可以便之，无不行也。”“贤人之不远海内之路，而时往来乎王公之朝，非以要利也，以民为务故也。人主有能以民为务者，则天下归之矣。”《精通》篇强调，圣人“以爱利民为心”。《圜道》篇赞赏尧、舜，“以贤者为后，不肯与其子孙”。这些主张与墨子的“官无常贵，民无终贱，有能则举之，无能则下之”的尚贤思想，是一脉相承的。

（二）先秦选贤标准的演变

治理国家需要贤才，但是，对于什么是贤才，如何选拔贤才，人们有不同的认识和选择。历史上曾经存在各种选用人才的标准——或以血统，或以军功，或以赀财，或以德行，或以才干，不一而足。纵观我国古代选官制度

① （战国）墨翟撰，（清）毕沅校注：《墨子》卷二《尚贤中》，第27—28页。
② （战国）慎到撰，钱熙祚校：《慎子》卷四《知忠》，第6页。
③ （战国）慎到撰，钱熙祚校：《慎子》卷三《民杂》，第5页。
④ （战国）商鞅：《商君书》卷五《慎法》，见张觉《商君书全译》，第252页。
⑤ （战国）吕不韦等撰，许维遹集释：《吕氏春秋集释》卷二一《察贤》，第511—512页。
⑥ （战国）吕不韦等撰，许维遹集释：《吕氏春秋集释》卷二二《求人》，第535—536页。

的演变轨迹，其总趋势则是倾向于选拔德才兼备的人才。

1. 选贤的对象

先秦儒家、墨家两大“显学”都秉持“尚贤”的人才观，注重贤士的政治作用，但在选贤任能的范围、方法、路径上存在某些差异。当代研究者指出，“墨子尚贤的对象不是一般的老百姓，而是当时的知识阶层——士”[①]。孔子、墨子所说的“举”、“选”都不是由下而上的民主选举，而是由上而下的挑选。[②] 这表明，先秦时期的“尚贤”思想是有阶级性的，选才的范围也限于“士”阶层。

先秦时期的“士”具有多种含义。一般是对青壮年男子的通称，亦指当时最低一级的贵族阶层，或具有某种品质、某种技能的人。熊铁基先生指出，“文、武之士，开始时是没有明显界限的”，孔子既精于文，亦“能武”。春秋战国时期，出现“武士与文士的明显分途，而文士的数量日益增多，且在社会、政治各方面特别活跃”。[③] 选拔不同类型的士人需要采用不同的标准与方法。

2. 选贤的标准与方法

管仲最早提出辨别“贤人”的具体办法：“明主之择贤人也，言勇者试之以军，言智者试之以官，试于军而有功者则举之，试之官而事治者则用之。”“明主之治也，明分职而课功劳。”[④] 所谓“试”，包含考查、检测、考核之义；而“课”也是“试”，指定有程式而试验稽核。

墨子提出了辨别贤良之士的标准，这就是“厚乎德行，辩乎言谈，博乎道术”。这些标准包括道德行为、思想与口才以及治道的方法，大致反映出一个人的品行和才能。为了招徕贤才，他提出“众贤之术”：“富之，贵之，敬之，誉之，然后国之良士，亦将可得而众也。”[⑤] 就是说，在政治上要依靠良士的辅助，须提高其经济地位、社会地位，使其受到应有的尊敬。

---

① 刘泽华：《先秦政治思想史》，第 587 页。

② 刘泽华：《先秦士人与社会》，第 57 页。

③ 熊铁基、马良怀、刘韶军：《中国老学史》，第 70—71 页。

④ （春秋）管仲：《管子》卷二十一《明法解》，见张玉良、赵世超等译《白话管子》，第 671—672 页。

⑤ （战国）墨翟撰，（清）毕沅校注：《墨子》卷二《尚贤上》，第 23 页。

法家对“贤”的理解不同于儒、墨学派。韩非子主张，“上法而不上贤”①。这里所说的“贤”，乃特指“显耕战之士”②。他提出，“主利在有能而任官”，“主利在豪杰而使能”。③ 这些显示出法家鲜明的功利色彩。“明主之为官职爵禄也，所以进贤才劝有功也。故曰：贤才者处厚禄，任大官；功大者有尊爵，受重赏。官贤者量其能，赋禄者称其功。是以贤者不诬能以事其主。有功者乐进其业，故事成功立。”④ 在选才标准上，同样以功利为导向，韩非子提出：“试之官职，课其功伐，则庸人不疑于愚智。”⑤

在如何识别和任用贤才方面，荀子提出不少有价值的见解。他说：“君子贤而能容罢，知而能容愚，博而能容浅，粹而能容杂，夫是之谓兼术。”⑥“故至贤畴四海，汤、武是也；至罢不容妻子，桀、纣是也。”⑦“基必施，辨贤、罢。”⑧“尊圣者王，贵贤者霸，敬贤者存，慢贤者亡，古今一也。”反对“以族论罪，以世举贤”。⑨ 荀子提出，正如每个国家都有治法与乱法、愿民与悍民、美俗与恶俗，“无国而不有贤士，无国而不有罢士”，“两者并行而国在，上偏而国安，在下偏而国危，上一而王，下一而亡。故其法治，其佐贤，其民愿，其俗美，而四者齐，夫是之谓上一。”“彼持国者必不可以独也，然则强固荣辱在于取相矣。”“巨用之者，先义而后利，安不恤亲疏，不恤贵贱，唯诚能之求，夫是之谓巨用之。”⑩ “论德而定次，量能而授官。皆使人载其事而各得其所宜。”⑪ 在这里，“论”是评论、鉴别；“量”是衡量；“德”、“能”是用人的标准；“次”是等第、爵位；“官”是官府职位。通过评议和考量人的品德、能力的高低，确定其等级，授予相应的官职，使人才得到合理使用。这是对举贤任能的具体阐释，丰富了尚贤思想的内涵。

---

① （战国）韩非子撰，（清）王先慎集解：《韩非子集解》卷二〇《忠孝》，第464页。
② （战国）韩非子撰，（清）王先慎集解：《韩非子集解》卷四《和氏》，第97页。
③ （战国）韩非子撰，（清）王先慎集解：《韩非子集解》卷四《孤愤》，第84页。
④ （战国）韩非子撰，（清）王先慎集解：《韩非子集解》卷二《八奸》，第57页。
⑤ （战国）韩非子撰，（清）王先慎集解：《韩非子集解》卷一九《显学》，第458页。
⑥ （战国）荀况撰，（清）王先谦集解：《荀子集解》（上）卷三《非相》，第86页。
⑦ （战国）荀况撰，（清）王先谦集解：《荀子集解》（下）卷一二《正论》，第325页。
⑧ （战国）荀况撰，（清）王先谦集解：《荀子集解》（下）卷一八《成相》，第460页。
⑨ （战国）荀况撰，（清）王先谦集解：《荀子集解》（下）卷一七《君子》，第453、452页。
⑩ （战国）荀况撰，（清）王先谦集解：《荀子集解》（上）卷七《王霸》，第219—220、209页。
⑪ （战国）荀况撰，（清）王先谦集解：《荀子集解》（上）卷八《君道》，第237页。

二、“大一统”的国家理念

“大一统”观念是华夏民族在长期生存发展和民族融合过程中形成的一种政治观、国家观、民族观和文化价值观。它崇尚国家统一，要求在国家、民族、政治、文化等方面高度统一，确立君主至高无上的地位。这是中国古代政治文化的重要特色。为了实现“大一统”的政治目标，需要选拔贤能人才，辅助君主治理国家。就其教育影响而言，“大一统”思想为人才选拔制度提供了动力源泉和文化标准，成为科举考试的又一重要文化来源。

（一）“大一统”观念的起源及含义

“大一统”思想起源于先秦时期。中国自古就是一个多民族的国家，在中华民族形成过程中，由氏族到部落联盟，呈现交流、融合和统一的趋势，最后形成统一的多民族的国家。“大一统”观念反映了这一历史发展的进程。这种思想观念在先秦文化典籍中有大量的记载，以儒家经籍《春秋公羊传》的阐述最为细致完备。

孔子作《春秋》，主张“大一统”，强调一统于周礼，以挽救东周王室“礼崩乐坏”的局面。作为《春秋》三传之一，《公羊传》阐发了孔子的“大一统”思想。此书在战国时期是以口授的方式在学者间师生相传，至汉景帝时始著于竹帛。它尊周王为“正朔”，强调“一统”的重要性。《春秋公羊传·隐公元年》对《春秋》开篇作了细致的解释：“何言乎王正月？大一统也。”这里的“大”字作为动词，按《公羊传》文例，凡言“大”什么者，都是“以……为重大”的意思。“大一统”就是以“一统”为大。董仲舒阐释说：“《春秋》谓一元之意，一者万物之所从始也，元者辞之所谓大也。谓一为元者，视大始而欲正本也。”“《春秋》大一统者，天地之常经，古今之通谊也。”颜师古注解：“一统者，万物之统皆归于一也。”①

刘家和先生引用汉人的解诂，详尽剖析“一统”的深刻含义。许慎《说文解字》说：“统，纪也”；“纪，别丝也”。何休注：“统，始也。”段注曰：“别丝者，一丝必有其首，别之是为纪；众丝皆得其首，是为统。统与纪，义

---

① 《汉书》卷五六《董仲舒传》，第2523页。

互相足也，故许不析言之。”据此可知，“纪是一根丝的头，找到丝头，这根丝就能理好；统是许多根丝的头，把这许多根丝的头抓到一起，这一团丝也就能理出头绪来了。所以，如果就其为‘头’的词义来说，‘统’和‘纪’可以无别；但是析而言之，只有‘统’才有一的问题，而纪则不存在这个问题，因为它本身就是一”。刘家和先生进而指出，此“一”又非简单地合多为一，而是要从“头”、从始或从根就合多为一。只有看出这后一点意思，才能确切地把握了《公羊传》的“一统”的本义。而这样的“一统”，要从西文里找出与之完全相对应的词，看来就很困难了。“中国人的‘一统’观念，自有其历史的特色，是非常值得我们研究的。”①

由上述可见，“大一统”思想作为一种政治理论，有其特定的政治与文化内涵，我们不能简单地将其归结为君主专制。在不同的历史时期，“大一统”思想的表现形态存在某些差异，但在文化观念上则是一脉相承的。

（二）“大一统”思想的演进

从历史演变来看，“大一统”思想的形成，经历了从先秦到两汉的发展过程。大致说来，春秋战国时期是“大一统”理论的初创阶段。在周王室式微、诸侯争霸的时代，社会极度动荡，文化失序，思想家们纷纷探讨政治统一、华夷一统等亟待解答的问题，陆续出现了一些反映“大一统”理想的著作及学说。秦汉时期，适应国家统一的现实需要，一些学者进一步完善和构建这一学说，最终确立了“大一统”的政治思想和制度。

1. 儒家的“大一统”理念

孔子崇尚周代礼乐制度和分封制，维系周朝统一。他所创立的儒家学派是“大一统”学说的主要构建者。这在儒家经典中都有大量反映。

作为“五经”之一的《春秋》，倡导“尊王”的大一统思想。《汉书·王吉传》言：“《春秋》所以大一统者，六合同风，九州共贯也。”《论语·季氏》记孔子言：“天下有道，则礼乐征伐自天子出；天下无道，则礼乐征伐自诸侯出。”孔子的思想为后儒所发扬光大。《孟子·万章上》引述《诗经·小雅·北山》篇：“普天之下，莫非王土；率土之滨，莫非王臣。”《礼记·曾

① 刘家和：《论汉代春秋公羊学的大一统思想》，《史学理论研究》1995年第2期。

子问》："天无二日，土无二王，尝禘郊社，尊无二上，未知其为礼也。"《礼记·坊记》子云："天无二日，土无二王，家无二主，尊无二上，示民有君臣之别也。"这些论述表达了儒家崇尚国家统一和君主专权的政治理念。

战国时期，陆续出现新的著述。儒家学者根据传世的一些官制资料，并添加儒家政治理想，编成《周礼》（又名《周官》）一书。该书主张建立起强大的统一王朝，成为后世所推崇的"一统"理论。《礼记·礼运》篇，首倡"天下为公"的大同学说，精辟阐释儒家的"大一统"理想。《尚书》中的《禹贡》篇，打破当时各诸侯国的政治界限，依据山川的自然分野，划分天下为"九州"，又根据各地民族居住地的远近与特点定为"五服"，这是一种理想中的天下一统的地理学说。这些著作作为当时学者对"大一统"社会的理想设计，从不同侧面反映了人们的政治愿望。

战国末年，荀子提出自己的政治学说。他认为，"论德使能而官施之者，圣王之道也，儒之所谨守也"。"取天下者，非负其土地而从之之谓也，道足以壹人而已矣"。因此需任用"贤"、"能"之士："百里之地，其等位爵服足以容天下贤士矣，其管制事业足以容天下能士矣，循其旧法，择其善者而明用之，足以顺服好利之人矣。贤士一焉，能士官焉，好利之人服焉，三者具而天下尽，无有是其外矣。"① 在这里，"贤士"是指有道德者；"能士"则指有才艺的人。荀子指出："隆一而治，二而乱。自古及今，未有二隆争重而能长久者。"② "天子生则天下一隆，致顺而治。"③ 荀子认为："凡兼人者有三术：有以德兼人者，有以力兼人者，有以富兼人者。"所谓"以德兼人"，是指"彼贵我名声，美我德行，欲为我民，故辟门除涂以迎吾人，因其民，袭其处，而百姓皆安，立法施令莫不顺比。是故得地而权弥重，兼人而兵俞强。"④ 为此，荀子主张统一思想、统一制度，以实现统一天下的政治目标。

汉武帝时期，罢黜百家，独尊儒术，春秋公羊学地位上升，获得新的发展。"董仲舒作《春秋繁露》，对公羊学的大一统思想作了系统的阐述。至东汉末，何休作《春秋公羊经传解诂》，把公羊学的大一统思想发展成一套具有

---

① （战国）荀况撰，（清）王先谦集解：《荀子集解》（上）卷七《王霸》，第214—215页。
② （战国）荀况撰，（清）王先谦集解：《荀子集解》（上）卷九《致士》，第263页。
③ （战国）荀况撰，（清）王先谦集解：《荀子集解》（下）卷一二《正论》，第332页。
④ （战国）荀况撰，（清）王先谦集解：《荀子集解》（下）卷一〇《议兵》，第298页。

历史哲学的特点的理论体系。”① 至此，以儒家为代表的“大一统”思想基本定型。

2. 墨家的“尚同”论与杂家的“执一”论

这一时期，墨家、法家等学派，从各自的立场出发，也提出了维护“统一”的政治要求。墨家尚“义”，法家尚“法”，两者对于政治“统一”的认识存在巨大差异。

墨子提出“义政”的主张：“义者，政也。无从之政上，必从上之政下。”② “天下有义则治，无义则乱”，“义者，善政也”。因此，“义不从愚且贱者出，必自贵且知者出”。③ 实行“义政”，要求统治者须有尊贵的社会地位和高超的智慧，顺应天意，自“上”而治“下”。墨子认为，天下之乱在于人各“异义”，没有统一的政治思想。“唯能以尚同一义为政，然后可矣。”因此，需要“同一天下之义”，“选择贤者立为天子”。墨子强调“尚同为政之本而治要也”。他说：“古者天子之立三公、诸侯、卿之宰、乡长、家君，非特富贵游佚而择之也，将使助治乱刑政也。”“是故古之圣王之治天下也，千里之外有贤人焉，其乡里之人皆未之均闻见也，圣王得而赏之。”④ 这种“尚同”论与儒家的“大一统”论，具体内容与要求虽有差异，但都强调政治的“统一”性和任贤的重要性。

法家侧重赏罚教化制度的统一。商鞅提出：“圣人之为国也，壹赏，壹刑，壹教。壹赏则兵无敌，壹刑则令行，壹教则下听上。”⑤ 他强调利益、俸禄、官职、爵位都专一依据士兵在战争中的功绩赐给，没有其他不同的恩惠。在文化教育方面，商鞅主张：“所谓壹教者，博闻、辩慧、信廉、礼乐、修行、群党、任誉、清浊、不可以富贵，不可以评刑，不可独立私议以陈其上。”⑥

战国末期，随着政治上统一的趋势加强，各家学派的思想逐渐走向融合。在此历史背景下，吕不韦召集门客，以儒家、道家思想为主干，博采众家学说，编成《吕氏春秋》，以便作为国家统一后的指导思想。《吕氏春秋》继承

---

① 刘家和：《论汉代春秋公羊学的大一统思想》，《史学理论研究》1995 年第 2 期。
② （战国）墨翟撰，（清）毕沅校注：《墨子》卷七《天志上》，第 90 页。
③ （战国）墨翟撰，（清）毕沅校注：《墨子》卷七《天志中》，第 93 页。
④ （战国）墨翟撰，（清）毕沅校注：《墨子》卷三《尚同下》，第 45、49 页。
⑤ （战国）商鞅：《商君书》卷四《赏刑》，见张觉译注《商君书全译》，第 175 页。
⑥ （战国）商鞅：《商君书》卷四《赏刑》，见张觉译注《商君书全译》，第 185 页。

和发扬道家齐万物的思想，主张统一思想。吕不韦认为："听群众人议以治国，国危无日矣。"因为不同学派的其治国理念有异，甚或截然对立，难以形成统一的行动。"老耽贵柔，孔子贵仁，墨翟贵廉，关尹贵清，子列子贵虚，陈骈贵齐，阳生贵己，孙膑贵势，王廖贵先，儿良贵后。"因此，他提出："一则治，异则乱；一则安，异则危。"怎样才能统一人们的思想？只有圣人、天子才能担当这一重任："夫能齐万不同，愚智工拙，皆尽力竭能，如出乎一穴者"。① 吕不韦还主张："王者执一，而为万物正。""天下必有天子，所以一之也；天子必执一，所以抟之也。一则治，两则乱。"② 由此可见，"大一统"思想在这一著作中的重要地位。

作为一部杂家著作，《吕氏春秋》既兼收并蓄各家学说，又适应社会现实的需要，加以改造、发展与摒弃，构建庞杂的思想体系。《吕氏春秋》虽采纳儒家维护君权的主张，却赋予中央集权以新面目。如其所言："今周室既灭，而天子已绝，乱莫大于无天子。"③ 孔子主张以礼乐、分封等级制度，维护周王朝的一统天下，但并没有强调君主专制，而《吕氏春秋》却提出"执一"、"抟"这样的政治观念。"执一"和"抟"就是君主集权统治。这是对先秦儒家思想的改造与发展。

3. "大一统"思想对人才选拔制度的影响

春秋战国时期，以儒家为首倡，包括法墨诸家，从大一统的政治观出发，要求打破殷周以来的"世卿世禄"制度，"举贤才"，唯德是任。《礼记·礼运》更是勾画出大同世界举贤任能的理想蓝图："大道之行也，天下为公。选贤与能，讲信修睦。"在这里，选拔贤能之士辅助治国是实现"大一统"政治理想的先决条件和必要手段；维护"大一统"的君主政治统治是"选贤与能"的基本动力和最终目的。二者相互作用，共同促进了中国古代选官制度的发展。

秦汉时代是大一统观念和尚贤思想走向制度化的开端。秦王朝虽二世而亡，在人才选拔方式上并无创新，但其所创立的以皇权为核心的中央集权制度、郡县制度、博士制度，以及所推行的书同文、行同伦等文教统一政策，

① （战国）吕不韦等撰，许维遹集释：《吕氏春秋集释》卷一七《不二》，第405—407页。
② （战国）吕不韦等撰，许维遹集释：《吕氏春秋集释》卷一七《执一》，第407页。
③ （战国）吕不韦等撰，许维遹集释：《吕氏春秋集释》卷一三《谨听》，第255页。

却对汉代选士制度的变革产生深远影响。汉初统治者吸取秦亡的教训，调整政策，崇尚黄老思想，实行“无为”之治；在人才政策上，广泛招纳贤才参政治国，创立了察举制。这一新的人才选拔制度体现了“大一统”的价值取向和“贤能治国”的基本精神，而隋唐科举考试制度则是这种价值取向和文化精神的延续与发展。

三、公平公正的社会理念

什么是公平公正，学人有不同阐释。从文化的视角考察，东西方对公平正义的理解存在显著差异，但是，都将社会公平公正作为核心价值，不断探究其实现的路径与方式。可以说，追求公平正义是人类社会发展的普遍现象和内在动力。在中国传统文化观念中，实现公平正义与贤能治国密切相连。前者是后者追求的目标，后者为前者的实现途径，两者相辅相成。公平公正理念的发展演变，为人才选拔提供了价值准则和社会基础，是科举制赖以产生的社会文化土壤。

（一）先秦诸子对公平公正的认识

在先秦政治文化中，公平公正的理念占有突出地位。诸子百家对于社会公平的含义、实现路径与方式虽有不同论说，但都追求公平社会的理想。春秋时期，管子认为：“风雨至公而无私，所行无常乡。”“风雨无乡，而怨怒不及也。”① 就是说，天地、自然是无私的，惠及社会大众。人类社会也应是无私的：

> 言而语道德忠信孝弟者，此言无弃者。天公平而无私，故美恶莫不覆；地公平而无私，故小大莫不载。无弃之言，公平而无私，故贤不肖莫不用。故无弃之言者，参伍于天地之无私也。②

由于“公正”源于“天道”，表现为“公理”，因此，管子将其作为治国的根本指导思想，强调：“中正者，治之本也”；“行天道，出公理，则远者自

① （春秋）管仲：《管子》卷一《形势》，见张玉良、赵世超等译《白话管子》，第8页。
② （春秋）管仲：《管子》卷二〇《形势解》，见张玉良、赵世超等译《白话管子》，第608页。

亲；废天道，行私为，则子母相怨。”[①] 他告诫齐桓公：“勿创勿作，时至而随，毋以私好恶害公正”[②]。治理国家不要标新立异，应效法自然，秉持公正，才能达到长治久安。

儒家学者崇尚公平公正的社会原则，提出“天下为公”的理想。《礼记·礼运》篇描述说：

> 大道之行也，天下为公，选贤与能，讲信修睦。故人不独亲其亲，不独子其子；使老有所终，壮有所用，幼有所长，矜、寡、孤、独、废疾者皆有所养；男有分，女有归。货恶其弃于地也，不必藏于己；力恶其不出于身也，不必为己。是故谋闭而不兴，盗窃乱贼而不作，故外户而不闭，是谓大同。

在这一理想社会里，人们遵循公平公正的原则，各尽所能，各得其所。

墨家的公平理念表现为“兼相爱”、“交相利”的政治理念。墨子提出：“仁人之事者，务必求兴天下之利，除天下之害。”他主张以“兼爱”的理念来施政，人人互助互利，就能实现社会公平的理想：

> 今吾将正求与天下之利而取之，以兼为正，是故以聪耳明目相与视听乎，是以股肱毕强相为动宰乎，而有道肆相教诲。是以老而无妻子者，有所侍养，以终其寿；幼弱孤童之无父母者，有所放依，以长其身。[③]

墨家提出的这一社会理想，与儒家可谓殊途而同归。

除对于公平原则、至公理想的憧憬外，儒家、墨家还提出了“人格平等”的观念。有论者指出，在孔子以“忠恕”为核心规范的仁学思想中，隐含着一种“人格平等”的精神。“我们甚至可以在某种意义上说，这种忠恕一贯、人格平等的精神在儒家那里是其所有社会政治主张的核准。”[④] 这里也包括了贤能治国的理念，要求公平选拔人才。孔子提倡“有教无类”，体现了受教入仕的机会平等。秦昭王问荀子：“我欲贱而贵，愚而智，贫而富，可乎？”荀子回答说：“其唯学乎。彼学者，行之，曰士也；敦慕焉，君子也；知之，圣

---

① （春秋）管仲：《管子》卷四《宙合》，见张玉良、赵世超等译《白话管子》，第 114 页。
② （春秋）管仲：《管子》卷十八《桓公问》，见张玉良、赵世超等译《白话管子》，第 552 页。
③ （战国）墨翟撰，（清）毕沅校注：《墨子》卷四《兼爱下》，第 57 页。
④ 何怀宏：《选举社会及其终结——秦汉至晚清历史的一种社会学阐释》，第 74 页。

人也。上为圣人，下为士君子，孰禁我哉！”① 由此可见，儒家的公平思想也包含着教育平等的观念。

相比之下，墨家的“人格平等”，表现为“兼爱”精神。墨子反对儒家的“爱有差等”说，提倡一种平等的、不分厚薄亲疏的相爱。他说：“凡天下祸篡怨恨其所以起者，以不相爱生也。”因此，主张“以兼相爱、交相利之法易之”。墨子指出“爱人”不能离开“利人”：“夫爱人者，人亦从而爱之；利人者，人亦从而利之。恶人者，人亦从而恶之；害人者，人亦从而害之。”②这是墨家独特的“平等”观。

道家从“自然天道”观出发，主张近乎自然状态的“平等”。老子说：“不尚贤，使民不争；不贵难得之货，使民不为盗；不见可欲，使民心不乱。是以圣人之治，虚其心，实其腹，弱其志，强其骨。常使民无知无欲，使夫智者不敢为也。为无为，则无不治。”③ 这种与世无争的“平等”观念，与儒墨之说形成鲜明的对比。

以《吕氏春秋》为代表的杂家著作，也向往公平公正的理想。其中《贵公》篇认为：“昔先圣王之治天下也，必先公，公则天下平矣。平得于公。”“天下非一人之天下也，天下之天下也。”“万民之主，不阿一人。”还举例说，有个荆人丢了弓，却不肯去寻找，并说：“荆人丢了它，反正还被荆人得到，又何必寻找呢?”孔子听到这件事就说：“他的话中去掉那个‘荆’字就合适了。”老聃听到后说：“再去掉那个‘人’字就合适了。”“故老聃则至公矣”。像老聃这样的人，算是达到公的最高境界了。《去私》篇列举另外几则事例：“尧有子十人，不与其子而授舜；舜有子九人，不与其子而授禹；至公也。”孔子称颂晋国大臣祁黄羊：“外举不避仇，内举不避子。”祁黄羊可谓公矣。墨家有个大师腹䵍，其子在秦国杀人犯法，他“忍所私以行大义”，可算得上公正无私了。

《吕氏春秋》还从正反两方面论述公平公正的重要意义。吕不韦认为：“汤立为天子，夏民大说，如得慈亲，朝不易位，农不去畴，商不变肆，亲郼

① （战国）荀况撰，（清）王先谦集解：《荀子集解》卷四《儒效》，第125页。
② （战国）墨翟撰，（清）毕沅校注：《墨子》卷四《兼爱中》，第52、54页。
③ 陈鼓应：《老子注释及评介》，第71页。

如夏。此之谓至公，此之谓至安，此之谓至信。”① 在这里，将“公”、“安”、“信”相提并论，可见先秦时代，人们就意识到三者密切相关性，只有做到“至公”，才会有“至安”、“至信”；丧失了“公”，也就不会有“安”、“信”。这是因为，“夫私视使目盲，私听使耳聋，私虑使心狂。三者皆私设精则智无由公。智不公则福日衰，灾日隆，以日倪而西望知之”②。

（二）公平公正的实现路径

儒家主张人治，把选贤任能作为实现社会公平的首要路径。在《礼记·礼运》篇描绘的“大同”社会，要做到“选贤与能”。在“小康”社会，“以贤勇知，以功为己”。“禹、汤、文、武、成王、周公，由此其选也”。孔子认为：“为政以德，譬如北辰，居其所，而众星共之。”③《论语·颜渊》篇记载，季康子问政于孔子，孔子回答说：“政者，正也。子帅以正，孰敢不正？”《论语·子路》篇也说：“其身正，不令而行；其身不正，虽令不从。”“苟正其身矣，于从政乎何有？不能正其身，如正人何？”孔子还说：“放于利而行，多怨。”④ 从这些论述可见，儒家要求为政须身正、心正，秉公办事，不谋私利，否则将招致众人的怨恨。

荀子尚“礼”，将法纳入“公平”、“公正”的内容。他认为，“公平者，听之衡也；中和者，听之绳也。其有法者以法行，无法者以类举，听之尽也。偏党而不经，听之辟也。故有良法而乱者，有之矣，有君子而乱者，自古及今，未尝闻也”⑤。就是说，公正是处理政事的准则；宽严适中是处理政事的准绳。有了良好的法律，还需选择德才兼备的君子来执行。在治国方式上，赋予“公”、“贤”、“能”重要地位。他提出：“公察善思论不乱”⑥；“尚贤使能则民知方，纂论公察则民不疑。”⑦ 就是说，以“公”为出发点，考察事

---

① （战国）吕不韦等撰，许维遹集释：《吕氏春秋集释》卷一五《慎大览》，第307—308页。

② （战国）吕不韦等撰，许维遹集释：《吕氏春秋集释》卷一二《序意》，第236页。

③ （三国魏）何晏等注，（宋）邢昺等疏：《论语注疏》卷二《为政》，见《十三经注疏》（下），第2461页。

④ （三国魏）何晏等注，（宋）邢昺等疏：《论语注疏》卷四《里仁》，见《十三经注疏》（下），第2471页。

⑤ （战国）荀况等撰，（清）王先谦集解：《荀子集解》（上）卷五《王制》，第151页。

⑥ （战国）荀况等撰，（清）王先谦集解：《荀子集解》（下）卷一八《成相》，第472页。

⑦ （战国）荀况等撰，（清）王先谦集解：《荀子集解》（上）卷八《君道》，第238页。

物，慎重思考，则伦理关系不混乱；任用贤能之士，则民众有规可循；集中众议而不凭私见，才能取信于民。因此，“上好礼义，尚贤使能，无贪利之心，则下亦将綦辞让、致忠信而谨于臣子矣。如是则虽在小民，不待合符节、别契券而信，不待探筹、投钩而公，不待衡石、称县而平，不待斗、斛、敦、概而啧”。“四海之民不待令而一，夫是之谓至平”①。

法家主张“法治”，反对世袭制；要求赏罚分明，以保障公平公正。《商君书·赏刑》篇提出：“圣人以功授官予爵，故贤者不忧；圣人不宥过，不赦刑，故奸无起。圣人治国也，审壹而已矣。”所谓“审壹”，就是统一奖赏、刑罚及教化，这是维系社会公平公正的基础。韩非子主张：“明君不自举臣，臣相进也；不自贤，功自徇也。论之于任，试之于事，课之于功，故群臣公正而无私，不隐贤，不进不肖。”② 明君不凭个人心愿提拔臣子，臣子自会争相进用；不自以为谁是贤人，立功的人自会随之而来。从办事才能上鉴别他们，用实际工作去测试他们，从成绩大小上考核他们，所以群臣公正而无私，不隐瞒贤人，不推荐不贤的人。

法家重视运用法制手段选拔人才。在选官程序上，更强调入仕的客观化和形式化；在入仕标准上，更强调官能吏才和试用。有的论者指出：

> 与其他政治制度类似，后世选举制度的发展也在一定程度上体现出儒、法两家合流的影响：在选择标准、内容上等主要方面更接近儒家；在选择程序、规则上却日近法家（尤其在科举时代）。③

这表明，先秦法家思想也是科举选士的重要来源之一。

第二节　选士制度的演进

我国古代官吏选拔制度，萌芽于原始社会末期的禅让制。先秦典籍有关尧舜禹禅让的传说，以荐举为主要形式，也包含“试”的环节，即实地考察

① （战国）荀况撰，（清）王先谦：《荀子集解》（上）卷八《君道》，第232页。
② （战国）韩非子撰，（清）王先慎：《韩非子集解》卷一六《难三》，第372页。
③ 何怀宏：《选举社会及其终结——秦汉至晚清历史的一种社会学阐释》，第78页。

被推荐者的德行与才能。先秦时代，在春秋末年私学创立之前，学在官府，官师合一，官吏的任用实行贵族世袭、分封制。另外，在学校教育和官吏考核过程中，逐渐产生考试活动。1910 年出版的《大英百科全书》第十一版“考试”条说：“在历史上，最早的考试制度是中国用考试来选拔行政官员的制度。据公元前 1115 年的记载，已对进入仕途的官员进行定期考核。”苏东坡总结选官制度的历史演变：“三代以上出于学，战国至秦出于客，汉以后出于郡县吏，魏晋以来出于九品中正，隋唐至今出于科举。”① 这一论述大致反映了古代选官制度演化的阶段性特征。

一、从世官制到荐举制

世官制，又称世卿世禄制，是先秦时期在选官用人方面所实行的一项重要的政治制度，主要存在于夏商周时期。“世官”，顾名思义，即贵族世代为官的制度。它通过家族血缘关系确定政府各级官员的任命，将官职限定在贵族范围内，由贵胄子弟世代继承祖上的权位。就其所任而言，世官并不等于世职，并不局限于某家族世代担任某一固定官职。就其主体而言，世族是世官的基础，只要这一世族不衰落，其成员就随时可能有出任重要官职。

历史上各时代多种仕途并存，其中有一种仕途占据主导地位，决定着该时代选官制度的主要特征，其他多种仕途与之共同构成选官制度的总体。在世官制时代，入仕之途以世官为主导，乡举里选作为补充。这种多途并举的选官模式，有利于保持社会势力的平衡。世官制一方面给贵族和官吏以充分共享政权的机会，保证了他们世代效忠于授予其权力的王朝；另一方面将可供选择的人才推荐到各级统治机构中。贵族集团因垄断教育、文化而不断积累和传承统治经验才干，成为合适的官员人选。

（一）选官制度的变革过程

夏商时代，实行王位和官职世袭制。西周时期，世官制达到鼎盛阶段。其特点是与宗法制、分封制紧密结合。西周初年，为了巩固和扩大“家天下”的统治，周天子依据血缘关系的亲疏以及建立政权中的贡献，以“册封”的

① （宋）苏轼：《论养士》，载曾枣庄、舒大刚编《三苏全书》第十四册，第 236 页。

形式，将其拥有的统治权力、土地、民众封赐给同姓家族、姻戚、功臣，受封的诸侯、卿、大夫成为周朝统治的政治基础和军事、经济保障。那些担任王室或诸侯国官职的大小贵族，成为受封的各级封君，享有封地，世袭其官职，享有其禄，并通过选任家臣、士，行使政治管理职能。通过这种层层分封制，周王朝建立了等级分明、各司其职的政治秩序。据《礼记·礼运》篇记载，当时诸侯传位和官吏任用，均是“世及以为礼”，即实行世官制。在这种制度下，社会、政治结构固定化，贵有常荣，贱有常辱，赏不能劝其努力，罚亦不能戒其怠惰，显然不利于社会阶层的流动和经济、文化的发展。

春秋时期，生产力的发展和社会的急剧变迁，极大地冲击着这种贵族特权政治。诸侯大国出于争霸的需要，开始注重招揽贤能之士，逐渐打破世官制的限制。

管子认为，士农工商作为国家统治基础，不可使杂处，以保持“士之子常为士”，“农之子常为农”。另外，他也认识到，农家子弟，“朴野而不慝，其秀才之能为士者，则足赖也”①。就是说，农人淳朴而不奸诈，可将其才能出类拔萃者升至士的阶层，完全值得信赖。可见，这一时期，尽管士农工商之间界限分明，但已打通一部分优秀之“农”转升为“士”阶层的路径。正因如此，管子得出这样的结论：“故以耕则多粟，以仕则多贤，是以圣王敬畏戚农。”②

管子的人才理念及其在齐国的实践，反映了社会阶层流动的历史实际，可谓是科举时代“耕读”起家之滥觞，而士阶层的兴起，成为春秋晚期政治的一个重要特色。

战国时代，社会变革更加剧烈，各国逐步建立以功利、才能为标准的任官制度。各国普遍推行军功、养士和客卿三种制度，而以客卿出仕最为风行。如学者所论：“从下层庶民中选士举能是在战国时的事，武士可以因军功而升爵、封侯，文士可以因各种才能而得到升官、拜相。”③ 到战国中后期，官僚“选任制”基本确立。

从世官制演变为荐举制是任官制度的一大历史进步。荐举作为选贤任能

---

① （春秋）管仲：《管子》卷八《小匡》，见张玉良、赵世超等译《白话管子》，第244页。
② （春秋）管仲：《管子》卷八《小匡》，见张玉良、赵世超等译《白话管子》，第244页。
③ 熊铁基、马良怀、刘韶军：《中国老学史》，第73页。

的一种形式，虽然起源早，但在君主国家建立后退至辅助地位。只有在春秋战国社会大变革过程中，这一选官制度才上升到主导地位。举荐的标准主要是德行才能，而非全靠家世，从而冲破了先秦贵族血缘世袭制的藩篱。

从推荐的范围来看，荐举大致可分为内举、外举和自荐三种类型。如：春秋时，晋国祁黄羊，“外举不避仇，内举不避亲”①；战国时，赵国平原君门客毛遂“自荐”。这些都是荐举的典型事例。就被荐举者的特长而言，“战国平民仕进之途，大抵不出文学、游谈、武功、游侠四端。此皆前所未有之现象也”②。这是与私学兴起直接相关的。

（二）荐举制的实施与作用

在尚贤政治思想的影响下，适应政治、经济、军事变革的需要，春秋战国时代，各国统治者不拘一格选拔人才。选拔方式包括由君主诏令，自上而下招聘贤世，由朝臣自下而上荐举贤才，以及由士人自荐、君主甄别录用等。

齐桓公任用管仲，最早以贤相身份辅佐诸侯国君成就霸业。齐国破除世袭制限制，采用“选”“试”结合的办法，大胆用真才。实行三选：由乡长推举，桓公亲自考察后，试用官职；任职一年后，由上级官员书面报告业绩，挑选其中贤者举荐；最后，由桓公分别考察被荐者，再返回考察其在乡里的表现，反映良好者，即被任为“上卿”。在选拔过程中实行两试：试以军，试以官，以检验其实际才能。

孔子对活跃于春秋各国政坛的执政卿大夫怀有极大的敬意，夸赞子产为“古之遗爱”，叔向为“古之遗直”，蘧伯玉、柳下惠为“贤者”。要因在于这些执政卿创造性的思想建树，关注和实践着“仁”的观念。③

战国时期，各国实行选官制度的改革，以求真才。秦孝公即位后，下“求贤令”，征询对策，卫人商鞅受到重用，实行变法。燕昭王筑高台礼聘天下贤士，不分国界，不计贵贱，重用郭隗，招揽乐毅、邹衍、剧辛等人，辅佐政治，使燕国逐渐强盛。楚悼王任用吴起为令尹，推行改革，“使封君之子

---

① （战国）吕不韦等撰，许维遹集释：《吕氏春秋集释》卷一《去私》，第22页。
② 齐思和：《战国制度考》，载《燕京学报》第二十四期，1938年12月。
③ 胡发贵：《孔子与春秋执政卿》，《光明日报》2015年5月11日。

孙，三世而收其禄，绝灭百吏之禄秩；损不急之枝官，以奉选练之士”①。

在荐举方面，田忌向齐威王推荐孙膑。齐宣王优礼稷下学士，邹忌曾多次向齐宣王举荐人才，淳于髡一天之内就向齐宣王举荐七个贤士。魏文侯求贤，翟璜推荐吴起、西门豹、乐羊等士，魏成子推荐卜子夏、田子方、段干木。赵武荐“白屋”（非世卿之家）之士 60 家，赵女子所举于晋国管库之士 70 余家，公叔文子荐有臣大夫撰于公朝。此外，苏秦、张仪、范雎、蔡泽等人献策，被赏识、任用。这些人被称为“策士”“辩士”，活跃于各国。

官僚制的广泛推行，为士人开辟了入仕之路。史学家齐思和指出，春秋时期，军权与政权合一，“因之国君于大臣之选择，亦少伸缩之余地。故鲁之政权，不出三家，晋之国秉，握于六卿。其余各国，亦大抵如此”。各国正卿，“或出于世卿，或出于陪臣”。② 及至战国之初，适应政治组织剧烈变化的需要，遂出现“百官之长”③ 的宰相。史载，魏文侯采纳李克之说，以弟季成子为相。其后继任相位者，有李克、李悝、翟璜。魏武侯时为相者，则有田文、公叔。魏惠王时，惠施为相。在韩国，相国则有侠雷、申不害；齐国有邹忌，赵国有公仲连，燕国有子之、栗腹，秦有张仪，出任相国。④

“战国人才之盛，为历代之冠。”这是因为，诸侯争战，各国国君竞相卑辞厚礼，以延揽人才为急务，而豪杰之士，“遂亦奋其才智，辅佐其君，以致富图强”⑤。赵国烈侯重用荀欣、徐越，分掌军事和财赋，二人“选练举贤，任官使能”⑥，使赵国走向强盛。魏文侯重用李悝，废除世卿世禄制残余，“夺淫民之禄以徕四方之士”，主张“食有劳而禄有功，使有能而赏必行、罚必当”⑦。魏国官吏之任免，赏罚之施加，纯以才能功过为标准，此种用人唯贤主义，与春秋时代之“远不间亲”，“贱不妨贵”，“小不加大”之思想迥异。⑧ 申子之辅佐韩昭侯，吴起之相楚悼王，商鞅之事秦孝公，皆力排众议，

---

① （战国）韩非子撰，（清）王先慎集解：《韩非子集解》卷四《和氏》，第 96—97 页。
② 齐思和：《战国制度考》，载《燕京学报》第二十四期，1938 年 12 月。
③ （战国）吕不韦等撰，许维遹集释：《吕氏春秋集释》卷一九《举难》，第 471 页。
④ 齐思和：《战国制度考》，载《燕京学报》第二十四期，1938 年 12 月。
⑤ 齐思和：《战国宰相表》，载《史学年报》第二卷第五期，1938 年。
⑥ 《史记》卷四三《赵世家》，第 2166 页。
⑦ （汉）刘向撰，赵善治疏证：《说苑疏证》卷七《政理》，第 194 页。
⑧ 齐思和：《战国制度考》，载《燕京学报》第二十四期，1938 年 12 月。

变法图强。“君任之而不疑，臣行之而不顾，卒至功成名就，良可咏已。”[①] 其他如燕国之乐毅，齐国之田单，魏国之春申，也是一时之才俊。后人总结这一时期人才使用的得失教训：

> 六国之时，贤才之臣，入楚楚重，出齐齐轻，为赵赵完，畔魏魏伤。韩用申不害，行其三符，兵不侵境，盖十五年；不能用之，又不察其书，兵挫军破，国并于秦。[②]

秦朝统一全国前后，荐举已成为选拔官吏的重要途径。不仅职位高的官员可以荐举僚属升任，而且下级官员还可以荐举别人升任比自己高的职任。入仕路径主要有保举、军功、客、吏道、通法、征士等，其中保举又称作“任”，是负有法律责任的荐举，即“举其显，复保其微；举其始，复保其终”。史载：“秦之法，任人而所任不善者，各以其罪罪之。”[③]

二、军功入仕与客卿养士

战国时期仕进之路，除了前述荐举之外，还有两种主要途径，即军功入仕与客卿养士。

（一）军功入仕路径的扩大

战国时期，骑射之法输入中国，战车作用下降，导致战术改变，这就为平民提供了升迁的新路径。由于战车的操作需要学习射、御的技术，这是贵族教育的重要内容。因此，在车战为主的时代，贵族为军队的主力，平民仅充步卒，尾随车后。战国时期，车战之法既衰，步兵骑兵遂成为战争的主体。随着战争规模扩大，平民成为战争主力。各国纷纷出台奖励军功之法。另外，战国举国皆兵，游侠好勇之风，遂下被于平民。[④]

为了奖励军功，各国都建立一套爵位制度。如秦有二十等军功爵，又有官爵，爵位的晋升一般按军功大小而定。齐威王重用邹忌，推行以军功入仕

---

① 齐思和：《战国宰相表》，载《史学年报》第二卷第五期，1938 年。
② （汉）王充：《论衡》卷一三《效力》，第 205 页。
③ 《史记》卷七九《范雎蔡泽列传》，第 2417 页。
④ 齐思和：《战国制度考》，载《燕京学报》第二十四期，1938 年 12 月。

授爵的制度。齐国崇尚技击，“其技也，得一首者，则赐赎锱金”。魏国之武士，按照一定标准选择，“中试则复其户，利其田宅”①。由于征战的巨大影响，因而由此得官者比文学游谈之士为众。②

在商鞅变法之前，秦国已有军功爵。秦孝公任用商鞅变法，奖励“耕战”。商鞅提出：“明君之治国也，士有斩首、捕虏之功，必其爵足荣也，禄足食也。”他认为，民众可以选择做得利的事，关键在于君主提倡什么给予奖赏。“上以功劳与，则民战；上以《诗》、《书》与，则民学问。”③ 他强调：“利禄官爵抟出于兵”，“富贵之门必出于兵”。④ 其变法举措规定：“有军功者，各以率受上爵”；“宗室非有军功论，不得为属籍。明尊卑爵秩等级，各以差次名田宅，臣妾衣服以家次”。使“有功者显荣，无功者虽富无所芬华”。⑤ 由此可见，商鞅所实施的“军功爵”制，是要取消宗室贵族所享有的世袭特权，不再依靠“属籍”就获得高官厚禄和爵位封邑。不论人们的出身门第、阶层差异，只要立有军功，就可享受爵禄。军功成为赏赐爵禄的最必要的条件。

商鞅提出：“善为国者，其教民也，皆作壹而得官爵，是故不官无爵。”⑥ 就是说，善于治国的君主，教化民众通过专心务农来得到官职和爵位，否则，不会得到官职爵位。“国以功授官予爵，此谓以盛知谋，以盛勇战。以盛知谋，以盛勇战，其国必无敌。”⑦

商鞅变法扩大了军功入仕路径。韩非评论说：“商君之法曰：‘斩一首者爵一级，欲为官者为五十石之官；斩二首者爵二级，欲为官者为百石之官。’官爵之迁与斩首之功相称也。”另外，韩非又指出：“今有法曰：‘斩首者令为医、匠。’则屋不成而病不已。夫匠者手巧也，而医者齐药也，而以斩首之功为之，则不当其能。今治官者，智能也；今斩首者，勇力之所加也。以勇力之所加而治智能之官，是以斩首之功为医、匠也。故曰：‘二子之于法术，皆

---

① （战国）荀况撰，（清）王先谦集解：《荀子集解》卷一〇《议兵》，第272—273页。
② 《史记》卷一二一《儒林列传》，第3786页。
③ （战国）商鞅：《商君书》卷五《君臣》，见张觉译注《商君书全译》，第239—240页。
④ （战国）商鞅：《商君书》卷四《刑赏》，见张觉译注《商君书全译》，第176、185页。
⑤ 《史记》卷六八《商君列传》，第2230页。
⑥ （战国）商鞅：《商君书》卷一《农战》，见张觉译注《商君书全译》，第33页。
⑦ （战国）商鞅：《商君书》卷三《靳令》，见张觉译注《商君书全译》，第146页。

未尽善也。'"[1] 这说明，以军功赏予官职，对政治治理存在局限性。

（二）客卿养士的流行

战国时期，士已经成为有才略、胆识或品格高尚者的尊称，从封荫的爵位变成凭借个人修为得到的称誉。上至达官，下至草莽，俱可称士。作为最重要的一股力量，士主宰国家兴亡。士不受国家、宗族、经济地位的限制，在任何一个国家，都有可能受到礼遇或重用。士人的聚散，是国家盛衰的标志。他们或在朝堂上雄辩滔滔，在战场上杀伐决断，主导国家大事。齐思和评论说："在此人才主义盛行时代，才智之士，拾青紫如草芥。"[2] 士贵之论遂兴："得士者昌，失士者亡。"[3] 甚至有"士贵耳，王者不贵"[4] 的豪言。

史载："诸侯并争，厚召游学。"[5] 列国君主采取积极主动的措施，大力招揽人才。如苏秦、张仪、范雎、蔡泽、蔺相如、李斯、吕不韦、尉缭等谋臣；吴起、孙膑、乐毅、田单、廉颇、赵奢、白起、王翦、李牧、樊於期、田忌等武将；或托于贵族门下，出谋献策，如冯谖、毛遂、唐雎；或隐于市野，于千钧一发之际出而力挽狂澜，如鲁仲连、侯嬴、朱亥、聂政、田光、荆轲、高渐离、狗屠；或以其道德高尚著称于世，如颜斶、鲁仲连（两次出现是因其兼具两者）、於陵子仲、屈原、宋玉；或著述立言授徒，以一家之论影响天下思潮，如孟子、荀子、庄子、惠子、韩非子、邹衍。

为了延揽人才，各诸侯国盛行养士之风。齐国建立稷下学宫，延揽文人学士千余人，名士荟萃，淳于髡、尹文、慎到、荀况、邹衍等人曾在此讲学，受到齐王的优厚招待。历史上较早的储才形式是战国时的客卿制度。这项制度是在以客出仕与军功拜授官爵之间，增加了"客卿"储才环节。其仕进路径包括两步：第一步由"客"拜"客卿"，进入储才阶段；第二步由"客卿"拜"相"（当国之正卿）。客卿一般需按军功授官爵制的要求，经受严峻的战争考验，立下以军功为主的功劳，才能实现这一目标。在战国争雄中，客卿为秦国作出了巨大贡献。据研究者统计："自秦惠王三十年（公元前 328 年），

---

① （战国）韩非子撰，（清）王先慎集解：《韩非子集解》卷一七《定法》，第 396—397 页。

② 齐思和：《战国宰相表》，载《史学年报》第二卷第五期，1938 年。

③ （秦）孔鲋：《孔丛子 · 居卫》第二卷，第 22 页。

④ （汉）刘向：《战国策》（一）卷一一《齐四》，第 84 页。

⑤ 《史记》卷六《秦始皇本纪》，第 255 页。

魏人张仪拜相，到秦始皇三十七年（公元前210年），楚人李斯为相止，百余年间，共有二十二人担任秦相，其中十五人明显不是秦人，占68%，另有六人籍贯虽不明确，但从行迹考察，也不像是秦国人。只有樗里疾一人，是地道的秦国人。”①

战国时期，诸侯储才的另一路径就是私人养士。出于现实政治的需要，诸侯国大臣以养士为风尚。战国“四公子”齐国孟尝君有食客“数千人”；魏国信陵君“仁而下士”，“食客三千人”；赵国平原君，“嘉宾客，宾客盖致者数千人”；楚国春申君，有“客三千人”。秦相吕不韦，养食客三千人，领衔编著《吕氏春秋》。这些事例反映了各国统治者对于人才的重视。一些有才之士通过这条路径，由舍人而入仕。如蔺相如先充当赵国官宦令缪贤的舍人，然后成为赵相；李斯先为吕不韦的舍人，后任郎官，得到秦王赏识，逐步从长吏、客卿升任丞相。

总之，先秦时期是我国选士制度产生和演变的重要阶段，既有以推荐、考察为主的“荐举”制度，也有以考试、考核为手段的“献策”、“军功”等选才方式。“试”的方式和标准多种多样。军功入仕“试”的是军事功劳，“农战”检验的是农业成绩，文学游说“试”的是文学、韬略和口才。这些不同的选士方式，成为汉唐“察举”与“科举”制度之滥觞。

第三节　人才选拔的教育基础

中国是人类文明重要发源地之一，民族文化一脉相承，学校教育活动源远流长。中国古代高等教育是在社会生产力和文化发展到一定水平，为满足社会对于较高层次的学校教育的需求而产生的。先秦时期是中国古代文化形成的重要开端，也是古代高等教育形成的雏形期。这一时期中国语言文字、教育思想、教育体制和组织机构等方面的成就，为古代高等教育的产生奠定了重要基础。科举考试作为分科考试，公开、公平竞争，择优选拔人才的制度，具有高等教育考试性质，它体现了中国古代高等教育的民族性与时代性。

① 李双璧：《入仕之途——中外选官制度比较研究》，第27页。

就考试目的而言，科举考试是与我国古代教育价值观相吻合的。①

一、从学在官府到私人办学

古代高等教育产生于特定的社会文化土壤，具有鲜明的民族文化特征和历史传承性。作为一种教育形态或教育类型，古代高等教育的产生是以相应的教育机构或教育制度的出现为标志，并承担培养高层统治人才以及研究、传授高深学问的双重功能。它在一定的时空范围内不断传播和发展，形成某些区域性或国际性的共性特征。

（一）先秦时代官学的起源及特点

学校是在人类原始教育活动的基础上出现的一种专门教育机构，其中具有较高层次的学校教育是伴随古代社会文化教育的发展而出现的。中国古代学校的起源，汉、唐时期一些学者多追溯到唐尧虞舜以前；现代学者有的认为始于夏代。

《孟子・滕文公上》，《礼记》的《王制》、《内则》、《明堂位》各篇记载，夏、商时期出现"序"、"庠"、"校"、"瞽宗"等学校名称，且有"东序"与"西序"、"右学"与"左学"、"小学"与"大学"之分。据此，有的学者认为，夏商时代是我国古代高等教育或古代大学教育的最早源头。② 也有学者根据出土的商代甲骨卜辞、金文等史料，论证商代贵族已有学校教育，西周已有比较完备的学校制度。③

学校教育是从识字读书起，中国汉字的渊源可以溯至商周时代的"甲骨文"。在河南安阳小屯南地发掘的商代甲骨卜辞中，就有"大学"和"庠"等名称，说明最迟在商代已经出现"大学"这类较高层次的教育机构了。不过，商代的"大学"，只是统治者举行祭祀活动和对贵族子弟进行实际教育的场所，兼具多种功用，与后来的大学存在较大的差异。④

---

① 张亚群：《从中国传统文化演进看科举考试的起源》，载教育部考试中心编《中国考试史专题论文集》，第 579 页。

② 曲士培：《中国大学教育发展史》，第 4 页；熊明安：《中国高等教育史》，第 10 页。

③ 杨宽：《我国古代大学的特点及其起源——兼论教师称"师"和"夫子"的来历》，《学术月刊》1962 年第 8 期。

④ 申屠炉明：《夏商学制的几个问题考辨》，《江海学刊》2001 年第 5 期。

有的学者根据古文献资料和出土的商代甲骨卜辞、金文等史料，论证商代贵族已有学校教育，西周已有比较完备的学校制度。① 商代王都的学校有大学、小学或右学、左学之分。《礼记·王制》记载："殷人养国老于右学，养庶老于左学。"注："右学，大学，在西郊；左学，小学，在国中王宫之东。"另外还有"瞽宗"，主要是学乐的地方，这种学校奉祠乐祖。此外，在地方也出现乡学。大学、小学和瞽宗等教育机构的出现，说明学校教育已开始出现了阶段或类别的分化。

西周大学分为三类：周天子设立的"辟雍"、诸侯所建的"泮宫"以及天子王宫中传授各项技术的"畴学"。有的学者认为："辟雍乃古之国立大学，位于中央政府天子所在地。"② 辟雍的入学者限于王太子、王子，诸侯、大夫们的嫡长子和平民阶层中的俊秀，不同出身者，其入学年龄有差异。在教学内容上，形成"六艺"，即贵族子弟所学的礼、乐、射、御、书、数六种科目，其中前四科为大学所习，后二科为儿童所习。

西周学校教育开始建立一定的考核与奖惩制度。在乡学实行定期的考核奖励办法。乡大夫负责考察学生的德行，察其道艺，选择秀士，报送于司徒，称为选士。司徒从中再择优选入"国学"之大学，成为俊士。据《礼记·学记》所载，在大学教育中，大学修业期限为九年，并定期进行考查。通过这些制度，发挥大学教育的礼乐教化功能。

商代、西周时期，由于受社会生产力和文化教育发展水平的限制，在学校设置、教师来源、教育管理等方面，尚未形成独立、完整的体系。"政教合一"，政府、宗庙、学校几乎三位一体；"学术官守"，"学在官府"，由王室和政府垄断学校教育；教师尚未成为独立的社会职业，而是由各级军官兼任，"官师合一"。这些都是这一时期教育的典型特征。

商代的"大学"是统治者举行祭祀活动和对贵族子弟进行教育的场所，兼具多种功用。③ 先秦时期，具有古代高等教育性质的官学，除前已述及外，还有成均、国学等名称。《尚书·周官》即有"学古入官，议事以制，政乃不

① 杨宽：《我国古代大学的特点及其起源——兼论教师称"师"和"夫子"的来历》，《学术月刊》1962 年第 8 期。

② 胡美琦：《中国教育史》，第 1 页。

③ 申屠炉明：《夏商学制的几个问题考辨》，《江海学刊》2001 年第 5 期。

迷”之说。

周代国学选士，分为小学和大学两个阶段。据《礼记·学记》所载，大学修业期限为九年，并定期进行考查。其学业考校规定为：

比年入学，中年考校：一年视离经辨志，三年视敬业乐群，五年视博习亲师，七年视论学取友，谓之小成；九年知类通达，强立而不反，谓之大成。

根据文献记述，周代学校教育建立了一套较为完整的选贤任官的制度。如《周礼》中就记载了“六乡”① 居民具有接受教育和被选拔的权利：

以乡三物教万民，而宾兴之：一曰六德：知、仁、圣、义、忠、和。二曰六行：教、友、睦、姻、任、恤。三曰六艺：礼、乐、射、御、书、数。②

乡大夫之职：各掌其乡之政教禁令。正月之吉，受教法于司徒，退而颁之于其乡吏，使各以教其所治，以考其德行，察其道艺。以岁时登其夫家之众寡，辨其可任者。……三年则大比，考其德行、道艺，而兴贤能者，乡老及乡大夫帅其吏兴其众寡，以礼礼宾之。厥明，乡老及乡大夫、群吏献贤能之书于王，王再拜受之，登于天府，内史贰之。退而以乡射之礼五物询众庶：一曰和，二曰容，三曰主皮，四曰和容，五曰兴舞。此谓使民兴贤，出使长之；使民兴能，入使治之。③

小司寇之职：以八辟丽邦法，附刑罚：一曰议亲之辟，二曰议故之辟，三曰议贤之辟，四曰议能之辟，五曰议功之辟，六曰议贵之辟，七曰议勤之辟，八曰议宾之辟。

及大比，登民数，自重齿以上，登于天府。内史、司会、冢宰贰之，

---

① 按照《周礼》记载的“乡遂制度”，西周春秋时代，周天子直接统治的王畿分为“国”和“野”两大区域，“国”是指王城和国都；在城郭以外，有相当距离的周围地区，叫作“郊”或“四郊”。在“国”以外和“郊”以内，分设有“六乡”，这就是乡遂制度的“乡”。就广义而言，“六乡”均可称作“郊”或“四郊”；对“野”而言，以王城为中心，连同四郊六乡在内，可总称为“国”。六乡居民是贵族政权的有力支柱。参见杨宽《西周史》，第395—396、402页。

② （汉）郑玄注，（唐）贾公彦疏：《周礼注疏·地官》卷一〇《大司徒》，载《十三经注疏》（上），第707页。

③ （汉）郑玄注，（唐）贾公彦疏：《周礼注疏·地官》卷一二《乡大夫》，载《十三经注疏》（上），第716—717页。

以制国用。①

上述之“大比”，就是一种选拔考试。它所考核的内容是“德行”、“道艺”，包括“射”这一重要军事技艺，由乡中官吏从中选拔贤者、能者，写在书上献给国王；再“退而以乡射之礼五物询众庶”，通过乡射礼进行群众评议，以鉴定被选拔出来的人是否为武艺高强的人才。通过这种方式选拔出来的人才，可担任乡中的各级官吏，同时也成为军中的各级将领。②

《礼记·王制》也载周代的选士制度：

命乡，论秀士，升之司徒，曰选士。司徒论选士之秀者而升之学，曰俊士。升于司徒者，不征于乡，升于学者，不征于司徒，曰造士。乐正崇四术，立四教，顺先王《诗》、《书》、《礼》、《乐》以造士。春秋教以《礼》、《乐》，冬夏教以《诗》、《书》。王大子，王子，群后之大子，卿大夫元士之适子，国之俊选，皆造焉。凡入学以齿。

……大乐正论造士之秀者以告于王，而升诸司马，曰进士。

司马辨论官材，论进士之贤者以告于王，而定其论。论定然后官之，任官然后爵之，位定然后禄之。

这种以学校养士为基础，三年一次大比，逐级选拔和贡举人才的制度，以及“秀士”、“俊士”、“进士”等名目，为后来的科举制所继承。

值得指出的是，西周教育注重培养和选拔军事人才，它所采用的教学方法和选拔方式就是比“射”。在“六艺”教育中，以“礼”、“射”尤为重要，前者包括“乡射礼”和“乡饮酒礼”。《礼记·射义》记述周天子举行射礼的仪式：

古者诸侯之射也，必先行燕礼；卿、大夫、士之射也，必先行乡饮酒之礼。故燕礼者，所以明君臣之义也；乡饮酒之礼者，所以明长幼之序也。

故射者，进退周还必中礼，内志正，外体直，然后持弓矢审固；持

① （汉）郑玄注，（唐）贾公彦疏：《周礼注疏·秋官》卷三五《小司寇》，载《十三经注疏》（上），第873—874页。

② 参见杨宽《西周史》，第403—404页。

弓矢审固，然后可以言中，此可以观德行矣。

是故古者天子以射选诸侯、卿、大夫、士。射者，男子之事也，因而饰之以礼乐也。……

是故古者天子之制，诸侯岁献贡士于天子，天子试之于射宫。

天子将祭，必先习射于泽。泽者，所以择士也。已射于泽，而后射于射宫。射中者得与于祭；不中者不得与于祭。

杨宽先生依据《周礼·射人》记载的事例，考察主持射礼的官职“射人”的来源，指出：“射人不仅是天子的亲信侍从，也还掌管重要的人事工作，国家大事中有关人事的调排，都由他调度。”当时许多重要的武官，都是通过比射选拔出来的。“因此，掌管射仪的官兼有考选人才的责任，并有调排人士工作的职务。”“秦汉时代这个督课臣下的主射的官，该就是沿袭古代‘射人’的职务而来。”[①] 如《汉官仪》（孙星衍辑本）说：

仆射，秦官也。仆，主也。古者重武事，每官必有主射以督课之。

《汉书·百官公卿表》也记载：

仆射，秦官。自侍中、尚书、博士、郎，皆有。古者重武事，每官必有主射以督课之。

上述事例从官职名称上证明了先秦选官制度对后世的影响。此外，《礼记·射义》所载的“乡饮酒之礼”，也具有选士意义，产生了深远影响。

杨宽先生指出，“乡饮酒礼”是我国周代乡学中举行酒会的礼节，秦汉以后曾长期为士大夫所沿用，只是在礼节上略有损益。这一礼仪是从原始氏族社会中人们的“相飨”发展而来的，周族人“在这个礼中充分表现了长老的享有威信和为人尊敬”。“这种由国君主持的礼，不仅具有酒会的性质，而且具有议会的性质。既要通过酒会的仪式，表示对贵者、长者的尊敬，分别贵贱、长幼；又要通过议会的方式，商定国家大事，特别是‘定军谋’。”在礼仪中有作乐的节目，乐工歌唱《小雅》的《鹿鸣》、《四牡》、《皇皇者华》，用瑟伴奏，以表示对宾客的欢迎、慰劳和咨询。“这种礼在乡中举行，不仅是

① 杨宽：《西周史》，第736—737页。

个欢迎贵宾、尊敬长老的仪式，而且是乡的一种咨询机关。”①

正因为“乡饮酒礼”具有如此重要的社会功能，因而受到古代统治者重视，为汉代察举制以及隋唐以降科举贡士制度所承袭。科举时代，地方官员为中举的士人举行隆重的“乡饮酒礼”，其礼仪习俗即来源于此。

（二）私学的兴起及特点

私学的兴盛一般都出现在重大的社会变革时期，且其生存与发展，与宽松、宽容的文化氛围成正比例关系；春秋时期因社会大变革，原有的官学式微，文化学术重心下移，私学兴起。当考选制度体现了公平竞争精神时，官学则相对发达；而考选死板、偏狭、腐败之时，则私学较盛。春秋时期，官学衰落，私学兴起。一批周王朝或诸侯国的文化官员流落民间，“他们中的一部分人最有可能是私学的首创者，是他们促成了由官学向私学转变的进程”②。儒、墨、道、法四家，在学术上各家有长短，均有私学。士人的崛起是春秋战国时期的显著特点，私学就在这个背景下产生了。

受历史文献所限，最早私人讲学出现的时间难以考察清楚。私学大多有自己的学术追求，急功近利情绪相对淡漠，这一特征显示了私学教师的品格。私学的“有教无类”冲破了种族、地域和阶级界限，平民布衣受教育的机会显著增加。无论在内容还是方式上，都具有多样化的特征。

在周文化影响最深的鲁国，私人讲学不仅起源早，而且最为发达。如鲁国大夫柳下惠曾任“士师”，为官正直，屡遭贬黜。晚年招收生徒，讲学柳下，传授文化、礼仪，深受乡人爱戴，亦为后人所尊崇。孔子曾为之鸣不平：“臧文仲其窃位者与？知柳下惠之贤，而不与立也。”③ 孟子则将柳下惠与伯夷、伊尹、孔子同列为“圣人”，称之“圣之和者也”④。

春秋末期，孔子聚徒讲学，有教无类，是为学术普遍化之始。史载，孔子曾问学于老聃、孟苏、夔靖书。⑤ 孔子“修成康之道，述周公之训”，重仁

---

① 杨宽：《西周史》，第742、751—753页。

② 俞启定、施克灿：《中国教育制度通史》第一卷，第108页。

③ （三国魏）何晏等注，（宋）邢昺等疏：《论语注疏》卷一五《卫灵公》，载《十三经注疏》（下），第2517页。

④ （战国）孟轲撰，杨伯峻译注：《孟子译注》卷一〇《万章下》，第233页。

⑤ （战国）吕不韦等撰，许维遹集释：《吕氏春秋集释》卷二《当染》，第41页。

重礼，系统整理夏、商、周以来的文献典籍，删定《诗》、《书》、《礼》、《乐》、《易》、《春秋》，作为聚徒讲学的教材，以“六艺”为课程。“以教七十子，使服其衣冠，修其篇籍，故儒者之学生焉。”[①] 由此可见，儒学教育与周文化之密切关系。

班固认为，春秋末至战国时代兴起的“诸子十家”，溯其来源，皆出于不同的王官。“儒家者流，盖出于司徒之官，助人君顺阳阳明教化者也。”[②] 这里所说的“司徒之官”，是依据汉代经学家的说法，“实际上就是指西周的太师、太保而言”[③]，能够发挥教化的功能。其他如：墨家出于清庙之守、道家出于史官、法家出于理官、名家出于礼官、阴阳家出于羲和之官、纵横家出于行人之官、杂家出于议官、农家出于农稷之官、小说家出于稗官。不同学派竞相开办私学，使受教育对象扩大，促进了学术文化的繁荣。

春秋时期私学所以兴盛，就在于它的出现满足了社会各阶级（阶层）出于政治斗争对人才的需要，因而得到了政府的扶植。孔子说：“吾闻之：‘天子失官，官学在四夷。’犹信。”[④] 各家私学的开办，不受时间、地点、人员、经费等的限制。孔子周游列国，随时收徒，随地就业。“儒家之学既然渊源于师、保，因而所造成的杰出人才，常为君主的‘师’‘傅’。”[⑤]

在鲁国，墨子“学儒者之业，受孔子之术”。但是，墨子不满于儒家的思想观念，“以为其礼烦扰而不悦，厚葬靡财而贫民，（久）服伤生而害事，故背周道而用夏政”。[⑥] 于是，自创墨家学派，授徒讲学。墨家在重武和重辩的同时，对自然科学知识的学习和技能的培养也是相当重视的。班固曾总结墨家学术思想的特征及得失：

> 墨家……茅屋采椽，是以贵俭；养三老五更，是以兼爱；选士大射，是以上贤；宗祀严父，是以右鬼；顺四时而行，是以非命；以孝视天下，是以上同；此其所长也。及蔽者为之，见俭之利，因以非礼，推兼爱之

① （汉）刘安等撰，刘文典集解：《淮南鸿烈集解》（下）卷二一《要略》，第862页。

② 《汉书》卷三〇《艺文志》，第774页。

③ 杨宽：《战国史》，第467页。

④ （晋）杜预注，（唐）孔颖达等疏：《春秋左传正义》卷四八《昭公十七年传》，载《十三经注疏》（下），第2084页。

⑤ 杨宽：《战国史》，第467页。

⑥ （汉）刘安等撰，刘文典集解：《淮南鸿烈集解》卷二一《要略》，第862页。

意，而不知别亲疏。①

道家若以老子论之，他反对一切“人为”教育，“天地本原书”可以作为老聃的经典。其后的道家人物，大多以老子的《道德经》为教材。与孔子同时代的教育家，卫人蘧伯玉，郑国邓析创办私学，为名家创始人。法家除“以法为教”外，诉讼、兵法、耕战等一切实用知识也是兼摄并取的。其余各家，均以所属诸子的思想和著作作为研习内容。

杨宽先生指出，在春秋以前，“子”原为天子所属的卿的尊称，春秋、战国之际，由于士的社会地位提高，著书立说和聚徒讲学之风兴起，“子”便成为著名学者和老师的尊称。到战国时代，“子”便成为一般学者的尊称了。②士人称谓的变化不仅反映了时代的变迁，也标志着文化教育的变革。

二、战国时期私学的发展

战国时代，伴随社会大变革，士人思想进一步解放，私人讲学蔚然成风。儒家、墨家、道家、农家等学派兴办的私学进一步发展。史载：“自孔子卒后，七十子之徒散游诸侯，大者为师傅卿相，小者友教士大夫，或隐而不见。”子夏为魏文侯“师”，并在西河（汾州）教授。田子方、段干木、吴起、禽滑釐之属，皆受业于子夏之伦，为王者师。③《吕氏春秋・有度篇》指出：“孔、墨之弟子徒属充满天下，皆以仁义之术教导于天下。”一些名士招收的学生从数十人到上千人。如曾子有弟子七十多人，孟子有学生数百人，淳于髡有弟子三千人，田骈在齐国招收弟子百人以上，农家许行有门徒数十人，宋钘、尹文也有不少学生。④ 这些都印证了这一时期私学的兴盛。

（一）私学发展的动因

这一时期私学的兴盛，主要受社会经济、政治和思想、文化变革的推动，是时代发展和不同学派自由争鸣的结果。

首先，生产力的进步，商品经济和城市的发展，为教育活动提供了必要

① 《汉书》卷三〇《艺文志》，第771—772页。
② 杨宽：《战国史》，第465—466页。
③ 《史记》卷一二一《儒林列传》，第3786页。
④ 刘泽华：《先秦士人与社会》，第48—49页。

的物质基础。

春秋末至战国初，铁器工具开始在生产中广泛使用，促进了农业生产力的发展，不仅改善了人们的生活条件，也使普通民众有能力从事其他社会活动。同时，手工业、商业和生产技术的发展，扩大了社会对于教育的需求，推动了私人办学活动的发展。由于丝织业的发展，绢帛产量增加，学者开始使用这些新材料作为书籍的载体。帛书的出现，既便于求学者抄写、保存和传播，也利于学者讲学。许多大学者都有较多的藏书，四处游说授徒。如："子墨子南游使卫，关中载书甚多。"① "惠施多方，其书五车。"② 书籍的增多，促进了私学的推广和知识的传播。

其次，诸侯争霸，国君和贵族养士用士之风盛行，极大地鼓舞了人们拜师求学的热情。

战国时期，王道既衰，诸侯国竞争加剧，促使诸家之术"蜂出并作，各引一端，崇其所善，以此驰说，取合诸侯"③。在政治上，"邦无定交，士无定主"④。为了争霸，各诸侯国改革官僚制度，争相任用才能之士，这就为私学的发展提供了动力。正如论者所言："战国学术之盛，盖亦利禄使然。"当时大师，往往推荐其弟子入仕，以实现自己的政治抱负，并"以仕为鞭策鼓励学者之手段"⑤。许多人潜心苦读，梦想有朝一日位极人臣。私学培养的士作用越来越大，身价越来越高，越来越为列国所倚重，反过来又刺激私学的繁荣。

一些名家主动推荐自己的学生，赴各国入仕。如《墨子·鲁问篇》记载，墨翟推荐弟子胜绰到齐国做官，公尚过在越国做官，曹公子于宋国，魏越从游墨子，皆因其师而得食禄。在此社会背景下，游学之风兴盛。《墨子·耕柱篇》记述："子墨子游荆柱子于楚，二三子过之，食之三升，客之不厚。"清代学者毕沅注解说："游，谓游扬其名而使之仕。"⑥ 墨子推荐耕柱子到楚国做官，有几个弟子去探访他，耕柱子请他们吃饭，每餐仅供食三升，招待他

---

① （战国）墨翟撰，（清）毕沅校注：《墨子》卷一二《贵义》，第183页。
② （战国）庄周撰，（清）王先谦集解：《庄子集解》卷八《杂篇·天下》，第296页。
③ 《汉书》卷三〇《艺文志》，第774页。
④ （清）顾炎武：《日知录》卷一三《周末风俗》，第523页。
⑤ 齐思和：《战国制度考》，载《燕京学报》第二十四期，1938年12月。
⑥ （战国）墨翟撰，（清）毕沅校注：《墨子》卷十一《耕柱》注，第174页。

们不优厚。这几个人回来告诉墨子说："耕柱子处楚无益矣！"墨子答道："这还未可知。"没有多久，耕柱子送给墨子十镒黄金，说："弟子不敢贪图财利违章犯法以送死，这十镒黄金，请老师使用。"墨子说："果然是未可知啊！"

再次，以人为本的教育价值观的形成，为私学的兴盛提供了理论指导。

在中国古代思想史上，春秋战国时期是人的理性精神获得解放的时代。孔子提出了"为仁由己"的理性主义人本哲学，从人身来探求社会万象之因的人文诉求，强调亲"人道"而"远天道"，质疑、批判"怪力乱神"；主张"人能弘道，非道弘人"，高度肯定人的主体性和能动性。① 这一思想奠定了私人办学的价值论基础。此后，随着各家学派的兴起，人的主体意识进一步得到弘扬。柳诒徵先生指出：

> 观战国时人之议论，可相见其时士气之盛，故战国虽为极残暴极混乱之时，然亦可谓极平等自由之时。有挟策以干时者，有隐居而遁迹者，王公贵人不屈己以求士，士不之附即屈己以求之，亦有终不可得而屈者。而贵贱之位乃相反，此亦他国史策所罕见者也。
>
> 战国之时，不独重士，且甚重民。……秦既重民，三晋也知重之。正不独《孟子》有"民贵君轻"，《吕览》有"顺民心而立功名"之说也。②

由此可见，在社会大变革的战国时代过程，"士"阶层的兴起以及统治阶层对人的价值认识的提升，推动了私学的普及与发展。

最后，诸子百家开创的自由争鸣的学术思潮，推动了私人讲学的发展。

战国晚期，"私学"有两种解释：一是指与官学相应的私学，即学校；二是指私家学术，如各家不同学术流派。各学派代表人站在不同的立场，提出各自的政治主张及其哲学理论，形成"百家争鸣"的思想格局。汉代史学家班固曾总结和比较各家学术之优缺点。他认为，儒家"游文于六经之中，留意于仁义之际，祖述尧、舜，宪章文、武，宗师仲尼，以重其言，于道最为高"；道家"历记成败存亡祸福古今之道，然后知秉要执本，清虚以自守，卑弱以自持，此君人南面之术也。合于尧之克攘，《易》之嗛嗛，一谦而四益，

---

① 胡发贵：《孔子与春秋执政卿》，《光明日报》2015 年 5 月 11 日。

② 柳诒徵：《中国文化史》，第 264 页。

此其所长也”；阴阳家“敬顺昊天，历象日月星辰，敬授民时，此其所长也”；法家“信赏必罚，以辅礼制。《易》曰‘先王以明罚饬法’，此其所长也”；名家之长在于“正名”，实现“名位不同，礼亦异数”；纵横家之长为，“言其当权事制宜，受命而不受辞”；杂家“兼儒、墨，合名、法，知国体之有此，见王治之无不贯，此其所长也”；农家所长在于“播百谷，劝耕桑，以足衣食”。

不同学术流派，既相互批驳问难，又有吸收继承，产生新的思想。如班固分析：“其言虽殊，辟犹水火，相灭亦相生也。仁之与义，敬之与和，相反而皆相成也。”① 现代学者柳诒徵也列举道、墨、儒、法、名家诸子学说分合交错的关系：

> 诸子之学，大多相因而生。有因前人之学，而研之益深者；有因他人之说，而攻之甚力者。如杨朱、列御寇之学，皆出于老聃，而其言天人性命之故，则进于老子；墨翟学说，既与杨、列相反。又专攻孔子，而以先圣之学，别立一宗。孟子承孔子之学，言性言政，皆进于孔子，而力辟杨、墨二家之说，然其痛恨当世穷兵黩武之风，则与墨子同。宋钘、尹文救民之斗，禁攻寝兵，似与墨同矣，而其以心为主与墨异，以利为言与孟异。
>
> 庄子之学，又进于杨朱、列御寇，亦称述孔、墨，而以《齐物论》为归，然与慎到等之齐万物者又不同。荀子宗孔而非墨，而其言性恶，与孟子相反。其治名学，又进于孔、孟而于墨同源焉。故诸子之学。固皆角立不相干，然综合而观之，适可为学术演进之证。其所因于他人者，有正有反，正者固已究极其归宿，反者乃益搜集其剩余，而其为进步，乃正相等也。②

正是因为存在这样的学术论争，使得各学派竞相聚徒讲学，扩大自己的政治和社会影响。

---

① 《汉书》卷三〇《艺文志》，第768页。
② 柳诒徵：《中国文化史》上册，第280—281页。

（二）私学发展对人才选拔的影响

春秋战国时期私学盛行，培养出众多士人，产生广泛的示范效应。

司马迁称赞孔子和墨子："此二士者，无爵位以显人，无赏禄以利人，举天下之显荣者必称此二士也。"在其身后，"从属弥众，弟子弥丰，充满天下，王公大人从而显之，有爱子弟者随而学焉，无时乏绝"。① 如子贡、子夏、曾子学于孔子，田子方学于子贡，段干木学于子夏，吴起学于曾子，禽滑釐先受业于子夏，后又学于墨子，许犯学于禽滑釐，田系学于许犯。《吕氏春秋·当染》篇也记述："孔、墨之后学显荣于天下者众矣，不可胜数。"

战国时期，私学影响进一步扩大。为了吸引人才，齐威王（前356—前320年在位）在都城临淄稷门附近创设"稷下学宫"②。它虽由官方兴办，具有官学性质，但在学术管理和教学活动等方面实行开放政策，兼容不同学派自由讲学，具有浓郁的私学色彩。也有学者认为，稷下学宫发扬了西周官学的办学形式，"更像是一所私学联合体，综合发展了春秋以来私学的长处"③。如淳于髡有"诸弟子三千人"，孟子"从者数百人"，田骈有"徒百人"，宋钘、尹文师徒"率其群徒，辩其谈说"。④ 司马迁总结说：

> 儒术既绌焉，然齐鲁之间，学者独不废也。于威、宣之际，孟子、荀卿之列，咸遵夫子之业而润色之，以学显于当世。⑤
>
> 齐宣王喜文学游说之士，自如驺衍、淳于髡、田骈、接予、慎到、环渊之徒七十六人，皆赐列第，为上大夫，不治而议论，是以齐稷下学士复盛，且数百千人。⑥

"稷下学宫"自创办至战国末，其办学活动延续一百三十余年，成为当时规模最大的学府及文化中心。这所集讲学、研究和议论于一体的独特的学术机构，不仅造就了大批人才，也推动了学术文化的繁荣，形成"百家争鸣"

---

① （战国）吕不韦等撰，许维遹集释：《吕氏春秋集释》卷二《当染》，第42页。

② 关于稷下学宫的创立年代学术界有不同观点，此处依据西汉刘向《新序》的说法，参见俞启定、施克灿《中国教育制度通史》第一卷，第171—172页。

③ 俞启定、施克灿：《中国教育制度通史》第一卷，第174—175页。

④ （战国）荀况等撰，（清）王先谦集解：《荀子集解》（下）卷一二《正论》，第344页。

⑤ 《史记》卷一二一《儒林列传》，第3786页。

⑥ 《史记》卷四六《田敬仲完世家》，第1895页。

的局面。

《列子·仲尼篇》说："伯丰子之从者曰：大夫不闻齐、鲁之多机乎？有善治土木者，有善治金革者，有善治声乐者，有善治书数者，有善治军旅者，有善治宗庙者，群才备也。"柳诒徵指出："要而论之，战国时传授学术者，犹以齐、鲁为多，子思、孟子、尸佼之类，皆鲁人也。苏秦、张仪、荀卿俱至齐游学，而荀卿在齐最为老师。"荀卿之学，远承子夏，近承孟子。"荀卿之师，自根牟子之外，又有虞卿、谷梁俶、馯臂子弓诸人。"[①]《史记·孟子荀卿列传》记载：齐襄王时，"齐尚修列大夫之缺。而荀卿三为祭酒焉"。"李斯尝为弟子，已而相秦"。

总之，这一时期各家私学的发展，促进了学术文化下移，不仅为普通民众提供了教育机会，扩大了人才的数量，也促进了不同学术流派的争鸣、交流和融合，从而为各类人才的选拔奠定了重要基础。此外，诸子私学的发展积累了丰富的办学经验，形成较系统的教育理论和学术著作。以《礼记》中《大学》、《学记》篇等儒家经典为代表，奠定了中国古代教育的理论基础。这些文化教育经典对秦汉以降学校教育、人才选拔都产生了深远的历史影响。

三、先秦各家学派的教育价值观

教育价值观是指人们对整个教育核心价值或基础价值的看法或观念，对其他的教育观念有直接或间接的影响作用，与其他教育观念一起规范、指导或调节人们的教育行为。在先秦教育价值观念中，社会本位教育价值观占主导地位。这种教育价值观对后世的教育培养目标产生了深远影响，也为科举取士奠定了思想基础。

（一）儒家的社会本位教育价值观

先秦儒家从社会本位教育价值观出发，提出"大学之道，在明明德，在亲民，在止于至善"[②]，强调教育的社会政治功能，明确把教育与治国理想联系起来，要求通过修身齐家而实现治国平天下的目的。儒学的教育价值观和

① 柳诒徵：《中国文化史》（上册），第277页。

② （汉）郑玄注，（唐）孔颖达等正义：《礼记正义》卷六〇，载《十三经注疏》，第1673页。

教育内容对科举考试的目的与内容产生了直接而重大的历史影响。

孔子创办私学，就是为了培养志于道和弘道的士君子。他认为："学也，禄在其中矣。"① 其弟子子夏则明确提出"仕而优则学，学而优则仕"② 的观点。对于子夏这句经典之言，古今学者从不同角度，阐释了"学"与"仕"的复杂关系。有的论者认为，"仕而优则学"之"学"字应作"斆"解，是"教学"、"讲学"的意思；而"学而优则仕"之"学"字仍指的是"学习"。其整句的含义是"做官成绩优秀，有余力时应去教人；而学习成绩优秀，有余力时可以去做官"。它既反映了春秋时期"官师不分"的教育实际，也"体现了孔门师生在人才选拔问题上对平等的诉求"，具有巨大的历史进步作用。③

儒家文化素有人文性特征。在孔子教育思想中，道德教育居于核心地位，自然知识课程属于技艺教育，处于次要地位。与社会本位教育价值观相联系，先秦儒家在教育内容上重视人文政务，轻视物理自然，贬抑生产技艺。孔子删定"六书"，以《易》、《书》、《诗》、《礼》、《乐》、《春秋》"六经"和礼、乐、射、御、书、数"六艺"作为教学课程，其中包括道德教育、文化知识教育和技能技艺的培养。道德教育居于中心地位，自然知识课程属于技艺教育，处于次要地位。荀子谨守儒家祖训，认为凡是与政治无关的学问都是"无用之辩，无急之察，弃而不治。夫君臣之义，父子之亲，夫妇之别，则日切磋而不舍也"④。

与西方古代教育传统迥然不同，中国古代科学教育并没有独立的学科地位，也没有形成严密的逻辑体系。荀子认为："农精于田而不可以为田师，贾精于市而不可以为市师，工精于器而不可以为器师。有人也，不能此三技，而可使治三官，曰精于道者也，（非）精于物者也。"⑤ 数学教育虽是"六艺"之一，却作为一种技艺训练，目的是为了经世致用，很少把它作为一种思维训练的工具，没有构建严密公理化系统。儒家这种重人文、轻自然的教育传统为汉代经学教育所继承，对察举选士科目产生直接影响。

---

① （三国魏）何晏等注，（宋）邢昺等疏：《论语注疏》卷一五《卫灵公》，载《十三经注疏》，第2518页。

② （三国魏）何晏等注，（宋）邢昺等疏：《论语注疏》卷一九《子张》，载《十三经注疏》，第2532页。

③ 田建荣：《中国考试思想史》，第23—25页。

④ （战国）荀况撰，（清）王先谦集解：《荀子集解》卷一一《天论》，第316页。

⑤ （战国）荀况撰，（清）王先谦集解：《荀子集解》卷一五《解蔽》，第399页。

孔子的教育目的在于培养士、君子，以实现“仁政”的社会理想。在传统儒学体系中，“君子”概念具有特殊的教育与文化意蕴，其境界仅次于最高理想人格“圣人”，而远在“士”之上。美国学者认为，在孔子学说中，为“士”的主要目标就是要成为表率之人，即“君子”。“如果由低到高按修身境界来排列的话，‘士’最低，‘君子’胜之，‘圣人’最高。就数量而言，‘士’的人数相对较多；‘君子’则大大减少；‘圣人’因‘任重而道远’(第八篇第七章) 成为凤毛麟角之属。”①

从历史上看，“君子”一词在西周时就已出现，原指世袭贵族，所谓“封君之子”是也。春秋末年以后，君子逐渐成为对有道德的统治者及其代言人的称谓，其后也泛指品行好的人。有的论者指出：“至于君子，则传统上所谓从位言，从德言的两分法并不允当；孔子所称之君子皆位、德、才三者合言，此为其正名论思想的必然延伸。”②

就人格层面而言，孔子及其学说继承者赋予君子新的含义。儒学经典文献《论语》中的君子，虽然有时泛指贵族、在位者。如《论语·宪问篇》说：“君子而不仁者有矣夫。”《阳货篇》说：“君子有勇而无义为乱。”但在其绝大多数篇章中，“君子”主要是指儒家崇尚的理想人格。君子概念在孔子学说中占有非常重要的地位。儒学教育的培养目标及做人的基本规范主要是努力成为君子，这种教育导向在《论语》中得到了充分反映。③

根据张岱年主编的《孔子大辞典》统计，《论语》中“君子”一词使用频率很高，凡106次，仅比另一核心概念“仁”少出现3次。同书中，“圣人”一词出现8次。君子观念贯穿于整部《论语》之中。从开篇《学而》第一章，到终篇《尧曰》最后一章，都从不同层面描述了君子的行为：“人不知而不愠，不亦君子乎？”“不知命，无以为君子也。”在这里，朱熹的解说是：“君子，成德之名。”④

作为儒学理想人格，孔子将君子的思想、品德、规范纳入自己的“仁”

① ［美］安乐哲、罗思文著：《〈论语〉的哲学诠释：比较哲学的领域》，余瑾译，第63、65页。

② 周国正：《孔子对君子与小人的界定——从〈论语〉“未有小人而仁者也”的解读说起》，《北京大学学报》(哲学社会科学版) 2011年第2期。

③ 张亚群：《科举制下通识教育传统的演变及其启示》，《华中师范大学学报》(哲学社会科学版) 2009年第4期。

④ (宋) 朱熹：《四书集注》，第65页。

学体系，在与弟子的言论中，从不同层面加以诠释。在他看来，君子最可贵的品质就是时刻自觉地实践仁的理想，以礼、义、信作为自己的行为准则。如《论语·里仁》篇说："君子去仁，恶乎成名？君子无终食之间违仁，造次必于是，颠沛必于是。"《卫灵公》篇载："子曰：君子义以为质，礼以行之，孙以出之，信以成之。君子哉。"《雍也》篇提出："君子博学于文，约之以礼，亦可以弗畔矣夫。"孔子要求将关乎国家根本利益的道义、原则置于个人利益之上，实现为政治国的抱负。《阳货》篇提出："君子义以为上。"《里仁》篇认为："君子喻于义，小人喻于利。"《为政》篇强调："君子不器。"《子路》篇主张："君子和而不同。"这些都表达了儒学教育的人格理念。

在《论语》中，孔子揭示了君子的诸多美德和精神状态。如《颜渊》篇说："君子不忧不惧"；"君子成人之美，不成人之恶"。《雍也》篇提出："文质彬彬，然后君子。"《卫灵公》篇记孔子言："君子病无能焉，不病人之不己知也"；"君子疾没世而名不称焉"；"君子求诸己，小人求诸人"；"君子矜而不争，群而不党"；"君子不以言举人，不以人废言"；"君子谋道不谋食。耕也，馁在其中矣；学也，禄在其中矣。君子忧道不忧贫"；"君子不可小知，而可大受也"；"君子贞而谅"。《季氏》篇提出："君子有九思：视思明，听思聪，色思温，貌思恭，言思忠，事思敬，疑思问，忿思难，见得思义。"由此可见，君子作为道义的担当者与弘扬者，赋有特殊的文化使命，以其豁达的胸怀、高尚的品德和正直的性格，学思结合，不断提升自己的精神境界，从而实现儒家的政治理想。

孔子的君子人格理想为后儒所发扬。孟子从人性本善的基本观点出发，论述其"大丈夫"的理想人格，其中包含了"君子"人格。《孟子》一书论述了君子的价值取向、行为标准与外在表现。孟子提出："得天下英才而教育之"，作为"君子三乐"之一；列举"君子之所以教者"五类人，即"有如时雨化之者，有成德者，有达财者，有答问者，有私淑艾者"。他认为："君子所性，仁、义、礼、智根于心。其生色也，睟然见于面、盎于背、施于四体。四体不言而喻。"在待人接物方面，层次分明："君子之于物也，爱之而弗仁。于民也，仁之而弗亲。亲亲而仁民，仁民而爱物。"①

① （战国）孟轲撰，杨伯峻译注：《孟子译注》（下）卷一三《尽心上》，第322页。

与孔子的君子人格标准相比，孟子的君子形象更具现实亲和力；“其人格标准世俗化倾向明显，具有强大的现实受容性和可操作性，更适宜于作为士人的行动指南。”① 孟子主张教育之目的在于培养“君子”、“圣贤”及“大丈夫”。从教育对社会影响的角度来看，孟子明确概括了中国古代学校“明人伦”的教育目的。他说：“设为庠序学校以教之。庠者，养也；校者，教也；序者，射也。夏曰校，殷曰序，周曰庠，学则三代共之，皆所以明人伦也。”“存心”就是培养人皆有之的善端，“养性”是发展人的善性。从其“性善论”出发，提出了教育目标是“人皆可以为尧舜”②。

相比之下，荀子崇尚“性恶论”。他继孔子“仁”、孟子“义”之后，提出“礼”，重视社会行为规范和秩序。荀子论析君子的行为规范时，强调“礼”、“法”化民成俗的特殊作用。他认为：“人之性恶，其善者伪也。”要想达到儒家追求的至善，就要人为地用礼义法度来制约人之恶性。“小人、君子者，未尝不可以相为也，然而不相为者，可以而不可使也。”③ 在《成相》篇提出：“治之经，礼与刑，君子以修百姓宁。”《大略》篇说：“礼之于正国家也，如权衡之于轻重也，如绳墨之于曲直也。故人无礼不生，事无礼不成，国家无礼不宁。”

荀子将儒家学者分为俗儒、雅儒、大儒三个层次，相应的教育目的也是有层次的。最低层次即培养“士”，在某种程度上可以认为就是俗儒。“不学问，无正义，以富利为隆，是俗人者也。”第二个层次即培养“君子”，言行合乎礼仪。这是“法后王，一制度，隆礼仪”；“知之曰知之，不知曰不知，内不自以诬，外不自以欺，以是尊贤畏法而不敢怠傲”。④ 最高层次即培养“圣人”或“成人”。这是其教育理想境界。荀子发挥孔子“古之学者为己”⑤的思想，强调：“君子之学也，入乎耳，著乎心，布乎四体，形乎动静；端而言，蠕而动，一可以为法则。”⑥

---

① 张文利：《孔孟与宋代理学家人格理想之比较》，《文史哲》2003 年第 2 期。

② （战国）孟轲撰，杨伯峻译注：《孟子译注》（上）卷五《滕文公上》，第 118 页；《孟子译注》（下）卷一二《告子下》，第 276 页。

③ （战国）荀况撰，（清）王先谦集解：《荀子集解》卷一七《性恶》，第 434、443 页。

④ （战国）荀况撰，（清）王先谦集解：《荀子集解》卷四《儒效》，第 138—140 页。

⑤ （三国魏）何晏等注，（宋）邢昺等疏：《论语注疏》卷一四《宪问》，载《十三经注疏》（下），第 2512 页。

⑥ （战国）荀况撰，（清）王先谦集解：《荀子集解》卷一《劝学》，第 12 页。

总之，先秦时期孔子、孟子、荀子等儒家学者的君子人格理想，在中国思想文化史上具有开创性，它奠定了后世儒家人格理想的基础。宋代理学家继承和发展孔孟的人格理想，突出对圣人人格的追求。另外，儒家理想人格的养成离不开后天的教育。从孔、孟、荀到朱熹、陆九渊、王阳明等名儒，往往兼思想家、教育家于一身，其为学的目标是养成君子，其最高人格理想为达到圣人境界。这一教育传统对历史上的书院教育产生了深远影响。

近代学者郭秉文在其博士学位论文中高度评价先秦儒学的教育价值与历史地位。他认为孔子不仅是哲学家，也是伟大的道德家和政治家，更是一位无与伦比的导师。孔子的教育原则与方法与其信徒孟子的教育思想，因具有现代性的气质，对人性特征与作用的深刻见解，而超凡脱俗。“孔子著作中所包含的道德、社会与政治的原则及其信徒所阐发的原则，最终成为后世选士考试制度的基础和中国教育的内容。”① 由此可见，先秦儒学产生了深远的历史影响。

（二）墨家的教育价值观

墨子的教育理念具有强烈的“利他”色彩。他主张教育要培养“贤士”，而“贤士”的主要品德是“兼爱”，故亦称“兼士”。他奉行“苦行主义”，勇于奉献乃至献身；以利济苍生为己任，且有仗义行侠的气度。② 这种理念贯穿于教育实践中，强化了社会本位教育价值观，对后世科举考试的目标产生了间接影响。

墨子出外游历，魏越问道：“如果能见各地的诸侯，您将说什么呢?”墨子回答：“凡入国，必择务而从事焉。国家昏乱，则语之尚贤、尚同；国家贫，则语之节用、节葬；国家喜音湛湎，则语之非乐、非命；国家淫辟无礼，则语之尊天事鬼；国家务夺侵凌，则语之兼爱、非攻，故曰择务而从事焉。”③ 就是说，每到一个诸侯国，应根据国情选择最重要事情进行劝导，运用“尚贤”“尚同”“节用”“节葬”“非乐”“非命”“尊天事鬼”“兼爱”“非攻”

① Ping Wen Kuo, The Chinese System of Public Education, New York City: Teachers College, Columbia University, 1915, p. 31.

② 喻本伐、熊贤君：《中国教育发展史》，第59页。

③ （战国）墨翟撰，（清）毕沅校注：《墨子》卷一三《鲁问》，第199—200页。

的政治理念，消除弊端，治理国家。

在教育活动中，墨子将“义”置于首位，反映出社会本位的教育价值观。《墨子·公孟》篇记述：“有游于子墨子之门者，身体强良，思虑循通，欲使随而学。”墨子说：“姑学之，吾将仕子。”于是劝于善言而学。一年后，门生责仕于墨子，墨子说，“不仕子”。“今子为义，我亦为义，岂独我义也哉？子不学则人将笑子，故劝子于学。”现在你行义，我也行义，怎么能说只是我的义呢？你不学别人将要笑话你，所以劝你学习。“夫义，天下之大器也，何以视人必强为之？”义是天下最贵重的宝器，为什么要看他人呢？自己一定要努力去从事。

在教育内容上，除以“兼爱”为核心的道德教育外，墨子还注重对自然科学、生产技能、军事知识等技能的训练。墨家对自然科学教育有很高的造诣，涉及数学、光学、声学、力学等许多方面。教育内容还包括“辩乎言谈”，即进行思维方法训练，锻炼论辩能力。墨家认为人的言谈是否正确，“必立仪”，需有一个共同认可的衡量标准。为此，墨子提出“言必有三表”：“有本之者，有原之者，有用之者”，即“上本之于古者圣王之事”，“下原察百姓耳目之实”，“废以为刑政，观其中国家百姓人民之利”。[①] 依据这三条标准，评判言论是否符合古代圣王历史经验，是否符合现实社会民众的感性经验，是否有利于国家百姓的利益。此外，墨家强调明辨是非，须掌握思维和论辩的法则，懂得运用类推与求故等形式逻辑的方法。

（三）法家的“以法为教”的教育理念

在战国诸子教育思想中，法家的学说独树一帜，影响后来居上。从先秦儒家集大成者荀子引“法”入儒，到其弟子、法家思想集大成者韩非，融会儒道墨法思想精华，使法家学说为统治者所重视。法家教育理念与现实政治密切相关，崇尚功利，也体现出社会本位的教育价值观。

韩非认为，“古今异俗，新故异备”，主张教育变革，要求改变古代的教育制度、内容和方法。他申斥各家学说：“有二心务私学，反逆世者也，而不禁其行，不破其群，以散其党，又从而尊之，用事者过矣。”[②] 认为儒、墨之

① （战国）墨翟撰，（清）毕沅校注：《墨子》卷九《非命上》，第122页。
② （战国）韩非子撰，（清）王先慎集解：《韩非子集解》卷一七《诡使》，第409—410页。

师，只会讲授六经、六艺或兼爱、非攻，不利于耕战。为了富国强兵，韩非大力提倡法治教育。继商鞅之后，推行以吏为师的制度。他提出："故明主之国，无书简之文，以法为教；无先王之语，以吏为师；无私剑之捍，以斩首为勇。是境内之民，其言谈者必轨于法，动作者归之于功，为勇者尽之于军。"[①] 可见，在法家教育理念中，国家利益至上，法治教育只是实现这一政治目标的手段。法家的"以法为教"的理念，对后世科举考试的程式化与法制化产生了重要影响。

上述以儒、墨、法诸家为代表的主要思想流派，其治国理念和学术观点虽然存在较大差异，但就教育的目的而言，均以社会为本位，具有共同的教育价值取向。这一教育价值观为人才选拔提供了重要基础，对汉代以后人才选拔制度的变革与发展产生了深远影响。

在人类文明发展史上，考试的发明是一项重要文化成果。它适应了特定历史阶段国家、社会和教育发展的客观需要，并随着社会发展和时代变迁而不断演化，对政治、教育、文化等产生广泛影响。科举考试作为古代中国和东亚地区长期实行的人才选拔制度，被誉为"第五大发明"[②]，是中国对人类文明的一项伟大贡献。这项发明的诞生并非偶然，它与民族文化观念、古代政治制度密切相连，是中华文化的结晶。

从中国古代思想文化演进来看，科举制度是古代尚贤思想、"大一统"观念、至公理念与"学而优则仕"的教育价值观在特定社会历史条件下相互作用的产物。"大一统"的政治观念和公平选才的文化精神构成了科举考试的本质特征，选贤任能是实现"大一统"政治理想的先决条件和必要手段，公平理念是科举制赖以产生的社会文化土壤，科举考试是"学而优则仕"理念的制度化。[③]

就制度层面而论，科举制可溯源于周代"乡举里选"及汉代察举选士。西汉时期开始实行察举制，通过基层组织推荐，选拔治国人才，体现了尚贤、公平和"大一统"的理念。

---

① （战国）韩非子撰，（清）王先慎集解：《韩非子集解》卷一九《五蠹》，第449页。
② 刘海峰：《科举制——中国的"第五大发明"》，《探索与争鸣》1995年第8期。
③ 张亚群：《"物有本末，事有终始"：论科举考试的文化渊源》，《河南大学学报》（社会科学版）2017年第3期。

日本、朝鲜、越南等东亚国家和地区，深受儒学文化影响，先后引入科举考试制度。其科举选士科目、考试内容与儒学教育密切相连，具有鲜明的儒学文化特征。①

① 张亚群、杨秋玄：《东亚科举停废的动因与教育影响——国际比较的视角》，《社会科学战线》2020 年第 3 期。

第二章　西汉察举选士的实践

秦汉时期是中国统一的中央集权制国家创立和巩固阶段，奠定了此后封建统治的基础。秦王朝虽二世而亡，但在政治、经济、文化、教育、军事制度建设上具有开创之功。汉初统治者吸取历史教训，调整统治政策，以“黄老”思想为指导，实行“休养生息”、无为而治，逐渐恢复统治秩序。文景时期，政治思想上出现转变，将儒学立于学官，置为博士，开始实行察举选士。汉武帝独尊儒术，正式确立察举制度，创立太学，实现了人才选拔制度的重大变革。元代马端临指出：“汉制，郡国举士，其目大概有三：曰贤良方正也，孝廉也，博士弟子也。然是三者，在后世则各自为科目，其与乡举里选，又自殊途矣。”① 从选官制度考察，察举制是科举制的前身，它对两汉时期社会政治、教育、文化产生了广泛而深远的历史影响。

第一节　察举制的创立

察举制发端于汉文帝，形成于汉武帝时期。中国历史上最早的一次察举策试始于汉文帝前元十五年（前165年），察举常科始于汉武帝元光元年（前136年）。作为一种自下而上推举人才的选官制度，察举制的创立，既有深远的历史文化渊源，也有特定的时代需要和社会政治条件。先秦时期的荐举政治实践，为汉代察举选士提供了借鉴，而汉初近百年经济、文化的恢复发展和社会政治的稳定，为人才选拔制度变革创造了必要的条件。

---

① （元）马端临：《文献通考》卷二八《选举考一》，第806页。

一、时代背景

汉朝建立后，国家统一，为巩固中央集权统治，迫切需要创新人才选拔制度。从时代背景来看，察举制的创立，主要受以下诸因素影响。

第一，汉初政治变革和经济发展，推动了察举制度的创立。

西汉建立者刘邦及其统治集团，都参与过反抗暴秦的农民起义，亲眼看到强大的秦王朝在农民起义的烽烟中土崩瓦解，因而注重反省秦王朝灭亡的历史教训，适时调整统治策略。

秦朝灭亡的原因是多方面的。在政治上，以武力统一天下，政权合法性未能获得公认。秦始皇建立绝对的统治权，“天下事无大小，皆决于上”，以严刑峻法来让高官们人人自危。在经济上，秦二世统治时，国家大工程有增无减，徭役越来越重。在处理统治阶级内部以及士阶层矛盾方面，政治利益分配不均。在灭六国以后，秦朝统治者并没有给予原来六国的贵族与遗臣恰当的待遇，而是简单粗暴地直接将其政治、经济上的一切特权完全剥夺。这些贵族遗臣中还有很多具有号召力与真才实学的人，比如项梁、项羽两叔侄，田儋、田荣、田横三兄弟等。再者，战国时期存在着大量的“游士”，秦灭六国以前，这些游士可以来往于各诸侯国，谋得一官半职，甚至官居卿相、封侯。但是，秦统一六国后，游士晋身之路被封堵。

秦朝暴政、农民起义和楚汉相争，造成极大的经济破坏。汉朝建立之初，皇帝的御驾连四匹相同颜色的马都难找到，将相们只能乘坐牛车。史称：“汉兴，接秦之弊，诸侯并起，民失作业而大饥馑。凡米石五千，人相食，死者过半。”如原有三万户的曲逆县，在汉初仅剩下五千户。“天下既定，民亡盖臧，自天子不能具醇驷，而将相或乘牛车。”① 面对凋敝的社会经济状况，西汉统治者不得不调整统治政策。

在汉初思想界，“黄老之学”获得统治集团的认同。“黄老”是指先秦时代道家所推崇的“黄帝”与“老庄”，以《道德经》和《庄子》为代表。“黄老”学说，强调“虚”、“静”，要求统治者在政治上“清静无为”，同时也主张“刑德”并用。可见，它并非消极“无为”，而是一种统治策略的调

① 《汉书》卷二四上《食货志上》，第511页。

整。西汉初期几代统治者，奉行“清静无为”、“与民休息”的治国方针。当然，汉初儒家学者陆贾等人，也主张“无为而治”。这既体现了儒家与现实政治相结合，也说明西汉统治者根据实际情况做出的历史抉择，适应民间百姓的普遍要求。

徭役曾是秦代暴政的象征，汉初统治者都十分节制使用民力。为了使百姓免受转送赋税之苦，文帝下令列侯不准居住京城，各自归国。文帝首开“籍田制”，显示对农业生产的重视。文景二帝还多次下诏救助灾荒，令郡国官吏务必重农桑，发展生产，并设“孝弟力田”奖励努力生产的农民。景帝时最终将田赋的比例定在“三十税一”，并成为定制。此外，口赋、算赋、更赋等赋税在文景时代都有不同程度的减轻。这些政策法令对于社会秩序与生产的迅速恢复具有重要作用，使小农经济在汉初几十年中有了长足进步。汉初还逐步调整盲目抑商的政策，使商人和商业流通发挥出服务社会的作用。文帝接受晁错“入粟拜爵”的方法，既满足了商人提高社会地位的愿望，也使农民多余的粮食有了出路。

汉初几十年间，奉行“无为而治”的政策，安抚民心，为政治制度建设留下宽松的发展空间。它促进了政治、经济、文化的恢复与发展，形成了令人称道的“文景之治”。司马迁父子称其为“德至盛也”；班固则称赞：“周云成、康，汉言文、景，美矣！”[①] 至汉武帝时代，为维护汉王朝的长治久安，迫切需要探索新的选才路径，选拔治世能臣。察举制就是顺应了这样的政治需要而诞生的。

第二，儒学地位的上升，促进了察举选士的实施。

在文教政策方面，汉初统治者吸取秦朝文化专制的惨痛教训，及时调整政策。史载儒生陆贾，“时时前说称《诗》、《书》。高祖骂曰：‘乃公居马上而得之，安事《诗》、《书》！’陆生曰：‘居马上得之，宁可以马上治之乎？且汤武逆取而以顺守之，文武并用，长久之术也。’”[②] 刘邦对此深有感触，令陆贾总结秦及其他“古成败之国”的经验教训，写成《新语》。当然，汉初不只是陆贾总结秦亡教训，刘邦也不仅因这番话就完全改变思想，但此事表明，汉初君臣对免蹈秦王朝覆辙确实作了深刻反思。

① 《汉书》卷五《景帝纪》，第153页。

② 《史记》卷九七《郦生陆贾列传》，第3270页。

汉惠帝时废止挟书律，民间开始公开传授儒家经典。文帝、景帝时期，广开献书之路，搜求儒家经典，为其立博士，逐渐恢复儒学教育，并征用一批治经儒者为官。秦博士伏生出其壁藏《尚书》二十九篇，文帝命晁错从其受业。这一时期，博士之数恢复到秦朝时的七十余人，百家杂陈而儒家独多。儒学博士包括《书》、《诗》、《春秋》、《论语》、《孝经》、《孟子》、《尔雅》，其中《诗》博士就有齐、鲁、韩三家，讲授内容有异；《春秋》博士也有胡毋生①、董仲舒二家。这些都显示了儒学复兴的气象。

随着政治、经济和文化教育事业的发展，“黄老之学”及其用人标准和选官制度已越来越不适应社会变革的要求，需要更新观念，选拔和任用新的人才。汉武帝时期，国力强大，社会安定统一，亟须选择新的统治思想，以加强中央集权统治。在此社会背景下，“武帝即位，举贤良文学之士前后百数，而仲舒以贤良对策焉”②。董仲舒作为《春秋公羊》大家，其答策获得汉武帝的高度赞赏。他提出“兴太学，置明师，以养天下之士”的教育主张：

> 夫万民之从利也，犹水之走下，不以教化堤防之，不能止也。是故教化立而奸邪皆止者，其堤防完也；教化废而奸邪并出，其堤防坏也。古之王者明于此，是故南面而治天下，莫不以教化为大务。立太学以教于国，设庠序以化于邑，渐民以仁，摩民以谊，节民以礼，故其刑法甚轻而禁不犯者，教化行而习俗美也。
>
> 夫不素养士而欲求贤，譬犹不琢玉而求文采也。故养士之大者，莫大乎太学；太学者，贤士之所关也，教化之本原也。今以一郡一国之众，对亡应书者，是王道往往而绝也。臣愿陛下兴太学，置明师，以养天下之士，数考问以尽其材，则英俊宜可得矣。③

董仲舒认为，君主的主要职责是实施教化。他认为仁、义、礼、乐都是治道的工具，古代圣王之所以能够长治久安，都是礼乐教化的功效。兴教化的根本是培养人才，而培养人才和选拔人才是分不开的，为了得到贤才，巩固国家统治，就需要改革国家的人才选举制度。这些建议为武帝所采纳，从

---

① 胡毋为复姓，“毋”亦作“母”，胡毋生亦作胡母生。

② （汉）班固：《汉书》卷五六《董仲舒传》，第1094页。

③ （汉）班固：《汉书》卷五六《董仲舒传》，第1102页。

而为察举制的正式实行提供了理论依据。

第三，学校教育和社会文化的发展，为察举制提供了人才基础和文化条件。

汉初官场，遗留秦代的一些不良习惯。刘邦曾对各级官吏“背公立私”提出严厉批评。文帝时，贾谊数次上书，陈《治安策》。他指出秦朝灭亡的重要教训就在于，“遗礼义，弃仁恩”，“不知反廉愧之节，仁义之厚”；“曩之为秦者，今转而为汉矣。然其遗风余俗，犹尚未改”。因此，贾谊要求先教化，兴礼仪。

贾谊强调治国的当务之急在于培养好接班人，并慎选辅助大臣：因为，“天下之命，县于太子；太子之善，在于早谕教与选左右”。“夫教得而左右正，则太子正矣，太子正而天下定矣”。他还进一步指出社会的“治”与“安”并非一日之间形成的，“皆以积渐然”，而“人主之所积，在其取舍”。“以礼义治之者，积礼义；以刑罚治之者，积刑罚。刑罚积而民怨背，礼义积而民和亲。”① 从历史得失来看，商汤、周武诸王置天下于仁义礼乐，而德泽洽，累子孙数十世；秦王置天下于法令刑罚，德泽亡，而怨毒盈于世，下憎恶之如仇，祸几及身，子孙诛绝。这是值得统治者借鉴的深刻教训。

为了改善社会风气，培养人才，需要大力发展学校教育。汉武帝采纳董仲舒兴太学，置明师，以养天下之士的建议。建元五年（前136年）设置《诗》、《书》、《易》、《礼》、《春秋》五经博士，统归太常统辖。这些博士的主要职责是传授儒家经典，参与朝廷议论典礼、政事，充当皇帝顾问。其后，在长安设立太学，建立了较为完善的中央官学教育制度，学教教育逐步正规化。

在教学内容方面，儒家经典成为中央官学的正统教材，太学考试以儒经为依据。学校教育为察举制的实施提供了人才储备和文化条件，而孝廉、明经、秀才等察举科目的设置则传播了儒学的价值观念。正如学者所论：“汉代察举制之所以形成，是与文化的普及和提高分不开的，同时它又反过来刺激文化的进一步发展。”② 由此可见，儒学与察举相辅相成，互相促进。

另外，地方官学及私学的发展，也需要建立新的人才选拔制度。太学的

---

① （汉）班固：《汉书》卷四八《贾谊传》，第990页。

② 熊铁基：《汉唐文化史》，第12页。

创立，虽然为士人提供了一条读书入仕途径，但其招生名额极为有限；同时因其设立在京师，远道学生难以入学。只有太学生才有资格参加选官考试，这就限制了其他读书人的出路。为了维护汉朝中央集权统治，需要拓宽人才选拔的路径，扩大其统治的社会基础。“在察举时代，学校与察举大致为互不相涉的两种仕途。”① 因此，察举制能够为太学之外的各类学生及自学成才者创造入仕的路径。

二、察举制的创立过程

西汉初年，官吏选拔方式多样，包括任子、军功、辟除、荐举、征召、吏道等途径。封建统治阶级子弟作为郎，是出仕的一个重要阶梯。当时规定，二千石以上的大官僚，可以送子弟到京师为郎，称为“任子”。拥有资产十万钱（景帝时改为四万钱）而又非商人者，也可以候选为郎，称为“赀选”。此外，还有献策上书为郎，举孝廉为郎，射策甲科为郎，六郡良家子为郎等途径，其中多数为汉武帝时期或以后出现的。②

西汉的“任子”制，源于西周以来的分封制和世卿世禄制，在魏晋时期发展为九品中正制，唐代以后演化为门荫制度。据研究者统计，《汉书·百官公卿表》所记载的三公九卿共529人，其中因“任子”入仕的共17人，约占三公九卿总人数的3.2%。“这一比例虽未能概括当时中央高级官吏的全部，亦足可反映大体情况。”③

早在楚汉战争时，刘邦不断地向民间征求贤能，安定地方统治秩序。汉朝建立后，为了选拔军事与文治人才，刘邦多次颁布诏书。史载：

> 高祖命天下郡国选能引关蹶张，材力武猛者，以为轻车、骑士、材官、楼船，常以立秋后讲肄课试，各有员数。平地用车骑，山阻用材官，水泉用楼船。④

汉高帝十一年（前196年）二月，又下诏曰：

---

① 阎步克：《察举制度变迁史稿》，第3页。
② 翦伯赞：《中国史纲要》第一册，第125页。
③ 廖晓晴：《两汉“任子”问题之探讨》，《辽宁大学学报》（哲学社会科学版）1983年第5期。
④ （南朝宋）范晔：《后汉书》卷一《光武帝纪下》李贤注引《汉官仪》，第51页。

盖闻王者莫高于周文，伯者莫高于齐桓，皆待贤人而成名。今天下贤者智能，岂特古之人乎？患在人主不交故也，士奚由进！今吾以天之灵、贤士大夫定有天下，以为一家，欲其长久，世世奉宗庙亡绝也。贤人已与我共平之矣，而不与吾共安利之，可乎？贤士大夫有肯从我游者，吾能尊显之。布告天下，使明知朕意。御史大夫昌下相国，相国酂侯下诸侯王，御史中执法下郡守，其有意称明德者，必身劝，为之驾，遣诣相国府，署行、义、年。有而弗言，觉，免。年老癃病，勿遣。①

这一诏书具有察举选官的政策导向。举贤程序包括登记形仪、品行、年龄、逐级察访、上报等形式。

汉惠帝、吕后时期，都曾诏举“孝弟力田”。史载，汉惠帝四年（前191年）春正月，“举民孝弟、力田者复其身”②。高皇后吕氏元年（前187年）春二月，“初置孝弟力田二千石者一人”③。所谓“孝弟”，就是孝顺父母、友爱兄弟；所谓“力田”，就是农业生产模范。由各郡县推举“孝弟力田”，被举者免去徭役，以“导率”乡人。

（一）文景时期察举制的试行

为了防止举荐不实，杜绝滥竽充数，加强中央对地方的控制，察举制推行中采用考试作为选拔人才的辅助手段。从西汉文帝开始，对于依诏特举之士，皇帝要亲加策试，有时则委托御史策问，以区分高下。安作璋先生认为：“严格说来，作为选用官吏的察举制度，应当从文帝开始。”④ 这从文帝几次诏令选官可得到印证。汉文帝前元二年（前178年）十一月下诏曰：

天下治乱，在予一人，唯二三子执政犹吾股肱也。……冬至，其悉思朕之过失，及知见所不及，匄以启告朕。及举贤良方正能直言谏者，以匡朕之不逮。

文帝前元十二年（前168）三月，又下诏曰：

---

①《汉书》卷一下《高帝纪》，第26页。
②《汉书》卷二《惠帝纪》，第32页。
③《汉书》卷三《高后纪》，第33页。
④ 安作璋：《汉代的选官制度》，《山东师院学报》（哲学社会科学版）1981年第1期。

其遣谒者劳赐三老、孝者帛人五匹，悌者、力田二匹，廉吏二百石以上率百石者三匹。及问民所不便安，而以户口率置三老、孝悌、力田常员，令各率其意以道民焉。

文帝前元十五年（前165年）九月，“诏诸侯王、公卿、郡守举贤良能直言极谏者，上帝亲策之，傅纳以言”①。《汉书·晁错传》详载文帝的策题及晁错的答策。其策诏全文如下：

惟十有五年九月壬子，皇帝曰：“昔者大禹勤求贤士，施及方外，四极之内，舟车所至，人迹所及，靡不闻命，以辅其不逮；近者献其明，远者通厥聪，比善勠力，以翼天子。是以大禹能亡失德，夏以长楙。高皇帝亲除大害，去乱从，并建豪英，以为官师，为谏争，辅天子之阙，而翼戴汉宗也。赖天之灵，宗庙之福，方内以安，泽及四夷。今朕获执天子之正，以承宗庙之祀，朕既不德，又不敏，明弗能烛，而智不能治，此大夫之所著闻也。故诏有司、诸侯王、三公、九卿及主郡吏，各帅其志，以选贤良明于国家之大体，通于人事之始终，及能直言极谏者，各有人数，将以匡朕之不逮。二三大夫之行当此三道，朕甚嘉之，故登大夫于朝，亲谕朕志。大夫其上三道之要，及永惟朕之不德，吏之不平，政之不宣，民之不宁，四者之阙，悉陈其志，毋有所隐。上以荐先帝之宗庙，下以兴愚民之休利，著之于篇，朕亲览焉，观大夫所以佐朕，至与不至。书之，周之密之，重之闭之。兴自朕躬，大夫其正论，毋枉执事。乌乎，戒之！二三大夫其帅志毋怠！”

晁错作为被推举贤良文学士，参加这次对策。他就“诏策”提出的五方面问题，即“明于国家之大体”、“通于人事之终始”、“直言极谏”、“吏之不平，政之不宣，民之不宁”、“悉陈其志，毋有所隐”，逐一作答。如其“以古之三王”的为政之道，阐明“通于人事之终始”的重要作用。其答策写道：

臣闻三王臣主俱贤，故合谋相辅，计安天下，莫不本于人情。人情莫不欲寿，三王生而不伤也；人情莫不欲富，三王厚而不困也；人情莫不欲安，三王扶而不危也；人情莫不欲逸，三王节其力而不尽也。其为

① 《汉书》卷四《文帝纪》，第46页。

法令也，合于人情而后行之；其动众使民也，本于人事然后为之。取人以己，内恕及人。情之所恶，不以强人；情之所欲，不以禁民。是以天下乐其政，归其德，望之若父母，从之若流水；百姓和亲，国家安宁，名位不失，施及后世。此明于人情终始之功也。

晁错的答策，言简意赅，深得文帝赏识。当时，“对策者百余人，唯错为高第，繇是迁中大夫”。文帝“奇其材”。汉景帝即位，以晁错为内史，“幸倾九卿，法令多所更定”。[①] 这从一个侧面反映出举贤良成为入仕的重要路径。

从总体上看，汉初，无论是举“孝弟力田”，还是选举贤良等，尚未形成固定的制度，它们只是察举制的萌芽。尽管如此，这些举措为汉武帝时期察举制的形成奠定了基础。

(二) 察举制的正式确立

汉代的选官制度变革，经历了不断探索和逐渐完善的过程，其中汉武帝时期是一个重要的历史转折点。安作璋先生认为：“严格说来，作为选用官吏的察举制度，应当从文帝开始。”“汉代察举作为一种比较完备的选官制度，应在汉武帝时代。”[②] 自武帝开始，察举制逐渐成为选拔官吏的主要仕途。

1. 从“举贤良”到“察孝廉”

汉武帝建元元年（前140年）十月，诏令丞相、御史、列侯、中二千石、二千石、诸侯，推举民间贤良方正能直言极谏之士。董仲舒被推荐应举，其对策曰：

夫长吏多出于郎中、中郎，吏二千石子弟选郎吏，又以富訾，未必贤也。且古所谓功者，以任官称职为差，非谓积日累久也。故小材虽累日，不离于小官；贤材虽未久，不害为辅佐，是以有司竭力尽知，务治其业而以赴功。今则不然，累日以贵取，积久以致官，是以廉耻贸乱，贤不肖浑淆，未得其真。臣愚以为使诸列侯、郡守、二千石，各择其吏民之贤者，岁贡各二人以给宿卫，且以观大臣之能。[③]

① 《汉书》卷四九《爰昂晁错传》，第1011页。
② 安作璋：《汉代的选官制度》，《山东师院学报》（哲学社会科学版）1981年第1期。
③ 《汉书》卷五六《董仲舒传》，第1102页。

这一对策的内容包括岁贡和定额，对象有吏有民，在制度上比文帝时的诏举较为完备。董仲舒的建议就为武帝时期察举制的正式实施提供了重要参考。同年，武帝采纳丞相卫绾的奏议，罢黜“治申、商、韩非、苏秦、张仪之言”的贤良，为察举制确定了以儒术取士的方向。

由于武帝祖的母亲窦太后好“黄老之说”，儒家势力暂时受到打击。建元六年（前135年），窦太后去世，武帝启用好儒术的田蚡为相。田蚡将不治儒家五经的太常博士一律罢黜，排除黄老刑名百家之言于官学之外，并优礼延揽儒生数百人。这一举措为察举制的实施扫除了思想、文化障碍。

元光元年（前134年），汉武帝即位。五月，诏举贤良、文学，并亲自策问。“于是董仲舒、公孙弘等出焉。”① 史载：同年十一月，汉武帝“初令郡国举孝廉各一人，从董仲舒之言也”②。这标志着察举制度的正式确立。此后，郡国岁举孝廉成为定制。

值得注意的是，董仲舒还论述了考核官吏政绩的具体方法：“考试之法，大者缓，小者急，贵者舒而贱者促。诸侯月试其国，州伯时试其部，四试而一考。天子岁天下，三试而一考。前后三考而黜陟，命之曰‘计’。”又说：“考试之法，合其爵禄，并其秩，积其日，陈其实，计功量罪，以多除少；以名定实，先内弟之。”③ 这是文献记载中首次使用“考试”一词。

元光五年（前130年），复征贤良文学，汉武帝策问诸儒。史称：“武帝既招英俊，程其器能，用之如不及。时方外事胡、越，内兴制度，国家多事，自公孙弘以下至司马迁，皆奉使方外，或为郡国守相至公卿。”④

在察举制下，皇帝作为“大一统”的政治化身，掌握人才选拔的决定权。在选举科目设置和选举过程中，由皇帝下诏指定举荐科目，在全国范围内，从中央到郡国各级官员按科目规定举荐人才。被举荐者经过皇帝和中央政府的考核后才能录用。在人才选拔标准上，强调统一性。从汉武帝确定“独尊儒术”开始，察举制依据儒家的“德行”要求与经术才能作为选士的总标准，制定统一的察举标准，分科选拔人才。被选拔出来的儒士必须恪守“大一统”

---

① 《汉书》卷六《武帝纪》，第60页。

② （宋）司马光编撰，（元）胡三省音注：《资治通鉴》卷一七《汉纪九·武帝元光元年》，第118页。

③ （汉）董仲舒：《春秋繁露·考功名第二十一》，载陈蒲清校注《春秋繁露·天人三策》，岳麓书社1997年版，第109页。

④ 《汉书》卷六五《东方朔传》，第1233页。

的政治要求，遵守儒家的伦理规范。在常科选士方面，还有统一的选举时间与选举名额的规定。察举选士的“大一统”价值取向为其后的科举考试所继承和发展，成为科举制度文化的一个重要特征。①

2. 察举制的推广

在察举制实行之初，遇到来自郡国等多方的阻力，实施并不顺利。有的郡国每年甚至一人也不举。这不仅是因为这项制度触及地方统治阶层的既有利益，同时也与考察过程、荐举者的责任直接相关。举孝廉“则非有实行可见者不容谬举”②。察举诏令规定，不举、谬举者有罪，举而得人者奖。这项规定沿袭秦朝的保任制度，一些官员因被举人员过失，而受连坐处罚。如：

> （何武）徙京兆尹。二岁，坐举方正所举者召见槃辩辟雅拜，有司以为诡众虚伪。（何）武坐左迁楚内史，迁沛郡太守，复入为廷尉。③
>
> 初元二年（前47年），汉元帝诏列侯举茂才，（富平侯张）勃举汤。汤待迁，父死不奔丧，司隶奏汤无循行，勃选举故不以实，坐削户二百……汤下狱论。后复以荐为郎，数求使外国。久之，迁西域副校尉，与甘延寿俱出。④
>
> 严延年察狱史廉，有臧不入身，延年坐选举不实贬秩，笑曰：“后敢复有举人者矣！”⑤

其他如执金吾韩立、御史大夫张谭、宗政刘顺、山阳侯张当岳、邛成侯王勋、太常杜业，皆坐选举不实，被免官或是被处刑罚。

此外，西汉“察廉举孝”初行，一些官吏对“孝廉”的内涵未能领悟，读书人宁愿应诏贤良方正科，也不愿应举，因此参与荐举者非常少，甚至出现“万家之县，云无应令”，或“阖郡不荐一人”的现象。⑥

针对郡国不荐举的情况，武帝元朔元年（前128年）十一月，特下诏书

① 张亚群：《从中国传统文化演进看科举考试的起源》，载教育部考试中心编《中国考试史专题论文集》，第576—577页。

② （元）马端临：《文献通考》卷三四《选举考七》，第988页。

③ 《汉书》卷八六《何武王嘉师丹传》，第1516页。

④ 《汉书》卷七〇《傅常郑甘陈段传》，第1297页。

⑤ 《汉书》卷九〇《酷吏传·严延年》，第1592页。

⑥ 《汉书》卷四《文帝纪》，第45页；卷六《武帝纪》，第62页。

详列举孝廉的意义、奖惩规定，为推行察举制度扫清了障碍。其诏曰：

> 公卿大夫，所使总方略，壹统类，广教化，美风俗也。夫本仁祖义，褒德禄贤，劝善刑暴，五帝三王所由昌也。朕夙兴夜寐，嘉与宇内之士臻于斯路。故旅耆老，复孝敬，选豪俊，讲文学，稽参政事，祈进民心，深诏执事，兴廉举孝，庶几成风，绍休圣绪。夫十室之邑，必有忠信；三人并行，厥有我师。今或至阖郡而不荐一人，是化不下究，而积行之君子雍于上闻也。二千石官长纪纲人伦，将何以佐朕烛幽隐，劝元元，厉蒸庶，崇乡党之训哉？且进贤受上赏，蔽贤蒙显戮，古之道也。其与中二千石、礼官、博士议不举者罪。
>
> 有司奏议曰："古者，诸侯贡士，壹适谓之好德，再适谓之贤贤，三适谓之有功，乃加九锡；不贡士，壹则黜爵，再则黜地，三而黜，爵、地毕矣。夫附下罔上者死，附上罔下者刑，与闻国政而无益于民者斥；在上位而不能进贤者退，此所以劝善黜恶也。今诏书昭先帝圣绪，令二千石举孝廉，所以化元元，移风易俗也。不举孝，不奉诏，当以不敬论。不察廉，不胜任也，当免。"奏可。①

上述诏令明确规定了对隐而不举之官实行罢黜之制。"不敬"在汉朝是重罪，法当斩首，甚至诛族。因此，汉武帝下诏后，各地官员纷纷奉诏力行。在察举制实行过程中建立了比较完善的惩罚系统，督促各级官吏举荐人才。孝廉成为法定的察举科目，开始选拔出一批人才。

3. 征召的出现

这是一种特殊的选才方式。汉代皇帝除了诏令公卿大臣与州郡察举、辟除官吏外，也采取征召的方式，选聘某些德高望重、有特殊才学而不愿出仕的人，以备顾问或任以政事。从汉高祖十一年求贤诏开始，到汉武帝采用征召方式，聘请儒学人才，参理政事，逐渐形成一种选才路径。

建元元年（前140年），武帝即位伊始，就遣使以安车蒲轮征召贤士。同年，又遣使安车蒲轮，束帛加璧征召儒学大师鲁申公入京。元光五年（前130年）下诏征吏民有明当世之务、习先圣之术者。征召属于天子特殊聘

---

① 《汉书》卷六《武帝纪》，第62页。

请，礼敬有加，非常隆重。受皇帝征召者称为征君，以征召入仕是最荣耀的事情。征召主要是针对个别杰出人才而进行的，不定期，无具体要求，不为定制。被征者或为品学兼优的名士，虽无一定官职，但在地方有相当的影响和势力。

4. 自荐

为了广开仕途，汉武帝还倡导天下吏民上书自荐，时称“自炫鬻”，即自表才能，自我推荐。《汉书》卷六五《东方朔传》记载，武帝初即位，征天下举方正贤良文学材力之士，四方士多上书言得失，“自炫鬻者以千数，其不足采者辄报闻罢”。东方朔初来，上书曰：

> 臣朔少失父母，长养兄嫂。年十三学书，三冬文史足用。十五学击剑。十六学《诗》、《书》，诵二十二万言。十九学孙、吴兵法，战阵之具，钲鼓之教，亦诵二十二万言。凡臣朔固已诵四十四万言。又常服子路之言。臣朔年二十二，长九尺三寸，目若悬珠，齿若编贝，勇若孟贲，捷若庆忌，廉若鲍叔，信若尾生。若此，可以为天子大臣矣。臣朔昧死再拜以闻。

东方朔文辞不逊，高自称誉，稍得汉武帝称许，令待诏公车，俸禄薄，并没有获得引见。后逐渐显露才艺，深为武帝所器重，历任常侍郎、太中大夫给事中等职，成为一代辞臣。

第二节　察举制的实施

作为一种重要选官制度，察举制不同于先秦世官制，也与隋唐时期创立的科举制有异，其主要特征是由地方长官在辖区内考察、选取人才并推荐给上级或中央政府，经过试用考核再任命官职。汉武帝确立察举制，为人才选拔开辟了新的路径。此后统治者不断调整政策，逐渐完善察举选士的法令规章，使之具有极大的权威性，成为汉代选拔官吏的主要途径。被举的孝廉，多在郎署供职，由郎迁为尚书、侍中、侍御史，或外迁任县的令、长、丞、尉，再迁为刺史、太守。

一、察举科目概述

章如愚指出："汉选士之法，有三老、孝悌、力田、掾史、多赀入粟、从军良家子、贤良、孝廉、茂才、射策、明经、任子、下诏特举、征召为博士、公府辟召、上书、童子、武勇、补试。"① 察举名目颇多，大致可分为两类：一类属常科，即经常举行的科目，称作"岁举"，即每年定时由各州郡长官按规定名额向朝廷荐举人才；另一类属于不定期举行的察举科目，称为"特科""特举"，即根据皇帝需要，临时指定选士科目。察举制从建立到完善，选才科目与规模逐渐稳定。以下分类简述各科实施概况。

（一）察举常科

西汉察举常科主要有孝廉、秀才科。

1. 孝廉

史称："孝廉，汉初无此科，独冯唐在文帝时以孝廉为郎中。武帝元光元年用董仲舒言，初令郡国举孝廉各一人，以备宿卫，无间吏民，然郡国时有不举。"② 这是"中国科举制度史上岁举科目的开始，它不像制举特科那样不定期临时由皇帝下诏举行，而是一种常科，即定期举行、有名额和具体规定的科目"③。

元人马端临列出西汉举孝廉二十人：路温舒以决曹史举，迁山邑丞；龚胜为郡吏三举孝廉，再为尉，一为丞；鲍宣以郡功曹举，迁郎；京房以孝廉举，为郎；赵广汉以州从事举茂材，察廉，迁阳翟令；张敞以太守卒史察廉，为甘泉仓长；尹翁归以督邮举廉，为缑氏尉；又以都内令举廉，为弘农都尉；王尊以州从事举，迁盐官长；盖宽饶以郡文学举，迁郎；刘辅迁襄贲令；萧望之以御史官属，迁治礼丞；薛宣以大司农斗食属察廉，补不其丞；又以不其丞察廉，迁乐浪都尉丞；冯逡为野王子，迁郎；朱博以太常掾察廉，补安

① （宋）章如愚：《群书考索后集》卷三二《士门·选举教养之法》，载张海鹏主编《中国考试史文献集成》第一卷，第93页。

② （宋）章如愚：《群书考索后集》卷三二《士门·选举教养之法》，载张海鹏主编《中国考试史文献集成》第一卷，第70页。

③ 刘海峰：《科举考试的教育视角》，第10页。

陵丞；杜邺迁郎；王嘉以光禄掾察廉，为南陵丞；复察廉，为长陵尉；师丹迁郎；孟喜迁郎；黄霸为左冯翊卒史，察补河东均输长；复察廉，为河南太守丞；尹赏以郡吏察廉，为楼烦长；王吉郡吏举孝廉，为郎；平当以大鸿胪文学察廉，为顺阳长。①

上述察举孝廉，汉书各本传多述及。如《汉书》卷七七《盖诸葛刘郑孙毋将何传》记载：刘辅，河间宗室人。举孝廉，为襄贲令。

2. 秀才（茂才）

秀才科作为察举科目，始于汉武帝元封五年（前106年）。《汉书》卷六《武帝纪》记载：元封五年，初置刺史部十三州。名臣文武欲尽，诏曰："盖有非常之功，必待非常之人，故马或奔踶而致千里，士或有负俗之累而立功名。夫泛驾之马，跅驰之士，亦在御之而已。其令州郡察吏民有茂才异等，可为将相及使绝国者。"《宋书》卷三九《百官志》记载："汉武元封四年（前107年），令诸州岁各举秀才一人，后汉避光武讳，改茂才。"若就名称溯源，"茂才"之名出现较早。《资治通鉴》卷一六《汉纪八・景帝前三年》：汉文景时，吴王"岁时存问茂材，赏赐闾里；他郡国吏欲来捕亡人者，公共禁弗予。如此者四十余年"。

秀才科作为察举特科，主要选拔奇才异能之士，又称作"茂才异等"或"茂才特立之士"。秀才被举的资格，虽属吏民并举，但必须是奇才异能之士，若无相当才识与经验者实难应选。秀才科单独举行，或与贤良方正科一并举行。有研究者指出："约在西汉后期出现了秀才岁举。但终汉之世，岁举之秀才略无对策之事，举后皆直接拜官。"②

在西汉，秀才的起家官要比孝廉高。茂才之选是对有特异才能和有非常之功的官吏的升迁提拔，所举茂才多授以县令官职，或相当于县令级的官衔。秀才所拜官与孝廉不同，孝廉初多拜为郎，然后再由郎擢为县令。汉制，县令品秩为一千石至六百石，而郎中秩比三百石，侍郎秩比四百百石。显然，茂才科入仕起点要比孝廉高。

宣帝、元帝时期，均有察举茂才异等的诏令。元康四年（前62年）正

① （元）马端临：《文献通考》卷三四《选举考七》，第988页。
② 阎步克：《察举制度变迁史稿》，第132页。

月，宣帝“遣太中大夫强等十二人循行天下，存问鳏、寡，览观风俗，察吏治得失，举茂材异伦之士”①。初元二年（前47年）三月，元帝下诏曰：“丞相、御史、中二千石举茂材异等、直言极谏之士，朕将亲览焉。”永光二年（前42年）三月诏曰：“其令内郡国举茂材异等、贤良、直言之士各一人。”建昭四年（前35年）四月，再次下诏，“临遣谏大夫博士赏等二十一人循行天下……举茂材特立之士”②。这一时期选拔的茂才主要有：

赵广汉，“少为郡吏、州从事，以廉洁通敏下士为名。举茂材，平准令。察廉为阳翟令”③。

萧咸，“为丞相史，举茂才，好畤令。迁淮阳、泗水内史，张掖、弘农、河东太守”④。

薛宣，“后以大司农斗食属察廉，补不其丞”；“察宣廉，迁乐浪都尉丞。幽州刺史举茂材，为宛句令”⑤。

冯逡，“太常察孝廉为郎，补谒者。（汉元帝）建昭中，选为复土校尉。光禄勋于永举茂才，为美阳令”⑥。

此外，汉成帝时，尹赏，“举茂材、粟邑令”⑦。汉哀帝时，龚胜，“州举茂才，为重泉令，病去官”⑧。其他事例，难以备举。

（二）察举特科

汉代察举选士，除上述常科外，还有不定期举办的特科。其科目主要有贤良方正文学、明经、明法、童子科，此外，尚有勇猛知兵法科、治剧科（察举能治理难治理的郡县方面的人才）、尤异科（察举官吏中政绩最好的人才）、明阴阳灾异与有道科、至孝科等。现择要简述如下。

1. 贤良方正文学

贤良方正科，始于汉文帝二年（前178年）。此后各帝屡有诏举，为汉代

① 《汉书》卷八《宣帝纪》，第97页。
② 《汉书》卷九《元帝纪》，第110、112—113页。
③ 《汉书》卷七六《赵尹韩张两王传》，第1385页。
④ 《汉书》卷七八《萧望之传附咸》，第1428页。
⑤ 《汉书》卷八三《薛宣朱博传》，第1472页。
⑥ 《汉书》卷七九《冯奉世传附逡》，第1435页。
⑦ 《汉书》卷九〇《酷吏传·尹赏》，第1593页。
⑧ 《汉书》卷七二《王贡两龚鲍传》，第1331页。

察举特科中较为常见并最受重视的科目。如元光元年（前134年）五月，汉武帝诏举贤良之士；汉宣帝本始元年（前73年）夏四月，“诏内郡国举文学高第各一人”。地节三年（前67年）春三月，“令内郡国举贤良方正可亲民者”；神爵四年（前58年），又诏“令内郡国举贤良方正可亲民者各一人”①。

所谓“贤良方正”，是指德才皆优者。贤良方正科有时亦单称“贤良”或“方正”，也可在“贤良方正”之后添加其他名目，如“贤良文学”②、“贤良方正文学”科。所谓“文学”是指儒经，或指通晓儒经之人。如文帝、武帝诏举贤良方正，得举者晁错、董仲舒、公孙弘等，皆称为“贤良文学”或“贤良文学士”。察举贤良方正的途径，是依照皇帝诏令，由诸侯王、列侯、三公、将军、诸卿、中二千石、二千石、司隶校尉、州牧、郡守国相等高级官吏举荐。被荐人的资历绝大多数为现任官吏及州郡属吏，且博学通经，明达政务，地方官将其推荐至朝廷，由皇帝亲自主持对策。有时皇帝还要“两策”、“三策”，多次策问，策题包括治国之道、历代兴衰之变或有关经义等问题。皇帝对应举人的答策判定高下等第，据此授职。对策后所授之官，多为秩比六百石以上至二千石之间。

根据汉代流行的“天人感应”说，各种灾异都是上天对人世帝王过失的警告。帝王须自省检讨，以期顺天应人而礼诏贤才，广开言路，以匡正过失。因此，每当国家遇有日食、地震、奇特星象、瘟疫流行及各种自然灾害之后，历朝皇帝多诏举贤良方正等科目。西汉后期，这种现象相当普遍。如《汉书》卷十《成帝纪》记载：

> 建始元年（前32年）春正月乙丑，皇曾祖悼考庙灾。……诏曰“乃者火灾降于祖庙，有星孛于东方，始正而亏，咎孰大焉！《书》云：‘惟先假王正厥事。’群公孜孜，帅先百寮，辅朕不逮。崇宽大，长和睦，凡事恕己，毋行苛刻。其大赦天下，使得自新。”
>
> 十二月，作长安南北郊，罢甘泉、汾阴祠。是日大风，拔甘泉畤中大木十韦以上。郡国被灾什四以上，毋收田租。
>
> （建始）二年（前31年）二年二月，诏三辅内郡举贤良方正各一人。

---

① 《汉书》卷八《宣帝纪》，第99页。

② 也有学者将贤良文学单列为一科，与贤良方正科相区别。见黄留珠《秦汉仕进制度》，第183—185页。

建始三年（前30年）十二月，出现日食，夜晚，地震未央宫殿中。于是，汉成帝下诏曰：

> 朕涉道日寡，举错不中，乃戊申日蚀、地震，朕甚惧焉。公卿其各思朕过失，明白陈之。……丞相、御史与将军、列侯、中二千石及内郡国举贤良方正能直言极谏之士，诣公车，朕将览焉。

鸿嘉二年（前19年）三月，又下诏曰：

> 古之选贤，傅纳以言，明试以功。故官无废事，下无逸民，教化流行，风雨和时，百谷用成，众庶乐业，咸以康宁。朕承鸿业十有余年，数遭水、旱、疾疫之灾，黎民娄困于饥寒，而望礼义之兴，岂不难哉！朕既无以率道，帝王之道日以陵夷，意乃招贤选士之路郁滞而不通与，将举者未得其人也？其举敦厚有行义、能直言者，冀闻切言嘉谋，匡朕之不逮。

贤良方正科虽然不属于“岁举”，却是常见的特科，它选拔出一批治国能臣。元代马端临曾列举西汉举贤良文学17人，包括晁错以太子家令举，迁授中大夫；董仲舒以博士举，迁授江都相；公孙弘以博士举，迁博士待诏；杜钦以武库令举，迁授议郎；严助郡举，擢授中大夫；朱云以博士举，迁授槐里令；王吉以云阳令举，迁授昌邑中尉；贡禹以博士举，迁授河南令；魏相以郡卒史举，迁授茂陵令；盖宽饶以郎举，迁谏大夫；孔光以议郎举，迁授谏大夫；谷永以太常丞举，待诏公车；杜邺以凉州刺史举，不及拜官卒；何武以太守卒史举，迁授谏大夫；辕固以清河王太傅举，寻罢归里；黄霸以丞相长史举，迁扬州刺史；朱邑以太守卒史举，迁大司农丞。[①]《汉书》各本传记载了这些贤良文学士的籍贯、察举经历及任官等事迹。这里略举数例：

> 严助，会稽吴人，严夫子子也，或言族家子也。郡举贤良，对策百余人，武帝善助对，繇是独擢助为中大夫。后得朱买臣、吾丘寿王、司马相如、主父偃、徐乐、严安、东方朔、枚皋、胶仓、终军、严葱奇等，

① （元）马端临：《文献通考》卷三三《选举考六》，第961页。

并在左右。是时征伐四夷，开置边郡，军旅数发，内改制度，朝廷多事，屡举贤良文学之士。①

疏广字仲翁，东海兰陵人也。少好学，明《春秋》，家居教授，学者自远方至。征为博士、太中大夫。地节三年，立皇太子，选丙吉为太傅，广为少傅。数月，吉迁御史大夫，广徙为太傅。

广兄子受字公子，亦以贤良举为太子家令。②

王吉字子阳，琅邪皋虞人也。少好学明经，以郡吏举孝廉为郎，补若卢右丞，迁云阳令。举贤良为昌邑中尉。③

贡禹字少翁，琅邪人也。以明经洁行著闻，征为博士、凉州刺史，病去官。复举贤良为河南令。④

盖宽饶字次公，魏郡人也。明经为郡文学，以孝廉为郎。举方正，对策高第，迁谏大夫，行郎中户将事。⑤

朱邑字仲卿，庐江舒人也。少时为舒桐乡啬夫，廉平不苛，以爱利为行，未尝笞辱人，存问耆老孤寡，遇之有恩，所部吏民爱敬焉。迁补太守卒史，举贤良为大司农丞，迁北海太守，以治行第一入为大司农。⑥

（萧）由字子骄，为丞相西曹卫将军掾，迁谒者，使匈奴副校尉。后举贤良，为定陶令，迁太原都尉、安定太守。⑦

马端临总结西汉察举贤良文学的得失，指出："西都贤良策之载于史者，晁、董、公孙、杜钦、谷永、杜邺而已。仲舒最醇正，又值武帝即位之始，初心清明，故异其对，而复再三询叩，得以罄其所学。弘素曲学，又值不称旨罢免之余，宜其姑为平缓无忤之说以取容，自不足责。晁错知治体，善议论，非弘之比，又遇谦恭好问之主如文帝，且已尝受知，辱眷于太子家令，言事之时，又非如仲舒泛泛下僚猝奉大对之比，乃谆复乎五帝神圣之说，赞颂不容口而略无建明，惜哉！钦、永阿王氏，论益卑矣。邺指陈外戚，讥切

① 《汉书》卷六四上《严助传》，第1197页。

② 《汉书》卷七一《疏广传》，第1311—1312页。

③ 《汉书》卷七二《王贡两龚鲍传》，第1320页。

④ 《汉书》卷七二《王贡两龚鲍传》，第1325页。

⑤ 《汉书》卷七七《盖宽传》，第1406页。

⑥ 《汉书》卷八九《循吏传·朱邑》，第1576—1577页。

⑦ 《汉书》卷七八《萧由传》，第1428页。

丁、傅，稍不负方正之名。王吉、贡禹之正大，朱云、何武之刚方，必有嘉论，惜史逸其传云。”① 总体而言，这些评价是客观公正的，肯定了西汉察举孝廉的积极作用。

2. 明经

自汉武帝独尊儒术以来，两汉各科察举都重视儒经，又专设明经一科，表明对儒经的高度重视和大力提倡。明经科选拔通晓儒学经典的人才。武帝元光五年（前130年），“征吏民有明当世之务、习先圣之术者，县次续食，令与计偕”②。这是明经察举的前奏。此后，汉昭帝、宣帝、元帝、成帝诸帝皆选拔明经科人才。如前文所述，王吉、贡禹、盖宽饶以明经入仕；此外，还有孔安国、夏侯胜、张禹，以明经为博士，召信臣、龚遂、眭弘、诸葛丰、孙宝、翟方进等人，以明经为官。史载：

> 召信臣字翁卿，九江寿春人也。以明经甲科为郎，出补穀阳长。举高第，迁上蔡长。其治视民如子，所居见称述，超为零陵太守，病归。复征为谏大夫，迁南阳太守，其治如上蔡。③
>
> 诸葛丰字少季，琅邪人也。以明经为郡文学，名特立刚直。贡禹为御史大夫，除丰为属，举侍御史。元帝擢为司隶校尉。
>
> 孙宝字子严，颍川鄢陵人也，以明经为郡吏。御使大夫张忠辟宝为属……上书荐宝经明质直，宜备近臣。为议郎，迁谏大夫。④
>
> 翟方进字子威，汝南上蔡人也。家世微贱，至方进父翟公，好学，为郡文学。方进年十二三，失父孤学……欲西至京师受经。母怜其幼，随之长安，织屦以给。方进读经博士，受《春秋》。积十余年，经学明习，徒众日广，诸儒称之。以射策甲科为郎。二三岁，举明经，迁议郎。⑤

上述事例表明，汉代推行“独尊儒术”的政策后，研读儒经成为风尚，明经察举也是一条通达的仕路。“邹鲁大儒”韦贤，被征为博士，进授昭帝

① （元）马端临：《文献通考》卷三三《选举考六》，第958—959页。
② 《汉书》卷六《武帝纪》，第61页。
③ 《汉书》卷八九《循吏传·召信臣》，第1579—1580页。
④ 《汉书》卷七七《盖诸葛刘郑孙毋将何传》，第1408、1412页。
⑤ 《汉书》卷八四《翟方进传》，第1485页。

《诗》，迁光禄大夫、詹事，至大鸿胪。其少子玄成，“复以明经位至丞相”。因此，当地流传民谚说：“遗子黄金满籯，不如一经。”[①] 明经取士的社会影响于此可见一斑。

3. 明法

西汉后期，面对社会危机，朝廷强调法治。明法科又称“治狱平”，选拔明习法律的人才。开设此科，旨在宣扬儒术德治的同时，强调国家应注意选拔明习律令的人才，给予研习刑法律令的人以升迁路径。此类事例见诸史册有：郑崇，“父宾，明法律，为御史”[②]。汉平帝元始二年（2）冬，“中二千石举治狱平，岁一人”[③]。这是将察举“治狱平”定为岁举。

4. 敦厚、尤异、治剧、勇猛知兵法、明阴阳灾异、童子等特科

西汉察举特科，除了上述贤良方正文学、明经、明法三科之外，还有以下一些科目。

举敦厚。据学者研究[④]，该科大致分为三种情况：一是敦厚与“质朴”、“逊让”、“有行”连在一起，构成岁举性科目“光禄四行”；二是粘连在其他科目之后，仅作为一种附加成分，如汉哀帝建平元年（前6年）诏举“孝弟惇厚能直言通政事，延于侧陋可亲民者，各一人”[⑤]；三是敦厚单独作为特科科目。其事例有：

> 元帝永光元年（前43年）二月，诏丞相、御史举质朴敦厚逊让有行者光禄岁以此科第郎、从官。
>
> 成帝河平四年（前25年）三月，举惇厚有行、能直言之士。
>
> 鸿嘉二年（前19年）三月诏曰：“其举敦厚有行义能直言者，冀闻切言嘉谋，匡朕之不逮。”
>
> 永始三年（前14年）春正月，诏曰：“其与部刺史举惇朴逊让有行义者各一人。”[⑥]

---

① 《汉书》卷七三《韦贤传》，第1342页。
② 《汉书》卷七七《郑崇传》，第1411页。
③ 《汉书》卷一二《平帝纪》，第137页。
④ 黄留珠：《秦汉仕进制度》，第189—190页。
⑤ 《汉书》卷一一《哀帝纪》，第130页。
⑥ 以上三条见《汉书》卷一〇《成帝纪》，第119、121、124页。

平帝元始元年（1）夏五月，大赦天下。公卿、将军、中二千石举敦厚能直言者各一人。[①]

王嘉字公仲，平陵人也。以明经射策甲科为郎……察廉为南陵丞，复察廉为长陵尉。鸿嘉中，举敦朴能直言，召见宣室，对政事得失，超迁太中大夫。[②]

举尤异。汉代官吏治绩最好者称为“尤异”，据此可以选拔担任更高一级职位。据《汉书》卷八十九《循吏传》所载，黄霸“以廉称，察补河东均输长，复察廉为河南太守丞”。宣帝时，为颍川太守，“治为天下第一。征守京兆尹，秩二千石”。朱邑“迁北海太守，以治行第一，入为大司农”。同书卷七十六本传载，赵广汉“以治行尤异，迁京辅都尉，守京兆尹”。

举治剧。汉代郡县治理因难易程度不同而分为剧、平。为鼓励能“治剧”者，朝廷将之列为察举一科。[③] 以此科晋升者有何并、尹赏、陈遵、原涉等人。史载：何并“为郡吏，至大司空掾，事何武。武高其志节，举能治剧，为长陵令，道不拾遗”[④]。尹赏任粟邑令，“左冯翊薛宣奏赏能治剧，徙为频阳令，坐残贼免。后以御史举为郑令”[⑤]。《汉书》卷九十二《游侠传》载，汉哀帝时，大司徒马宫举陈遵，“能治三辅剧县，补郁夷令”。原涉，“为大司徒史丹举能治剧，为谷口令，时年二十余。谷口闻其名，不言而治”。

举勇猛知兵法。“勇猛知兵法”科始于汉成帝元延元年（前12年）七月。其诏曰：“乃者，日蚀、星陨……公卿大夫、博士、议郎其各悉心，惟思变意，明以经对，无有所讳。与内郡国举方正能直言极谏者各一人，北边二十二郡举勇猛知兵法者各一人。”[⑥] 此后，汉哀帝建平四年（前3年）冬，“诏将军、中二千石举明兵法有大虑者。”[⑦] 汉平帝元始二年（2）秋，“举勇武有节明兵法，郡一人，诣公车”[⑧]。此类“举勇猛知兵法”可谓是后世武举的

---

① 《汉书》卷二《平帝纪》，第135页。
② 《汉书》卷八六《王嘉传》，第1518页。
③ 安作璋：《汉代的选官制度》，《山东师院学报》（哲学社会科学版）1981年第1期。
④ 《汉书》卷七七《何并传》，第1416页。
⑤ 《汉书》卷九〇《酷吏传·尹赏》，第1593页。
⑥ 《汉书》卷一〇《成帝纪》，第125页。
⑦ 《汉书》卷一一《哀帝纪》，第132页。
⑧ 《汉书》卷一二《平帝纪》，第137页。

前奏。

举明阴阳灾异。汉元帝初元三年（前46年）六月，诏令“丞相、御史举天下明阴阳灾异者各三人”①。

举童子。汉代察举还专设“童子”考试，规定年龄在12岁至16岁之间，能“博通经典”的可选入“童子科”。史载：“汉兴，萧何草律曰：太史试学童能讽书九千字以上，乃得为史；又以六体试之，课最者以为尚书御史、史书令史。吏民上书，字或不正，辄举劾。”② 这表明早在西汉时期就重视选拔和任用少年人才。

上述特科与常科相互补充，发挥选拔人才的功能。汉代察举诸科目，多为唐代科举考试制度科目所沿袭。如秀才、明经、明法、孝廉、贤良方正等科目为唐代科举考试制度的科目；学童入仕考试成为科举时代“童子科”的渊源。

二、察举选官的方式与标准

察举作为汉代任用官吏的主要途径，是一种自下而上的选才方式，它由皇帝颁布诏令，郡守、刺史、列侯、丞相等层层考察和推荐，考核合格即授予官职。阎步克教授指出，两汉时期，“岁举诸科，大约是年终得举，岁尽入都，次年初参加策试或接受审查，然后加以除拜”③。策试的方式，由皇帝出题策问，答策者将自己的回答“著之于篇”，密封后呈给皇帝亲览，确定高下，公布于众，按等第赐予官职。也有用口头答策者，有如“口试”。邓嗣禹认为，对策“有若征询政见，其答也或以言或以文，殆无一定”。发策题目，多为当时国家大政。“今存《盐铁论》一书，可称为当时策题，而不能称为策文。”④

汉代察举科目众多，其选拔标准既有总的基本要求，也有各科具体的要求。《续汉书・百官志》注引应邵《汉官仪》云：

> 世祖诏：方今选举，贤佞朱紫错用。丞相故事，四科取士。一曰德

---

① 《汉书》卷九《元帝纪》，第108页。

② （元）马端临：《文献通考》卷三五《选举考八・童科》，第1017页。

③ 阎步克：《察举制度变迁史稿》，第141页。

④ 邓嗣禹：《中国考试制度史》，第25页。

行高妙，志节清白；二曰学通行修，经中博士；三曰明达法令，足以决疑，能按章覆问，文中御史；四曰刚毅多略，遭事不惑，明足以决，才任三辅令。皆有孝悌廉公之行。

“世祖”即东汉光武帝刘秀，其诏文所引“四科取士”的“丞相故事”，今人有不同阐释。劳榦认为，上述诏书中的“四科”，“当然是指选察孝廉的标准而说”①。黄留珠主张，这里所说的“四科取士”，“实际即两汉察举的四项基本标准”；其起始“均未超出西汉中后期的时限”。“两汉察举的其他科目，虽与孝廉名称有别，但就其察举标准而论，却基本上等同于孝廉之选。”②安作璋认为：“四科取士，大约起于汉武帝，其后以迄东汉，大体未改。不过有时单举其中的一两科，或全举四科，均由诏令临时决定。”③

也有学者不完全赞同上述观点。阎步克认为，把“四科”作为汉代孝廉科以至整个察举的标准，只是在某种“引申”的意义上说，才是可以成立的。严格地说，上述诏书所言之“四科”，“并不是察举的标准，而是为征辟而发的”。“‘辟召’在汉代有特定含义，专就府主征辟府属而言，与察举决不相混。”④

尽管如此，阎步克也认为：“‘四科’的标准确实影响到了察举，甚至影响到了朝廷其他官吏的任用。”“西汉后期，受‘四科’影响而形成了‘秀才三科’。”他依据卫宏之《汉旧仪》史料，比较西汉秀才以“三科”取人，与丞相“辟召四科”的异同：“秀才三科”只少了“德行高妙”一科，其余基本相同。⑤《汉旧仪》记载：

> 刺史举民有茂材，移名丞相，丞相考召，取明经一科，明律令一科，能治剧一科，各一人。诏选谏大夫、议郎、博士，诸侯王傅、仆射、郎中令，取明经；选廷尉正、监、平案章，取明律令；选能治剧长安三辅令，取治剧。

显然，这里所说的明经、明律令、能治剧三科与“辟召四科”的后三科

① 劳榦：《汉代察举制度考》，载《历史语言研究所集刊》第十七本，第88页。
② 黄留珠：《秦汉仕进制度》，第90页。
③ 安作璋：《汉代的选官制度》，《山东师院学报》（哲学社会科学版）1981年第1期。
④ 阎步克：《察举制度变迁史稿》，第16—17页。
⑤ 阎步克：《察举制度变迁史稿》，第19、21页。

性质相同，由此可见，“四科”取士原则被直接运用于秀才察举。后人总结说，汉世取士，“大则取其行，次则取其学，又次则取其言，又次则取其能，广其科目以笼天下之材，遣诣丞相府，书行艺年”①。

察举制的根本目的是维护封建专制统治，直接目的则在于选贤任能。如何选拔贤能之士，涉及选拔标准和选拔方式途径问题。“由于从汉武帝开始确立儒家思想的统治地位，以德主刑辅为治国方针，因而在人才选拔上是以德行和儒术作为取舍标准。”② 总体来看，西汉察举选士标准主要包括以下四方面。

第一，以德行为首要标准，崇尚孝、廉的品性。

汉初虽然奉行“黄老思想”为治国理念，但也注重儒家的“孝道”和教化。汉文帝诏令强调：“孝悌，天下之大顺也；力田，为生之本也；三老，众民之师也；廉吏，民之表也。朕甚嘉此二三大夫之行。”③ 这段话反映了汉代统治者基本的伦理观念和价值取向。汉武帝崇尚儒学，强化了“好德”、“贤贤”的取士标准。汉代统治者以孝、廉取士，就是把儒家的忠孝观念全面植根于国家制度、人才教育、政治思想道德风尚各领域，成为维系封建统治的精神支柱。因此，举孝廉成为两汉察举最受重视的常科。

从实践层面来看，孝是针对民而言，廉是对吏的要求，在家庭、社会和政治活动中，二者都含有具体的道德规范，只有通过行为考察，才能辨别出其虚实。王郎《论考试孝廉》云：“臣闻试可乃谓试之以事，非试之以诵也。”④ 此外，“举孝廉”之目的，既是为了选拔清廉的官吏，充实官吏队伍，加强中央集权统治，也是为了教化民众。在察举制下，士人能否当官，一般取决于能否被推荐，而能否被推荐，又取决于乡闾民间的舆论。这些舆论多属于道德评价。以“声名”取士，这也是察举制度的一个重要特点。

西汉规定，被举为孝廉的人，须先试任一年，若能胜任职守可转为正式官职；若不胜任则被撤换，荐举的地方官员也受处罚。鉴于现实中屡有弄虚

---

① （宋）章如愚：《群书考索后集》卷三四《士门・科举》，载张海鹏主编《中国考试史文献集成》第一卷，第93页。

② 张亚群：《从中国传统文化演进看科举考试的起源》，载教育部考试中心编《中国考试史专题论文集》，第577页。

③ 《汉书》卷四《文帝纪》，第45页。

④ （唐）虞世南：《北堂书钞》卷七九《设官部・孝廉・秀才》，载张海鹏主编《中国考试史文献集成》第一卷，第70页。

作假行为，汉宣帝黄龙元年（前49年）四月，诏令强调："举廉吏，诚欲得其真也。吏六百石位大夫，有罪先请，秩禄上通，足以效其贤材，自今以来毋得举。"① 由于真伪难辨，西汉察"孝廉"之途步履维艰。元人马端临指出：

> 汉时诏郡国荐举人才，贤良方正与孝廉二科并行。然贤良一科，文帝与武帝时，每对辄百余人。又征诣公车上书，自衒鬻者以千数。而孝廉之选，文帝之诏以为万家之县亡应令者，武帝之诏以为阖郡不荐一人，盖贤良则稍有文墨材学者可以充选，而孝廉则非有实行可见者，不容谬举故也。

因此，至东汉，孝廉便"合为一科"②。

第二，以才学作为选士的主要依据，注重考察被举者的经学、文学、史学的基本素养和语言文字表达能力。

自汉武帝开始，儒学上升为独尊的统治思想，察举选士特别重视考察儒家经典，这反映在贤良文学、明经、茂才等科目设置及其选拔标准上。其基本要求就是熟读《诗》、《书》、《易》、《礼》、《春秋》等经典，善文学，通儒术，运用经典解答问题。值得注意的是，对于才学的考核方式多样，包括"考试"。章如愚认为："昔汉召信臣以明经甲科为郎，则明经亦有试。"③ 当然，西汉察举的"试"，主要是采取"对策"的形式。如汉武帝元光五年（前130年），策诏诸儒，制曰：

> 天人之道，何所本始？吉凶之数，安所期焉？禹汤水旱，厥咎何由？仁义礼知四者之宜，当安设施？属统垂业，物鬼变化，天命之符，废兴何如？天文地理人事之纪，子大夫习焉。其悉意正议，详具其对，著之于篇，朕将亲览焉。

公孙弘运用儒家学说，解答问题，其对策写道：

---

① 《汉书》卷八《宣帝纪》，第104页。

② （元）马端临：《文献通考》卷三四《选举考七》，第988页。

③ （宋）章如愚：《群书考索后集》卷三二《士门·选举教养之法》，载张海鹏主编《中国考试史文献集成》第一卷，第73页。

> 仁者爱也，义者宜也，礼者所履也，智者术之原也。致利除害，兼爱无私，谓之仁；明是非，立可否，谓之义；进退有度，尊卑有分，谓之礼；擅杀生之柄，通壅塞之涂，权轻重之数，论得失之道，使远近情伪必见于上，谓之术：凡此四者，治之本，道之用也，皆当设施，不可废也。得其要，则天下安乐，法设而不用；不得其术，则主蔽于上，官乱于下。此事之情，属统垂业之本也。
>
> ……桀、纣行恶，受天之罚；禹、汤积德，以王天下。因此观之，天德无私亲，顺之和起，逆之害生。此天文、地理、人事之纪。

当时参加对策者有百余人，太常奏将公孙弘居下第。“策奏，天子擢弘对为第一。召入见，拜为博士，待诏金马门。”① 这说明公孙弘的答策契合诏令选才的要求，深得汉武帝的赏识。

马端临曾指出：“自孝文策晁错之后，贤良方正皆承亲策，上亲览而第其优劣。至孝昭，年幼未即政，故无亲策之事，乃诏有司问以民所疾苦。然所问者盐铁、均输、榷酤，皆当时大事，令建议之臣与之反复诘难讲究罢行之宜，卒从其说，为之罢榷酤。然则虽未尝亲奉大对，而其视上下姑相应以义理之浮文者，反为胜之。国家以科目取士，士以科目进身者，必如此然后为有益于人国耳。”② 这一评价是较为公允的。

第三，以“治术”为重要标准，注重被举者的政绩。

儒家治国理念需要转化为具体的统治政策和措施，才能发挥其功能。因此，汉代察举选士，多注重被选者处理政务的能力和行政业绩。如贤良方正文学、明法、治剧等科。元康元年（前 65 年）八月，汉宣帝诏令要求：“其博举吏民，厥身修正，通文学，明于先王之术，宣究其义者，各二人，中二千石各一人。”③ 这里的“先王之术”就是治理社会的能力。

清代学者赵翼指出：“汉时贤良方正等人，大抵从布衣举者甚少。”他列举《汉书》列传察举事例，被举贤良者，唯公孙弘由布衣起家，其他多是已仕者。如晁错已为太子家令；董仲舒已为博士；冯唐已为骑都尉，归家，群臣举为贤良，唐年九十余，不能为官；王吉已为云阳令，举贤良，为昌邑中

① 《汉书》卷五八《公孙弘卜式兒宽传》，第 1132 页。

② （元）马端临：《文献通考》卷三三《选举考六》，第 959 页。

③ 《汉书》卷八《宣帝纪》，第 95 页。

尉；贡禹已为凉州刺史，病去官，复举贤良，为河南令。举方正也多是已仕者。如杜钦举方正时已为武库令；朱云举方正时已为槐里令；孔光已为议郎，举方正，迁谏大夫；盖宽饶亦已为郎，举方正，对策高第，亦迁谏大夫；陈咸已为九卿，罢归，举方正直言，为光禄大夫给事中。举茂才也多为已仕者。如薛宣为不其丞，举茂才，迁乐浪都尉；尹赏为楼烦长，举茂才，迁粟邑令。"至于孝廉之举，其名虽合为一，而廉与孝又分，大约举孝者少，而察廉者多。"如平陵令薛恭，乃本县孝者，不能繁剧。其他如赵广汉以察廉为阳翟令，尹翁归举廉为缑氏尉，又举廉为弘农尉。张敞察廉为泉仓长，萧望之察廉为大行治礼丞，王尊察廉为盐官长，黄霸察廉为太守丞是也。①

马端临《文献通考》卷三十五《选举八》评论说：

今按：西都公卿士大夫或出于文学，或出于吏道，亦由上之人并开二途以取人，未尝自为抑扬，偏有轻重，故下之人亦随其所遇以为进身之阶，而人品之贤不肖，初不系其出身之或为儒或为吏也。是以张汤赵周辈之深文巧诋、赵广汉何并之强明健决，固胥吏气习也。若公孙弘之儒雅，丙吉之贤厚，龚胜之节操，尹翁归之介洁，亦不嫌于以吏发身，则所谓吏者，岂必皆浮薄刻核之流而后始能为之乎？后世儒与吏判为二途，儒自许以雅，而诋吏为俗，于是以剸繁治剧者为不足以语道；吏自许以通，而诮儒为迂，于是以通经博古为不足以适时，而上之人又不能立兼收并蓄之法，过有抑扬轻重之意。于是拘谫不通者一归之儒，放荡无耻者一归之吏，而二途皆不足以得人矣。

第四，注重专门才能，发挥人才的特殊作用。

汉代察举选士不拘一格，于孝廉等岁举常科之外，还根据用人需要，临时征召、选拔外交、军事等特殊人才。如：

文帝元年（前179年），初镇抚天下，使告诸侯四夷从代来即位意，谕盛德焉。乃为（赵）佗亲冢在真定置守邑，岁时奉祀。召其从昆弟，尊官厚赐宠之。召丞相平举可使粤者，平言陆贾先帝时使粤。上召贾为

① （清）赵翼：《廿二史札记》卷二《贤良方正茂才直言多举现任官》，第33—34页。

太中大夫，谒者一人为副使。①

元封五年（前106年），汉武帝下诏曰：

盖有非常之功，必待非常之人，故马或奔踶而致千里，士或有负俗之累而立功名。夫泛驾之马，跅驰之士，亦在御之而已。其令州、郡察吏、民有茂材、异等可为将、相及使绝国者。②

上述选士标准，强调对于“非常之人”，应突破常规限制，以才能为先；取才用人的关键在于驾驭有方，发挥其作用，从而建立“非常之功”。

三、察举制的政治社会影响

西汉王朝自高祖刘邦称汉，至初始元年（8）王莽代汉，共历十二帝。其间，人才会聚，国力鼎盛。究其原因，是与察举制的创立与实施密切相关的。据研究者统计，从高祖十一年（前196年）初下诏举士，至平帝元始元年（1）诏举敦厚能直言者各一人，西汉各代皇帝诏令举士共29次。③ 察举选士制度促进了儒学人才的培养与选拔，对巩固封建中央集权统治，传播和发展儒学文化产生了深远的历史影响。

首先，察举制选拔出一批德才兼备的治国人才，促进了社会政治、文化的发展。

秦代用人主要看重军功和资质，最终建立了统一的中央集权帝国。其功超越前世，历史影响极为深远。然而，由于横征暴敛，严刑峻法，征战不已，秦王朝在随后爆发的农民起义浪潮中迅速土崩瓦解。继起的汉王朝，总结历史经验教训，调整治国策略，转变人才观念，更新选才标准，将举贤才置于首要地位，创建和推广察举选官制度。在察举制下，汉代选官多途并举，用人有序可循。史称：

汉世取士，策于天子曰贤良方正；察于州郡者曰孝廉茂才；升于学校者曰博士弟子。以至书疏论事，吏称其职，公府辟召，亦皆得以自奋

① 《汉书》卷九五《西南夷两粤朝鲜列传》，第1675页。

② 《汉书》卷六《武帝纪》，第73页。

③ 参见邓嗣禹《中国考试制度史》，《附两汉举士年表》，第22—23页。

于其间。[①]

汉制，凡郡国之官，非傅相，其他既自署置，又调僚属及部人之贤者，举为秀才、廉吏而贡于王庭，多拜为郎，居三署无常员，或至千人，属光禄勋。故卿校、牧守居闲待诏或郡国贡送公车徵起悉在焉。光禄勋复于三署中铨第，郎吏岁举秀才廉吏，出为他官，以补阙员。[②]

西汉统治者通过察举选士，选拔出大批各类人才。如汉武帝时代，贤才云集，既选拔并重用董仲舒、公孙弘、兒宽、桑弘羊等鸿儒名士，也任用石建、石庆、汲黯、卜式、韩安国、郑当时、赵禹、张汤等贤士能臣。邓嗣禹比较两汉察举取士的成就，指出："大抵西汉得人，以贤良为盛；东汉得人，以孝廉为多。"[③] 这些人才促进了汉代政治、文化教育、军事、外交事业的发展，取得了显著的政治和社会效益。

值得注意的是，察举选士往往具有家族传统。如班固家族在汉代由察举出仕者多有所见。班壹曾孙班回，"以茂才为长子令"。班回之子班况，"举孝廉为郎"，汉成帝时迁上河农都尉、左骑越曹校尉。班况次子班斿，"博学有俊材，左将军史丹举贤良方正，以对策为议郎，迁谏大夫、右曹中郎将，与刘向校秘书"。班况之孙（班稚之子）班彪，避地于河西，河西大将军窦融"嘉其美德，访问焉。举茂才，为徐令，以病去官。后数应三公之召"[④]。察举选士的这一特征，一方面形成官职的家族代际传承，另一方面也促进了历史文化的传承与发展。

其次，西汉察举选士的实践，为后世选官制度的变革与发展奠定了基础。

西汉时期是察举制度的初创阶段，尽管其选才制度尚不完善，但是，它开创了中国古代人才选拔的新路径。在实践探索中，西汉察举积累了不少有益经验，其科目设置、选才标准、选拔方式和保障措施，为此后察举选士乃至科举制度建设所继承和发展。

从察举科目来看，西汉既有岁举常设科目，如孝廉、秀才，又根据现实

---

① （宋）章如愚：《群书考索后集》卷三二《士门·选举教养之法》，载张海鹏主编《中国考试史文献集成》第一卷，第93页。

② （元）马端临：《文献通考》卷三六《选举考九》，第1050页。

③ 邓嗣禹：《中国考试制度史》，第25页。

④ 《汉书》卷一〇〇上《叙传》，第1847、1849、1853页。

政治需要，设置察举特科，如贤良方正、明经、明法、尤异、治剧、知兵法、明阴阳灾异等科目，拓展选才范围，满足了国家对不同人才选拔的需要。这些科目大多为东汉、魏晋、南北朝察举选士所继承，秀才、明经、明法等科目，还成为隋唐科举考试的常科。这也从一个侧面表明，西汉察举制乃是隋唐科举制度的重要来源。

在选才标准上，西汉察举选才以儒家理念为导向，注重被举荐者的德行、才学、业绩，兼顾特殊才能。汉朝统治者以儒家伦理规范为中心，以统治者的政治利益为依归，强调孝、廉的品德，排斥其他学派的思想。虽然儒家治世，也重视经世才能，但受伦理规范制约。这说明汉代察举制选士是为现实政治服务。所谓"孝悌力田"、"德行高妙"、"志节清白"、"敦厚直朴"、"勇猛刚毅"，并没有客观标准，具有较大的弹性，察举者可以依据自己的解释决定人才的取舍。

就选才方式而论，西汉郡国举孝廉、秀才、贤良方正等，采用地方荐举，朝廷策问、考核等方式，逐级选拔各类人才。基层荐举注重民间舆论评价，这不仅扩大了人才选拔的范围，也在一定程度上发挥了社会监督作用。中央政府对地方推举的人选，需通过一定的考察鉴别环节，其中考试是常见的考核方式。察举制度下的考试形式具有多样性，包括皇帝的策试、公府的复度、博士考试、博士弟子员考试等，有笔试，也有口试。通过考试，可以防止察举过程中舞弊，避免滥举。推荐与考试相结合，可以发挥各自的积极作用。这些都是值得肯定的举措，也为隋唐科举选士所借鉴。

在察举保障制度方面，西汉王朝也颇有建树。由于荐举名额有限，西汉统治者对察举的科目、条件、标准、期限、人数、年龄等都有明确规定。为了保障察举选才的真实有效性，在实行初期，统治者以诏令的形式，颁布相关法律制度，规定荐举者及被举者应负有连带责任，赏罚明确。汉文帝、武帝时，出现选人者怕承担责任而宁可不举荐的现象，为此又规定：有才不选，轻则免官，重则以不敬论处，可判处死刑。有些官员因为选举不实而受到了处罚；反之，若选举得人，不仅被举者升官，荐举者也会获得升迁奖励。这种奖惩连坐制度，为察举选士制度的实施提供了法律保障。

第三，西汉察举选士活动对社会风气产生双重影响，既发挥了社会教化的积极功能，也在一定程度上助长了权贵势力的膨胀。

西汉察举选士以儒家伦理教化为指导思想，注重“乡举里选”和德行“公议”，引导社会尚贤向善，这一取士导向对于培养公心，维护社会公平产生了积极的示范效应。后人将汉代察举与魏晋九品中正制、隋唐以下科举制进行比较，充分肯定察举选士的积极功能。其评论说：

> 汉兴以来，此意犹古（著者按：指效法周代乡举里选）。乡置三老而人犹知教化也，科立孝廉而人尚知德行也。其人果贤焉，则公议终不揜其善；其人果不贤焉，则终身不齿乡间之论。……推原其由，意汉初置三老，设孝廉有教化作成之功欤？自后或采于阀间，或采于科举，而乡里之公是非泯矣！①

另外，我们也看到，察举制作为以推荐为主的选官制度，因为制度自身因素和外部社会环境的影响，也存在明显的局限性乃至弊端，需要加强对察举权力的监督与制衡，并改进人才评价方式。

从理论上讲，察举为国选才，举荐者当出自公心，推荐贤能之士。但在实际运作中，由于受个人利益驱动、举荐者察人不周等主客观因素影响，察举选士容易为假象所蒙蔽，或演化为徇私舞弊的手段，失去其选才的本意。既然察举重视士人在乡间的名誉，因而“声名”与士子之前途关系极大，于是士人作伪求名不可避免。由于察举大权操纵在州郡等各级地方官吏手里，士人没有门第和靠山便很难被举。在这种情况下，士人不得不走权贵之门，交游结纳，士风日恶，出现一些巧饰虚伪、沽名钓誉的伪君子，一些手握荐举权的达官贵人借此牟利。汉成帝、哀帝时期，政治腐败，察举行贿受贿风行，察举制开始走向衰落。

此外，西汉统治者为了保持自身某些特权，在实行察举选官制同时，还保持公府州郡辟除、达官“任子”、商贾纳赀卖官等途径。这种状况在一定程度上助长了豪强势力膨胀，削弱了察举制的影响。正因如此，那些从察举入仕的官员如董仲舒、王吉、陈蕃、赵典、师丹等，曾上书朝廷，要求废除“任子”令，限制贵族任官特权。

---

①（宋）林駉：《古今源流至论前集》卷三《乡评》，载张海鹏主编《中国考试史文献集成》第一卷，第93页。

第三节　学校考试选士

学校选士与察举选士分属不同入仕途径，但二者密切相关。察举以学校教育为基础，学校教育为察举培养了可供选择的人才。因此，研究察举制不能不研究学校教育的发展特点及其演变。

汉代统治者建立了完整的官学教育体系，以培养官吏为目标，以考试为手段，与察举选士相配合，促进了人才的培养与选拔。另外，自汉武帝开始，推行“独尊儒术”政策，学校教育以儒家经典为主要内容，强化了重人文轻自然的知识价值观，使先秦名家对知识概念的逻辑研究湮没无闻，自然科学教育没有得到应有的重视。反映在选士制度上，太学与察举缺少自然科学方面的科目，察举策问的内容仅限于经学、文学、法律等人文政务科目。这种状况不利于培养和选拔科学人才。

一、太学考选

汉朝建立之初，高祖刘邦忙于平定四海，未遑庠序之事。文帝好刑名之言，景帝不任儒，诸博士具官待问，未获得重用。武帝时期，国力鼎盛。为了培养和选拔精通儒经的治术人才，汉武帝采纳了董仲舒和公孙弘的建议，于元朔五年（前124年）在长安设太学，置博士弟子员（太学生）。《文献通考》卷四十《学校一》引徐氏曰：“按《三辅黄图》，太学在长安西北七里，有市有狱。”太学作为中央政府设立的育才养士机构，成为读书仕进的重要途径。

（一）太学博士与博士弟子

汉代太学的老师称为“博士”。“博士”一词始见于战国时代，最早是一种官名。王国维指出：“博士一官，盖置于六国之末，而秦因之。”① 其职责为掌管文献档案，编撰著述，博通古今，传授学问，培养人才。史载：“公仪

① 王国维：《观堂集林》卷四《汉魏博士考》，第174页。

休者，鲁博士也。以高弟为鲁相。”① 在这里，博士是指博学通达之人，又称为“通士”或“达士”。博士通晓《诗经》、《尚书》以及百家学说，同时也议论典礼政事。战国后期，齐、魏、秦等国先后设置博士官，从学派上看，有儒家、法家、道家、阴阳家和杂家，诸家并立。

秦始皇统一中国后，需要制定维护皇权尊严的礼仪，大量征召儒生充任博士。秦朝博士，“掌通古今，秩比六百石，员多至数十人”②。汉承秦制，也设置博士官，但在高帝、孝惠、吕后朝多武官功臣，尚无暇顾及文职，博士很少。文帝即位后，始增设博士官，数目达到“七十余人”，其中仍然以儒家为主，杂以其他学派。刘歆《移让太常博士书》指出：“孝文皇帝时，天下众书，往往颇出，皆诸子传说，独广立学官，为置博士”，并增设专经博士。

汉武帝建元五年（前136年），初置五经博士。学通一经，即可做官。五经有七家学派，每一学派设一名博士，共置博士七人。甘露三年（前51年）春三月，宣帝诏诸儒于石渠阁讲五经异同，皇帝亲临讨论增置博士问题。“乃立梁丘《易》、大小夏侯《尚书》、穀梁《春秋》博士。”③ 黄龙元年（前49年），增五经博士至十二人，即《诗》为齐、鲁、韩，《尚书》为欧阳、大、小夏侯，《易》为施、孟、梁丘，《礼》为后氏，《春秋》为公羊、穀梁。汉元帝时增至十五人。汉平帝时，王莽辅政，为笼络人心，他将有影响的经学派别，都设置博士，增五经为六经，每经博士五人，共置博士三十人。

博士作为太学老师，具有自身的特性。与其他可凭功绩或姻亲关系任命的官职不同，博士的选拔需要以才智和学识为先决条件。西汉太学担任博士的基本条件是：明于古今，通晓百家，知识渊博，德行高尚，作风正派，恪守师法家法，教学经验丰富，身体健康等。如汉成帝阳朔二年（前23年）九月诏举荐太学博士就明确提出：

> 古之立太学，将以先王之业，流化于天下也。儒林之官，四海渊源，宜皆明于古今，温故知新，通达国体，故谓之博士。否则学者无述焉，为下所轻，非所为尊道德也。“工欲善其事，必先利其器。”丞相、御史

---

① 《史记》卷一一九《循吏列传·公仪休》，第3101页。

② 《汉书》卷一九上《百官公卿表上》，第323页。

③ 《汉书》卷八《宣帝纪》，第103页。

其与中二千石、二千石杂举可充博士位者，使卓然可观。

即使在东汉后期，太学博士名额扩大，也仍坚持一定的学术标准。

西汉选拔博士主要有两条途径：一是察举推荐，二是他职迁任。地方察举，名目很多，博士多出于明经、秀才、贤良三科，尤以明经为主；大臣推荐，可不拘科目。他职迁任者多出于中央官署属官，而以郎官为主。自汉武帝建立策试，察举制度就保持这种考试环节，选任博士也须举行试策。当然，也有特例。如文帝时公孙臣以上书言事，元帝时朱云以博学善辩，二人均被征为博士。

汉代博士秩卑职尊，升迁要比其他官员顺利。西汉博士秩比六百石，相当于县令。级别虽低，却享有经学权威的崇高名望，上朝可戴卿大夫级的冠冕。博士一般任职时间不长，不管是否通晓政事，均可升迁，而且往往是超迁，通常一跃就至二千石，即郡太守级。博士升迁去向：一是面向中央，主要任职九卿、太子太傅、诸大夫、侍中；二是面向地方，主要任职郡守、尉、诸侯国相以及刺史、州牧。

这种精通经学、出身博士的官员，容易高升。如晁错、薛广德、贡禹、彭宣、师丹、何武等都是博士，后官至御史大夫，而公孙弘、蔡义、韦贤、张禹、匡衡、平当、孔光、翟方进都官至丞相。以公孙弘为例，年四十余，方读《春秋》，六十为博士。汉武帝元朔中，代薛泽为丞相，封平津侯。南北朝时期颜之推曾将其作为晚学成才的典型之一。[①]

如《汉书》卷七十一所载薛广、平当的事例：

薛广德字长卿，沛郡相人也。以《鲁诗》教授楚国，龚胜、舍师事焉。萧望之为御史大夫，除广德为属，数与论议，器之，荐广德经行宜充本朝。为博士，论石渠，迁谏大夫，代贡禹为长信少府、御史大夫。

平当字子思，祖父以訾百万，自下邑徙平陵。当少为大行治礼丞，功次补大鸿胪文学，察廉为顺阳长、栒邑令，以明经为博士，公卿荐当论议通明，给事中。每有灾异，当辄傅经术，言得失。文雅虽不能及萧望之、匡衡，然指意略同。[②]

① 参见（北齐）颜之推撰，王利器集解《颜氏家训集解》卷三《勉学》，第173页。

② 《汉书》卷七一《隽疏于薛平彭传》，第1315、1316页。

《汉书》卷八一记载张禹、孔光的学问与出仕：

> 张禹字子文，河内轵人也。……及禹壮，至长安学，从沛郡施雠受《易》，琅邪王阳、胶东庸生问《论语》，既皆明习，有徒众，举为郡文学。甘露中，诸儒荐禹，有诏太子太傅萧望之问。禹对《易》及《论语》大义，望之善焉，奏禹经学精习，有师法，可试事。奏寝，罢归故官。久之，试为博士。初元中，立皇太子，而博士郑宽中以《尚书》授太子，荐言禹善《论语》。诏令禹授太子《论语》，由是迁光禄大夫。数岁，出为东平内史。
>
> 孔光字子夏，孔子十四世之孙也。孔子生伯鱼鲤，鲤生子思伋，伋生子上帛，帛生子家求，求生子真箕，箕生子高穿。穿生顺，顺为魏相。顺生鲋，鲋为陈涉博士，死陈下。鲋弟子襄为孝惠博士、长沙太傅。襄生忠，忠生武及安国，武生延年。延年生霸，字次儒。霸生光焉。安国、延年皆以治《尚书》为武帝博士。安国至临淮太守。霸亦治《尚书》，事太傅夏侯胜，昭帝末年为博士，宣帝时为太中大夫，以选授皇太子经，迁詹事、高密相。是时，诸侯王相在郡守上。
>
> (孔光) 经学尤明，年未二十，举为议郎。光禄勋匡衡举光方正，为谏大夫。坐议有不合，左迁虹长，自免归教授。成帝初即位，举为博士，数使录冤狱，行风俗，振赡流民，奉使称旨，由是知名。是时，博士选三科，高为尚书，次为刺史，其不通政事，以久次补诸侯太傅。光以高第为尚书，观故事品式，数岁明习汉制及法令。上甚信任之，转为仆射、尚书令。①

由上述可知，汉成帝时，已形成“博士选三科”的制度，依据对博士考课实绩，由高到低，分别授以尚书、刺史及诸侯太傅的职位。

太学学生，西汉称“博士弟子”或“弟子”，东汉称“诸生”或“太学生”。太学入学年龄，西汉十八入学，东汉十五入学。西汉太学生来源：一是由太常在京师和地方直接挑选；二是由郡国道邑等地方举送。选太学生的标准以德、才为主，并要求仪状端正：“郡国县道邑有好文学、敬长上、肃政教、顺乡里、出入不悖所闻者，令相长丞上属所二千石，二千石谨察可者，

① 《汉书》卷八一《匡张孔马传》，第1453—1454、1456—1457页。

当与计偕①，诣太常，得受业如弟子。”②

太学设立之初，博士弟子仅有50人。随着汉王朝政治、经济、文化的发展，太学教育规模不断扩大，学生人数逐渐增多。自昭帝至成帝时，太学生逐次增至100人、200余人、1000人和3000人。汉平帝时，王莽辅政，为树立声望，笼络儒生，在长安城南兴建辟雍、明堂，又为学者建立校舍，博士弟子达一万余人。

太学以儒家经典为教材，西汉末出现“古文经”与“今文经”之争。“今文经”以当时通行的隶书书写，古文经晚出，以战国时古文字书写；两种经文的字句、篇章及解说也有差异。“今文经”得到中央政府支持，太学所设博士都是今文经博士；“古文经”只在民间私学中传授。当时书籍甚少，学者难得，训诂句读皆靠口授，故博士讲解经书重视传授关系，形成师法和家法。传授某一经之大师，若得到朝廷赏识被立为博士，其经说便成为师法。弟子相传，遂有不同解释，自成一家之言，再传下去，便成家法。汉代博士各以师法、家法教授弟子。同属一经，因为有不同阐释，因而产生不同流派，各立门户。汉末儒者对经书章句的解说动辄达数万言，导致经学教育陷入烦琐状态。

（二）太学考试类别及其影响

汉代太学没有规定学习年限，教学制度也不严密，但却非常注重人才选拔，制定了严格的考试制度。从某种意义上说，汉代太学既是最高学府，又是国家考试机关。太学考试发挥两大功能：一是以考促学，督促、激励太学生奋力学习儒家经典；二是通过考试发现和选拔人才，以充实汉朝官吏队伍。太学也不注意考勤，用考试来督促和检查学生的学习成绩。史学家司马迁记载了汉武帝时公孙弘整治太学的奏议及其对人才培养与选拔的影响：

> 公孙弘为学官，悼道之郁滞，乃请曰：“丞相御史言：制曰‘盖闻导民以礼，风之以乐。婚姻者，居屋之大伦也。今礼废乐崩，朕甚愍焉。故详延天下方正博闻之士，咸登诸朝。其令礼官劝学，讲议洽闻兴礼，

① （唐）司马贞《史记索隐》（见《史记》卷一二一《儒林列传》）：“计，计吏也。偕，俱也。谓令与计吏俱诣太常也。”后世科举遂用“计偕”称举人赴京会试。

② 《史记》卷一二一《儒林列传》，第3789页。

以为天下先。太常议，与博士弟子，崇乡里之化，以广贤材焉’。谨与太常臧、博士平等议曰：闻三代之道，乡里有教，夏曰校，殷曰序，周曰庠。其劝善也，显之朝廷；其惩恶也，加之刑罚。故教化之行也，建首善自京师始，由内及外。今陛下昭至德，开大明，配天地，本人伦，劝学修礼，崇化厉贤，以风四方，太平之原也。古者政教未洽，不备其礼，请因旧官而兴焉。……一岁皆辄试，能通一以上，补文学掌故缺；其高弟可以为郎中者，太常籍奏。即有秀才异等，辄以名闻。其不事学若下材及不能通一艺，辄罢之，而请诸不称者罚。臣谨案诏书律令下者，明天人分际，通古今之义，文章尔雅，训辞深厚，恩施甚美。小吏浅闻，不能究宣，无以明布谕下。治礼次治掌故，以文学礼义为官，迁留滞。请选择其秩比二百石以上，及吏百石通一以上，补左右内史、大行卒史；比百石已下，补郡太守卒史：皆各二人，边郡一人。先用诵多者，若不足，乃择掌故补中二千石属，文学掌故补郡属，备员。请著功令。佗如律令。”制曰：“可。”自此以来，则公卿大夫士吏斌斌多文学之士矣。①

汉武帝开创太学时，规定太学生每年考试一次，称谓“岁试”。值得指出的是，西汉时期的太学考试方式不同于察举选士的“对策”考试，它主要采用“射策”方式，即抽签考试。经过考试后，甲乙两科各择优录取数名或十数名，授以不同的官职，如以第一、二名补博士缺，其他授郎中或太子舍人等。其考试不合格或不能通一经的学生，即令退学。除“射策”外，太学考试还有“口试”。现略述如下。

1. 设科射策

“射策”是汉代太学常用的一种考试方法，创始于汉武帝时代。《汉书·儒林传》说：“自武帝立五经博士，开弟子员，设科射策，劝以官禄。”如萧望之，“以射策甲科为郎，署小苑东门候”。颜师古注曰：“射策者，谓为难问疑义书之于策，量其大小署为甲乙之科，列而置之，不使彰显。有欲射者，随其所取得而释之，以知优劣。射之，言投射也。对策者，显问以政事经义，令各对之，而观其〔文〕辞定高下也。”② 其具体做法是：由主考人根据儒经

① 《史记》卷一二一《儒林列传·公孙弘》，第3790页。

② 《汉书》卷七八《萧望之传》，第3272页。

内容提出若干问题，然后按照这些问题的难易程度分成甲乙两等，再把这些问题写在帛或纸上密封起来，由被试者随意抽出其中一二种题来解答。这种方法与我们现在采用的抽签考试方法相类似。内容侧重对于儒家经典意思的解释与阐发。主考人根据学生的解答判断学业成绩，成绩合格者授予相应的官职。不过每科均规定很少的取官名额。

西汉太学生通过“射策”为官者，除了前已述及的王嘉、翟方进、萧望之，还有匡衡、马宫、何武、房凤等人。史载：

（匡）衡射策甲科，以不应令除为太常掌故，调补平原文学。学者多上书荐衡经明，当世少双，令为文学就官京师；后进皆欲从衡平原，衡不宜在远方。事下太子太傅萧望之、少府梁丘贺问，衡对《诗》诸大义，其对深美。望之奏衡经学精习，说有师道，可观览。宣帝不甚用儒，遣衡归官。而皇太子见衡对，私善之。

马宫字游卿，东海戚人也。治《春秋》严氏，以射策甲科为郎，迁楚长史，免官。后为丞相史司直。师丹荐宫行能高洁，迁廷尉平，青州刺史，汝南、九江太守，所在见称。征为詹事，光禄勋，右将军，代孔光为大司徒，封扶德侯。光为太师薨，宫复代光为太师，兼司徒官。①

（何）武诣博士受业，治《易》。以射策甲科为郎……久之，太仆王音举武贤良方正，征对策，拜为谏议大夫，迁扬州刺史。②

房凤字子元，不其人也。以射策乙科为太史掌故。……大司马骠骑将军王根奏除补举长史，授荐房凤明经通达，擢为光禄大夫，迁五官中郎将。③

2. 口试诵说

《汉书·儒林传》记载，宣帝时，“唐生（长宾）、褚生（少孙）应博士弟子选，诣博士，抠衣登堂，颂礼甚严，试诵说，有法，疑者丘盖不言。”这说明此时太学招生已开始实行“口试”的方法。

上述考试方法一直推行到西汉末年。汉平帝时，王莽秉政，将太学考试

① 《汉书》卷八一《匡张孔马传》，第1446、1463页。
② 《汉书》卷八六《何武传》，第1515页。
③ 《汉书》卷八八《儒林传·房凤》，第1569页。

改为甲乙丙三科，增加录取名额。《汉书·儒林传》记载："增元士之子得受业如弟子，勿以为员，岁课甲科四十人为郎中，乙科二十人为太子舍人，丙科四十人补文学掌故云。"晚清经学家皮锡瑞评论说："后世生员科举之法，实本于此。经生即不得大用，而亦得有出身，是以四海之内，学校如林。"①

（三）太学考试的影响

汉代太学作为中央官学，集培养与选拔人才于一身，促进了学校教育和私人讲学的发展。太学考试制度不仅推动了官僚队伍儒学化，提高了汉王朝吏治效能，强化了中央集权，而且也促进了经学的兴盛。史学家班固称赞说：

> 自武帝立《五经》博士，开弟子员，设科射策，劝以官禄，讫于元始，百有余年。传业寖盛，支叶蕃滋，一经说至百余万言，大师众至千余人，盖利禄之路然也。初，《书》唯有欧阳，《礼》后，《易》杨，《春秋》公羊而已。至孝宣世，复立《大小夏侯尚书》，《大小戴礼》，《施》、《孟》、《梁丘易》，《穀梁春秋》。至元帝世，复立《京氏易》。平帝时，又立《左氏春秋》，《毛诗》，逸《礼》，古文《尚书》，所以罔罗遗失，兼而存之，是在其中矣。②

西汉统治者通过太学考试，鼓励学生研究经学，给以入仕之路，使得学生专心攻读儒家经典。翻阅《汉书》各本传，不难发现，出身卑微而入太学者不乏其人，其中学有所精者由此而进身显名。

如：匡衡好学，家贫，"佣作以给资用"；兒宽"贫无资用，尝为弟子都养"，以为同学烧饭来换取读书的机会；翟方进家境贫寒，其母跟他一同去长安"织履"，以供方进读书。这三人均以"射策甲科"而入仕，匡衡、翟方进成为布衣丞相，兒宽官至御史大夫。

再如：博士王式的弟子张长安、唐长宾、褚少孙等，皆以通经显世。史载："张生、唐生、褚生皆为博士。张生论石渠，至淮阳中尉。唐生楚太傅。由是《鲁诗》有张、唐、褚氏之学。张生兄子游卿为谏大夫，以《诗》授元帝。其门人琅邪王扶为泗水中尉，授陈留许晏为博士。由是张家有许氏学。

---

① （清）皮锡瑞：《经学历史》，第91—92页。

② 《汉书》卷八八《儒林传赞》，第1570页。

初，薛广德亦事王式，以博士论石渠，授龚舍。”①

上述事例说明，汉代太学考试制度为封建国家培养、选拔出一批重要人才。据《文献通考》卷四〇《学校一》统计，西汉以博士入官14人：贾谊、董仲舒、疏广、薛广德、彭宣、贡禹、韦贤、夏侯胜、辕固、后苍、韩婴、胡毋生、严彭祖、江公；以太常掌故入官1人：晁错；以博士弟子入官14人：息夫躬、兒宽、终军、朱云、眭弘、萧望之、匡衡、马宫、翟方进、何武、王嘉、施雠、房凤、召信臣。②

此外，汉代郡国实行察举明经，由郡国选拔生员至京师，也采用射策甲乙之科进行复试，授官和太学中甲乙科略同。这是在太学之外为照顾边远州郡自学者及私学弟子而设立的选士路径。

总体来看，西汉士人入仕，除了察举，主要有以下几种途径：

其一，以太常博士弟子“射策”考试入官。如：兒宽，千乘人，“治《尚书》，事欧阳生。以郡国选诣博士，受业孔安国”。“以射策为掌故，功次，补廷尉文学卒史。”③ 前述萧望之，东海蓝领人，“治《齐诗》，事同县后仓且十年。以令诣太常受业，复事同学博士白奇，又从夏侯胜问《论语》、《礼服》”。“以射策甲科为郎。”④ 东海承人匡衡，父世农夫，至衡好学。“衡射策甲科，以不应令除为太常掌故，补平原文学。……上以为郎中，迁博士，给事中。”⑤

其二，以明经考试入官。如前所述：王嘉以明经射策甲科为郎；召信臣以明经甲科为郎。再如：鲁国蕃人眭弘，“少时好侠，斗鸡走马，长乃变节，从嬴公受《春秋》。以明经为议郎，至符节令”⑥。

其三，以言事入官。如：济南人终军，少好学，以辩博能属文闻于郡中。年十八，选为博士弟子。“至府受遣，太守闻其有异材，召见军，甚奇之，与交结。军揖太守而去。至长安上书言事。武帝异其文，拜军为谒者给事中。”⑦

① 《汉书》卷八八《儒林传・王式》，第1564页。
② 参见张海鹏主编《中国考试史文献集成》第一卷，第98页。
③ 《汉书》卷五八《兒宽传》，第1137页。
④ 《汉书》卷七八《萧望之传》，第1419页。
⑤ 《汉书》卷八一《匡衡传》，第1446—1447页。
⑥ 《汉书》卷七五《眭弘传》，第1364页。
⑦ 《汉书》卷六四《终军传》，第1214—1215页。

河内河阳人息夫躬，“少为博士弟子，受《春秋》，通览记书”①。后以告密授官。

其四，从学博士而以荐入官者。鲁人朱云，以勇力闻。“年四十，乃变节从博士白子友受《易》，又事前将军萧望之受《论语》，皆能传其业。”元帝时，“五鹿充宗贵幸，为《梁丘易》。……（元帝）欲考其异同，令充宗与诸《易》家论。充宗乘贵辩口，诸儒莫能与抗，皆称疾不敢会。有荐云者……由是为博士”。② 施雠，沛人。为童子，从田王孙受《易》。“后雠徙长陵，田王孙为博士，复从卒业，与梁丘贺等并为门人。”因梁丘贺少府推荐，“诏拜雠为博士”。③

由上述可见，入太学读经入仕，是汉代士人跻身统治阶层的一条重要路径。另外，我们也看到，由于太学教学制度不甚严格，学业评定过于依赖考试，因而也产生某些弊端。

首先，汉代经学教育倡导通经致用，儒学与仕途结合，在历史上虽然发挥一定的积极作用，但也导致经学教育的庸俗化，“滋生了一批阿世取荣的章句小儒”④。太学作为经学教育的最高机构和主要代表，在教育内容上，儒经之外，摒弃其他流派学说，其考试则以选官为目的，使太学生孜孜于利禄之途。这种教育导向不利于学术的自由发展，也扭曲了太学的教育功能。

其次，在经学传授上，强调“师法”与“家法”，加深了门户之见，束缚了学术发展。某一经大师得到朝廷肯定而被立为博士，其经说便成为“师法”；弟子相传，又别为章句，便成“家法”，遂致一经有数家。太学博士只能依“师法”、“家法”传授，并以此考核太学生，违背“师法”、“家法”者，考试就不能通过。

最后，在考试方法上，太学往往要求学生死记硬背，不能培养学生的思维与创造能力。此外，太学没有年限规定，学生一年没有通过考试，允许下年再考。如此年复一年，一些学生皓首穷经，尚未通过考试，学生积压越来越多。这种状况不仅浪费了国家物力、财力，也不利于学生身心的正常发展。

① 《汉书》卷四五《息夫躬传》，第962页。
② 《汉书》卷六七《朱云传》，第1254—1255页。
③ 《汉书》卷八八《儒林传·施雠》，第1556页。
④ 毛礼锐、沈灌群主编：《中国教育通史》第二卷，第57页。

二、郡国学校的推广

汉代政治制度承袭秦制，实行郡县制；另外，吸取秦亡历史教训，实行分封制，册立“同姓”、“异姓”诸侯王国，由此形成郡国并存的政治格局。汉初全国共计54郡，中央直辖15郡，诸侯王国39郡。汉初全国约有1300余万人，王国编户180万，人口850余万。无论是土地面积还是人口数量，诸侯国都拥有强大实力。为了减少封国势力对汉朝中央政权的威胁，自汉高祖、文帝、景帝至汉武帝，不断调整统治政策，实行“削藩”措施，逐渐使诸侯封国郡县化。与此相应，汉武帝开始设立太学，推广地方教育，从思想意识、人才培养和社会教化等方面加强中央集权。

太学建立之后，面向郡县招生考选，郡国负有举荐博士弟子的职责。虽然郡国学校考试制度并不健全，但在实施过程中仍发挥了选才功能，由此带动了地方兴学育士。马端临指出：

> 武帝时始为博士、学官置弟子员，前此所谓博士者，虽有弟子，要皆京师自授其徒，其徒自愿受业，朝廷未尝有举用之法，郡国亦无荐送之例。而蜀地僻陋，非齐鲁诸儒风声教化之所被，故文翁遣其民就学，必以物遗博士，而使教之。及武帝既兴学校，则令郡国县官谨察可者，与计偕，诣太常受业如弟子，则郡县皆有以应诏，而博士弟子始为国家选举之公法也。①

郡国学校以社会教化为宗旨，既传播、普及儒家文化观念，也为中央官学培育、选拔、输送了优秀生源，推动了经学教育和选士制度的发展。在这方面，文翁在蜀地兴学堪称典范。史载：

> 文翁，庐江舒人也。少好学，通《春秋》，以郡县吏察举。景帝末，为蜀郡守，仁爱好教化。见蜀地辟陋有蛮夷风，文翁欲诱进之，乃选郡县小吏开敏有材者张叔等十余人亲自饬厉，遣诣京师，受业博士，或学律令。减省少府用度，买刀布蜀物，赍计吏以遗博士。数岁，蜀生皆成就还归，文翁以为右职，用次察举，官有至郡守刺史者。

① （元）马端临：《文献通考》卷四六《学校考七》，第1335页。

又修起学官于成都市中，招下县子弟以为学官弟子，为除更徭，高者以补郡县吏，次为孝弟力田。常选学官僮子，使在便坐受事。每出行县，益从学官诸生明经饬行者与俱，使传教令，出入闺阁。县邑吏民见而荣之，数年，争欲为学官弟子，富人至出钱以求之。由是大化，蜀地学于京师者比齐鲁焉。至武帝时，乃令天下郡国皆立学校官，自文翁为之始云。①

由上述可见，文翁以《春秋》学起家，由察举入仕，继而兴学化俗，选拔人才至京师太学深造，学成后返乡服务。这一史实反映了西汉郡学与太学的依存互动关系。文翁的兴学业绩，为汉武帝所肯定，成为郡国立学的榜样。它产生了广泛而深远的社会文化影响。东汉班固称颂："文翁终于蜀，吏民为立祠堂，岁时祭祀不绝。至今巴蜀好文雅，文翁之化也。"② 在《汉书》卷二八下《地理志下》，班固对文翁兴学的影响做进一步阐释：

景、武间，文翁为蜀守，教民读书法令，未能笃信道德，反以好文刺讥，贵慕权势。及司马相如游宦京师诸侯，以文辞显于世，乡党慕循其迹。后有王褒、严遵、扬雄之徒，文章冠天下。由文翁倡其教，相如为之师。故孔子曰："有教亡类。"

在察举和太学选士的"利禄"刺激下，郡国学校教育逐渐兴盛。在办学中，郡太守或延请名师授徒，或亲自讲学；学校也举行春秋飨射、升降揖让之礼仪，成为推行社会教化的基地。地方官学考问经学，根据成绩优劣，斟酌授官。学校教官有郡文学、郡文学史、郡文学卒史、五经百石卒史及乡三老等。据《文献通考》卷四六《学校七》记载，西汉以郡文学入官者有梅福、隽不疑、韩延寿、王章、盖宽饶、诸葛丰、郑崇、张禹。郡国学校既讲教化，亦重行礼。一些郡守曾令文学、校官、诸生演习礼容，以引导社会教化。如韩延寿在淮阳、颍川等地大力推行学校教育和社会教化，收效显著。史载：

韩延寿字长公，燕人也，徙杜陵。少为郡文学。父义为燕郎中。刺

① 《汉书》卷八九《循吏传·文翁》，第1572页。
② 《汉书》卷八九《循吏传·文翁》，第1572页。

王之谋逆也，义谏而死，燕人闵之。是时，昭帝富于春秋，大将军霍光持政，征郡国贤良、文学，问以得失。时魏相以文学对策，以为“赏罚所以劝善禁恶，政之本也。日者燕王为无道，韩义出身强谏，为王所杀。义无比干之亲而蹈比干之节，宜显赏其子，以示天下，明为人臣之义”。光纳其言，因擢延寿为谏大夫，迁淮阳太守。治甚有名，徙颍川。

颍川多豪强，难治，国家常为选良二千石。先是，赵广汉为太守，患其俗多朋党，故构会吏民，令相告讦，一切以为聪明，颍川由是以为俗，民多怨仇。延寿欲更改之，教以礼让，恐百姓不从，乃历召郡中长老为乡里所信向者数十人，设酒具食，亲与相对，接以礼意，人人问以谣俗，民所疾苦，为陈和睦亲爱、销除怨咎之路。长老皆以为便，可施行，因与议定嫁娶、丧祭仪品，略依古礼，不得过法。延寿于是令文学校官诸生皮弁执俎豆，为吏民行丧嫁娶礼。百姓遵用其教，卖偶车马下里伪物者，弃之市道。数年，徙为东郡太守，黄霸代延寿居颍川，霸因其迹而大治。

延寿为吏，上礼义，好古教化，所至必聘其贤士，以礼待，用广谋议，纳谏争；举行丧让财，表孝弟有行；修治学官，春秋乡射，陈钟鼓、管弦，盛升降、揖让；及都试讲武，设斧钺旌旗，习射御之事；治城郭，收赋租，先明布告其日，以期会为大事。吏民敬畏，趋乡之。又置正、五长，相率以孝弟；不得舍奸人，闾里阡陌有非常，吏辄闻知，奸人莫敢入界。①

此后，在统治者倡导下，郡国学校教育和社会教化不断发展。汉宣帝本始元年（前73年），“遣使者持节诏郡国二千石谨牧养民而风德化”②。汉平帝元始三年（3）夏，“立官稷及学官：郡国曰学，县、道、邑、侯国曰校，校、学置经师一人；乡曰庠，聚曰序，庠、序置《孝经》师一人”③。由此建立学、校、庠、序四类官学制度。就其教学程度而言，这种学校大致属于中等教育机构，而庠、序属于初等教育机构。这种地方官学制度一直保持到东汉末年。此外，在王莽提倡下，郡国设立专门教育皇亲宗室的宗师，被尊称为宗卿师。

① 《汉书》卷七六《韩延寿传》，第1390—1391页。
② 《汉书》卷八《宣帝纪》，第89页。
③ 《汉书》卷一二《平帝纪》，第137页。

三、私学的复兴

(一) 私学兴起的原因

首先，汉初六十余年间，统治者奉行休养生息政策，政治清明，社会经济得到恢复和发展，从而为私学发展提供了重要的经济基础和宽松的社会文化环境。

秦朝曾实行文化专制主义，秦律规定："敢有挟书者族。"禁锢儒学和私人讲学。西汉建立后，逐步废除严刑峻法，解除对于思想、文化的控制。汉惠帝四年（前 191 年），"省法令妨吏民者；除挟书律"①。汉高后元年（前 187 年），"除三族令、妖言令"②。政府对私人讲学不加干涉。这些举措促进了私学的恢复与发展。

其次，汉武帝实行崇儒术、立太学、明教化的文教政策，大力兴办儒学教育，促进了民间儒学教育的兴起。

在"独尊儒学"的社会文化背景下，其他学派讲学获得虽受到抑制，但并不禁止私人传授儒家经典。西汉太学设在京师长安，由于路途遥远和名额有限，并以培养皇族和贵胄子弟为主，很难满足平民子弟的读书要求。同时，由于地方官学数量有限，那些没有机会就读官学的平民子弟，只能通过私学接受儒学教育。

再次，汉朝统治者为了维护中央集权统治，建立了庞大的官僚机构，急需选拔大量人才，这就为私学发展提供了强大动力。

人才培养离不开教育。汉武帝创设太学，推广郡国学校教育，虽能培养和选拔不少优秀人才，但难以完全满足各类人才选拔的需要。随着察举制的推广，选才的路径和范围日益扩大，客观上刺激了私学发展。好学之士多拜名儒为师，转相授受。一些官员以经学、史学、文学等家学，传授子孙。民间私学的大量存在，为察举选官提供了重要的人才来源。

---

① 《汉书》卷二《惠帝纪》，第 32 页。
② 《汉书》卷三《高后纪》，第 33 页。

最后，西汉末年出现的儒学今古文[①]之争，为私学发展提供了契机。

“古文经”是秦以前用古文书写而由汉代学者加以训释的儒家经典，与西汉学者用当时通用的隶书记录传述的儒家经典（“今文经”）相区别。它包括《古文尚书》等儒学典籍。据《汉书》卷三〇《艺文志》所载：“武帝末，鲁共王坏孔子宅，欲以广其宫，而得《古文尚书》及《礼记》、《论语》、《孝经》凡数十篇，皆古字也。”孔子后人孔安国，“悉得其书，以考二十九篇，得多十六篇”，献之朝廷。“遭巫蛊事，未列于学官。”由于今文经学派得到官方的支持，垄断太学教育活动，古文经学者只有通过民间讲学才能传承经典，保持其学术地位。在私人讲学活动中，学者们整理经籍，融合各派观点，涌现一批著名学者，推动了私学繁盛。

（二）私学种类

西汉时期私学教育，按其程度大致分为三种类型：一是以识字教育为主的蒙学教育；二是以学《论语》、《孝经》为主的初级经学教育；三是以研习“五经”为主的专经教育。从教育机构或形态来看，又可分为以下三类。

1. 书馆

书馆又称书舍，其教育可分为两个阶段：一是进行识字教育，传授基本汉字及一些算学常识；二是以《论语》、《孝经》为主的教育，为经学教育做准备。书馆的教学活动分为“坐馆”和“家馆”。前者是教师在自己家中执教，或在公共场所开馆授徒，学童入馆受教。后者由富贵之家，聘教师到家施教，受教者为本家乃至本族子弟。

在讲学方式上，书馆一般实行个别教学，重视口授和背诵。其教学内容以识字、习字为主，兼习算学。所用“字书”种类较多，主要有《仓颉篇》、《凡将篇》、《急就篇》等。算学则以《九章算术》为基本教材。在教学管理上，书馆教师常采用体罚来管理和督促学生。学生若违反私学管理规定，或诵书、习字未能达到标准，均要受罚。这是古代蒙学教育的弊端。

书馆教育是私学教育的重要阶段。学生在此接受识字、启蒙教育，掌握

---

① 古文，广义指甲骨文、金文、籀文和战国时通行于六国的文字；狭义指战国时通行于六国的文字。一说，从甲骨文到小篆称古文，从隶书到现在通行的文字称今文。

初步的读写、识数、算术技能，学习基本文化知识，从而为进入更高阶段的学习打下基础。汉代许多学子都是通过书馆教育成长为才华出众的人才。

2. 经馆

经馆又称精舍或精庐等，是较高层次的私学教育机构，其教学程度高者与太学不相上下。经馆教师多为传授高深学问的学者，或是当世名儒。他们亦仕亦教，或致仕后闭门授业，或终生隐逸山泽间聚徒授经。西汉经馆通常只有一名经师主持，但弟子众多，有的名师收徒数千甚至上万人。为方便教学管理，经馆常将学生分为“著录弟子”与“及门弟子”两类。前者是在名儒门下录其名，未必亲来受业，类似后世的“拜门”，故能多至万人。后者亦称“受业弟子”，是直接从师受教的，往往有数百上千人，其中不乏私学大师之高徒。他们聆听老师教诲，一起辩论经义，探究学术。

在教学方式上，经馆一般采用次相传授的方法。老师只对从业时间较长、有一定学问根基的弟子进行面授，再由这些高徒转相传授初学弟子。汉儒名师这种独创的教学方法，与近代西方兰卡斯特和贝尔的导生制有异曲同工之妙，是值得肯定的教学方式。它既有利于提高经馆教学效率，也使部分学生在参与教学实践中增进自身学业水平。

西汉经馆教育，从教学内容到教学方式，对后世私学教育均产生了重要影响。东汉古文经学大师，设馆授经，研究、传授一家之言，为古文经学争得学术地位。经馆教育组织形式对唐末五代书院的建立也有启发，堪称书院制度的先导。

3. 家庭教育

家庭教育是汉代教育的一种特殊形式。儒家主张修身、齐家、治国、平天下，西汉统治者崇尚儒家伦理教化，强调孝、悌、廉、正等文化观念，特别重视家庭教育，以发挥其政治功能。自汉武帝开始，儒家经学成为占统治地位的官方学术，经学传授成为家庭教育的主要内容。

在教学形式上，西汉家庭教育主要有三种形式：一为家世传授，即父辈对子辈的传授，子孙代代相传。一些以儒学起家的官员，特别注重经学教育，其关键内容只传子孙，由此颇具特色的家学传统。二是“家教”或“家戒”，即父母对子女的道德修养、为人处世等方面教导。这也是家庭教育的基本内容，以培养子女的优良品德与文化素养。三是女子教育，专门针对女子而进行的生活规范教育。其教育内容包括女子的品德、语言、行为举止等方面，为培养贤妻良母做准备。这些不同形式的家庭教育，往往是交互影响，共同发挥整体育人的功能，具有重要的社会影响。

（三）私学的作用

私学由民间举办，虽然不能完全脱离封建政治，但与官学相比，它具有较大的独立性。作为汉代教育的重要组成部分，私学在传授知识、培养人才和社会教化等方面发挥了不可替代的作用。翻阅《汉书》人物列传，不少察举入仕者，往往都有接受私学教育的经历，而经学流派的发展也与私学密切相连。概括而言，私学的作用突出表现在以下几方面。

第一，西汉时期私学的发展，打破了官学独尊的局面，使教育教学活动在一定程度上摆脱了官府的束缚，实现了学术思想的自由。

民间学者讲学，教学形式灵活多样，教学内容不拘一格，教学活动富有生机。私学学生可自由择师，师生各抒己见。这些特点有利于不同学术流派的争鸣和学术繁荣。此外，私学较少受非学术事务干扰，有利于潜心治学。一些私学大师的学术造诣并不低于博士，甚至高于博士，这种状况在东汉尤为突出。流传至今的100多部东汉经学著作中，90%的著作出自非太学博士的私学大师。由此可见，私学对汉代教育的巨大贡献。

第二，汉代私学形成循序渐进的教学系统，积累了丰富教学经验。

汉代私学可分为初、中、高三阶段，形成一定的教育体系。初级阶段实施蒙学教育，培养初步的读写能力，普及基础知识。中级阶段重视诵读，背诵《论语》、《孝经》等儒学入门经典。诵读逐渐从教学活动中分化出来，成为一个独立的教育阶段。这对古代教育制度发展与教学实践活动产生了深刻影响。高级阶段进行专经研习。私学大师大多精通一经或数经，其讲学活动极大地促进了经学的传播。上述三层次的教学有机结合，连为一体，促进了人才的培养。

第三，汉代私学教学内容广泛，除了传授人文社会知识，还探究自然知识，拓展学习的深度与广度，促进了科学技术的发展。

汉代官学主要讲授经学，其他学科特别是自然知识主要由私学传授。与百姓健康密切相关的医学也主要通过民间传授。汉初名医淳于意得扁鹊大师的真传，又将医术传给弟子。汉末华佗尤精外科，发明了“麻沸散”，并把高超医术传给学生。其他如天文、数学、历法、阴阳学说等，私学都有传授。在家庭教育中，历律、天文、数学等自然知识和专门技术都是传承的重要内容。郭躬继父郭弘，家世掌法，数世传承不辍；司马迁继承家学，著流传千古名著《史记》。此类事例，不一而足。

第四，汉代私学的发展，扩大了教育对象，广泛提升了民众文化素养和社会文明程度。

自孔子开创私学教育，强调“有教无类”，这一优良传统也为汉代私学所发扬光大。一些经学名师所收弟子不受年龄、地域、身份限制，教育对象从贵族扩大到平民子弟，使社会下层获得更多的求学机会。学生择师而从，学有所专。西汉私学教育的发展，不仅提高了这一历史时期社会文明和教化水平，促进了政治稳定和文化发展，而且为东汉私学的繁盛奠定了重要基础。

第三章　东汉察举制的变革

汉武帝创立察举制后，在实施过程中不断完善，促进了儒学人才选拔和教育发展。察举制对于人才任用、政权巩固、社会教化等发挥了极为重要的作用。另外，作为一项重要选官制度，它又受政治状况、社会环境的影响。西汉末年，政治腐败，阶级矛盾激化，社会风气败坏，导致察举制被破坏。“光武中兴”后，东汉王朝恢复察举制，并总结其得失，改革选士弊端，扩大察举规模，注重考试，形成新的特点。东汉后期，针对察举制实施中出现的弊端，统治者进一步改革选士办法，促进了考试选拔人才制度的发展。

第一节　东汉前期察举的特点

东汉又称后汉，从建武元年（25）刘秀称帝起，到延康元年（220）曹丕代汉止，历十二帝，统治 196 年。从政治发展来看，以汉殇帝延平元年（106）为分界，大致可分为前后两个时期。东汉前期，汉明帝和汉章帝在位期间，进入全盛时期；汉和帝统治期间，国力达到极盛。这一时期，统治者改革和完善察举制，人才选拔出现一些新的特点。如建立“试职”、“累功”制，实行察举比例制，扩大察举选士规模等。这些改革举措产生了重要的社会影响。

一、“试职”、“累功”制的建立

光武帝实行察举制规定，察举秀才和孝廉，州郡长官必须先给予候选人一定职事，来检验候选人是否熟悉政事。这就是“授试以职”。所授职位主要是州郡的官职，包括主簿、督邮、功曹之例。到汉章帝时期，又规定“乡举里选，必累功劳”，更加注重官员的行政成绩的积累，强调官员的吏治能力。

(一)“试职”、“累功”制产生的原因

首先，东汉察举“试职”和“累功”制与西汉政治传统一脉相承，是察举制发展演化的结果。

西汉王朝“以霸王道杂之”的为政方针，重视以能选人，要求为官者在行政领域中强化吏治。史载汉宣帝时，当太子劝他多用儒者为政时，他却言道：

> 汉家自有制度。本以霸王道杂之，奈何纯任德教，用周政乎！且俗儒不达时宜，好是古非今，使人眩于名实，不知所守，何足委任！[①]

察举制实行之初，以选拔儒士为主。及至西汉后期，随着儒生政治影响的扩大，王莽利用察举制罗致大批儒生，作为“制礼作乐”的助手。儒术的神道化、复古化倾向，日益严重地冲击着“霸王道杂之”的汉家政治传统，最终导致王莽“奉大法古”的大规模改制。这一变法从儒家经典中寻求理想社会蓝图，把合于古制的祭礼、服色、历法、陵庙、明堂、辟雍、乐舞、田制、币制、官制、地名等的复兴，视为“天下归仁”的标准，甚至是全部内容，并辅之以天人感应、阴阳五行、符箓谶纬、魔法巫术之类。

察举制作为重要选官方式也受此复古导向的影响。王莽变法将“辟召四科”改为“孔门四科”，在选官标准上实际上是一种复古的非理性倾向。战国秦汉数百年来形成的官僚理性行政，受到严重损害。《汉书》卷九十九《王莽传》记述了当时状况：

> 制礼作乐，讲合六经之说。公卿旦入暮出，议论连年不决，不暇省狱讼冤结民之急务。县宰缺者，数年守兼，一切贪残日甚。

按照儒经、儒术建立的吏员队伍，不能有效地操纵国家机器运转，这时，强化吏治在行政官僚系统中尤为重要。理性的行政官僚系统对于封建王朝的维护是必不可少的。王莽非理性的变法运动最终以失败而告终。“光武中兴”后，继续实行“霸王道杂之”的方针，在察举选官方面不断强化“以能取

---

① 《汉书》卷九《元帝纪》，第105页。

人”因素。

其次，为了矫正察举不失的弊端，提高选才效能，需要加强对被举者实际能力的考察。

东汉统治者针对现实问题，建立“试职”和“累功”制，以保障官吏候选者的吏治才能。建初元年（76）三月，汉章帝下诏曰：

> 选举乖实，俗吏伤人，官职耗乱，刑罚不中，可不忧与！昔仲弓季氏之家臣，子游武城之小宰，孔子犹诲以贤才，问以得人。明政无大小，以得人为本。夫乡举里选，必累功劳。今刺史、守相不明真伪，茂才、孝廉岁以百数，既非能显，而当授之政事，甚无谓也。每寻前世举人贡士，或起甽亩，不系阀阅。敷奏以言，则文章可采；明试以功，则政有异迹。文质彬彬，朕甚嘉之。①

由此可见，这项制度的产生，反映了东汉王朝选拔真才、强化吏治的政治需要。

（二）“试职”、“累功”制考述

“试职”即授试以职，以检验其行政效能。关于察举“试职”的起源，可溯至东汉初期。光武帝诏书说：

> 今方选举，贤佞朱紫错用。丞相故事，四科取士。一曰德行高妙，志节清白；二曰学通行修，经中博士；三曰明达法令，足以决疑，能按章复问，文中御史；四曰刚毅多略，遭事不惑，明足以决，才任三辅令；皆有孝悌廉公之行。自今以后，审四科辟召。及刺史、二千石察茂才、尤异、孝廉之吏，务尽实核，选择英俊、贤行、廉洁、平端于县邑，务授试以职。有非其人，临计过署，不便习官事，书疏不端正，不如诏书，有司奏罪名，并正举者。②

上述文字是最早对被举者进行“试职”的规定。其后，章帝和和帝又加以重申，最终形成较为规范的制度。史载：

---

① 《后汉书》卷三《肃宗孝章帝纪》，第50页。

② 《后汉书·百官志一》注引应劭《汉官仪》，第3559页。

章帝建初八年（83）十二月己未，诏书辟士四科。……自今以后，审四科辟召。及刺史、二千石察举茂才、尤异、孝廉吏，务实校试以职。有非其人，不习曹事，正举者故举不实，为法罪之。①

和帝永元五年（93）三月诏：

选举良才，为政之本，科别行能，必由乡曲。而郡国举吏，不加简择，故先帝明敕在所，令试之以职，乃得充选。又德行尤异，不须经职者，别署状上。而宣布以来，出入九年，二千石曾不承奉，恣心从好，司隶、刺史讫无纠察。今新蒙赦令，且复申敕，后有犯者，显明其罚。②

章帝建初八年诏重申光武帝诏令的察举标准，而和帝永元五年诏又是对章帝诏书的重申。《后汉书·和帝纪》李贤注云："郡国举孝廉以补三署郎，年五十以上属五官，其次分属左右署。"③ 吏民察举为孝廉，先拜郎中即宫中"储官"，一面学习，一面侍卫皇帝。经"三署"因材施教、甄别考核后，依优劣除补县令长丞，或由"郎"补尚书郎，再补县令。

这两份诏书说明汉代选官有"四科"的标准，但对于"四科"的性质，当今学者却有不同认识。劳榦认为，"四科""当然是指选察孝廉的标准说明"；安作璋和黄留珠指出，"四科"就是汉代察举的基本标准。方北辰认为，"四科"最初是丞相选拔属官的标准；至少在东汉前半期，它又是郎吏以外的官员的选拔标准。阎步克指出，"就'四科'本身性质而言，是丞相选拔属官的标准，直接将其视为察举的标准并不能成立；而结合其他史实，在某种'引申'的意义上甚至可以把'四科'视为汉代整体的选官标准"④。就史料本身而言，方北辰先生和阎步克先生的意见更为公允。

汉章帝不仅强调"试职"，还将行政成绩作为察举标准。前述建初元年三月诏文所说的"乡举里选，必累功劳"，实际上是"务授试以职"的进一步发展。此后，这项规定成为一种制度被确定下来。"试职"和"累功"制的建立，是对行政才能的强调，以提高官僚政治的运行效率。

关于试职时限，起初并无确切规定。至汉顺帝时，尚书令左雄上疏陈请：

---

① 《后汉书》卷四《孝和孝殇帝纪》注引应劭《汉官仪》，第176页。
② 《后汉书》卷四《孝和孝殇帝纪》，第67页。
③ 《后汉书》卷四《孝和孝殇帝纪》，第193页。
④ 阎步克：《察举制度变迁史稿》，第25页。

“乡部亲民之吏，皆用儒生清白任从政者，宽其负算，增其秩禄，吏职满岁，宰府州郡乃得辟举。”这一建议为顺帝所重视，“申下有司，考其真伪，详所施行”①。汉桓帝本初元年（146）七月，下诏曰：

> 孝廉、廉吏皆当典城牧民，禁奸举善，兴化之本，恒必由之。……其令秩满百石，十岁以上、有殊才异行，乃得参选。臧吏子孙，不得察举。杜绝邪伪请托之原。令廉白守道者得信其操。各明守所司，将观厥后。②

由上述可见，此时察举“试职”年限已延长至十年以上，主要是防止察举作伪，以选拔真才。

（三）实施“试职”、“累功”制的意义

实行“试职”、“累功”制，作为东汉察举的一个显著特点，曾产生重要的积极作用。皮锡瑞《经学历史·经学极盛时代》评论说：

> 后汉取士，必经明行修；盖非专重其文，而必深考其行。前汉匡、张、孔、马皆以经师居相位，而无所匡救。光武有鉴于此，故举逸民，宾处士，褒崇节义，尊经必尊其能实行经义之人。后汉三公，如袁安、杨震、李固、陈蕃诸人，守正不阿，视前汉匡、张、孔、马大有薰莸之别。《儒林传》中所载如戴凭、孙期、宋登、杨伦、伏恭等，立身皆有可观。……然则，国家尊经重学，非直肃清风化，抑可搘拄衰微。无识者以为经学无益而欲去之，观于后汉之时，当不至如秦王谓儒无益人国矣。

自汉武帝崇尚儒学，推行察举选官、太学选士制度以来，儒生在两汉官员中比例不断扩大，对封建政治的影响日趋广泛。在此历史演进中，东汉统治者对于吏治的关注，体现了“以能取人”和“以吏取人”的价值取向。其积极意义主要有以下三方面：

首先，察举选官重视考察被举者的行政能力与业绩，可提高选官的效度。举孝廉须入“三署”担任郎官，在任职过程中，可以熟悉朝仪、人事、典章

---

① 《后汉书》卷六一《左雄传》，第853页。
② 《后汉书》卷七《孝桓帝纪》，第116页。

和行政惯例等。这实际上是一种“储才制度”。郎官中优者方可定期或不定期被任命为尚书、侍御史，或外放担任各县的令、长、丞、尉等职。被举者既有地方佐吏经验，又有朝中任职经验，强化了对吏能治绩的要求，对文吏发展也是极为有利的。

其次，这项制度有利于调和文吏与儒生之间的权力分配，确立各自的政治地位。“试职”和“累功”同样适用于儒生，而文吏则擅长吏事政务。这一制度更有利于文吏在官僚行政系统中发挥其作用。

最后，“试职”与“累功”制的建立，有利于完善官僚行政系统，强化封建统治，对于后世选官制度建设也具有一定的启发意义。

二、察举比例制的形成

察举比例制是指对大小不同的州郡按其编户人口比例，举荐相应数额官员的制度，主要针对孝廉察举。察举比例制形成于汉和帝时期，不仅规定按各郡人口数量制定察举比例，而且为边郡地区增加贡士名额。其后，按人口比例察举孝廉遂成定制。

（一）历史背景与动因

西汉末年社会动荡，正常的选官制度遭到破坏。东汉政权的建立，使察举制重现生机。为适应人才选拔的现实要求，东汉前期统治者改革察举办法，按地方行政区域人口比例确立贡士名额，使察举制趋于完善。察举比例制肇始于章帝，确立于和帝，这一制度的建立，是与东汉社会政治经济发展及察举选士内在要求密切相关的。

章帝是东汉第三个皇帝，在位十三年（76—88）。其统治时间不长，但处于承上启下的重要阶段。经过此前光武帝、汉明帝五十年的治理，社会经济得到恢复和发展，人口增多，察举选士步入常轨。另外，察举制的推广，也加剧了各地举额不均的矛盾。和帝继任，在位十七年（89—105），社会政治较为稳定，继续推动察举制度改革。

从两汉社会经济结构的演变来看，西汉后期大土地所有制已有较大发展，豪强地主势力明显增长。东汉王朝是在豪族地主支持下建立的政权，刘秀本人也是豪强中一员，在此政治背景下，东汉豪族地主势力急剧发展。为了维护自身利益，地方豪强强烈需求进入国家统治阶层，而原初岁举两人的举额分配制度已不能满足其要求。扩大大郡察举人数比例，有利于提升地方豪强的政治地位和影响力，章帝、和帝实行察举比例改革，反映了世族豪强势力的政治需求。

（二）察举比例制的建立过程

如前所述，西汉时期，察举以郡国为单位，均分举额。如汉武帝令“郡国举孝廉各一人”。其他如茂才（秀才）常科察举及贤良方正、贤良文学等特科察举，一般也是各举一人，偶尔也有各举二三人。

东汉时期，察举贤良、方正等特科延续旧制，按郡各举一人或二三人。如光武帝建武六年（30）十月诏曰：“其敕公卿举贤良、方正各一人。”建武七年（31）四月诏曰：“公、卿、司隶、州牧举贤良、方正各一人，遣诣公车，朕将览试焉。”[①] 建武十二年（36）八月诏书规定：“三公举茂材各一人；左右将军岁察廉吏各二人；光禄岁举茂材四行各一人，察廉吏三人；中二千石岁察廉吏各一人；廷尉、大司农二人；将兵将军岁察廉吏各二人；监察御史、司吏、州牧岁举茂材各一人。”[②]

汉明帝永平九年（66），“令司隶校尉、部刺史岁上墨绶长吏视事三岁以上、治绩优异者各一人，其治状劣者亦以闻”[③]。

汉章帝建初元年（76）三月，“其令太傅、三公、中二千石、二千石、郡国守相，举贤良方正、能直言极谏之士各一人”。汉和帝永元六年（94）三月，“其令三公、中二千石、二千石、内郡守相，举贤良方正、能直言极谏之士各一人”[④]。和帝亲临策问，选补郎吏。

至东汉中后期，察举贤良、方正等特科，按郡各举一人，或举“任将帅者”各二人。史载：汉安帝永初元年（107）三月，“诏公卿内外众官、郡国守相，举贤良方正，有道术之士，明政术、达古今、能直言极谏者，各一人”。永初五年（111）闰三月，诏曰：“其令三公、特进、侯、中二千石、

---

① 《后汉书》卷一下《光武帝纪》，第 18 页。
② （唐）杜佑：《通典》卷三《选举一》，第 74 页。
③ （宋）司马光编撰，（元）胡三省音注：《资治通鉴》卷四五《汉纪三十七》，第 304 页。
④ 《后汉书》卷四《孝和孝殇帝纪》，第 68—69 页。

二千石、郡守、诸侯相举贤良方正，有道术、达于政化、能直言极谏之士各一人，及至孝与众卓异者，并遣诣公车，朕将亲览焉。”元初元年（114），“诏三公、特进、列侯、中二千石、二千石、郡守、诸侯相举敦厚质直者，各一人”。延光二年（123），“诏选三署郎及吏人能通《古文尚书》、《毛诗》、《穀梁春秋》各一人”①。

延光四年（125）十一月，“诏公卿、郡守、国相，举贤良方正能直言极谏之士各一人”。永和三年（138）九月，“令大将军、三公各举故刺史、二千石及见令、长、郎、谒者、四府掾属刚毅武猛有谋谟任将帅者各二人，特进、卿、校尉各一人”。汉安元年（142）二月，“诏大将军、公、卿举贤良方正、能探赜索隐者各一人”。十一月，“诏大将军、三公选武猛试用有效验任为将校者各一人”。建康元年（144）九月，“诏三公、特进、侯、卿，举贤良方正、幽逸修道之士各一人”②。

汉桓帝建和元年（147）四月，“诏大将军、公、卿、校尉举贤良方正、能直言极谏者各一人。……又诏大将军、公、卿、郡、国举至孝笃行之士各一人”。建和三年（149）六月，“诏大将军、三公、特进、侯，其与卿、校尉举贤良方正能直言极谏之士各一人”。永兴二年（154）二月，“诏公、卿、校尉举贤良方正、能直言极谏者各一人”。延熹九年（166）七月，“诏举武猛、三公各二人，卿、校尉各一人”③。

汉灵帝建宁元年（168）五月，“诏公卿以下各上封事，及郡国守、相举有道之士各一人”④。

上述事例表明，两汉时期，特科察举作为皇帝临时举办的选才科目，选才数量不多，在举额分配上几无变化，大多是由荐举者各举一人，有的特科，如选拔军事人才，则各举二人。据《文献通考》卷三三《选举六》记载，东汉举贤良文学 13 人，包括鲁丕、申屠刚、苏草、李法、爰延、崔骃、周变、刘瑜、荀淑、皇甫规、张奂、刘淑、刘焉。

在察举常科方面，东汉将孝、廉合为一科，仍为岁举。史载，董钧于西

① 《后汉书》卷五《孝安帝纪》，第 94 页。

② 《后汉书》卷六《孝顺孝冲孝质帝纪》，第 112 页。

③ 《后汉书》卷七《孝桓帝纪》，第 130—131 页。

④ 《后汉书》卷八《孝灵帝纪》，第 133—134 页。

汉平帝元始中，举明经，迁廪牺令。入东汉后，“建武中，举孝廉，辟司徒府”①。由于孝廉选拔次数多，涉及面广，而全国大小郡人口数量悬殊，按郡平分举额有失公平。随着察举制的推广，举额分配不公问题日益凸显，统治者不得不制定新制，以缓解矛盾。

汉章帝建初元年（76）五月，“初举孝廉、郎中宽博有谋，任典城者，以补长、相”②。章帝诏曰：“茂才、孝廉、岁以百数。”③ 这次察举孝廉、茂才人数颇多，而各郡举额分配仍循旧例。根据《后汉书・丁鸿传》有关记载，可知其举额分配一般情形：“时大郡口五六十万人举孝廉二人，小郡口二十万并有蛮夷者亦举二人。”这种状况对于大郡察举显然是不公平的。因此，汉和帝即位后，专门就此问题“下公卿会议”，商定对策。司徒丁鸿与司空刘方上言：

> 凡口率之科，宜有阶品，蛮夷错杂，不得为数。自今郡国率二十万口岁举孝廉一人，四十万二人，六十万三人，八十万四人，百万五人，百二十万六人。不满二十万二岁一人，不满十万三岁一人④

。上述建议为汉和帝所采纳。此后察举孝廉，实行按地域、人口比例分配贡举名额，大致每二十万人岁举一人。《后汉书・百官志五》对此也有记载：“凡郡国皆掌治民，进贤劝功，决讼检奸”；“并举孝廉，郡口二十万举一人”。

由于边郡地区条件艰苦，为了鼓励戍守边疆的人才，汉和帝实行地区优抚政策，提高西北、东北边郡察举的人数比例。永元十三年（101）十一月下诏曰：

> 幽、并、凉州户口率少，边役众剧，束脩良吏，进仕路狭。抚接夷狄，以人为本。其令缘边郡口十万以上岁举孝廉一人，不满十万二岁举一人，五万以下三岁举一人。⑤

至此，察举比例制最终形成。需要指出的是，此前，汉章帝元和二年

① 《后汉书》卷七九《儒林列传》，第1122页。
② 《后汉书》卷三《肃宗孝章帝纪》，第50页。
③ （宋）徐天麟：《东汉会要》卷二六《选举上》，第393页。
④ 《后汉书》卷三七《丁鸿传》，第545页。
⑤ 《后汉书》卷四《孝和孝殇帝纪》，第74页。

（85）五月曾下诏："令郡国上明经者，口十万以上五人，不满十万三人。"①这是针对明经察举，按州郡人口数量作为举额分配的标准。之所以作此规定，是因为明经科虽非岁举常科，却也是察举人数较多的科目，与各地学子利益攸关。

总之，这种按人口比例确定岁举名额的制度，虽然主要限于孝廉科和明经科，并不包括其他特科，但其具有广泛而深远的社会影响。这项制度一直延续到魏晋南北朝，其中蕴含的区域公平精神，也为科举时代乃至近现代选才制度提供了有益借鉴。

（三）政治作用与历史影响

察举比例制的实行，对于东汉时期人才选拔产生了重要的积极作用。它使察举制度趋于完善，促进了察举入仕的区域公平。总体而言，具有以下几方面意义：

首先，按人口比例察举孝廉，为各地提供了举荐入仕的均等机会，部分地满足了地方豪强子弟参与政权的愿望，有利于不同地区社会文化的发展。同时，这一举措有利于协调统治阶级内部权力的分配，对巩固封建政权产生了重要影响。

其次，优抚边郡的贡举政策，调动了边郡军民的积极性，有利于边疆地区人才的选拔与社会发展，使各族人民拥有平等参与政权的机会，对稳定边陲、促进中原和边疆文化交融起了相当重要的作用。

最后，东汉王朝通过制定察举比例制，使更多人才通过察举而进入仕途。从中央到地方补充了一大批有才能的人，重现复兴局面。东汉统治者依据较为完善的选士制度和相关举措，奠定了平民参政的基础，巩固和发展了封建王朝中央集权国家的统一。

当然，我们也看到，这项制度的实施，不可避免地受到社会政治状况的制约。东汉后期，宦官外戚专权，政治日趋黑暗，由此削弱了察举选士的公平公正性。具体实施中，察举比例制也有例外。如汉顺帝初年，河南岁举孝廉比原定多出一人，原因在于豪强地主势力干预。一些富豪子弟、"阀阅"之

① 《后汉书》卷三《肃宗孝章帝纪》，第59页。

家及“门生故吏”并无真才实学，却凭借世家豪强势力而察举入仕。这种状况导致东汉官场用人混乱，加剧了封建统治危机和社会矛盾。

三、察举规模的扩大

西汉时期，察举制经历了初创、确立和全面实施阶段，选官规模相对稳定。东汉建立后，适应社会政治发展和人才选拔的需要，改革察举标准和选拔方式，完善察举制度。自汉和帝至灵帝一百年间，察举选官规模不断扩大，至汉末盛极而衰。

（一）东汉察举的推广

孝廉作为岁举常科，是汉朝察举人数最多的科目，影响至为广大。汉乐府《长安有狭斜行》描述举孝廉的荣耀：“大子二千石，中子孝廉郎，小子无官职，衣冠仕洛阳。三子俱入室，室中自生光。”① 后人评论说：“汉世诸科，虽以贤良方正为至重，而得人之盛，则莫如孝廉，斯以后世之所不能及。”② 据学者统计，自汉武帝元光元年（前134年）至汉献帝禅位的350余年间，两汉共举孝廉约7.4万人。③ 若将两汉察举作比较，则东汉较之西汉更盛，罗致贤才尤多。尤其是东汉中期实行察举比例制后，察举选官规模不断扩大，人才选拔的区域分布更为合理。

有的研究者从比较的视角，探究汉代察举与唐代科举之异同，认为：“汉代的孝廉常科与唐代的明经、进士科一样，都是当时科目中的主体”；并就《后汉书》和《旧唐书》所载传主的履历统计，发现汉唐各种科目在当时官僚的全部登进途径中所占的比重是出乎意料地接近。具体各项数据为：后汉：传主总数475人，有科目履历者161人，占总数的33.9%；传主高官数307人，有科目履历者122人，占总数的39.7%。唐代：传主总数1590人，有科目履历者531人，占总数的33.4%；传主高官数1246人，有科目履历者457人，占总数的36.7%。由此得出结论，“这说明汉唐取士各科在当时整个仕途

---

① 逯钦立：《先秦汉魏晋南北朝诗·汉诗》卷九，第266页。

② （宋）徐天麟：《东汉会要》卷二六《选举上》，载张海鹏主编《中国考试史文献集成》第一卷，第120页。

③ 黄留珠：《秦汉仕进制度》，第106页。

格局中的地位也大致相埒”①。

从东汉察举发展历程来看，又可分为三个阶段：第一阶段从光武帝至章帝时期（25—88），属于察举制实施前期，共64年；第二阶段从和帝至灵帝时期（89—189），为察举制实施中期，共101年；第三阶段即汉献帝时期（190—220），为察举制实施后期，共31年。各阶段察举人才的数量及地域分布存在较大差异。其分布情况见表3－1。

表3－1　汉代各时期人才地域分布表②

单位：人

各期／州郡	西汉时期	东汉前期（光武帝至章帝）	东汉中期（和帝至灵帝）	东汉后期（汉献帝）
司隶校尉部	20	12	26	13
豫州刺史部	6	15	43	14
冀州刺史部	13	2	5	5
兖州刺史部	7	6	24	3
徐州刺史部	20	7	13	8
青州刺史部	4	5	15	7
荆州刺史部	0	3	14	7
扬州刺史部	5	11	20	20
益州刺史部	6	10	23	7
凉州刺史部	2	0	9	1
并州刺史部	6	1	2	4
幽州刺史部	4	0	7	3
交州刺史部	0	1	0	2
总计	93	73	201	94

由表3－1可见东汉察举的显著特点：其一，东汉中期察举人才数量最多。这是因为，此期时间跨度长达101年，且属于察举鼎盛阶段。其二，各期察举人才的地域分布呈现不均衡状态。纵向比较来看，司隶校尉部、豫州刺史部在每个时期察举人数都是较高的；扬州刺史部、益州刺史部、荆州刺史部察举人数增加最明显。这一人才地域分布特点及其变化，实际上是与当

①　徐连达、楼劲：《汉唐科举异同论》，《历史研究》1990年第5期。

②　王香梅：《汉代察举人才地域分布探略》，江西师范大学2010年硕士学位论文，第18页。

地政治地位、人口增长、教育发展程度密切相关的。

黄留珠先生对两汉察举孝廉人数也作了比较研究，统计显示，东汉自和帝永元年间开始，岁举孝廉人数推算约为228人。与永元年以前东汉的岁举孝廉数及西汉的岁举孝廉数都有所增加。具体情况如表3-2所示。

表3-2 两汉时期岁举孝廉情况表①

单位：人

<table>
<tr><th colspan="2">项目
时间</th><th>岁举孝廉人数</th><th>岁举孝廉人数
在总人口数所占比例</th><th>共举孝廉总数</th></tr>
<tr><td colspan="2">西汉（自元光元年后，包括新莽）</td><td>（约）206
（以每郡岁举二人计）</td><td>（约）0.00035%</td><td>（约）32000</td></tr>
<tr><td rowspan="2">东汉时期</td><td>永元新规定之前</td><td>（约）189</td><td>（约）0.00043%</td><td rowspan="2">（约）42000</td></tr>
<tr><td>永元新规定之后</td><td>（约）228</td><td>（约）0.00046%</td></tr>
</table>

在具体统计数据中，由于统计人数和统计人次的区别（存在一人多次被察举的现象），在不同资料中存在差异，反映在统计数据上，即察举人数不一致。但实际上，无论是哪种统计数据都能反映出从自西汉到东汉时期察举人才的变化。汉代人才选拔制度，尤其是察举制，经历了由初建到逐步改革完善的过程。西汉时期从“阖郡不荐一人”到每郡岁举两人，再到东汉和帝之后，察举人数大增，这些从一个侧面反映出察举选官规模的发展。

由表3-2可见，两汉共举孝廉74000余人，平均占总人口的0.0004%。现今可考见姓名（包括仅有姓缺名）的两汉孝廉仅约300余人，约占孝廉总数的二百四十分之一；其中，西汉孝廉21人。② 另据《文献通考》卷三十四《选举七》所载，东汉举孝廉91人，包括马棱（伏波族孙，以郡功曹举，迁谒者）、魏霸、韦彪、冯豹、贾琮、郑弘、周章、张霸、桓典、桓鸾、刘平、江革、周槃、第五伦、锺离意、寒朗、朱穆、徐防、张敏、胡广、袁安、翟劭、霍諝、陈禅、庞参、陈龟、桥元、黄宪（不就）、杨彪、张纲、王龚、种暠、陈球、杜根、刘陶、李云、傅燮、盖勋、张衡（不就）、左雄、李固、杜乔、吴祐、延笃、段颎、陈蕃、李膺、刘祐、宗慈、巴肃、范滂、尹勋、蔡衍、羊陟、陈翔、檀敷、刘儒、贾彪、符融（不就）、郑太（不就）、荀彧、

① 转引自黄留珠《秦汉仕进制度》，第102页。

② 黄留珠：《秦汉仕进制度》，第106页。

皇甫嵩、朱隽、刘虞、公孙瓒、袁术、许荆、第五访、刘矩、刘宠、阳球、刘琨、张兴、包咸、杨仁、董钧、服虔、颖容、许慎、高龚、刘梁、高彪、刘茂、张武、戴封、雷义、王烈、谢夷吾、李郃、公沙穆、华佗（不就）。

从西汉至东汉，各州人数都有所增加。人才集中的州郡如豫州刺史部，察举人才数量增加明显。从全国来看，人才增加趋势及地域分布逐渐由集中的少数州向四周辐射。如扬州、益州、荆州、凉州等，以东汉较之西汉，其察举人数增加迅速，甚至是以成倍速度增长。察举制的推广也促进了其他科目人才的选拔。

（二）察举规模扩大的原因

东汉察举继承西汉的选才理念和选士科目，并适应政治、社会、文化发展的需要，变革察举标准和选拔方式，其选才规模远超过西汉察举。究其原因，主要有以下几方面：

首先，由西汉创立的察举制度，作为汉王朝之重典，带有显明的法律强制性质，这就为察举选官制的推广提供了法律保障。

察举创立之初，汉武帝诏令："不察廉，不胜任也，当免。"① 西汉时期沿用秦之保任制，对郡国、公卿当举荐人才而不举，或举荐不实，均有严厉惩罚机制，以致西汉前期察举孝廉并未达到"每郡岁举两人"的要求。东汉时期，针对人才选拔存在的问题，不断变革和完善察举制度。依据区域人口数量及优抚边郡的原则，实行按比例察举孝廉。同时规定，察举人才须经一定期限的实际工作考验。这些规定不仅维护了选才公平性，也提高了察举的效能，使更多的人信服察举，从而促进了察举规模的不断扩大。

其次，东汉时期世族豪族地主不断发展，在拥有强大经济实力后，要求分享政治权利。从岁举孝廉的名额来看，按照西汉规定的大郡和小郡一律岁举两人，显然不能满足豪族势力的政治需求。改为按各郡人口比例，分配岁举孝廉名额，扩大了豪强势力入仕的路径。察举比例制实施后，察举选官规模随之扩大。

最后，为了开拓和巩固边疆地区，东汉统治者调整察举政策，鼓励边郡

① 《汉书》卷六《武帝纪》，第62页。

选士，这就为边缘、落后地区提供了发展机会，增加了周边地区选士的人数。西汉时期察举人才分布较少的扬州、益州、凉州、幽州等边缘地区，至东汉中后期，察举人数有显著增加。这一方面是由于实行察举比例滞后，对边缘地区的优厚对待；另一方面更重要的是，在东汉时期，这些地区的社会经济、政治、文化教育获得较快发展。

以扬州为例，在经济方面，它拥有处于长江中下游的优越地理位置，地势平坦，河道交错，水网密布，便于水上交通。东汉王朝开始开发南方，兴修水利等工程。首先，经济开发促进了这一地区人口的迅速增长，又为农业发展提供了充分的劳动力，提高了社会生产力。其次，经济发展带来政治影响力，使扬州的政治地位得到相应提升，越来越多的当地人才通过察举涌现出来。最后，在思想文化方面，扬州官吏重视兴办地方教育，外来人才也带来了先进的思想文化，从而推动了地域文化发展。总之，经济、政治、文化的发展，既为这些边缘地区参与察举选士创造了条件，也增加了当地人士参与选官的需求，促使察举人数的快速增长。

（三）察举规模扩大的负面影响

东汉察举制的推广和常科举额的增长，也引发权贵及地方豪强势力坐大、举荐不实、社会风气败坏等问题。和帝时期豪族势力最集中的南阳郡，自实施按人口比例察举孝廉的新制后，每年举孝廉人数猛增六倍。其他地区也存在类似的现象。在豪强势力影响日增和察举选官利诱下，察举规模的扩大对于人才选拔产生诸多弊端。

首先，察举监督机制不完善，损害了人才选拔的公正性。两汉察举之权掌握在极少数达官贵戚之手，由公卿和郡国守相依据皇帝诏令的要求举荐人才，对被举者的选择、考察和才能评价主要由举荐者和地方决定，其间缺乏必要的监督措施，因此，常会出现所举非人的现象。

其次，利禄诱人，导致察举作伪盛行。如前所述，马端临曾列出东汉举孝廉名单，其中不乏名士，然亦有伪劣者欺世盗名。其按语指出：

> 东京选举，孝廉一科为盛，名士多出其中，然以此二段观之，则滥吹者亦多。如樊儵所言取年少能报恩者固非矣；若田歆庭诘种暠，而观

其辞对有序，则谓之能吏可耳，所谓孝廉岂于一应对之顷而知之乎?①

汉初统治者整治察举腐败现象。汉明帝即位不久即下诏："今选举不实，邪佞未去，权门请托，残吏放手，百姓愁怨，情无告诉。有司明奏罪名，并正举者。"② 但是，随着豪强地主势力兴起及察举规模扩大，察举选士为权贵、豪门所控制，逐渐形成一批"世代为官"的豪门阀阅、"儒学世家"。如邓禹一家，凡公者 2 人，侯 29 人，大将军以下 13 人，中二千石 14 人，州郡长官 48 人，其余官职不可胜数。③ 弘农杨氏四世为三公，汝南袁氏则四世五公。这些世家大族，以后就发展成为所谓的门阀士族，不利于封建国家中央集权政治的统一与巩固。

针对察举选官出现的问题，"陈事者多言郡国贡举率非功次，故守职益懈而吏事浸疏，咎在州郡"。建初七年（82），汉章帝"诏下公卿朝臣议"，探讨这些问题的根源及对策。大鸿胪韦彪上议曰：

> 伏惟明诏，忧劳百姓，垂恩选举，务得其人。夫国以简贤为务，贤以孝行为首。孔子曰："事亲孝故忠可移于君，是以求忠臣必于孝子之门。"夫人才行少能相兼，是以孟公绰优于赵、魏老，不可以为滕、薛大夫。忠孝之人，持心近厚；锻炼之吏，持心近薄。三代之所以直道而行者，在其所以磨之故也。士宜以才行为先，不可纯以阀阅。然其要归，在于选二千石。二千石贤，则贡举皆得其人矣。④

韦彪将察举问题归结为察举的标准及执行者的选择，要求选士应"以才行为先"，选择贤能的二千石，主持察举。这个建议可谓切中肯綮，深为章帝所接受。

第二节　东汉后期察举改革举措

自汉安帝永初元年（107）开始，东汉王朝进入中后期。在政治上，太后

① （元）马端临：《文献通考》卷三四《选举七》，第 994 页。
② 《后汉书》卷二《显宗孝明帝纪》，第 98 页。
③ 《后汉书》卷一六《邓禹传》，第 619 页。
④ 《后汉书》卷二六《韦彪传》，第 399—400 页。

称制，外戚干政，年幼君主多借助宦官而亲政。外戚宦官之争迭起，朝政日益腐败，而豪强势力大肆兼并土地。这一时期，受社会政治、经济和教育诸因素影响，察举选士弊端加剧。为了矫正察举舞弊，维护东汉王朝统治，统治阶级内部一些有识之士变革察举选士办法，加大考试在选官中的作用。这一改革促进了选才制度的发展。

一、察举弊端与“左雄改制”

两汉选官制度以察举制占主导地位。作为人才选拔的重要方式，“其主要用意是在社会和政府之间打开一条通道”①。通过察举选士，可反映基层社会民意，推行儒学教化，选贤任能，沟通地方与中央的联系，达到治国安邦的目的。然而，在察举制实施过程中，由于受社会政治环境制约，加之推荐制度本身存在的缺陷，往往难以发挥应有的功能；特别是在政治腐败、社会诚信缺失的状况下，察举更是沦为结党营私、投机钻营的手段。

（一）察举弊端的根源及表现

察举作为一种推荐制度，在制度上并不强调考试，主要通过举荐者的考察，依据被举者的德行和民意反馈，经过朝廷策问、考核，授予合格者以相应官职。由于“孝廉”是两汉察举选士的核心标准和主要科目，因此，以儒术取士成为汉代察举制的主要特征，也是“尚贤”理念的具体体现。

在察举制创立和实施初期，这种人才标准和选拔方式，对士人德行修养和经学教育产生激励作用，为政府和官学选拔了一批具有较高儒学素养的官员。这种制度对于建立官僚政治体系、提高吏治效能、加强中央集权发挥了重要作用，也推动了儒学教育发展，有利于形成尊重人才、知识和注重德行的民风。

但是，随着东汉察举制的推广和选士规模的扩大，特别是世族豪强势力的兴盛，以推荐为手段的察举制，在实践中逐渐暴露出一系列问题。究其根源主要在于察举选士缺少客观、刚性的评价标准，过于依赖他人评价，这就为举荐者和被举者提供极大操作空间。同时，察举者限于自身的学识与见闻，

① 钱穆：《中国历代政治得失》，第8页。

难免考察不够细致全面，遗漏人才在所难免。综观东汉察举活动，其缺陷与弊端主要有以下几方面。

其一，察举对象受限，被举者数量占总体比例较小。

从察举制度的创立动机来分析，荐举具有很大被动性。虽然察举科目众多，但具体实施过程中，公卿、郡守不可能把所有贤人都推荐给朝廷。再者，察举制的实施范围与名目由皇帝诏令规定，除了孝廉、茂才等少数常科，其他特科察举并无固定时间，一般只有在发生灾异等国家大事时，皇帝才会下令一定级别的官员推荐所需某类人才。由于察举科目限于特定对象、范围，不可避免造成人才遗漏和浪费。这是两汉察举存在的共同缺陷。据统计，两汉时期，由察举入仕者只占官吏总数的小部分，此外还有“任子”、纳赀取官等路径。就东汉后期察举而言，相较于西汉时期、东汉前期，察举入仕的人数明显增加，但若与官员总体相比，仍属少数，还有大量士人被排除在察举之外。

其二，察举权力逐渐为世族豪强所把持，削弱了封建中央集权统治。

察举选官，公卿郡守以罗致人才、充当幕僚为荣耀，民间英俊亦以被举而自勉。达官贵族以举荐名士为路径，推举越多则其威望和地位越高，而被举入仕者对“举主”感恩戴德，导致被举荐人和荐主之间特殊的利益关系。早在汉明帝永平元年（58），樊儵上言时弊：“郡国举孝廉，率取年少能报恩者，耋宿大贤多见废弃，宜敕郡国简用良俊。”① 由于受现实利益驱使，这种选举风气难以扭转。

东汉中后期，地方官吏控制察举大权，察举制蜕变为变相的世袭制。士林出现种种怪现象。如仲长统《昌言》所言：“天下士有三俗，选士而论族姓阀阅一俗。”士人若无家世背景，即使德才俱备，也难有被荐举的机会；反之，世族豪强子弟则多获提携，平步青云。察举制创立的初衷是为国选才，加强中央集权，维护皇权，但是，在世族豪强势力控制察举后，却转化为达官贵族结党营私、维护特权的工具，助长了政治离心力。这也是察举制创建者所始料不及。

其三，察举标准受外在因素影响，导致评价失真，选人不实。

---

① 《后汉书》卷三二《樊儵传》，第479页。

东汉察举选士标准，虽也含“才能”因素，但还是以“德行”为主，其理想标准为德能兼备。“德行”包括儒家一贯倡导的“孝”、“廉”等品行，“才能”包括文学才能及政务治理能力。察举是“人对人”的考察，从举荐者来看，具有较强的主观性，容易受外在因素影响。就被举者而言，与才能相关的学问、德行、能力，以及与才能无关的门第、奔竞、请托，都可能影响推荐选拔过程及结果。

察举以“声名”取士，重视社会名望和民间舆论，轻忽知识、能力的检测。在此情形下，士人不得不奔走权贵之门，交游接纳，沽名钓誉，朝廷得不到真正人才。汉安帝诏书曾言：“间令公卿郡国举贤良方正，远求博选，开不讳之路，冀得至谋，以鉴不逮，而所对皆竞尚浮言，无卓尔异闻。”① 一些豪强门阀干预察举，所举贤良方正、孝廉、茂才、博士弟子，往往不学无术，甚至作伪骗取虚名，由此败坏了察举选士制度。

其四，察举过程受主客观条件限制，难以全面反映被举者的品行才能。

察举重视考察士人品行，而人的道德品质需要通过对其言行长期考察，才能得出较为客观的评价。“造成察举不实的另一原因是推荐者所知范围有限，很难广泛地察知真正的德才之士。”虽然被察举者需要经过“乡闾评议”，然而主其事者基本上是本地的豪门望族，致使“察举难免只论族姓阀阅”②。此外，举荐者察举的时间、范围有限，容易被假象蒙骗。如东汉初年，许武被推荐为“孝廉”，为了让两个弟弟成名，他提出分家，自取肥田广宅以使其弟获得“弟兄克让”美名而获荐举。待其弟被荐举后，许武又将田地、财产加三倍归还其弟，博得更高声誉。③ 这种沽名钓誉行为败坏了社会风气。

总之，经过西汉以来二百余年实践，至东汉后期，察举已是弊端丛生。察举作为儒家举贤任能思想的制度化尝试，在选拔官僚和维护汉代封建统治方面发挥了重要作用。另外，由于这项制度自身存在的缺陷以及社会政治、经济等外部因素的影响，在实施中不可避免地产生矛盾与问题。史学家范晔评论说：

> 汉初诏举贤良、方正，州郡察孝廉、秀才，斯亦贡士之方也。中兴

---

① 《后汉书》卷五《孝安帝纪》，第 82 页。

② 刘海峰、李兵：《中国科举史》，第 37 页。

③ 《后汉书》卷七六《循吏列传·许荆》，第 1067—1068 页。

> 以后，复增敦朴、有道、贤能、直言、独行、高节、质直、清白、敦厚之属。荣路既广，觖望难裁，自是窃名伪服，浸以流竞。权门贵仕，请谒繁兴。①

这些问题引起统治阶级内部有识之士的反思。为弥补察举推荐的不足，汉顺帝时，尚书令左雄开始提出更为客观的选才标准和方法，对察举制进行重大改革，推动了汉代选士制度的发展。

（二）“左雄改制”的主要措施及作用

左雄，字伯豪，南郡涅阳（今河南邓州）人，历仕汉安帝、顺帝两朝，是著名政论家。安帝时举孝廉，为冀州刺史。据《后汉书》卷六一《左周黄列传论》记载，当时，“州部多豪族，好请托，雄闭门不与交通。奏案贪猾二千石，无所回忌”。这表明左雄为官刚直不阿，力矫时弊。汉顺帝永建初，征拜议郎，迁尚书令。左雄多次上疏陈事，言辞深切。针对荐举孝廉无客观标准、考核难以严密、营私舞弊、弄虚作假等弊端，阳嘉元年（132）十一月，左雄建议复兴太学教育，改革察举制度。其上疏言：

> 郡国孝廉，古之贡士，出则宰民，宣协风教。若其面墙，则无所施用。孔子曰“四十不惑”，《礼》称“强仕”。请自今孝廉年不满四十，不得察举，皆先诣公府，诸生试家法，文吏课笺奏，副之端门，练其虚实，以观异能，以美风俗。有不承科令者，正其罪法。若有茂才异行，自可不拘年齿。

在这里，左雄从古代贡士制度、孔子的人才观及儒家经典，寻求改革察举选拔标准的依据，结合察举孝廉的政治、社会教化功能，提出具体的改革举措。主要包括四项内容：

其一，在年龄上，被举荐者限制在四十岁以上；对于具有特殊才能者，可不限年龄。其二，取士科目分为“诸生”和“文吏”两科，前者为研读儒经的士人，即“儒生”，长于经学；后者是擅长官府文牍的吏员，注重行政办事能力。其三，选拔方式采用文化考试，“诸生”和“文吏”分别考“家

---

① 《后汉书》卷六一《左周黄列传论》，第867—868页。

法”、“笺奏”，前者考察儒经传授之一家之言，后者重在检测公文奏章的写作能力。在考试程序上分为两次考试：先试于公府，再复试于端门。其四，对于不遵守察举科令的规定，则依据国家律令惩治。

马端临阐释说：“公府，三公府也。端门，太微垣，左右执法所舍，即御史府，犹近世御史台。复试，进士之法也。试之公府，而复之端门，此所以牧守不敢轻举而察选清平也。”① 考诸史实，东汉以太尉、司徒、司空合称三公，又称三司，为共同负责军政的最高长官，“三公府”即三公的办公场所。端门为宫城之正南门，它“实际上并非御史府所在地，而是一个经常举行察举对策的地方”。“端门在东汉后期便成为察举考试的考场。”② 由此可见，左雄改革察举的举措对于考试之高度重视。

上述察举改革建议得到了顺帝采纳。同年闰十二月下诏说，间者以来，选举不实，官非其人，致使吏政不勤，人情多怨，因此，乃将刺史、二千石之察举选士权“归任三司”③。此项改革是为了加强和改善对察举的管理。此前察举取士，多由诸侯、王、丞相、御史、九卿、列侯、刺史、郡守、校尉等所举；此后察举选士管理，“稍有统系”。不过，在实际运行中，“其后仍常由公卿校尉而举”④。

阳嘉改制实施后，收效显著。《后汉书》左雄本传载：

> 明年，有广陵孝廉徐淑，年未及举，台郎疑而诘之。淑对曰：“诏书曰‘有如颜回、子奇，不拘年齿’，是故本郡以臣充选。”郎不能屈。雄诘之曰：“昔颜回闻一知十，孝廉闻一知几邪？”淑无以对，乃谴却郡。于是济阴太守胡广等十余人皆坐谬举免黜，唯汝南陈蕃、颍川李膺、下邳陈球等三十余人得拜郎中。自是牧守畏栗，莫敢轻举。迄于永憙，察选清平，多得其人。

上文所言“永憙”，即“永嘉”，汉冲帝刘炳年号，仅一年。从阳嘉元年（132）“改制”，汉顺帝“初令郡国举孝廉”，到汉冲帝永嘉元年（145），其间共十三年，“察选清平，多得其人”。陈蕃、李膺等人在东汉后期整饬吏治、

① （元）马端临：《文献通考》卷二八《选举考一・举士》，第811页。
② 刘海峰、李兵：《中国科举史》，第26页。
③ 《后汉书》卷六《孝顺孝冲孝质帝纪》，第104页。
④ 邓嗣禹：《中国考试制度史》，第25页。

秉公取士等方面，发挥了重要作用。这反映出左雄改革察举制度的显著成效。张璠《后汉纪·顺帝纪》记载，时称曰："佐伯豪为尚书令，天下皆慎选。"

汉桓帝即位后不久，尚书令黄琼"以前左雄所上孝廉之选，专用儒生文吏，于取士之义，犹有所遗，乃奏增孝悌及能从政者为四科，事竟施行"①。此后，孝廉察举正式采用儒生、文吏、孝悌、能从政"四科"。这是与光武帝的"辟召四科"基本对应的，表明"四科"取士是汉代察举的总体选官标准。

值得注意的是，当时也有人反对左雄的察举分科考试建议。阳嘉二年(133)，张衡言：

> 自初举孝廉，迄今二百岁矣，皆先孝行，行有余力，始学文法。辛卯诏书，以能章句奏案为限，虽有至孝，犹不应科，此弃本而取末。曾子长于孝，然实鲁钝，文学不如游、夏，政事不如冉、季。今欲使一人兼之，苟外有可观，内必有阙，则违选举孝廉之意矣。②

此后，尚书张盛"奏除此科"。黄琼反驳，上言为左雄辩护："复试之作，将以澄洗清浊，复实虚滥，不宜改革。"汉桓帝从之，延续察举新制。

"左雄改制"是汉代察举乃至中国考试发展史上一件大事，在完善人才选拔制度、矫正察举弊端、发挥考试选拔功能等方面发挥了不可替代的作用。"汉代儒生文吏两大群体的融合，至此终于在王朝制度上得到了反映，儒生士大夫成了察举的主要对象。"③ 左雄以孝廉考试为中心内容的新制改革，以成绩决定任用官吏，"有助于堵塞人才选拔中沽名钓誉、权门请谒等的不正之风，使用人制度标准化，减少了随意性"；以考试区分等第，实施黜落，"数百年实行的察举制为之一变，在一定程度上昭示出选举制度未来的发展方向"④。正因如此，后人认为汉代孝廉制度演变，"至东都则诸生试家法，文吏课笺奏，无异于后世科举之法矣！"⑤

---

① 《后汉书》卷六一《黄琼传》，第863页。

② （宋）徐天麟：《东汉会要》卷二六《选举上》，第389页。

③ 阎步克：《察举制度变迁史稿》，第99页。

④ 田建荣：《中国考试思想史》，第83页。

⑤ （宋）徐天麟：《东汉会要》卷二六《选举上》，载张海鹏主编《中国考试史文献集成》第一卷，第120页。

从历史发展来看，这种以“程文”选士的方式，顺应了选才的客观需要。如论者所言：“察举制度在发展中渐重考试，乃是一历史趋势。汉代察举之岁科以秀才、孝廉最为重要。孝廉科于东汉顺帝阳嘉年间始行家法、笺奏之试；至西晋太康年间，秀才一科也采用对策考试之法了。”① “在汉代后期人之观念之中，孝廉与经书考试是密切相关的。”② 就考试类型而言，东汉察举考试大致可分为贤良等科目之对策、孝廉科之试经术、试笺奏三种，发挥各自的功能。

（三）东汉后期察举考试举隅

东汉时期，从光武帝建武六年（30）敕公卿举贤良方正各一人，到汉献帝建安元年（196）诏举至孝等，各代皇帝诏令举士共27次。③ 这里略述东汉后期察举贤良文学、方正、孝廉等科概况。

1. 贤良文学、方正对策

早在西汉时期，察举选士就采用对策考试方式。东汉察举，贤良文学、方正、道术等科，继续沿用对策考试。

据《文献通考》卷三三《选举六》统计，东汉举贤良文学有13人，包括鲁丕、申屠刚、苏草、李法、爰延、崔骃、周变、刘瑜、荀淑、皇甫规、张奂、刘淑、刘焉。这些被举者经对策考试。如：

荀淑，“博学有高行，与李固、李膺同志友善，拔李昭于小吏，友黄淑度于幼童。以贤良方正征，对策讥切梁氏，出补朗陵侯相，卒官”④。

刘淑，“州郡礼请，五府连辟，并不就。永兴二年（154），司徒种暠举淑贤良方正，辞以疾。桓帝闻淑高名，切责州郡，使舆病诣京师。淑不得已而赴洛阳，对策为天下第一，拜议郎”⑤。谢承《后汉书》卷四《刘淑传》也记载：刘淑，“举贤良方正，对策十二科，为天下诸儒之表”。

刘瑜，“少好经学，尤善图谶、天文、历算之术。州郡礼请不就。延熹八年（165），太尉杨秉举贤良方正，及到京师，上书陈事……于是特诏召瑜问

---

① 阎步克：《察举制度变迁史稿》，第133页。
② 阎步克：《察举制度变迁史稿》，第99页。
③ 参见邓嗣禹《中国考试制度史》，《附两汉举士年表》，第23—24页。
④ （晋）张璠：《后汉纪》，载张海鹏主编《中国考试史文献集成》第一卷，第109页。
⑤ 《后汉书》卷六七《党锢传》，第941页。

灾咎之征，指事案经谶以对。执政者欲令瑜依违其辞，而更策以它事。瑜复悉心以对，八千余言，有切于前，帝竟不能用。拜为议郎”①。

刘焉，汉鲁恭王之后裔。“少仕州郡，以宗室拜郎中，后以师祝公丧去官。居阳城山，积学教授，举贤良方正，辟司徒府，历雒阳令、冀州刺史、南阳太守、宗正、太常。”②

此外，也有其他被举者，参加方正科察举对策考试。如孔昱，“太尉举方正，对策不合，乃辞病去”③。

2. 孝廉科试笺试经

应劭《汉官仪》记载，东汉后期孝廉科考试：“尚书郎，初从三署郎选诣尚书台试。每一郎缺，则试五人，先试笺奏。初入台称郎中，满岁称侍郎。”“孝廉年未五十，先试笺奏，初上试之以事，非试之以诵也。”由此可见，这种考试淘汰率达80%，且初试检测行政应用能力，不是考背诵经书。

在孝廉察举考试中，汉桓帝时曲阜孔庙选拔“百石卒史”就是一个生动案例。据《汉鲁相乙瑛请置孔庙百石卒史碑》④记载，汉桓帝元嘉三年（153）三月，鲁相乙瑛上书，申请在孔庙设置“百石卒史”，执掌祭祀公牍。按：汉代奏牍，“凡有三式，三公奏于天子，一也；朝廷下郡国，二也；郡国上朝廷，三也”。“奏牍文移，每言一事，再三繁复，抄录原文。”⑤其碑文曰：

> 司徒臣雄，司空臣戒，稽首言：鲁前相瑛书言，诏书崇圣道，勉□艺。孔子作《春秋》，制《孝经》，□□《五经》，演《易·系辞》，经纬天地，幽赞神明，故特立庙。褒成侯四时来祠，事已即去。庙有礼器，无常人掌领，请置百石卒史一人，典主守庙，春秋飨礼，财出王家钱给犬酒直，须报。谨问大常祠曹掾冯牟，史郭玄。辞对：故事辟雍礼未行，祠先圣师。侍祠者，孔子子孙，大宰、大祝令各一人，皆备爵。大常丞

① 《后汉书》卷五七《刘瑜传》，第796—798页。

② 《三国志》卷三一《蜀书·刘焉传》，中华书局2011年版，第865页。

③ 《后汉书》卷六七《党锢传》，第953页。

④ 该碑又名《孔庙置守庙百石孔龢碑》，简称《乙瑛碑》，汉桓帝永兴元年立，现存山东曲阜孔庙。参见高文《汉碑集释》，第172—174页。

⑤ 高文：《汉碑集释》，第172页。

监祠，河南尹给牛羊豕鸡□□各一，大司农给米祠。臣愚以为如瑛言，孔子大圣，则象乾（坤），为汉制作，先世所尊。祠用众牲，长吏备爵。今欲加宠子孙，敬恭明祀。传于罔极。可许臣请，鲁相为孔子庙置百石卒史一人，掌领礼器，出王家钱给犬酒直，他如故事。臣雄、臣戒愚戆，诚惶诚恐，顿首顿首，死罪死罪，臣稽首以闻。

制曰：可。

元嘉三年三月廿七日壬寅奏雒阳宫。

元嘉三年三月丙子朔，廿七日壬寅，司徒雄、司空戒，下鲁相承，书从事下当用者，选其年卌以上，经通一艺，杂试通利，能奉弘先圣之礼，为宗所归者，如诏书。书到，言：永兴元年六月甲辰朔十八日辛酉，鲁相平，行长史事卞守长擅，叩头死罪，敢言之，司徒司空府，壬寅诏书，为孔子庙置百石卒史一人，掌主礼器，选年卌十以上，经通一艺，杂试，能奉弘先圣之礼，为宗所归者，平叩头叩头，死罪死罪。谨按，文书，守文学掾鲁孔龢，师孔宪，户曹史孔览等杂试，龢修《春秋严氏经》，经通高第，事亲至孝，能奉先圣之礼，为宗所归，除龢补名状如牒，平惶恐叩头，死罪死罪，

上司空府。

赞曰：巍巍大圣，赫赫弥章。相乙瑛，字少卿，平原高唐人，令鲍叠，字文公，上党屯留人。政教稽古，若重规矩。乙君察举守宅，除吏孔子十九世孙麟廉，请置百石卒史一人，鲍君造作百石吏舍，功垂无穷，于是始□。司徒公河南原武吴雄字季高。司空公蜀郡成都赵戒字意伯。

后汉钟太尉书。宋嘉祐七年张稚圭按图题记。

据上述碑文可知，此次察举考试于永兴[①]元年（153）六月举行。察举的职位为孔子庙“百石卒史”一人，察举人为鲁相乙瑛。察举选拔标准为：被举者须四十岁以上，“经通一艺，杂试通利，能奉弘先圣之礼，为宗所归者”。考试过程及结果：守文学掾鲁孔龢，师孔宪，户曹史孔宽等杂试。应举人孔龢，修《春秋严氏》，“经通高第，事亲至孝，能奉先圣之礼，为宗所归”，最终被录用。

① 汉桓帝元嘉三年五月始改年号为永兴。

东汉后期，察举孝廉诸生试经，还有其他一些事例。如：

高彪字义方，吴郡无锡人也。家本单寒，至彪为诸生，游太学。有雅才而讷于言。……后郡举孝廉，试经第一。除郎中，校书东观。数奏赋、颂、奇文，因事讽谏，灵帝异之。①

值得指出的是，东汉察举还举行童子考试。史载：左雄“并奏拜童子郎”②。臧洪，“年十五，以父功拜童子郎，知名太学。洪体貌魁梧，有异姿。举孝廉，补即丘长”③。李贤注曰：“汉法，孝廉试经者拜为郎，年幼才俊者拜童子郎。”《文献通考》卷三五《选举八》总结说：

黄琬以公孙为童子郎。臧洪年十五，以父功拜童子郎，知名太学。任延年十二，为诸生，显名太学中，号为：“任圣童”。张堪年十六，受业长安，志美行厉，诸儒号曰“圣童”。杜安年十三，入太学，号“奇童”。黄香年十二，博学经典，京师号曰：“天下无双，江夏黄童。”司马朗十二，试经为童子郎。监试者以其身体壮大，疑朗匿年，劾问朗，曰：“朗之内外，累世长大，朗虽稚弱，无仰高之风，损年以求早成，非志所为也。”监试者异之。

当然，史书中也有察举孝廉、茂才，没有举行考试的记载。如王龚，山阳高平人，世为豪族。“初举孝廉，稍迁青州刺史。”其子王畅，“初举孝廉，称病不就，大将军梁商特辟举茂才，四迁尚书令，出为齐相，征拜司隶校尉，转渔阳太守”④。

3. 其他诸科制策考试

东汉察举选士，其他科目也有对策考试。如汉安帝时，曾举办尚书补缺考试。侍中翟酺，四世传《诗》，好《老子》，尤善图纬、天文、历算。他凭借家学及专长，并使用谋略，使竞争对手放弃考试，最终在考试中获得高第。史载：

---

① 《后汉书》卷八〇下《文苑传》，第1152页。
② 《后汉书》卷六一《左雄传》，第854页。
③ 《后汉书》卷五八《臧洪传》，第811页。
④ 《后汉书》卷五六《王龚传》，第780页。

> 时，尚书有缺，诏将大夫六百石以上试对政事、天文、道术，以高第者补之。自恃能高，而忌故太史令孙懿，恐其先用，乃往候懿。既坐，言无所及，唯涕泣流连。懿怪而问之，酺曰："图书有汉贼孙登，将以才智为中官所害。观君表相，似当应之。酺受恩接，凄怆君之祸耳！"懿忧惧，移病不试。由是酺对第一，拜尚书。①

汉顺帝阳嘉二年（133），"诏举敦朴，城门校尉岑起举（马）融，征诣公车，对策，拜议郎"②。谢弼，中直方正，为乡邑所宗师。汉灵帝建宁二年（169），"诏举有道之士，（谢）弼与东海陈敦、玄菟公孙度俱对策，皆除郎中"③。徐天麟指出："《荀爽传》，太常赵典举爽至孝，对策陈便宜。灵帝诏举有道之士，而谢弼、陈淳、公孙度俱对策除郎中。由是观之，汉世诸科皆有制策，有司因此定其科第之等也。"④

在察举中，也有因特殊情况免于对策，直接选取入仕。如桓帝初，诏公卿郡国举至孝独行之士。崔寔"以郡举，征诣公车，病不对策，除为郎"⑤。

总之，在"左雄改制"之前，察举选士已有制策考试。经过"左雄改制"，察举考试类型增多，应用范围扩大，在察举选士中发挥了重要作用。当然，以经学、笺奏考试为取士标准也存在一定的局限性。马端临评论说：

> 西汉举贤良、文学，则令对策，而孝廉则无对策之事，盖所谓贤良文学者，取其忠言嘉谟，足以经国，崇论宏议，足以康时，故非试之以对策，则无以尽其材。若孝廉，则取其履行，而非资其议论也。今亦从而有试焉，则所谓孝廉者，若何而著之于篇乎？又况左雄所言诸生试家法，文吏课笺奏，则又文之靡者，去贤良所对尚复远甚，而何以言孝廉乎？雄又言："郡国孝廉，古之贡士，出则宰民，宣协民风，若其面墙，则无所施用。"愚以为真孝实廉之人，岂有不学墙面之理？而以家法、笺奏应选者，又岂可遽许以学古入官之事也？……当时孝廉一科滥吹特甚。

---

① 《后汉书》卷四八《翟酺传》，第686—687页。

② 《后汉书》卷六上《马融传上》，第834页。

③ 《后汉书》卷五七《谢弼传》，第798页。

④ （宋）徐天麟：《东汉会要》卷二六《选举上》，载张海鹏主编《中国考试史文献集成》第一卷，第109页。

⑤ 《后汉书》卷五二《崔骃传》，第739页。

于文墨小技尚未能精通，固无问其实行也。科以孝廉名，而犹如此，则其他可知。王荆公诗言："文章始隋唐，进取归一律。安知鸿都事，竟用程人物。"呜呼！其来久矣，非始于隋唐也。①

这也表明，东汉后期察举增加考试环节，虽有其合理性，但也存在某些负面影响。考试制度不是评价人物的唯一手段，在实践中还需相应的政治保障，与学校教育相互配合，才能发挥积极作用。

二、汉末政治腐败对察举的影响

察举制与社会政治状况密切相连，察举选士需要清明政治作为保障。"左雄改制"虽然取得一定成效，但是，由于选举权主要由豪强贵族控制，仍无法从根本上解决察举徇私舞弊问题。东汉后期，政治黑暗，吏治腐败，土地兼并愈演愈烈，社会危机四伏。这种状况破坏了察举制运作的社会基础，严重削弱其选贤任能的功能。

（一）东汉后期察举制的危机

察举制度按照儒家的德行和才术标准选拔人才，这就决定了地方官的推荐成为察举选士的中心环节，在现实操作过程中需要解决一系列矛盾与问题。实践表明，察举选才方式容易为地方豪强所垄断，衍生"名与实"、"任人唯贤与任人唯亲"、"中央与地方"的矛盾。② 东汉后期，世家大族势力坐大，成为与朝廷抗衡的重要政治力量。宦官专权，权门请托，贿赂公行，社会风气大变。由于权贵操纵荐举，弄虚作假盛行，人才选拔名不副实，察举制遭受严重破坏。东汉后期，察举制的危机突出表现在以下四方面：

其一，在察举主体方面，豪强势力破坏察举规章，任人唯亲唯利。

两汉时代，当皇帝懦弱无能和政治腐败之时，察举规章就遭到破坏。东汉时期，州郡本来有较好的回避制度，各郡长吏由外郡人承担，而属吏则由本郡人承担。但是，东汉后期，这项制度却为世族豪强所破坏。郡属吏由大

① （元）马端临：《文献通考》卷三四《选举考七》，第991—992页。

② 张亚群：《从中国传统文化演进看科举考试的起源》，载教育部考试中心编《中国考试史专题论文集》，第577页。

姓、豪族充任已成惯例，平民百姓很难跻身其列。史载：

(公孙) 瓒统内外衣冠子弟有才秀者必抑因在穷苦之地，或问其故。答曰：“今取衣冠子弟及善士富贵之，皆自以为职当得之，不谢人善也。”所宠遇骄姿者类多庸儿。①

这些豪族拥有州郡荐举特权，垄断地方属吏任职，不断培植私人势力，荐举制遭遇严重危机。在上层官僚中，有的三公无视察举标准，将所谓“名士”对人物的评品作为察举的依据。东汉“名士”除了极少数出身寒微外，大部分出自地方大姓、豪族。这些“名士”对人物之臧否，往往代表地方豪族的意志，三公纵容“名士”暗操辟举权，被举者则多出自“阀阅”、“权势之家”，或是其“门生故吏”，并无真才实学。汉桓帝时，苻融曾揭穿“假名士”行骗活动：

时汉中晋文经、梁国黄子艾，并恃其才智，炫曜上京，卧托养疾，无所通接。洛中士大夫好事者，承其声名，坐门问疾，犹不得见。三公所辟召者，辄以询访之，随所臧否，以为与夺。(苻) 融察其非真，乃到太学，并见李膺曰：“二子行业无闻，以豪桀自置，遂使公卿问疾，王臣坐门。融恐其小道破义，空誉违实，特宜察焉。”膺然之。二人自是名论渐衰，宾徒稍省，旬日之间，惭叹逃去。后果为轻薄子，并以罪废弃。②

由此可见，当时“名士”的意见已能左右三公的荐举。虽然也有苻融这样的真名士奋起“打假”，但从社会整体来看，并不能扭转察举不良风气。经过此事，苻融“益以知名。州郡礼请，举孝廉，公府连辟”，但是，他“皆不应”。这也是黑暗政治下正直士人保持名节的无奈选择。

当然，面对察举不公的弊端，也有些主持其事的官员力图革除。但是，这些官员“有时不能如愿，还可能引火上身”③。如汉桓帝时，五官中郎将黄琬，与光禄勋陈蕃，针对当时“权富子弟多以人事得举，而贫约守志者以穷退见遗”的不公平现象，联手同心，“显用志士，平原刘醇、河东朱山、蜀郡

① 《三国志》卷八《魏书·公孙瓒传》注引《英雄记》，第245页。

② 《后汉书》卷六八《苻融传》，第960页。

③ 刘海峰、李兵：《中国科举史》，第37页。

殷参等并以才行蒙举”。因为“不偏权富”，陈蕃、黄琬“遂为权富郎所见中伤”，被诬陷为与御史中丞王畅、侍御史刁韪结“朋党”，其结果导致“畅左转议郎而免蕃官，琬、韪俱禁锢”①。这种结局反映出东汉后期黑暗政治对察举的负面影响。

其二，在政治环境方面，公开卖官，堵塞了正常的察举选士之路。

汉代选官，除了察举这一主要路径外，还有“任子”、“赀选”等方式。通常情况下，后者受到一定限制。如《汉书》卷一《哀帝纪》绥和二年（前7年）六月诏：“除任子令及诽谤诋欺法。”东汉前期，由于重视整饬官吏，提倡气节，公开卖官尚不多见。然而，东汉后期，外戚、宦官专权，为了扩大自身势力，大量保举其子弟及亲信，公开售卖官职。

汉桓帝延熹八年（165），刘瑜应举贤良方正，上书陈事说：“今中官邪孽，比肩裂土，皆竞立胤嗣，继体传爵，或乞子疏属，或买儿市道，殆乖开国承家之义。”② 延熹年间，东汉王朝开始公开计金卖官：“占卖关内侯、虎贲、羽林、缇骑营士、五大夫钱各有差。”③ 汉灵帝时更是把卖官钱作为重要财源。光和元年（178），“初开西邸卖官，自关内侯、虎贲、羽林入钱各有差。私令左右卖公卿，公千万，卿五百万”④。同篇李贤注引《山阳公载记》云：“时卖官二千石二千万，四百石四百万，其以德次应选者半之，或三分之一，于西园立库以贮之。”晋人葛洪评述：“于时悬爵而卖之，犹列肆也；争津者买之，犹市人也。有直者无分而径进，空拳者望途而收迹。其货多者其官贵，其财少者其职卑。”⑤ 在皇帝的纵容下，宦官贪得无厌，假公济私，大肆搜刮天下钱财。《后汉书》卷七八《宦者列传》记载张让擅权卖官敛财：

> 灵帝时，（张）让、（赵）忠并迁中常侍，封列侯，与曹节、王甫等相为表里。节死后，忠领大长秋。让有监奴典任家事，交通货赂，威形喧赫。扶风人孟佗，资产饶赡，与奴朋结，倾谒馈问，无所遗爱。奴咸德之，问佗曰：“君何所欲？力能办也。”曰：“吾望汝曹为我一拜耳。”

---

① 《后汉书》卷六一《黄琬传》，第866—867页。
② 《后汉书》卷五七《刘瑜传》，第796—797页。
③ 《后汉书》卷七《孝桓帝纪》，第126页。
④ 《后汉书》卷八《孝灵帝纪》，第140页。
⑤ （晋）葛洪撰，杨明照校笺：《抱朴子外篇校笺》（上）卷一五《审举》，第396页。

时宾客求谒让者，车恒数百千两，佗时诣让，后至，不得进，监奴乃率诸仓头迎拜于路，遂共舆车入门。宾客咸惊，谓佗善于让，皆争以珍玩赂之。佗分以遗让，让大喜，遂以佗为凉州刺史。

汉灵帝中平二年（185），张让、赵忠等以“修宫室”之名，横征暴敛，殃及察举。同传记载：

发太原、河东、狄道诸郡材木及文石，每州郡部送至京师，黄门常侍辄令谴呵不中者，因强折贱买，十分雇一，因复货之于宦官，复不为即受，材木遂至腐积，宫室连年不成。……刺史、二千石及茂才、孝廉迁除，皆责助军修宫钱。大郡至二三千万，余各有差。当之官者，皆先至西园谐价，然后得去。有钱不毕者，或至自杀。其守清者，乞不之官，皆迫遣之。

时钜鹿太守河内司马直新除，以有清名，减责三百万。直被诏，怅然曰：“为民父母，而反割剥百姓，以称时求，吾不忍也。”辞疾，不听。行至孟津，上书极陈当世之失、古今祸败之戒，即吞药自杀。

岁举茂才竟变为金钱交易之物，凡被举茂才而无力出“助军修宫钱”者，不得迁官。汉末官场腐败于此可见一斑。仲长统在《昌言·法诫篇》剖析其政治根源及危害：“权移外戚之家，宠被近习之竖，亲其党类，用其私人，内充京师，外布列郡，颠倒贤愚，贸易选举，疲驽守境，贪残牧民，挠扰百姓，愤怒四夷，招致乖叛。”① 这一分析是颇为深刻的。

其三，在选士过程中，外戚宦官干预察举，导致选士不公，用人失序。

汉代察举对于荐举者的资历和地位有明确的法令规定。如郡国岁举，例由刺史、郡守、丞相等地方长官负责荐举。东汉前期，皇帝诏令地方官主持察举，多以选拔人才为目的，但是，至东汉后期，外戚、宦官干扰察举，贿赂公行，察举沦为谋取私利的工具。当然，也有少数正直官员，抵制这种选官腐败现象。史载：

东大将军邓骘闻其贤而辟之，举茂才，四迁荆州刺史、东莱太守。当之郡，道经昌邑，故所举荆州茂才王密为昌邑令，谒见，至夜怀金十

① 《后汉书》卷四九《仲长统传》，第712页。

斤以遗震。震曰:“故人知君,君不知故人,何也?”密曰:“暮夜无知者。”震曰:“天知,神知,我知,子知。何谓无知!”密愧而出。后转涿郡太守。性公廉,不受私谒。子孙常蔬食步行,故旧长者或欲令为开产业,震不肯,曰:“使后世称为清白吏子孙,以此遗之,不亦厚乎!”

延光二年(123),(杨震)代刘恺为太尉。帝舅大鸿胪耿宝荐中常侍李闰兄于震,震不从。宝乃自往候震曰:“李常侍国家所重,欲令公辟其兄,宝唯传上意耳。”震曰:“如朝廷欲令三府辟召,故宜有尚书敕。”遂拒不许,宝大恨而去。皇后兄执金吾阎显亦荐所亲厚于震,震又不从。司空刘授闻之,即辟此二人,旬日中皆见拔擢。①

这就是外戚与宦官相互勾结,强迫三公辟举其亲属的典型事例。尽管杨震坚决反对,但其他参与辟举者却顺从权势,外戚与宦官对察举影响之大于此可见一斑。杨震刚正不阿,最终却被外戚权臣所害,直至汉顺帝即位才得以平反昭雪。

外戚梁冀干预察举,也颇为典型。据记载:

永兴元年(153),(黄琼)迁司徒,转太尉。梁冀前后所托辟召,一无所用。虽有善人而为冀所饰举者,亦不加命。……梁冀既诛,琼首居公位,举奏州郡素行贪污至死徙者十余人,海内由是翕然望之。寻而五侯擅权,倾动内外,自度力不能匡,乃称疾不起。②

太尉黄琼敢于抵制梁冀对荐举的控制,这只是特例;而外戚强迫三公荐举其亲信乃是常见现象。《后汉书》卷五六《张王种陈列传》记载:

种暠字景伯,河南洛阳人……始为县门下史。时河南尹田歆外甥王谌,名知人。歆谓之曰:“今当举六孝廉,多得贵戚书命,不宜相违,欲自用一名士以报国家,尔助我求之。”明日,谌送客于大阳郭,遥见暠,异之。还白歆曰:“为尹得孝廉矣,近洛阳门下史也。”歆笑曰:“当得山泽隐滞,乃洛阳吏邪?”谌曰:“山泽不必有异士,异士不必在山泽。”歆即召暠于庭,辩诘职事。暠辞对有序,歆甚知之,召署主簿,遂举孝谦,

① 《后汉书》卷五四《杨震传》,第751、753页。
② 《后汉书》卷六一《黄琼传》,第864页。

辟太尉府，举高第。

上述事例表明，东汉后期察举选士在权贵把持下，举孝廉六人能得到一个真才已属不易。这种状况导致察举选士不公，用人失序，政治黑暗。

其四，在选士标准上，察举标准异化，选士名实不副。

汉代察举原本注重“四科取士”，要求被辟举者须“德行高妙”、“经明行修”、“明晓法律”、“刚毅多略”。依据这些标准，西汉及东汉前期确实选拔出不少儒学治国人才。如蔡邕所言：“孝武之世，郡举孝廉，又有贤良、文学之选，于是名臣辈出，文武并兴。汉之得人，数路而已。”① 东汉后期，由于受政治腐败、利益驱动和社会不良风气的影响，察举选士标准异化，权臣干预选举，士人贿赂、弄虚作假成风，严重破坏了察举制度。

察举要求被举者须有“高才重名”，为乡党舆论所推崇。为了争取被察举和征辟，士大夫多注重修饰品行，蓄积声名；有的人更是矫情造作，沽名钓誉，以博得举荐。如赵宣为父母守孝住在隧墓 20 余年，以骗取孝名。实际上，在这期间他生了五个儿子，违反礼制。郡太守陈蕃查实后，斥其“诳时惑众，诬污鬼神”②。举士之弊由此可见一斑。随着察举规模扩大，举荐不实问题越来越严重。如汉末歌谣所云：“举秀才，不知书；察孝廉，父别居；寒素清白浊如泥，高第良将怯如鸡。”又云：“古人欲达勤诵经，今世图官免治生。”③ 王符亲历桓帝灵帝时期的黑暗政治，揭露察举作伪泛滥现象：

群僚举士者，或以顽鲁应茂材，以桀逆应至孝，以贪饕应廉吏，以狡猾应方正，以谀谄应直言，以轻薄应敦厚，以空虚应有道，以嚚暗应明经，以残酷应宽博，以怯弱应武猛，以愚顽应治剧。名实不相副，求贡不相称，富者乘其财力，贵者阻其势要，以钱多为贤，以刚强为上。凡在位所以多非其人，而官听所以数乱荒也。④

在此政治背景下，一些正直官员要求整顿察举，严格赏罚。陈蕃上疏汉桓帝，提出：“尺一选举，委尚书三公，使褒责诛赏，各有所归，岂不幸

① 《后汉书》卷六〇下《蔡邕传》，第 843 页。

② 《后汉书》卷六六《陈王传》，第 925 页。

③ （晋）葛洪撰，杨明照校笺：《抱朴子外篇校笺》（上）卷一五《审举》，第 393 页。

④ （汉）王符：《潜夫论》卷二《考绩》，第 75 页。

甚!”[①] 蔡邕上书汉灵帝，要求：“诚当思省述修旧事，使抱忠之臣展其狂直，以解《易传》‘政悖德隐’之言”；“宜擢文右职，以劝忠謇，宣声海内，博开政路”。[②] 这些建议并没有被最高统治者所接受，察举制日益遭到破坏。

（二）察举制败坏加速了东汉王朝的崩溃

察举制作为主要选官制度，与汉朝政权兴衰密切相连。在政治清明、国力昌盛之际，察举制的实施，曾选拔一批杰出人才。但是，东汉后期，奸佞当道，纲纪荡弛，政治腐败，察举不实，任人唯亲，赏罚失当。察举官吏愈多，百姓受害愈重，政治愈加黑暗。社会政治腐败察举制衰落相互影响，形成恶性循环。选官不实是一种严重腐败现象，不仅导致官非其人，官吏素质低下，而且荼毒社会环境。这就为汉末社会动乱埋下了祸根，加速了东汉王朝的分崩离析。

首先，权贵操纵选举助长世族势力膨胀，瓦解了东汉王朝的政治基础。

随着汉代经学地位的提高，大量儒生通过察举、征辟涌入官僚队伍。经师为官提携弟子是社会普遍现象，依附名师成为入仕捷径，形成“门生故吏”集团。东汉后期，世族豪强在政治、经济和意识形态领域占据垄断性地位，察举选士为权贵所把持，加之皇帝公开计钱卖官，整个选官制度陷于混乱状态。总体来看，以考试成绩定优劣的察举改革举措无法真正落实，而世家大族把持选官权，主要以门第高低判定人才之优劣。为了适应豪强势力的政治需要，察举开始“以族举德，以位命贤”[③]，由此形成一批“累世宠贵”、“世代为官”的豪门阀阅、“儒学世家”，垄断仕途，而一般士人入仕无门。这些大大小小的私人集团及其盘根错节的利益关系，形成瓦解东汉社会的强大离心力，加速了东汉政权的分裂与灭亡。

其次，察举不公阻碍人才的选拔和任用，严重削弱了封建统治能力。

为了适应人才选拔需要，东汉统治者不断改革察举制度，但是，由于受政治腐败影响，察举实施过程中请托贿赂、作弊之风盛行。汉桓帝、灵帝时期，宦官专权，一些正直官员屡遭打击，难以选拔真才。如桓帝时河东太守

① 《后汉书》卷六六《陈王传》，第927页。
② 《后汉书》卷六〇下《蔡邕传》，第842页。
③ （汉）王符：《潜夫论》卷一《论荣》，第39页。

史弼，因举孝廉拒绝权贵请托而得罪宦官侯览，遭陷害险些送命。宦官胁迫皇帝先后制造两次“党锢之祸”，捕杀陈蕃、李膺、杜密等官员，大批士人受到禁锢。史载：

> 乃党事起，知名之士多被其害，唯林宗及汝南袁闳得免焉。遂闭门教授，弟子以千数。建宁元年（168），太傅陈蕃、大将军窦武为阉人所害，林宗哭之于野，恸。既而叹曰：“‘人之云亡，邦国殄瘁’。‘瞻乌爰止，不知于谁之屋’耳。”①

在黑暗现实面前，不少贤士选择退隐之路。如广汉绵竹人董扶，“少游太学，与乡人任安齐名，俱事同郡杨厚，学图谶。还家讲授，弟子自远而至。前后宰府十辟，公车三征，再举贤良方正、博士、有道，皆称疾不就”②。李固，“五察孝廉，益州再举茂才，不应。五府连辟，皆辞以疾”③。汝南平舆人许劭，为司空杨彪辟举方正、敦朴，皆不就；或劝劭仕，对曰：“方今小人道长，王室将乱，吾欲避地淮海，以全老幼。”乃南到广陵。④ 华佗，“游学徐土，兼通数经”。“培相陈珪举孝廉，太尉黄琬辟，皆不就”⑤。此类事例不胜枚举。奸佞当道，真才不出，导致东汉社会政治混乱不堪。

其三，选官制度败坏，导致社会道德失范。

选用人才不依德行而靠金钱和权势，诱使一些人投机钻营，沽名钓誉，以谋取高官厚禄。这不仅损害察举选才的质量，也严重地败坏社会风气。东汉皇权的腐败和社会政治的黑暗，使长期以来约束规范人们言行的儒家伦理规范暴露出虚伪的真面目。儒家讲忠君，但君主实际上成为外戚宦官控制的工具，儒家原有说教无法慰藉士大夫痛苦迷惘的心灵。与察举制密切相关的道德评价标准逐渐失去了赖以存在的学术基础，成为虚伪的俗套。

汉末社会盛行的“道德”沦为真正的不道德，助长了名不副实的社会风气。士人阶层盗取虚名，追求浮华势利，士风世俗日趋恶化，人心涣散。影

---

① 《后汉书》卷六八《郭符许传》，第 957 页。

② 《后汉书》卷八二下《方术传》，第 1193 页。

③ （三国吴）谢承：《后汉书》卷四《李固传》，载张海鹏主编《中国考试史文献集成》第一卷，第 116—117 页。

④ 《后汉书》卷六八《郭符许传》，第 962 页。

⑤ 《后汉书》卷八二下《方术传》，第 1194 页。

响所及，动摇了封建国家赖以存在的道德根本。南朝宋史学家范晔评论说：

> 自桓、灵之间，君道秕僻，朝纲日陵，国隙屡启，自中智以下，靡不审其崩离；而权强之臣，息其窥盗之谋，豪俊之夫，屈于鄙生之议者，人诵先王言也，下畏逆顺势也。至如张温、皇甫嵩之徒，功定天下之半，声驰四海之表，俯仰顾眄，则天业可移，犹鞠躬昏主之下，狼狈折札之命，散成兵，就绳约，而无悔心，暨乎剥桡自极，人神数尽，然后群英乘其运，世德终其祚。

由此可见，汉末察举制度的式微，既是皇权政治败坏的结果，也加剧了东汉社会的分裂。

其四，汉末察举失策，激化了统治阶级内部的矛盾与冲突。

汉灵帝时官场弊端丛生，除了公开买卖官职，制造“党锢之祸”，打压正直官员和太学生，在察举选士上开始从鸿都门学生徒中选官，赐予这些生徒特权，快速晋升为中央和地方官员。史载：

> 初，帝好学，自造《皇羲篇》五十章，因引诸生能为文赋者。本颇以经学相招，后诸为尺牍及工书鸟篆者，皆加引召，遂至数十人。侍中祭酒乐松、贾护，多引无行趣势之徒，并待制鸿都门下，熹陈方俗闾里小事，帝甚悦之，待以不次之位。又市贾小民，为宣陵孝子者，复数十人，悉除为郎中、太子舍人。①

这种做法在汉代选官制中开了一个恶例，严重破坏了察举选士标准，产生恶劣的社会影响。熹平六年（177）七月，蔡邕上书陈述“宜所施行七事”，其中三处提出纠正察举用人不当政策。如其所言：

> 二事：臣闻国之将兴，至言数闻，内知己政，外见民情。是故先帝虽有圣明之姿，而犹广求得失。又因灾异，援引幽隐，重贤良、方正、敦朴、有道之选，危言极谏，不绝于朝。陛下亲政以来，频年灾异，而未闻特举博选之旨。
>
> 三事：夫求贤之道，未必一涂。或以德显，或以言扬。顷者，立朝

---

① 《后汉书》卷六〇下《蔡邕传》，第840—841页。

之士，曾不以忠信见赏，恒被谤讪之诛，遂使群下结口，莫图正辞。郎中张文，前独尽狂言，圣听纳受，以责三司。臣子旷然，众庶解悦。

五事：臣闻古者取士，必使诸侯岁贡。……夫书画辞赋，才之小者，匡国理政，未有其能。陛下即位之初，先涉经术，听政余日，观省篇章，聊以游意，当代博弈，非以教化取士之本。而诸生竞利，作者鼎沸。其高者颇引经训风喻之言；下则连偶俗语，有类俳优；或窃成文，虚冒名氏。臣每受诏于盛化门，差次录第，其未及者，亦复随辈皆见拜擢。既加之恩，难复收改，但守奉禄，于义已弘，不可复使理人及仕州郡。昔孝宣会诸儒于石渠，章帝集学士于白虎，通经释义，其事优大，文、武之道，所宜从之。若乃小能小善，虽有可观，孔子以为"致远则泥"，君子故当志其大者。

上述奏言直指察举时弊，提出了补救措施，但并未被汉灵帝所采纳。光和元年（178），汉灵帝遂置鸿都门学。"其诸生皆敕州郡三公举用辟召，或出为刺史、太守，入为尚书、侍中，乃有封侯赐爵者，士君子皆耻与为列焉。"① 可见，鸿都门学虽属新办中央官学，但其诸生的社会地位和政治前途远超乎太学生之上。这种选士政策加剧了宦官势力与以太学为基础的经学人才、世族集团的对立。

总之，东汉后期察举制的实施受社会政治影响，逐渐失去公正选拔人才、维护中央集权统治的功能。察举选士为世族豪强所垄断，形成"门生故吏"集团；而外戚宦官专权，干预察举活动，肆意践踏选官标准。这种状况败坏了吏治与社会风气，加速了东汉王朝的衰亡。

第三节　学校考选活动的发展

中国古代选士制度作为补充政府官员队伍的一种方式，历来为统治阶级所重视，各王朝都建立了养士与选士相结合的学校教育制度。东汉王朝继承西汉选士制度，恢复太学建制，推广地方儒学教育。在此基础上，兴办其他

① 《后汉书》卷六〇下《蔡邕传》，第844页。

官学及专门教育机构，培养和选拔各类人才。

一、太学规模的扩大

西汉末年，天下大乱，礼乐分崩，典文散落。东汉建立之初，由于战乱，民间“十室九空”，国库告急。为了兴学，光武帝刘秀采取裁减朝中冗员，压缩开支，筹集经费，重建太学。史载：

> 及光武中兴，爱好经术，未及下车，而先访儒雅，采求阙文，补缀漏逸。先是四方学士，多怀协图书，遁逃林薮。自是莫不抱负坟策，云会京师。……于是立五经博士，各以家法教授。
>
> 建武五年（29），乃修起太学，稽式古典，笾豆干戚之容，备之于列，服方领习矩步者，委它乎其中。中元元年（56），初建三雍。①

经过这次修建，太学初具规模。校内建起博士舍、内外讲堂，门前并有石经四部。“诸生横巷，为海内所集。”② 汉顺帝时，扩建房室，太学一时盛况空前。

（一）太学博士的选拔

如前所述，“博士”官职起于先秦。自汉武帝立太学、独尊儒术后，博士均按官方认可的学派而设。“最初是《易》杨（何）、《尚书》欧阳、《礼》后（仓）、《春秋》公羊，加《诗》齐、鲁、韩，共7家。后来，《易》分立为施、孟、梁丘、京氏，《书》增立大、小夏侯氏，《礼》分立为大、小戴氏，《春秋》公羊分立为颜、严氏，构成东汉时的14家博士。”此外，还有庆氏《礼》也立于学馆；《穀梁春秋》及古文经《左氏春秋》、《古文尚书》、《毛诗》、《逸礼》也一度立为博士学。③ 博士首领通常为博士祭酒，由太常选定德高望重的博士充任，为朝中学术持守的重要学官。

两汉博士作为太学教师，具有一定的应聘要求和选拔路径。西汉博士由察举推荐或由他职迁任。东汉时博士主要采取考试方式选取，并要求地方政

---

① 《后汉书》卷七九上《儒林传上》，第1104页。
② 《后汉书》卷四八《杨李翟应霍爰徐列传》，第688页。
③ 俞启定、施克灿：《中国教育制度通史》第一卷，第332页。

府提供“保举状”。据《汉官仪》所载“保举状”规定，东汉选用博士标准须同时具备以下基本条件：

一是“生事爱敬，丧没如礼”——具有优良道德操守；二是“通《易》、《尚书》、《孝经》、《论语》，兼综载籍，穷微阐奥”——具备精湛的学术造诣；三是“隐居乐道，不求闻达”，“世六属不与妖恶交通、王侯赏赐”——能遵从淡泊修身之要；四是“身无金痍痼疾”——拥有健康强壮的身体。

太学博士考选有多条途径。其一，经察举入仕，再由他官迁调。常用方法为征拜、征召和辟举。如：“光武即位，求天下有道之人，乃征（郭）宪拜博士。”① 牟长，少习《欧阳尚书》，建武二年（26），“大司空弘特辟，拜博士”②。高诩，世传《鲁诗》。光武即位，“大司空宋弘荐诩，征为郎，除符离长。去官，后征为博士”。汉章帝建初元年（76），“卫尉马廖举育方正，为议郎，后拜博士”③。

其二，通过荐举策试，从儒学大师中筛选。这种方式逐渐成为博士选拔的主要途径。汉代注重“礼”制，设太常管理礼仪祭祀、太学博士等事务。博士选拔考试由太常主持，“每选试博士，奏其能否”④。如伏恭：

> 少传黯学，以任为郎。建武四年（28），除剧令。视事十三年，以惠政公廉闻。青州举为尤异，太常试经第一，拜博士，迁常山太守。⑤

应试博士，年龄须在50岁以上，并遵守经学家法。若发现应试者不符合报考的年龄条件、学术要求，则予以辞退或自动退选。史载：

> 张玄字君夏，河内河阳人也。少习《颜氏春秋》，兼通数家法。建武初，举明经，补弘农文学，迁陈仓县丞。……后玄去官，举孝廉，除为郎。会《颜氏》博士缺，玄试策第一，拜为博士。居数月，诸生上言玄廉说《严氏》、《冥氏》，不宜专为《颜氏》博士。光武且令还署，未及迁而卒。
>
> 杨仁字文义，巴郡阆中人也。建武中，诣师学习《韩诗》，数年归，

① 《后汉书》卷八二上《方术传上》，第1180页。
② 《后汉书》卷七九上《儒林传上》，第1111页。
③ 《后汉书》卷七九下《儒林传下》，第1117页。
④ 《后汉书》卷一一四《百官志二》，第1515页。
⑤ 《后汉书》卷七九下《儒林传下》，第1118—1119页。

静居教授。仕郡为功曹，举孝廉，除郎。太常上仁经中博士，仁自以年未五十，不应旧科，上府让选。显宗（汉明帝）特诏补北宫卫士令。[①]

建武七年（31），太仆朱浮，“以国学既兴，宜广博士之选”，上书建议扩大选拔范围：

寻博士之官，为天下宗师，使孔圣之言传而不绝。旧事，策试博士，必广求详选，爰自畿夏，延及四方，是以博举明经，惟贤是登，学者精励，远近同慕。伏闻诏书更试五人，惟取见在洛阳城者。臣恐自今以往，将有所失。求之密迩，容或未尽，而四方之学，无所劝乐。凡策试之本，贵得其真，非有期会，不及远方也。又诸所征试，皆私自发遣，非有伤费烦扰于事也。语曰：“中国失礼，求之于野。”[②]

这一建议得到光武帝的采纳。此后，太学博士的选拔扩大到京城以外地区，先后延揽一批通经博学的专门人才，不仅教授弟子，还为朝廷制定各类礼仪规章。这在《后汉书·儒林传》及本传中都有不少记载。如：

曹褒字叔通，鲁国薛人也。父充，持《庆氏礼》，建武中为博士，从巡狩岱宗，定封禅礼，还，受诏议立七郊、三雍、大射、养老礼仪。

（曹褒）初举孝廉，再迁圉令，以礼理人，以德化俗。……（汉章帝时）征拜博士。[③]

欧阳歙字正思，乐安千乘人也。自欧阳生传《伏生尚书》，至歙八世，皆为博士。

周防，师事徐州刺史盖豫，受《古文尚书》。经明，举孝廉，拜郎中。撰《尚书杂记》三十二篇，四十万言。太尉张禹荐补博士。[④]

值得指出的是，东汉太学设置的博士以今文经学占主导，古文经学并未得到重视。这是因为今文经迷信色彩浓厚，更适合统治者的政治需要，并且今文经为隶书，容易为大众所认识，流行于世。因此，朝廷多选取今文经博

① 《后汉书》卷七九下《儒林传下》，第1120页。
② 《后汉书》卷三三《朱浮传》，第489—490页。
③ 《后汉书》卷三五《曹褒传》，第514页。
④ 《后汉书》卷七九上《儒林传上》，第1112页。

士作为太学教师。博士在太学中专经教授，各司其职，不相隶属。这就要求应选者在通《五经》基础上专精一经，能成一家之言。

东汉后期，受社会政治等因素影响，博士选拔不实，削弱了太学教育。为此，一些有作为的官员曾加以整顿。汉安帝元初四年（117），杨震“征入为太仆，迁太常。先是博士选举多不以实，震举荐明经名士陈留杨伦等，显传学业，诸儒称之”①。汉顺帝阳嘉元年（132），左雄“又奏征海内名儒为博士”，使公卿子弟为诸生②，振兴太学。这些举措对于保障博士学术水平、改善教学产生了积极作用。

（二）太学生的选拔

太学作为汉代最高学府，旨在为官僚队伍培养后备人才。东汉太学生亦称“诸生”，大致可分为正式生、特招生两类，有多种选拔途径。正式生沿袭西汉办法，经“太常补送”，主要从京郊筛选符合条件的学子。东汉时将招选年龄降至15岁。这类学生名额较少，对官僚贵族子弟有优待，日常食宿官俸由朝廷供给。特别生是通过“郡国”选送，膳宿等开支用度需自己承担。招入数量没有严格限制。

此外，太学生还可按其性质分为四类：由各地选送录取者称为“礼生”；礼生学习三年后专攻一经者则为“弟子”；由边远地区保送的学生称为“散生”；未被录取而在校跟班学习的预备生称为“门生”。汉明帝时，“复为功臣子孙、四姓末族，别立校舍，搜选高能以受其业，自期门羽林之士，悉令通《孝经》章句，匈奴亦遣子入学”③。汉质帝时，梁太后诏令郡国举明经诣太学，自大将军至六百石皆遣子受业，所以太学生人数激增。由此可见，东汉太学生来源广泛。这也是东汉太学规模扩大的一个重要因素。

汉章帝建初八年（83），诏选优秀学生，学习古文经学：“《五经》剖判，去圣弥远，章句遗辞，乖疑难正，恐先师微言将遂废绝，非所以重稽古，求道真也。其令群儒选高才生，受学《左氏》、《穀梁春秋》、《古文尚书》、《毛

---

① 《后汉书》卷五四《杨震传》，第751页。
② 《后汉书》卷六一《左雄传》，第854页。
③ 《后汉书》卷七九上《儒林传上》，第1104页。

诗》，以扶微学，广异义焉。”① 这些古文经“虽不立学官，然皆擢高第为讲郎，给事近署，所以网罗遗逸，博存众家”②。

汉顺帝时，太学增加公卿子弟及明经下等两种。阳嘉元年（132），左雄上疏要求：“宜崇经术，修缮太学。”顺帝采纳这一建议。同年，“太学新成，诏试明经者补弟子，增甲乙之科，各有十人。授予京师及郡国耆儒年六十以上为郎、舍人、诸王国郎，共计一百三十八人。”左雄又奏请，“使公卿子弟为诸生。有志操者，加其俸禄。及汝南谢廉，河南赵建，年始十二，各能通经，雄并奏拜童子郎。于是负书来学，云集京师”③。这些举措提升了太学的教师及生源质量。

汉质帝本初元年（146）夏四月，“令郡国举明经，年五十以上、七十以下，诣太学。自大将军至六百石，皆遣子受业”④。

（三）太学教育的发展演变

东汉太学的发展演变，与最高统治者的重视程度和政策密切相关。前期诸帝，尊师重教，积极兴学，太学规模不断扩大，达到兴盛状态。

汉光武帝重视太学教育。太学建成后，他亲自视察，赏赐博士及弟子，召集太学博士讲论经义，考察学生成绩。建武十九年（43）光武帝再次视察太学，“会诸博士论难于前”，“又诏诸生雅吹击磬，尽日乃罢”⑤。汉明帝时，社会安定，民力充余，太学获得新的发展。汉明帝亲赴太学行礼讲经，“诸儒执经问难于前，冠带缙绅之人，圜桥门而观听者盖亿万计”⑥。后来，樊准曾追述明帝时儒学盛况：

> 至孝明皇帝，兼天地之姿，用日月之明，庶政万机，无不简心，而垂情古典，游意经艺，每飨射礼毕，正坐自讲，诸儒并听，四方欣欣。虽阙里之化，矍相之事，诚不足言。又多征名儒，以充礼官，如沛国赵孝、琅邪承宫等，或安车结驷，告归乡里；或丰衣博带，从见宗庙。其

① 《后汉书》卷三《显宗孝章帝纪》，第 55 页。
② 《后汉书》卷七九上《儒林传上》，第 1105 页。
③ 《后汉书》卷六一《左雄传》，第 854 页。
④ 《后汉书》卷六《孝顺孝冲孝质帝纪》，第 115 页。
⑤ 《后汉书》卷三七《桓荣丁鸿传》，第 536 页。
⑥ 《后汉书》卷七九上《儒林传上》，第 1104 页。

余以经术见优者，布在廊庙。故朝多皤皤之良，华首之老。每宴会，则论难衎衎，共求政化。详览群言，响如振玉。朝者进而思政，罢者退而备问。小大随化，雍雍可嘉。期门羽林介胄之士，悉通《孝经》。博士议郎，一人开门，徒众百数。化自圣躬，流及蛮荒，匈奴遣伊秩訾王大车且渠来入就学。八方肃清，上下无事。是以议者每称盛时，咸言永平。①

从这段史料可见，东汉太学诸生已有来自匈奴等国留学生，太学教育影响广泛。

汉章帝也注重兴学，“建初中，大会诸儒于白虎观，考详同异，连月乃罢”。“帝亲称制临决，如孝宣甘露石渠故事，作《白虎议奏》。”② 元和二年（85）三月，章帝赴孔子故乡祭奠，返京后赐“博士员弟子见在太学者布，人三匹”③。汉和帝亦数次亲临东观，览阅书林。此后，邓太后临朝称制，学者颇懈，儒学陵替。樊准、徐防并陈敦学之宜。樊准上疏说：

今学者盖少，远方尤甚。博士倚席不讲，儒者竞论浮丽，忘謇謇之忠，习諓諓之辞。文吏则去法律而学诋欺，锐锥刀之锋，断刑辟之重，德陋俗薄，以致苛刻。……臣愚以为宜下明诏，博求幽隐，发扬岩穴，宠进儒雅，有如孝、宦者，征诣公车，以俟圣上讲习之期。公卿各举明经及旧儒子孙，进其爵位，使缵其业。复召郡国书佐，使读律令。如此，则延颈者日有所见，倾耳者月有所闻。伏愿陛下推述先帝进业之道。④

邓太后采纳其言，“制诏公卿妙简其选，三署郎能通经术者，皆得察举”⑤。此后，屡举方正、敦朴、仁贤之士。

据《后汉书·儒林列传》所述，汉安帝时，薄于艺文，太学再度荒废。“博士倚席不讲，朋徒相视怠散，学舍颓敝，鞠为园蔬，牧儿荛竖，至于薪刈其下。”汉顺帝有感于翟酺之言，乃修缮太学。“凡所结构二百四十房，千八百五十室。试明经下第补弟子，增甲乙之科员各十人，除郡国耆儒皆补郎、舍人。”

---

① 《后汉书》卷三二《樊准传》，第480—481页。
② 《后汉书》卷七九上《儒林传上》，第1104—1105页。
③ 《后汉书》卷三《肃宗孝章帝纪》，第59页。
④ 《后汉书》卷三二《樊准传》，第481页。
⑤ 《后汉书》卷七九上《儒林传上》，第1105页。

太学招生数量，由于史书少有确切记载，我们只能了解其大概情形。东汉重建太学后，似乎不再强行限定招收博士弟子数量，从名称上看，常以“诸生”代替“博士弟子”。由于放宽招生政策，国家对诸生又有一定津贴，各地士子慕名求学者增多。加之毕业后不能全部入仕，逐年累积，太学生数额越来越多。光武帝时，牟长“自为博士及在河内，诸生讲学者常有千余人，著录前后万人。著《尚书章句》，皆本之欧阳氏，俗号为《牟氏章句》”①。汉桓帝时，梁太后诏曰：“大将军下至六百石，悉遣子就学，每岁辄于乡射月一飨会之，以此为常。”自此赴太学游学者增盛，“至三万余生”②。这种盛况在世界古代教育史上实属罕见。

当然，太学在数量扩张的同时，也出现教育质量下降问题。如《后汉书·儒林传》论所言：“然章句渐疏，而多以浮华相尚，儒者之风盖衰矣。党人既诛，其高名善士多坐流废，后遂至忿争，更相言告，亦有私行金货，定兰台漆书经字，以合其私文。”经学教育华而不实，甚至有太学生为了考试合格，私下雇人篡改经书文字。这些都严重败坏了太学的风气。对于东汉儒学教育的得失，范晔曾评论说：

> 自光武中年以后，干戈稍戢，专事经学，自是其风世笃焉。……至有分争王庭，树朋私里，繁其章条，穿求崖穴，以合一家之说。故扬雄曰：“今之学者，非独为之华藻，又从而绣其鞶帨。”夫书理无二，义归有宗，而硕学之徒，莫之或徙，故通人鄙其固焉，又雄所谓“譊譊之学，各习其师”也。且观成名高第，终能远至者，盖亦寡焉，而迂滞若是矣。然所谈者仁义，所传者圣法也。故人识君臣父子之纲，家知违邪归正之路。③

总之，东汉后期，太学教育虽然学生众多，但很少有“成名高第，终能远至者”。这也从一个侧面反映了汉末儒学的衰落和儒学人才的危机。

（四）太学考试及太学生出路

东汉初期，太学考试恢复甲乙两科制度，将西汉“射策”改为“策试”。

---

① 《后汉书》卷七九上《儒林传上》，第1111页。
② 《后汉书》卷七九上《儒林传上》，第1105页。
③ 《后汉书》卷七九下《儒林传论》，第1129页。

随着太学生人数增加，为保障教学管理和培养质量，加强考试管理，汉和帝永元十四年（102），司空徐防“以《五经》久远，圣意难明，宜为章句，以悟后学”，建议改进太学考试方法。其上疏曰：

> 臣闻《诗》、《书》、《礼》、《乐》，定自孔子；发明章句，始于子夏。其后诸家分析，各有异说。汉承乱秦，经典废绝，本文略存，或无章句。收拾缺遗，建立明经，博征儒术，开置太学。孔圣既远，微旨将绝，故立博士十有四家，设甲乙之科，以勉劝学者，所以示人好恶，改敝就善者也。伏见太学试博士弟子，皆以意说，不修家法，私相容隐，开生奸路。每有策试，辄兴诤讼，论议纷错，互相是非。孔子称“述而不作”，又曰“吾犹及史之阙文”，疾史有所不知而不肯阙也。今不依章句，妄生穿凿，以遵师为非义，意说为得理，轻侮道术，浸以成俗，诚非诏书实选本意。改薄从忠，三代常道，专精务本，儒学所先。臣以为博士及甲乙策试，宜从其家章句，开五十难以试之。解释多者为上第，引文明者为高说；若不依先师，义有相伐，皆正以为非。《五经》各取上第六人，《论语》不宜射策。虽所失或久，差可矫革。①

在这里，徐防提出，太学《五经》策试，应按其家法章句，分科列出50个题目，考试诸生。学生凡阐释得多且明了者，可评为“上第”。《五经》各取“上第”六人，作为官府录用依据。他还认为，《论语》考试不宜采用“射策”方式，因为该经典是儒家最基本教材，太学生都应熟悉掌握，不如改为“策试”。和帝将这些建议“下公卿”讨论，最终采纳了徐防的意见。

汉顺帝时，接受左雄建议，郡国所举孝廉，皆诣公府，诸生“试家法”②、“通章句”。李贤注曰：“儒有一家之学，故称家法。”③ 孝廉考试必须守家法。汉质帝本初元年（146）四月，令各类太学生，“岁满课试，以高第五人补郎中，次五人太子舍人。又千石、六百石、四府掾属、三署郎、四姓小侯先能通经者，各令随家法，其高第者上名牒，当以次赏进”④。这些学生的考试同样要求遵从“家法”。

---

① 《后汉书》卷四四《徐防传》，第1500—1501页。
② 《后汉书》卷六一《左雄传》，第2020页。
③ 《后汉书》卷六一《左雄传》，第2020页。
④ 《后汉书》卷六《孝顺孝冲孝质帝纪》，第115页。

为了杜绝太学考试中有的学生私自篡改经文，为策试提供权威的儒经版本，熹平四年（175），汉灵帝“乃诏诸儒正定《五经》，刊于石碑，为古文、篆、隶三体书法以相参检，树之学门，使天下咸取则焉”①。蔡邕等乃以隶体书丹于碑，包括《鲁诗》、《尚书》、《周易》、《春秋》、《公羊传》、《仪礼》、《论语》七部儒经，使工匠镌刻立于太学门前。汉灵帝光和六年（183），“及碑始立，其观视及摹写者，车乘日千余两，填塞街陌”②。“熹平石经”成为太学考试的标准答案和经学的范本，也是中国历史上最早的官定儒家经本，影响广泛而久远。

晚清学者皮锡瑞曾分析汉代经学教育的特点，指出：“前汉重师法，后汉重家法。先有师法，而后能成一家之言。师法者，溯其源；家法者，衍其流也。”东汉极注重经学“家法”，“然师法别出家法，而家法又各分颛家，如干既分枝，枝叶繁滋，浸失其本。又如子既生孙，孙又生孙，云礽旷远，渐忘其祖，是末师而非往古，用后说而舍先传。微言大义之乖，即源自远末分始矣”③。东汉经学教育及太学考试重视“家法”、忽视“师法”的特点，显然不利于经学的贯通与发展。

另外，我们也看到，博士专经教学的格局到东汉后期已有所松动，包括太学在内的经学教育教学活动，出现不遵“师法”、“家法”的趋向。徐防上疏所说的“今不依章句，妄生穿凿，以遵师为非义，意说为得理”的现象，就是一个例证。这种趋向反映了经学变革的现实要求。从学术发展及其影响来看，东汉经学已开始从“专经”向“通经”过渡，并诞生一批杰出人才。

从西汉初到东汉时期，太学教育质量逐步提高。西汉太学生大多只能专儒家一经，东汉太学生渐能通二经、三经、四经乃至五经；有的太学生还能兼通今古文。“这也是师法家法的制约逐渐削弱的结果。”④《后汉书·儒林传》记载了一些“通经名家”，曾肄业于太学，或为太学博士。

如任安，“少游太学，受《孟氏易》，兼通数经”。孙期，“少为诸生，习《京氏易》、《古文尚书》”。张驯，“少游太学，能诵《春秋左氏传》。以《大

① 《后汉书》卷七九上《儒林传上》，第1105页。
② 《后汉书》卷六〇下《蔡邕传》，第840页。
③ （清）皮锡瑞：《经学历史》，第129—130页。
④ 俞启定、施克灿：《中国教育制度通史》第一卷，第333页。

夏侯尚书》教授。辟公府，举高第，拜议郎。与蔡邕共奏定《六经》文字”。尹敏，“少为诸生。初习《欧阳尚书》，后受《古文》，兼善《毛诗》、《穀梁》、《左氏春秋》”。孔僖家族，“自安国以下，世传《古文尚书》、《毛诗》。曾祖父子建，少游长安，与崔篆友善”。“僖与崔篆孙骃复相友善，同游太学，习《春秋》”。杨伦，“少为诸生，师事司徒丁鸿，习《古文尚书》”。“后特征博士，为清河王傅”。魏应，“建武初，诣博士受业，习《鲁诗》。闭门诵习，不交僚党，京师称之。后归为郡吏，举明经，除济阴王文学”。“永平初，为博士，再迁侍中”。程曾，“受业长安，习《严氏春秋》，积十余年，还家讲授。……著书百余篇，皆《五经》通难，又作《孟子章句》”。李育，“少习《公羊春秋》。沉思专精，博览书传，知名太学，深为同郡班固所重”。建初元年（76），“卫尉马廖举育方正，为议郎。后拜博士”。建初四年（79），诏与诸儒论《五经》于白虎观，“育以《公羊》义难贾逵，往返皆有理证，最为通儒”。服虔，“少以清苦建志，入太学受业。有雅才，善著文论，作《春秋左氏传解》，行之至今。又以《左传》驳何休之所驳汉事六十条。举孝廉，稍迁……所著赋、碑、诔、书记、连珠、九愤，凡十余篇”。

那些通经博学的大师，既受教于太学，也受教于家学，或转益多师，勤奋自学。如贾逵、郑玄、王充、张衡、崔瑗等人，皆为一代通儒。据《后汉书》各本传记载：

> 贾逵，悉传父业，弱冠能诵《左氏传》及《五经》本文，以《大夏侯尚书》教授，虽为古学，兼通五家《穀梁》之说。自为儿童，常在太学，不通人间事。身长八尺二寸，诸儒为之语曰：“问事不休贾长头。”……尤明《左氏传》、《国语》，为之《解诂》五十一篇。……逵所著经传义诂及论难百余万言，又作诗、颂、诔、书、连珠、酒令凡九篇，学者宗之，后世称为通儒。
>
> 郑玄，少为乡啬夫，得休归，尝诣学官，不乐为吏，父数怒之，不能禁。遂造太学受业，师事京兆第五元先，始通《京氏易》、《公羊春秋》、《三统历》、《九章算术》。又从东郡张恭祖受《周官》、《礼记》、《左氏春秋》、《韩诗》、《古文尚书》。以山东无足问者，乃西入关，因涿郡卢植，事扶风马融。
>
> ……门人相与撰玄答诸弟子问《五经》，依《论语》作《郑志》八

篇。凡玄所注《周易》、《尚书》、《毛诗》、《仪礼》、《礼记》、《论语》、《孝经》、《尚书大传》、《中候》、《乾象历》，又著《天文七政论》、《鲁礼禘祫义》、《六艺论》、《毛诗谱》、《驳许慎五经异义》、《答临孝存周礼难》，凡百余万言。①

王充，少孤，乡里称孝。后到京师，受业太学，师事扶风班彪。好博览而不守章句。家贫无书，常游洛阳市肆，阅所卖书，一见辄能诵忆，遂博通众流百家之言。……充好论说，始若诡异，终有理实。以为俗儒守文，多失其真，乃闭门潜思，绝庆吊之礼，户牖墙壁各置刀笔。著《论衡》八十五篇，二十余万言，释物类同异，正时俗嫌疑。

张衡字平子，南阳西鄂人也。世为著姓。祖父堪，蜀郡太守。少善属文，游于三辅，因入京师，观太学，遂通《五经》，贯六艺。衡善机巧，尤致思于天文、阴阳、历算。……安帝雅闻衡善术学，公车特征拜郎中，再迁为太史令。遂乃研核阴阳，妙尽琁机之正，作浑天仪，著《灵宪》、《算罔论》，言甚详明。……阳嘉元年，夏造候风地动仪。……所著诗、赋、铭、七言、《灵宪》、《应闲》、《七辩》、《巡诰》、《悬图》凡三十二篇。

崔瑗字子玉，早孤，锐志好学，尽能传其父业。年十八，至京师，从侍中贾逵质正大义，逵善待之，瑗因留游学，遂明天官、历数、《京房易传》、六日七分。诸儒宗之。与扶风马融、南阳张衡特相友好。……瑗高于文辞，尤善为书、记、箴、铭，所著赋、碑、铭、箴、颂、《七苏》、《南阳文学官志》、《叹辞》、《移社文》、《悔祈》、《草书艺》七言，凡五十七篇。其《南阳文学官志》称于后世，诸能为文者皆自以弗及。

上述诸人在中国古代思想史、文化教育史上占有重要地位，有的学人在科举史上也影响久远。如张衡乃是古代著名科学家、文学家，范晔曾评论说：“崔瑗之称平子（张衡）曰‘数术穷天地，制作侔造化’。斯致可得而言欤！”郑玄为汉代经学之集大成者，他所创立的“郑学”，使经学进入一统时代，对经学发展作出了重大贡献。从唐代起，郑玄所注的《诗》、三礼被视为儒家经典的标准注本，收入九经，成为科举考试必备教材；宋代又将其列入《十三

① 《后汉书》卷三五《郑玄传》，第519页。

经注疏》，长期作为官方教材和科举参考书，其历史影响可谓与科举时代相始终。

至于一般太学生，其求学志向与出路在于入仕。东汉后期，不断增加入仕路径，并录用部分年老儒生。阳嘉元年（132）七月，汉顺帝诏令："以太学新成，试明经下第者补弟子，增甲、乙科员各十人。除郡国耆儒九十人补郎、舍人。"① 规定察举明经科考试不合格者，可补太学弟子，研读儒经，以便再试。这就沟通了察举选士与太学教育的联系，成为后世"科举必由学校"之滥觞。

为了适应太学教育规模扩张的需求，汉桓帝两次改革课试制度。建和初，取消甲乙科，增加录用等第和补官名额。史载："诏诸学生，年十六以上，比郡国明经试次第上名。高第十五人、上第十六人为中郎，中第十七人为太子舍人，下第十七人为王家郎。"② 将毕业生考试成绩分为四等，经学校荐举，最后由官府录用。这种做法既是一项奖励，更是一种鞭策。此外，建和年间（147—149），还开设"比郡国明经试"。这是对太学岁试选士的补充，太学和郡国学校生员均得以应考。永寿二年（156），汉桓帝对太学课试实行第二次改革。其规定如下：

> 学生满二岁，试通二经者，补文学掌故；其不能通二经者，须后试复随辈试之，通二经者亦得为文学掌故。其已为文学掌故者，满二岁，试能通三经者，擢其高第为太子舍人；其不得第者，后试复随辈试，第复高者亦得为太子舍人。已为太子舍人，满二岁，试能通四经者，推其高第为郎中；其不得第者，后试复随辈试，第复高者亦得为郎中。满二岁，试能通五经者，推其高第补吏，随才而用；其不得第者，后试复随辈试，第复高者亦得补吏。③

这种"两岁一试"制，为太学生择优入仕提供了更多机会。一次考试失败之后，还可通过复试获得下一次机会。考选官员没有名额限制，只要达到晋升要求的等第，即可录用。

---

① 《后汉书》卷六《孝顺孝冲孝质帝纪·顺帝》，第 104 页。
② （元）马端临：《文献通考》卷四〇《学校考一》，第 1191 页。
③ （元）马端临：《文献通考》卷四〇《学校考一》，第 1191 页。

当然，数以万计的太学生，不可能全部都得官为吏，“皓首穷经”的士子为数不少。东汉朝廷对花甲老生实行宽容政策。汉灵帝熹平五年（176），“试太学生年六十以上百余人，除郎中、太子舍人至王家郎、郡国文学吏”[①]。汉献帝初平四年（193），甚至为照顾那些“结童入学，白首空归”、年逾六十的老学生，全部给以“太子舍人”的官职。当时长安城内流传民谣：“头白皓然，食不充粮。裹衣褰裳，当还故乡。圣主愍念，悉用补郎。舍是布衣，被服玄黄。”[②] 这正是东汉末年太学生境况的真实写照。

太学生除了考试入仕外，还可通过察举、诏选、辟召任官，有的甚至升至三公。如鲁恭，生于“世吏二千石”家庭，父卒于官。年十五，与其母及弟鲁丕俱居太学，“习《鲁诗》，闭户讲诵，绝人间事，兄弟俱为诸儒所称，学士争归之”。章帝时，先至新丰教授，后为郡吏。太傅赵憙闻而辟之；后拜侍御史。“其后拜为《鲁诗》博士，由是家法学者日盛。”和帝永元九年（97）冬，任光禄勋，主持察举，“选举清平，京师贵戚莫能枉其正”。“选辟高第，至列卿郡守者数十人。而其耆旧大姓，或不蒙荐举，至有怨望者。恭闻之，曰：‘学之不讲，是否忧也。诸生不有乡举者乎？’终无所言”[③]。在察举选士与太学入仕并行的两汉时代，像鲁恭这样重视儒学、公正选才的正直官员，实属难能可贵。

二、中央政府兴办的其他官学

东汉时期，中央官学体系中除去最高学府太学外，还有宫邸学、鸿都门学两类特殊官学以及地方官学体系。

1. 四姓小侯学

在东汉，这是一种专门为皇亲贵族子弟接受教育而创办的特殊官学。汉明帝崇尚儒学，太子、诸王侯以及功臣子弟，纷纷受经。为了使外戚子弟接受儒学教育，永平九年（66），汉明帝在南宫创办“四姓小侯学”，即宫邸学，属于宫廷教育。此后，适应贵族教育发展的需要，其招生对象不限于四家外戚，贵族子弟均可入读。《后汉书·儒林传》记载：“显宗（明帝）复为

---

① 《后汉书》卷八《孝灵帝纪》，第138页。

② 《后汉书》卷九《孝献帝纪》注引，第374—375页。

③ 《后汉书》卷二五《鲁恭传》，第380、381页。

功臣子孙、四姓末族，别立学舍，搜选高能以授其业，自期门羽林之士，悉令通《孝经》章句，匈奴亦遣子入学。”四姓小侯学设置《五经》师，张酺，“以尚书教授，数讲于御前”①。

汉安帝元初六年（119），邓太后主政，“诏征和帝弟济北、河间王子男女年五岁以上四十余人，又邓氏近亲子孙三十余人，并为开邸第，教学经书，躬自监试。尚幼者，使置师保，朝夕入宫，抚循诏导，恩爱甚渥”②。这是不同于四姓小侯学的另一种宫邸小学，学生数十人，皆为皇族子弟。汉质帝本初元年（146）曾诏令：“千石、六百石、四府掾属、三署郎、四姓小侯先能通经者，各令随家法，其高第者上名牒，当以次赏进。”③ 由此可知，宫邸官学学生通过考试者大多能得到很高官位。

2. 鸿都门学

如前所述，鸿都门学是汉灵帝为培养书、画、辞赋人才而创立的中央官学，目的在于笼络、培植其政治势力，与太学所培养经学人才相抗衡。学校设在皇宫鸿都门内，“画孔子及七十二弟子像”④。

其实，鸿都门学所选的学生多为善尺牍之文、鸟篆和绘画，没有名望，只有艺术特长的豪强子弟。宦官都很支持这种办学形式，但世族官僚强烈反对，“士君子皆耻与为列焉”⑤。议郎蔡邕、光禄大夫杨赐等人抨击这一选士方式。鸿都门学设立后不久，光和元年（178）七月，汉灵帝诏召蔡邕、杨赐等入金商门崇德署，使中常侍曹节、王甫问以祥异祸福所在。蔡邕、杨赐上书反对。杨赐书奏曰：

> 鸿都门下，招会群小，造作赋说，以虫篆小技见宠于时，如驩兜、共工更相荐说，旬月之间，并各拔擢，乐松处常伯，任芝居纳言。郄俭、梁鹄俱以便辟之性，佞辨之心，各受丰爵不次之宠，而令搢绅之徒委伏田亩，口诵尧、舜之言，身蹈绝俗之行，弃捐沟壑，不见逮及。冠履倒易，陵谷代处，从小人之邪意，顺无知之私欲，不念《板》、《荡》之

① 《后汉书》卷四五《张酺传》，第650页。
② 《后汉书》卷一〇上《皇后纪上·和熹邓皇后》，第177页。
③ （宋）司马光编撰，（元）胡三省音注：《资治通鉴》卷五三《汉纪四十五》，第357页。
④ 《后汉书》卷六〇下《蔡邕传》，第844页。
⑤ 《后汉书》卷六〇下《蔡邕传》，第844页。

作，虺蜴之诚。殆哉之危，莫过于今。①

由上可见，以蔡邕等为代表的世族官僚与宦官展开的有关鸿都门学的争论，其焦点不在于这一教育机构是否具有存在价值，而在于其学生的待遇及仕途。蔡邕因反对鸿都门学选士，遭到宦官集团的打击报复，被贬流放。杨赐虽也“甚忤曹节等”权臣，但因其曾为灵帝之师，得以免咎。鸿都门学在汉灵帝支持下地位显赫。就教育发展史而论，鸿都门学将教育内容从儒学扩展至艺术专门领域，在中国古代高等教育乃至世界高等教育史上均具有重要意义。

三、地方官学的发展

汉代地方官学又称“郡国学”、“郡县学”。东汉地方官制沿用西汉郡县两级制，至末期增设州一级为地方最高行政机构。各级地方官学有不同称谓，由郡国、县邑举办教育机构称为“学”和“校”，由乡、聚开办的教育机构称为“庠”和“序”，它们之间没有隶属关系，与中央官学也不相统属。随着太学的复建和发展，东汉地方官学教育也颇为兴盛。班固《东都赋》描述当时盛况：“四海之内，学校如林，庠序盈门，献酬交错，俎豆莘莘，下舞上歌，蹈德咏仁。”其中既有官学，也包括私学。

（一）地方官学发展的原因

东汉地方官学的发展，是与其文化教育政策、选官制度以及地方官员的倡导密不可分的。其动因主要有以下三方面。

首先，儒学文化教育政策引导和激励了地方官学发展。

东汉统治者继承西汉“崇尚儒术”的文教政策，以儒学为治国指导思想。儒家历来注重兴学，推行教化政策。经过汉武帝以来的大力倡导，儒学价值观念、伦理规范为世人所接受。如王充所言：“儒者之在世，礼义之旧防也，有之无益，无之有损。庠序之设，自古有之。重本尊始，故立官置吏。官不可废，道不可弃。儒生，道官之吏也，以为无益而废之，是弃道也。”② 东汉

① 《后汉书》卷五四《杨赐传》，第761页。
② （汉）王充：《论衡》卷一〇《非韩篇》，第152页。

王朝发展太学，培养儒学人才，积极推广社会教化，为地方兴学树立了榜样，营造了适宜的社会文化环境。

最高统治者大力倡导儒学教化。永平二年（59）三月，汉明帝亲临辟雍，始率群臣躬养三老、五更。“行大射之礼。郡、县、道行乡饮酒于学校，皆祀圣师周公、孔子”①，开创了学校祭孔的制度。永平十年（67）闰四月，明帝南巡至南阳，“祠章陵”，“又祠旧宅”。“礼毕，召校官弟子作雅乐，奏《鹿鸣》。帝自御埙篪和之，以娱嘉宾。”② 汉章帝特别重视地方官学发展，鼓励办学得力的官员。元和二年（85），章帝东巡狩，至东郡，引张酺及门生并郡县掾史并会庭中。“帝先备弟子之仪，使酺讲《尚书》一篇，然后修君臣之礼。赏赐殊特，莫不沾洽。”③ 这些举措促进了地方儒学的兴办。

其次，察举制的变革与推广为学校教育发展提供了巨大动力。

汉代学校教育与察举选士依存互动，前者是基础，后者则促进了学校的发展。“既兴学校，则令郡国县官谨察可者，与计偕，诣太常，受业如弟子，则郡县皆有以应诏，而博士弟子始为国家选举之公法也。”④ 两汉时期，地方政府有义务向太学和中央政府荐举合格的生徒和官员，东汉太学教育和察举选官不断扩大规模，察举孝廉等科增加考试环节，这些都激发了地方官员办学、士人学习儒家经典的积极性。

如任延为武威太守，“造立学校，自掾（吏）［史］子孙，皆令诣学受业，复其徭役。章句既通，悉显拔荣进之。郡遂有儒雅之士”⑤。栾巴任桂阳太守，“以郡处南陲，不闲典训，为吏人定婚姻丧纪之礼，兴立学校以奖进之。虽干吏卑末，皆课令习读，程试殿最，随能升授”⑥。此类事例不一而足。

察举选官对于文字掌握具有明确的要求。据许慎《说文解字·叙》所言：“汉兴有草书。尉律：学童十七以上始试，讽籀书九千字乃得为吏；又以八体⑦试之。郡移太史并课，最者以为尚书史。书或不正，辄举劾之。今虽有尉律，不课，小学不修，莫达其说久矣。”读书习字是察举考试必备的条件。地

① 《后汉书·礼仪志上》，第1385页。
② 《后汉书》卷二《显宗孝明帝纪》，第42页。
③ 《后汉书》卷四五《张酺传》，第650页。
④ （元）马端临：《文献通考》卷四六《学校七》，第1335页。
⑤ 《后汉书》卷七六《循吏列传·任延》，第1063页。
⑥ 《后汉书》卷五七《栾巴传》，第789页。
⑦ 八体为大篆、小篆、刻符、虫书、摹印、署书、殳书、隶书。

方官学主要从事识字启蒙教育，属于初级阶段的文化教育。为了应对察举，必须发展地方官学。

最后，地方官员的办学活动推动了当地官学教育发展。

在汉代官学体系中，以太学为中心的中央官学由中央政府主办，所需办学经费与教师资源优先得到保障。相比之下，郡国及其以下学校教育的兴办多是地方官员的自发行为，经费来源和师资水平都存在不足与困难。因此，地方教育的兴衰往往与当地官员是否重视直接相连。那些由察举选拔而来的地方官员，由于受儒学价值观念的影响，大多注重兴学育才，由此促进了地方学校的创办。

如东汉前期，建武六年（30），丹阳太守李忠，“以丹阳越俗不好学，嫁娶礼仪，衰于中国，乃为起学校，习礼容，春秋乡饮，选用明经，郡中向慕之”。建武十四年（38），“三公奏课为天下第一，迁豫章太守”①。宋均，“以父任为郎，时年十五，好经书，每休沐日，辄受业博士，通《诗》、《礼》，善论难。至二十余，调补辰阳长。其俗少学者而信巫鬼，均为立学校，禁绝淫祀，人皆安之”②。

东汉后期，尽管受政治衰败、社会风气的影响，地方教育受到削弱。但仍有一些地方官员注重兴办官学教育。如刘梁：

> 桓帝时，举孝廉，除北新城长。告县人曰：“昔文翁在蜀，道著巴汉；庚桑琐隶，风移。吾虽小宰，犹有社稷，苟赴期会，理文墨，岂本志乎！”乃更大作讲舍，延聚生徒数百人，朝夕自往劝诫，身执经卷，试策殿最，儒化大行。此邑至后犹称其教焉。③

（二）地方官学发展的特点

与西汉相比，东汉官学在办学目的、机构设置、教授内容、教学方式等方面，既有继承，也有发展，具有某些共性特征。地方官学没有形成普遍、健全的学制体系，其办学规模大小不一，视地区而异；它与太学、察举也没

① 《后汉书》卷二一《李忠传》，第325页。
② 《后汉书》卷四一《宋均传》，第597页。
③ 《后汉书》卷八〇下《文苑传下·刘梁》，第1148页。

有学制或等级上的衔接。毛礼锐先生等指出："汉代地方官学的主要任务在于奖进礼乐，推广教化，不是像我们今天所理解的那种进行经常性教学的学校。它没有正规的课程设置，有的学官只有在一年的某些时节招集一些知识分子讲经，也有些知识青年常常自动地、个别地到学官那里去问业。地方官学对中央官学并没有从属的关系，师资也较差。所以从严格意义上说，汉代的学校并没有形成一个真正的系统，却为后代学校制度的进一步发展，奠定了初步基础。"①

从教育机构及其功能来看，地方官学以郡国学、县学（校）为主，乡、聚所设庠、序为辅，相互配合，传播儒学，教化民众。县学办学模式仿照郡国学。出土文物《尹湾汉简》中出现多个县邑"文学掾"，表明当时县学获得较为普及。《校官碑》记载，汉桓帝时，溧阳长潘乾，字元卓，陈国长平人。"髫髦克敏，缺学典谟。祖讲《诗》、《易》，剖演奥艺……惟泮宫之教，反失俗之礼，构修学宫，宗懿招德，既安且宁，干侯用张，豆用陈"②。可见，县学致力于社会教化、移风易俗。

东汉末期，随着州级行政机构的建立，遂产生了州学。如刘表治荆州，建州学，收效显著：

> 初，荆州人情好扰，加四方骇震，寇贼相扇，处处麋沸。表招诱有方，威怀兼洽，其奸猾宿贼更为效用，万里肃清，大小咸悦而服之。关西、兖、豫学士归者盖有千数，表安慰赈赡，皆得资全。遂起立学校，博求儒术，綦毋闿、宋忠等撰立《五经》章句，谓之后定。爱民养士，从容自保。③

在教师来源方面，郡国学教员由政府委任，纳入正式官职体系。学、校置经师一人，庠、序置孝经师一人，担任讲授、教化工作。一般而言，郡国掌管教化的官员为"文学掾"，或"文学史"，简称"文学"，由经学之士充任。不仅教授学生，还被聘为地方官员的学术顾问。《孔庙百石卒史碑》中有"文学守助掾"、"守文学掾"、"师"等名称，表明"文学"掾史为正式官员，

---

① 毛礼锐、瞿菊农、邵鹤亭：《中国古代教育史》，第164页。
② （清）王昶辑：《金石萃编》第一册，卷十七《校官碑》。
③ 《后汉书》卷七四下《刘表传》，第1044页。

但这是级别最低的官职。“文学”可经由察举为孝廉，朝廷特诏举贤良、方正时，“贤良文学”即是其中一种。多数郡学经师以“文学”为跳板，作为升迁铺垫。而郡学经师的来源，则多为郡本地自辟具有一定学术水平的士人，朝廷也可委任。此外，太学生中考试成绩未达到要求、累年滞留的宿儒，也是“文学”掾史的部分来源。县学中设学官（校官）为老师，多为没有官吏编制的自辟吏员。

地方官学的学生人数和标准没有具体限制，多由地方官员自行决定。学生来源，一般多是本地子弟，且郡县官吏子弟为首选。之所以如此，乃缘于西汉时期文翁兴学创下的惯例，免除官学生的徭役，因此，富商或官员多为其子弟复身免役。这些官学生学成后，可被选为当地官吏，但名额有限；也可被举荐至朝廷任官。如巴郡阆中人杨仁，汉明帝时，任什邡县令，“宽惠为政，劝课掾史弟子，悉令就学。其有通明经术者，显之右署，或贡之朝，由是义学大兴”①。无论是就地为吏，或是贡之于朝，都是地方官学学生最好的出路。当然，其前提条件是，学生必须“通明经术”，而地方或朝廷能够有空缺的官位。

四、私学地位的上升

如前所述，两汉私学是地方教育的重要组成部分，它能够弥补官学数量不足、教学内容受限等不足。“光武中兴”后，在统治者倡导下，私学再度兴盛。“其服儒衣，称先王，游庠序，聚横塾者，盖布之于邦域矣。若乃经生所处，不远万里之路；精庐暂建，赢粮动有千百。其耆名高义开门受徒者，编牒不下万人，皆专相传祖，莫或讹杂。”② 东汉中期后，官学时盛时衰，私学获得了更大发展。

（一）私学教师来源多样

东汉教育以儒学为主导，私学的发展，除了受汉王朝崇尚儒术的文教政策推动外，还得益于各类教师的特殊贡献。私学教师构成比较复杂，大致包

① 《后汉书》卷七九下《儒林传下·杨仁》，第1121页。
② 《后汉书》卷七九下《儒林传论》，第1129页。

括以下五类：

其一，在任朝廷官吏之名儒。

这类官吏，出身儒学。入仕前，有的就读太学或地方官学，有的曾随私学大师受业；入仕后，既官亦师。如楼望，少习《严氏春秋》。汉明帝永平初，“为侍中、越骑校尉，入讲省内”。章帝建初五年（80）后为左中郎将。“教授不倦，世称儒宗，诸生著录九千余人。”和帝永元十二年（100），年八十，卒于官，“门生会葬者数千人，儒家以为荣”①。

在职官员举办私学，其动机：一是出于研究儒术的兴趣和推广儒家伦理教化的情怀。为官朝中，仍不断研读儒家经典，通经致用。讲经授徒也是儒士弘扬理想、影响大众的一种重要方式。二是通过广收门徒，笼络士人，可扩大自身的政治影响力。当然，这类教师毕竟是少数，因为他们首先要履行官职公务，行有余力，才能从事教学活动。

其二，去官职后之名儒。

东汉名儒辞官或被免官后，多聚徒讲学，继续发挥作用。如郅恽，通《韩诗》、《严氏春秋》，明天文历数。光武帝时，他任汝南功曹，因与太守不合，辞官而去，“客居江夏教授”。郡举孝廉，为上东城门候。再迁长沙太守。因坐事免职，又“避地教授，著书八篇”②。魏应，原为济阴王文学，“以疾免官，教授山泽中，徒众常数百人”。汉明帝永平初，他又出任官职，“为博士，再迁侍中”③。李恂，“少习《韩诗》，教授诸生常数百人”。后任侍御史、兖州刺史、张掖太守等职。被罢免武威太守后，他“步归乡里，潜居山泽，结草为庐，独与诸生织席自给”④。一直执教私学，年九十六卒。韦彪，“好学洽闻，雅称儒宗”。建武末，举孝廉，除郎中，以病免，“复归教授”。汉明帝、章帝时，又先后任魏郡太守、大鸿胪等职。⑤ 王充，自洛阳太学卒业后归乡里，“屏居教授。仕郡为功曹，以数谏争不合去”。“刺史董勤辟为从事，转治中，自免还家”⑥。其主要事业乃是著书授徒。

---

① 《后汉书》卷七九下《儒林传下》，第1125页。
② 《后汉书》卷二九《郅恽传》，第440页。
③ 《后汉书》卷七九下《儒林列传下·魏应》，第1118页。
④ 《后汉书》卷五一《李恂传》，第722页。
⑤ 《后汉书》卷二六《韦彪传》，第399页。
⑥ 《后汉书》卷四九《王充传》，第697页。

其三，尚未入仕之名儒。

东汉儒士众多，而各级官吏职位有限，士人完成学业后若未能入仕，通常多是聚徒讲学。如程曾，“受业长安，习《严氏春秋》，积十余年，还家讲授。会稽顾奉等数百人常居门下”①。蔡玄，“学通五经，门徒常千人，其著录者万六千人。征辟并不就。顺帝特诏征拜议郎，讲论《五经》异同，甚合帝意”②。杨震，受《欧阳尚书》于太常桓郁，明经博览，无不穷究。诸儒为之语曰：“关西孔子杨伯起。”杨震“常客居于湖，不答州郡礼命数十年”，授徒讲堂。直至50岁，才应举茂才，四迁荆州刺史、东莱太守。③

此外，一些退隐名儒，也授徒传道。如郑玄，自游学归乡里，“家贫，客耕东莱，学徒相随已数百千人”。汉灵帝时，宦官擅势，坐党禁锢十四年，“遂隐修经业，杜门不出”④。解禁后，辞绝出任官职。建安五年（200）卒，自郡守以下尝受业者，缞绖参加葬礼千余人。京兆挚恂，“以儒术教授，隐于南山，不应征聘，名重关西，（马）融从其游学，博通经籍”⑤。

上述从事教学活动的“准官员”和退隐之士，在私学教师中占较大比例，这些教师对东汉私学发展作出了重要贡献。

其四，讲授私学之世家子弟。

东汉时期，世家子弟讲授私学颇多。这类教师，有的任职朝廷，有的是辞官后任教，也有终生未仕而任教者，他们的共同特点在于，具有深厚的家学渊源，影响广泛。如贾逵，九世祖贾谊，文帝时为梁王太傅。父贾徽，从刘歆受《左氏春秋》，兼习《国语》、《周官》，又受《古文尚书》于涂恽，学《毛诗》于谢曼卿，作《左氏条例》二十一篇。“（贾）逵悉传父业，弱冠能诵《左氏传》及《五经》本文，以《大夏侯尚书》教授。”建初元年（76），汉章帝诏贾逵，入讲北宫白虎观、南宫云台。又“令逵自选《公羊》严、颜诸生高才者二十人，教以《左氏》，与简纸经传各一通”。建初八年（83），章帝乃诏诸儒各选高才生，受《左氏》、《穀梁春秋》、《古文尚书》、《毛诗》，由是四经遂行于世。“皆拜逵所选弟子及门生为千乘王国郎，朝夕受业黄门

---

① 《后汉书》卷七九下《儒林传下·程曾》，第1125页。
② 《后汉书》卷七九下《儒林传下·蔡玄》，第1129页。
③ 《后汉书》卷五四《杨震传》，第751页。
④ 《后汉书》卷三五《郑玄传》，第517页。
⑤ 《后汉书》卷六上《马融传》，第829页。

署，学者皆欣欣羡慕焉。”[①] 贾逵作为东汉儒学大师，其讲学影响之大于此可见一斑。

再如姜肱，“家世名族”，“博通《五经》，兼明星纬，士之远来就学者三千余人。诸公争加辟命，皆不就”[②]。荀淑，颍川颍阴人，荀卿十一世孙。“少有高行，博学而不好章句，多为俗儒所非，而州里称其知人。”汉安帝时，征拜郎中，后再迁当涂长。去职还乡里。“当世名贤李固、李膺等皆师宗之。”钟皓，颍川长社人，“为郡著姓，世善刑律。皓少笃行称，公府连辟，为二兄未仕，避隐密山，以诗律教授门徒千余人”。其时，钟皓及荀淑并为士大夫所归慕。李膺常叹曰：“荀君清识难尚，钟君至德可师。”[③] 由此可见，荀、钟二人私学影响之广。

其五，私学授受之普通经师。

汉代经学教育造就了大批儒士，除了一部分入仕或任教官学，其他士人大多通过私人讲学实现自身价值。《后汉书·儒林传》序称：“东京学者猥众，难以详载，今但录其能通经名家者，以为《儒林篇》。”《后汉书》其他人物传记，大致也是如此。可见，大量普通经师并未能载入史册。

这些入传的经学名家，与私学关系密切。其中有的人曾受教于私学，后又从事私学教学活动。如刘昆，西汉平帝时，“受《施氏易》于沛人戴宾”。光武帝建武五年（29），举孝廉，不行，遂逃，“教授于江陵”。其子刘轶，“传昆业，门徒亦盛”。杨政，少好学，从代郡范升受《梁丘易》，善说经书。京师为之语曰：“说经铿铿杨子行。”教授数百人。《后汉书》也记载了一些出身寒微的士人，私学授徒。如公沙穆，“北海胶东人也，家贫贱。自为儿童不好戏弄，长习《韩诗》、《公羊春秋》。……后遂隐居东莱山，学者自远而至。”桓帝时，举孝廉以高第入仕。[④] 此外，汉代碑刻也载有士人讲学活动。如《赵宽碑》[⑤] 所载赵宽事例：

---

① 《后汉书》卷三六《贾逵传》，第530—532页。

② 《后汉书》卷五三《姜肱传》，第748页。

③ 《后汉书》卷六二《荀淑传》，第877页。

④ 《后汉书》卷八二下《方术传·公沙穆》，第1191页。

⑤ 全称《三老赵宽碑》，又称《三老赵掾碑》，1940年夏出土于青海省乐都县高庙镇白崖子村白崖沟口墩。1942年清海省政府将该碑送往西宁青海省图书馆保藏。1951年图书馆失火碑被焚毁。残碑现存青海省博物馆。

三老讳宽，字伯然，金城浩门人也。……修习典艺，即敦诗书，悦志礼乐，由复研机篇籍，博贯史略，雕篆六体，稽呈前人，吟咏成章，弹翰为法，虽扬、贾、班、杜，弗或过也。是以休声播于远近。永建六年（131），西归乡里……以宽宿德，谒请端首，优号“三老”，师而不臣。于是乃听讼理怨，教诲后生，百有余人，皆成俊艾，仕入州府，常膺福报。克述前绪。遭时凝滞，不永爵寿，年六十五。以元嘉二年徂疾，二月己酉卒。……光和三年（180）十一月丁未造。①

上述事例表明，东汉时期私学教师来源广，私人讲学成为一种普遍存在的教育活动和社会文化现象，发挥了培养人才、传播文化和推广教化的功能。

（二）私学规模的扩大和教学方式的创新

东汉私学地位的上升，除了教师来源增加，还表现在政府放宽对受教育对象的限制，私学的数量增多、规模扩大、私学教学方式创新等方面。

第一，东汉私学继承儒家“有教无类”的传统，招收对象在很大程度上突破了年龄、地域、家庭经济条件等限制，并享有相应的社会地位。

儒家对于教育活动有相应礼仪规范，东汉盛行儒学，私学的兴办也不可避免地受儒家礼仪的约束。《礼记·曲礼上》提出：“人生十年曰幼，学；二十曰弱，冠。”为人子者，“所游必有常，所习必有业”。这就是说，人达到幼年阶段，必须接受教育；外出游学，必须遵守一定的规矩，要有固定的学业。它还要求：“礼闻取于人，不闻取人。礼闻来学，不闻往教。”无论是官学，还是私学，都应该是学生前来求学，而非教师登门施教。依据这一原则，凡是志于学的“幼”、“弱”者，如有条件，就可以外出拜师受业。

从汉代开始，文官戴进贤冠。这是一种“文儒者之服”，象征着一定的社会政治地位。《后汉书·舆服志下》记载：东汉进贤冠，“公侯三梁，中二千石以下至博士两梁，自博士以下至小史私学弟子，皆一梁”。这表明私学弟子可与一般官吏戴同样冠冕，参加进贤典礼。可见，官学、私学学生都是官吏的“备选”者，具有平等的社会政治地位。

第二，从数量、规模来看，东汉私学远甚于西汉，私学弟子多者达万人

① 高文：《汉碑集释》，第444—447页。

以上。

据粗略统计，《后汉书》载有私学 38 家，其中《儒林传》记载私学 20 家，包括授业弟子百人以上者 6 家，千人以上者 8 家，万人以上者 2 家；其他各传记载私学 18 家，包括授业弟子百人以上者 7 家，千人以上者 7 家。如张兴著录弟子且万人，牟长著录诸生前后万人，蔡玄著录门徒万六千人，楼望诸生著录九千余人，宋登教授数千人，魏应、丁恭弟子著录数千人，姜肱就学者三千余人，曹曾门徒三千人，杨伦、杜抚、张玄皆千余人。此外，还有更多私学未载入史册。这些私学广泛分布于东汉各州、郡、县、道，成为地方教育的重要组成部分。

第三，私人讲学没有统一的机构和形式，往往因办学者的目的、客观条件、讲学内容及学生规模而不同。

私学级别根据教授内容有所分化。有的学者设立“精舍”、“精庐”或“经馆”，专门讲授经书或其他各家学说，这是较高一级的教学机构。如刘淑，少学明《五经》，遂隐居，“立精舍讲授，诸生常数百人”①。檀敷，少为诸生，家贫而志清，不受乡里施惠。举孝廉，连辟公府，皆不就。“立精舍教授，远方至者常数百人”②。李充，“立精舍讲授”③。有的讲学者建有童蒙馆，教授《孝经》、《论语》等内容，属于较低一级的教学机构。更多的学者往往以家为学，有的并无固定教学场所。如孙期，“家贫，事母至孝，牧豕于大泽中，以奉养焉。远人从其学者，皆执经垄畔以追之，里落化其仁让”④。杨伦，“讲授于大泽中，弟子至千余人”。汉安帝元初中，“郡礼请，三府并辟，公车征，皆辞疾不就”⑤。这是以原野为课堂，教学场所可谓无比广阔。

第四，在教学方法上，为适应求学者众多的需要，一些名儒采用“弟子以次相传”的方式。

晚清学者皮锡瑞曾分析东汉私学鼎盛的原因及其教学特点，总结说：

所以如此盛者，汉人无无师之学，训诂句读皆由口授；非若后世之

① 《后汉书》卷六七《党锢传·刘淑》，第 941 页。
② 《后汉书》卷六七《党锢传·檀敷》，第 954 页。
③ 《后汉书》卷八一《独行传·李充》，第 1169 页。
④ 《后汉书》卷七九上《儒林传上·孙期》，第 1109 页。
⑤ 《后汉书》卷七九上《儒林传上·杨伦》，第 1115 页。

书，音训备具，可视简而诵也。书皆竹简，得之甚难，若不从师，无从写录；非若后世之书，购买极易，可兼两而载也。负笈云集，职此之由。至一师能教千万人，必由高足弟子传授，有如郑康成在马季长门下，三年不得见者；则著录之人不必皆亲受业之人矣。①

如马融教授生徒，不拘一格，诸生分级，次相授受。据《后汉书》马融、郑玄本传记载：

（马）融才高博洽，为世通儒，教养诸生，常有千数。涿郡卢植，北海郑玄，皆其徒也。善鼓琴，好吹笛，达生任性，不拘儒者之节。居宇器服，多存侈饰。尝坐高堂，施绛纱帐，前授生徒，后列女乐，弟子以次相传，鲜有入其室者。②

融门徒四百余人，升堂进者五十余生。融素骄贵，（郑）玄在门下，三年不得见，乃使高业弟子传授于玄。玄日夜寻诵，未尝怠倦。会融集诸生考论图纬，闻玄善算，乃召见于楼上，玄因从质诸疑义，问毕辞归。融喟然谓门人曰："郑生今去，吾道东矣。"③

由上述可见，马融门下，高徒云集，真正能受其亲传者也就是50余人。郑玄虽属高徒，但三年内也无机会得到老师面授，只能通过"高业弟子"转相受业。不过，最后马融获知郑玄的才学非同一般，还是与其当面交流探讨，高度评价郑玄的学问。

第五，依据教学方式的差异，私学又将学生分为"弟子"、"门生"、"门童"等称谓。

据《孔宙碑》④ 记载，东汉泰山都尉孔宙，"少习家训，治严氏《春秋》，缉熙之业既就，而闺阈之行允恭，德音孔昭，遂举孝廉，除郎中都昌长，祗傅五教，尊贤养老，躬忠恕以及人，兼禹汤之己"。孔宙任官职之余还收徒讲学，共有50多个学生。⑤ 宋代学者洪适对此有考辨："凡门生四十二人，门童

---

① （清）皮锡瑞：《经学历史》，第125页。

② 《后汉书》卷六〇上《马融传上》，第834—835页。

③ 《后汉书》卷三五《郑玄传》，第517页。

④ 延熹七年□月戊□（造）。碑今在山东曲阜孔庙同文门东。碑主人孔宙，孔融之父，孔子第19世孙。

⑤ 碑文参见高文《汉碑集释》，第256—260页。

一人，弟子十人，故吏八人，故民一人，都昌者四，泰山者五。汉儒开门授徒，著录有盈万人者。其亲受业则曰弟子，以久次相传授则曰门生，未冠则曰门童，总而称之，亦曰门生。旧所治官府，其掾属则曰故吏。”① 与其他一些名儒相比，孔宙教授的学生数量并不多，但学生分类颇有代表性。也有私学只将学生统称为门生。如《鲁峻碑》② 载有鲁峻门生 37 人，并未区分弟子。

(三) 私学影响的扩大

东汉时期不同群体和阶层兴办私学，其出发点虽有差异，但基本上还是为了满足人才培养和社会政治的需要。各类私学主要传授儒家经典，以适应察举选士的基本要求。作为官学补充，私学为士人提供了察举入仕的可能性；另外，察举制的变革和推广，也直接推动了私学的发展。

以太学博士的选拔为例，东汉保举博士标准中明确规定，儒师教授门徒 50 人以上才有资格充任博士。因此，那些入选太学博士的学者，一般都从事过相当规模的私家教学活动。如张兴，习《梁丘易》以教授。“建武中，举孝廉为郎，谢病去，复归聚徒。后辟司徒冯勤府，勤举为教廉，稍迁博士。”③ 薛汉，“世习《韩诗》，父子以章句著名。汉少传父业，尤善说灾异谶纬，教授常数百人。建武初，为博士，受诏校定图谶。当世言《诗》者，推汉为长”④。薛汉的弟子杜抚，定《韩诗章句》。后归乡里教授。弟子千余人。周泽，少习《公羊严氏春秋》，“隐居教授，门徒常数百人。建武末，辟大司马府，署议曹祭酒。数月，征试博士”⑤。甄宇，习《严氏春秋》，“教授常数百人。建武中，为州从事，征拜博士”⑥。其他如杨伦、魏应、鲁恭、丁恭、李育等名儒，都是从私学教育起家，再被选为太学博士。

汉代选士诸科中，“以贤良方正为至重”⑦，这一察举特科要求被举荐的

① （宋）洪适：《隶释隶续》卷七《泰山都尉孔宙碑》，第 83 页。

② 鲁峻门生故吏于商、马荫等 320 人为之树碑颂德。该碑原在金乡焦氏山南鲁峻墓所，后被人移置任城（今山东济宁）孔庙。碑文参见高文《汉碑集释》，第 403—406 页。

③ 《后汉书》卷七九上《儒林传上・张兴》，第 1108 页。

④ 《后汉书》卷七九下《儒林传下・薛汉》，第 1119—1120 页。

⑤ 《后汉书》卷七九下《儒林传下・周泽》，第 1123 页。

⑥ 《后汉书》卷七九下《儒林传下・甄宇》，第 1125 页。

⑦ （宋）徐天麟：《东汉会要》卷二六《选举上》，载张海鹏主编《中国考试史文献集成》第一卷，第 120 页。

儒生，善于解说天人感应及灾异之学。这些儒生大多出自私学，成为贤良方正科选才的重要来源。东汉中后期，注重训诂、名物、典章制度考证的古文经学，开始以其学术优势压倒主讲灾异、图谶、微言大义的今文经学，学术地位后来居上。汉章帝建初八年（83）下诏，在太学扶持古文经学，允许群儒选入高才生，学习这方面经典。古文经学以籀文为载体，原本只在私学小范围传授，经过统治者倡导，逐渐被纳入国家教育和选士的范围。汉灵帝光和三年（180）六月，“诏公卿举能通《古文尚书》、《毛诗》、《左氏》、《穀梁春秋》各一人，悉除议郎”①。这从一个侧面反映出私学教育影响的扩大。

除了培养经学人才，东汉私学在经学研究方面也取得了令人瞩目的成就。与官学相比，私学教育内容和教学方式较为多样，学术氛围宽松，少有非学术干扰，讲学者及门徒多致力于治学。因此，“许多私学出身的学者，其学术造诣并不逊色于太学博士，甚至高于博士，尤其在东汉更为明显”。东汉出现了不少经学大家，如马融、郑玄、许慎、周举、杨震、井丹等，均为私学大师。据学者统计，“现有记载的东汉各类经学著述100余种中，90%以上是由非博士的私家经师所编纂的”②。由此可见，私学对于汉代文化教育贡献之大。

值得指出的是，东汉私学除了传授儒学，还有少数学者讲授法律刑名、阴阳学说及方术。这也与汉代统治者倡导儒法合流、黄老之学以及经学的谶纬化密切相连。其中擅长法律、阴阳的学者往往成为察举、征召的对象。

如前述之钟皓，“世善刑律”，“以诗律教授门徒千余人”。“前后九辟公府，征为廷尉正、博士、林虑长，皆不就。”③ 杨厚，世传谶纬之学。祖父春卿，善图谶学。父杨统，“从犍为周循学习先法，又就同郡郑伯山受《河洛书》及天文推步之术”。杨厚少学家业，精力思述。汉安帝时，“复习业犍为，不应州郡、三公之命，方正、有道、公正特征，皆不就”。永建二年（127），汉顺帝“特征”，拜杨厚为议郎，三迁为侍中。此后，因外戚梁冀专权，杨厚称病归家，“修黄、老，教授门生，上名录者三千余人”④。

范晔指出“汉世异术之士甚众”，并为之立传。这些士人也授徒传术，包

① 《后汉书》卷八《孝灵帝纪》，第141页。

② 俞启定、施克灿：《中国教育制度通史》第一卷，第436页。

③ 《后汉书》卷六二《钟皓传》，第877页。

④ 《后汉书》卷三〇上《杨厚传》，第447页。

括医药学术。如北海王和平，性好道术。“济南孙邕少事之，从至京师。会和平病殁，邕因葬之东陶。有书百余卷，药数囊，悉以送之。后弟子夏荣言其尸解，邕乃恨不取其宝书仙药焉。”① 虽然医学道术与察举无关，但也是借私学而传承不辍。

总之，“汉代经师的私家传授，无论从数量上还是规模上，都远远超过太学和郡国学，在教育上的成果也大于官学”②。东汉私学的讲学活动，范围广、影响大，既为察举选士奠定了重要的人才基础，也促进了经学变革、文化传承和古代教育的发展。

① 《后汉书》卷八二下《方术列传下 · 王和平》，第 1202 页。

② 俞启定、施克灿：《中国教育制度通史》第一卷，第 435 页。

第四章　魏晋时期察举制的式微

在中国古代选官制度发展史上，魏晋时期是一个重要转折阶段。一方面继续沿用汉代开创的察举选士、太学考试入仕的路径，任用经学人才；另一方面开始建立九品中正制，实行新的选官方式。这项制度为南北朝统治者所承袭，延续近四百年。从考试史来看，“九品中正制本身并不是考试制度，而且也不是隋唐科举制度的前身，它是一种铨选方法而非贡举方法”①。尽管如此，九品中正制的实施，对于魏晋南北朝的人才选拔却产生了重大影响。在这种选官制度下，察举选士以门第为主要标准，导致人才选拔的严重不公平，由此激发士人对变革选士制度的强烈要求。同时，为了准确评鉴人才，这一时期，一些有识之士重视研究如何“识人”、“选材”。从一定意义上可以说，正是由于魏晋南北朝时期选官弊端的加深，催化了科举考试制度的诞生。

第一节　九品中正制的建立

九品中正制又称“九品官人法”，创立于曹魏时期。史载：“延康元年(220)，尚书陈群以为天朝选用，不尽人才，乃立九品官人之法。州郡皆置中正，以定其选，择州郡之贤有识鉴者为之，区别人物，第其高下。又制郡口十万以上，岁察一人，其有秀异，不拘户口。其武官之选，俾护军主之。”②西晋时期，九品中正制渐趋完备，南北朝时有所变化，至隋开皇年间被废止。九品中正制的产生及长期延续，有其深刻的历史根源和客观的现实政治需要。

① 刘海峰：《科举考试的教育视角》，第14页。

② （元）马端临：《文献通考》卷二八《选举考一》，第812页。

一、历史与社会政治根源

首先，从制度渊源来看，九品中正制继承了东汉选士乡议的传统，是察举制在特定社会条件下演化的结果。

自东汉后期开始，豪强地主势力兴起，逐渐垄断地方选士大权，察举制发生异化，成为维护世家大族利益的工具。日本学者宫崎市定指出："汉代的秀孝，虽说重在考察个人才能，但实际上是从州郡僚属中选拔，而州郡僚属出自地方豪族。"① 就选官方式而论，九品中正制延续了察举制传统。"中正的名号虽然始见于曹魏，然而在地方官之外由少数人或一个人主持乡闾评议却是个旧传统。"② 东汉末年，名士对人物之褒贬，在选举上举足轻重。如太山太守、北海相杜密，辞官返乡后，仍可左右乡士评议。史载：

> 后（杜）密去官还家，每谒守令，多所陈托。同郡刘胜亦自蜀郡告归乡里，闭门埽轨，无所干及。太守王昱谓密曰："刘季陵清高士，公卿多举之者。"密知昱激己，对曰："刘胜位为大夫，见礼上宾，而知善不荐，闻恶无言……此罪人也。今志义力行之贤，而密达之；违道失节之士，而密纠之，使明府赏刑得中，令问休扬，不亦万分之一乎？"昱惭服，待之弥厚。③

类似的事例颇多，此不赘述。汉末黄巾大起义爆发后，东汉政权分崩离析。连年不断的战争导致社会动荡不安，察举乡议遂中断。在此社会背景下，如何选拔人才，成为地方割据政权亟待解决的政治问题。在北方地区，为了壮大统治力量，建立中央集权政府，曹魏政权两次发布"求贤令"，广招人才。汉献帝建安十五年（210）春，曹操下令曰：

> 自古受命及中兴之君，曷尝不得贤人君子与之共治天下者乎！及其得贤也，曾不出闾巷，岂幸相遇哉？上之人不求之耳。今天下尚未定，此特求贤之急时也。"孟公绰为赵、魏老则优，不可以为滕、薛大夫"。若必廉士而后可用，则齐桓其何以霸世！今天下得无有被褐怀玉而钓于

① ［日］宫崎市定：《九品官人法研究——科举前史》，韩昇、刘建英译，第348页。

② 唐长孺：《魏晋南北朝史论丛》，第86页。

③ 《后汉书》卷六七《党锢列传・杜密》，第945页。

渭滨者乎？又得无盗嫂受金而未遇无知者乎？二三子其佐我明扬仄陋，唯才是举，吾得而用之。①

建安十九年（214）十二月，曹操又令曰：

“夫有行之士未必能进取，进取之士未必能有行也。陈平岂笃行，苏秦岂守信邪？而陈平定汉业，苏秦济弱燕。由此言之，士有偏短，庸可废乎！有司明思此义，则士无遗滞，官无废业矣。”又曰：“夫刑，百姓之命也，而军中典狱者或非其人，而任以三军死生之事，吾甚惧之。其选明达法理者，使持典刑。”②

为此，曹魏政权设置“理曹掾属”，负责掌管人才。丞相东曹掾何夔曾建言，选士应区分德行与才能两项标准，使保举者和朝臣各司其职。其言曰：

自军兴以来，制度草创，用人未详其本，是以各引其类，时忘道德。夔闻以贤制爵，则民慎德；以庸制禄，则民兴功。以为自今所用，必先核之乡间，使长幼顺叙，无相逾越。显忠直之赏，明公实之报，则贤不肖之分，居然别矣。又可修保举故不以实之令，使有司别受其负。在朝之臣，时受教与曹并选者，各任其责。上以观朝臣之节，下以塞争竞之源，以督群下，以率万民，如是则天下幸甚。③

上述建议得到了曹操的肯定。这表明，在人才选拔上，曹操虽然要求“唯才是举”，用士不拘一格，但是，在现实社会中要巩固统治权，不能不兼顾儒家所提倡的伦理秩序，需要注重乡间对士人的评议。唐长孺先生指出：“正因为既以道德行为为选举标准的旧传统不能完全丢掉，就非得适当重视乡间评定不可”；另一方面，“中正则由政府委任，这样就把私人的月旦评变作官家的品第，强迫清议与政府一致，同时使原来与政府有矛盾的大族名士与政府取得协调，政府控制了舆论，而当中正的即是大族名士，他们的私家操纵也由此取得了合法地位”④。由此可见，汉末“名士”与魏晋以下的“中

---

① 《三国志》卷一《魏书·武帝纪》，第32页。

② 《三国志》卷一《魏书·武帝纪》，第44页。

③ 《三国志》卷一二《魏书·何夔传》，第381页。

④ 唐长孺：《魏晋南北朝史论丛》，第95页。

正”，其政治地位虽不可同日而语，但在品评乡士中都发挥着举足轻重的作用，这也反映出中正制与察举制的历史继承性。

其次，从政治上来看，九品中正制的建立，适应了曹魏统治者为巩固新政权而重新分配选拔人才权力的需要，是社会失序状态下统治者的权宜之计。

九品中正制是曹魏政权与世家大族势力相互妥协的产物。宫崎市定认为，曹魏政权实行九品官人法的意图，“在于对官吏的资格审查，特别是对革命之后想在魏朝当官的东汉官吏的资格审查”。究其原因，“一是东汉末期的官吏铨选极为混乱；二是不能保证东汉官僚中没有始终拥护东汉政权而反对魏朝的人。为了建立新的魏朝，有必要清除浊流官吏和反魏分子，九品官人法就是为此目的而设计的官吏资格审查制度”①。这一制度策划者陈群，出身世家大族，为东汉名士陈寔之孙。汉末他以司徒掾举高第，为治本侍御史，转参丞相军事。曹魏政权建立后，他迁为御史中丞，转为侍中。针对汉末以来士人流离他乡、察举难以实施的现状，陈群提出由本籍官员品评在籍士人，以改进士人入仕路径。史称：“文帝在东宫，深敬器焉，待以交友之礼，常叹曰：‘自吾有回，门人日以亲。’及即王位，封群昌武亭侯，徙为尚书。制九品官人之法，群所建也。”② 为了获得世家大族的支持，魏文帝曹丕采纳了陈群的建议，委任各郡有声望的大官兼任“中正”，执掌选官实权，将当地士人按才能分别评定为“九品”，政府按等选用。

之所以如此，乃是因为曹魏政权与世族豪强势力各有所需，相互依赖，以维护自身的政治、经济利益。曹氏三世曹操、曹睿、曹丕反对朋党浮华交游之风，发动几次巨案，抑制豪族势力，但为了现实的统治需要，在选士制度上不得不有所妥协，对察举制实行变通，保留世族的选士权。

唐长孺先生指出：“曹氏政权既然代表统一政权，就必须加以制裁，而首先是减轻他们在选举上的威权。然而在这个时候要完全废除乡间评定的成法是有困难的。第一，从东汉二百年培养起来的学门大族虽然暂时受到压制，但他们在社会上的势力有深厚的基础，这一点就不能不加以考虑。第二，在理论上人物评价还是重观察而不重考试。因此一方面保留乡间评定的残骸，

① ［日］宫崎市定著：《九品官人法研究——科举前史》，韩昇、刘建英译，第7—8页。
② 《三国志》卷二二《魏书·陈群传》，第635页。

另一方面又将向来与政府对立的或者是代表大族、名士势力的选举威权转而与政府合作。中正制度的设立就发挥了这样一个作用。”司马氏建立晋朝后，因出身于儒学大族，“其政权基础也建立在大族的基础上，因之中正与大族更进一步地结合起来成为门阀制度的有力支持”[①]。这些反映出九品中正制与世家大族之间密切的政治联系。

除了为争取世家大族的支持外，九品中正制本身也确有其可采之处。九品中正制刚设立之初，既照顾世家大族的利益，也包含了“唯才是举”的精神。选举人才时“品”、“状”并重，一定程度上起到了选贤任能以维护其统治的作用。晋卫瓘认为，“魏立九品，是权时之制，非经通之道，宜复古乡举里选”[②]。南朝沈约指出：“汉末丧乱，魏武始基，军中仓卒，权立九品，盖以论人才优劣，非谓世族高卑。”但是，这项制度实施不久后，却演变为“州都郡正，以才品人，而举世人才，升降盖寡，徒以凭藉世资，用相陵驾”[③]。现代学者也指出：“九品中正制的创立并非专以血统为评定的根据，只是它促使门阀制度的巩固，而巩固了的门阀制度又掌握了这个工具。”[④] 可见，九品中正制的建立，主观愿望与客观结果并不一致。

最后，从历史变迁来看，九品中正制之所以沿用近四百年，是因为“人士流移”这个问题自汉末至南北朝始终存在，而选举制度仍然部分地保存着东汉旧传统，需要权威人士主持对被举者的评议。

魏晋时期，除了西晋短暂统一外，大部分时间国家处于分裂状态。在极度动荡的社会环境下，实施察举选士，“一方面顾全乡闾评定的旧传统，另一方面适应人士流移的新环境，就本乡之中选择一个适当的人来主持评定的任务。这个人在本乡负有声望，又熟习士人的行动，吏部可以从他的报告中得到依据，这样就不至于无从查考了”[⑤]。卫瓘与太尉上疏言：“魏氏承倾覆之运，起丧乱之后，人士流移，考详无地，故立此法，粗且为一时选用之本耳。”[⑥] 尚书仆射刘毅认为，“以九品中正者，始因魏初丧乱，是军中权时之

① 唐长孺：《魏晋南北朝史论丛》，第 94、97 页。
② 《晋书》卷三六《卫瓘传》，第 1058 页。
③ 《宋书》卷九四《恩倖传序》，第 2301 页。
④ 唐长孺：《魏晋南北朝史论丛》，第 84 页。
⑤ 唐长孺：《魏晋南北朝史论丛》，第 84 页。
⑥ 《晋书》卷三六《卫瓘传》，第 1058 页。

制，非经久之典也。因用土断复古、乡举里选之法”①。这些说明九品中正制的建立，起初是应对士人播迁、察举难以实施的问题。

晋怀帝永嘉年间，“八王之乱”引发中原地区更大的灾难。一时间，胡骑飞扬，风尘四起。东晋初年，著作郎虞预上书曾言：“自元康（291）以来，王德始阙，戎翟及于中国，宗庙焚为灰烬，千里无烟爨之气，华夏无冠带之人，自天地开辟，书籍所载，大乱之极未有若兹者也。”② 中原板荡，士人大举南迁。《晋书・王导传》说：“洛京倾覆，中州士女避乱江左者十六七。”颜之推也说：“中原冠带，随晋渡江者百家。”③ 唐人张籍的《永嘉行》④ 对此有生动描绘：

黄头鲜卑入洛阳，胡儿执戟升明堂。
晋家天子作降虏，公卿奔走如牛羊。
紫陌旌幡暗相触，家家鸡犬惊上屋。
妇人出门随乱兵，夫死眼前不敢哭。
九州诸侯自顾土，无人领兵来护主。
北人避胡多在南，南人至今能晋语。

西晋灭亡后，北方陷入少数民族和汉族政权频繁更迭局面；南方东晋政权，偏安一隅。南北各地士人远离乡土，迁居他乡，推行察举乡闾评议更为困难，九品中正得以延续。另一方面，伴随大规模、长时间的人口迁移，世家大族仍然拥有经济、政治等特权，甚至形成“门阀政治”。东晋、十六国和南北朝时期，世族出任州郡大小中正仍是普遍现象，对人才选拔制度产生重要影响。

南北朝后期，寒人势力逐渐兴起，执掌机要，要求改变选士方式。“到了隋代又建立了统一帝国，土断可以实施，而选举偏重考试，由中央的吏部集中处理，公卿、地方官不再有辟举的权力，于是中正也无设立的必要。”⑤ 察举选士制面临新的挑战与转变。

---

① （唐）杜佑：《通典》卷一四《选举二》，第78页。

② 《晋书》卷八二《虞预传》，第2144页。

③ 《北齐书》卷四五《颜之推传》附《观我生赋・自注》，第621页。

④ （清）彭定求等：《全唐诗》第12册，第4282页。

⑤ 唐长孺：《魏晋南北朝史论丛》，第85页。

由上述可见，九品中正制的产生、演变及其消亡有其内在的逻辑，深受政治、社会、选士传统的影响，是察举制与士族①门阀制结合的产物。

二、九品中正制的内容

作为魏晋南北朝时期重要的选官制度，九品中正制的主要内容就是选择“贤有识鉴”的中央官吏兼任原籍地的州、郡、县的大小中正官，负责察访本州、郡、县散处在各地的士人，综合德才、门第定出“品”和“状”，供吏部选官参考。具体来说，主要包括以下内容。

第一，设置“中正”是九品中正制的关键环节。

“中正”是指掌管对某一地区人物进行品评的负责人。曹魏时，州设大中正，由中央选派籍贯本郡、有“识鉴”才能的官员担任，无官品俸禄，掌管州中数郡人物品评。各郡另设小中正，由所在州大中正推举，但仍需经司徒任命。晋以后，州、郡的大小中正都由中央三公中的司徒选任，司徒或吏部尚书也可直接兼任州的大中正，以保证中央对选举的直接控制。此外，也有一人兼任数州中正。州郡中正均设有属员。据《文献通考》卷二八《选举考一》记载：

> 州、郡、县俱置大小中正，各取本处人，在诸府公卿及台省郎吏，有德充才盛者为之，区别所管人物，定为九等。其言行修著，则升进之，或以五升四，以六升五，倘或道义亏缺，则降下之，或自五退六，自六退七矣。是以吏部不能审定核天下人才士庶，故委中正铨第等级，凭之授受，谓免乖失及法弊也。

上述表明，中正的选择标准强调“德充才盛”，而这样的人选往往非世族子弟莫属。可见，中正一职主要来源于世家大族。

第二，品第人物是中正官的主要职责。

中正的主要职责是品评本州和散居其他各郡的同籍士人，向中央政府提

---

① 关于士族的划分标准，学术界有不同界说。这里仅举两种界说。辞海编辑委员会编纂《辞海》（第2069页）界定为：东汉末年开始，大官僚地主依靠政治、经济特权，逐渐形成为大姓豪族，称为“士族”或“世族”，亦称“高门”。不属于“士族”的则被称为“庶族”，亦称寒门。台湾学者毛汉光提出划分士族的两个标准，“即三代之中有二代居官五品以上，同时合于这两个条件者，视为士族”。参见毛汉光《中国中古社会史论》，第144页。

供被品评人物的各项材料以作为授官的依据。中正品评材料大致包括三部分：

一是“家世”，即家庭出身和背景，包括家庭出身、父祖辈的资历、仕宦情况及爵位高低等背景。家世材料被称为“簿世”、“簿阀”或“阀阅”。所谓“簿阀”，即“谱牒门阀”，指当时有势力的氏族和门第。如《南史·周敷传》所称：“（周）迪素无簿阀，又失众心，倚（周）敷望族，深求交接。”魏晋南北朝时期，适应门阀集团的需要，谱学（又称谱牒学）兴盛。“世家大族特别重视门第、血统和婚宦的纯洁性和排他性，以保证在选拔人才方面的特殊权益。”① 谱牒成为“别贵贱，分士庶”的重要凭证。中正一般都详细掌握所管辖地区士人的家世谱碟，以便随时查考呈报。

二是“状”，又称“行状”，是对士人品行才能的总评。选士参考被选人的行状，起于汉代察举。“汉代的状是举主、府主对于所举人道德才能具体叙述，这在晋代也还沿用。”② 魏晋时中正所作“状”语极为简约概括，这也受魏晋玄谈崇尚简约含蓄之风气的影响。以晋人孙楚为例，州中正王济给孙楚作的状只有“天才英博，亮拔不群”③ 八个字。孙楚年少时有一次与王济交谈，居然能将“漱石枕流”的口误曲解新意，可见当时清谈风气对人物行状的评语风格的影响。再如中正王嘉为吉茂所作“状”语只有四个字：“德优能少。”④《北堂书钞》卷六六引何法盛《中兴书范阳祖录》称祖纳“品为能清言明，理文义可观”。这里所谓“品”，其实是“状”语，也只有九个字。⑤ 这类“状”语，是对东汉后期名士品评人物的制度化。

三是“品”，也就是确定品级，评定士人才能的等级。一般人物可由属员评议，重要人物则由中正亲自评议。“品”分为上上、上中、上下、中上、中中、中下、下上、下中、下下九品。用“九品”来给人物进行等级分类，其法由来已久。《汉书·古今人表》即是如此。九品中正制虽将人物的品第分为九品，但类别却只有上品、中品和下品三类。一品为虚设，二品至三品为上品；四品至五品为中品；六品至九品为下品。根据政治时尚，九品实际上被分为两大类别，即上品和卑品。二品就是最高品级，四品以下算作卑品。

---

① 罗宏曾：《魏晋南北朝文化史》，第451—452页。

② 唐长孺：《魏晋南北朝史论丛》，第107页。

③ 《晋书》卷五六《孙楚传》，第1543页。

④ 《三国志》卷二三《魏书·常林传》注引《魏略·清介吉茂传》，第661页。

⑤ 唐长孺：《魏晋南北朝史论丛》，第108页。

在中正制度中，“状”、“品”、“簿阀”三者关系密切。唐长孺先生指出：“品是根据状决定的，但状只考虑才德，品却须参考家世资历，二者可能不一致。”① 如《常林传》注引《魏略·清介吉茂传》记载：“冯翊郡移（王）嘉为中正，嘉叙（吉）茂虽在上第而状甚下。”其初，中正定“品”的标准，原则上依据“行状”，家世“簿阀”只作为参考，但是晋以后，完全以“簿阀”来定品级，因此，其评价结果不能反映士人的实际品行和才能。

第三，上报司徒府复核批准，作为吏部选官根据。

中正评定的品第又称“乡品”，是吏部委任官职的依据之一。升品意味着升官，降品意味着降官。中正评定的品级，要用黄纸写好，收藏在司徒府。如有升降变化，都应上报司徒府改写黄纸。所谓黄纸，实际上相当于一种注明记载品第的簿册。由于品第与被评者的官位密切相关，中正对人物的品第，需要定期调整。魏晋时期三年一次调整品第是常例。不过，中正也可以根据需要随时升降品第。

在士族统治下，任官者其官品须与“乡品”相适应，“乡品”高者做官起点高，往往为“清官”，受人尊重，升迁较快；乡品卑者做官起点低，往往为“浊官”，受人轻视，升迁慢。中正自身也有品第，一般说来，中正应该是二品。如果是品第较低的人出任中正，就要升品。为了提高中正的权威，政府禁止被评者诉讼枉曲。中正若定品违法，给人物定品不当，中央政府追查其责任。

三、九品中正制的实施

在九品中正制建立初期，一些中正尚能秉公选举，维护选士的才德标准。清代学者赵翼参以《三国志》、《晋书》等史传记载，指出“乡邑清议亦时有主持公道者”。如：

> 陈寿遭父丧有疾，令婢丸药，客见之，乡党以为贬议，由是沈滞累年，张华申理之，始举孝廉。(《寿传》) 阎乂亦西州名士，被清议，与寿皆废弃。(《何攀传》) 卞粹因弟裒有门内之私，粹遂以不训见讥被废

① （唐）虞世南：《北堂书钞》卷六六引何法盛《中兴书范阳祖录》称祖纳的“状”语。参见唐长孺《魏晋南北朝史论丛》，第108页。

(《卞壶传》)并有已服官而仍以清议升黜者。长史韩预强聘杨欣女为妻,时欣有姊丧未经旬,张辅为中正,遂贬预以清风俗。(《辅传》)陈寿因张华奏,已官治书侍御史,以葬母洛阳,不归丧于蜀,又被贬议,由是遂废。(《寿传》)刘颂嫁女于陈峤,峤本刘氏子,出养于姑,遂姓陈氏,中正刘友讥之。(《颂传》)李含为秦王郎中令,王薨,含俟葬讫除丧,本州大中正以名义贬含,傅咸申理之,诏不许,遂割为五品。(《含传》)淮南小中正王式父没,其继母终丧,归于前夫之子,后遂合葬于前夫。卞壶劾之,以为犯礼害义,并劾司徒及扬州大中正、淮南大中正,含容徇隐,诏以式付乡邑清议,废终身。(《壶传》)温峤已为丹阳尹,平苏峻有大功,司徒长史孔愉以峤母亡,遭乱不葬,乃下其品。(《愉传》)①

上述事例表明,"已入仕者,尚须时加品定,其法非不密也"②。赵翼还总结九品中正制的内容及其创立过程,指出这项选才制度承袭察举"乡评"传统,本义是要纠正汉末选士不实的弊端。其言曰:

魏文帝初定九品中正之法:郡邑设小中正,州设大中正。由小中正品第人才,以上大中正;大中正核实,以上司徒;司徒再核,然后付尚书选用。此陈群所建白也。然魏武时,何夔疏言:"今草创之际,用人未详其本,是以各引其类,宜先核之乡间,使长幼顺序,无相逾越,则贤不肖先分。"(《夔传》)杜恕亦疏言:"宜使州郡考士,必由四科,皆有事效,然后察举,试辟公府"。(《恕传》)此又在陈群之前。盖汉以来本以察举孝廉为士人入仕之路,迨日久弊生,夤缘势利,猥滥益甚。故夔等欲先清其源,专归重于乡评,以核其素行。群又密其法而差等之,固论定官才之法也。③

此外,中正评议人物照例三年调整一次,但中正对所评议人物,也可随时予以升、降品级。如赵翼所论:

且石虎诏云:"魏立九品之制,三年一清定之,亦人伦之明镜也。先

① (清)赵翼:《廿二史札记》卷八《九品中正》,第129页。
② (清)赵翼:《廿二史札记》卷八《九品中正》,第129页。
③ (清)赵翼:《廿二史札记》卷八《九品中正》,第128—129页。

> 帝黄纸再定，以为选举，今又阅三年，主者更铨论之。”是魏以来，尚有三年更定之例，初非一经品定，即终身不改易，其法更未尝不详慎也。且中正内亦多有矜慎者，如刘毅告老，司徒举为青州大中正，尚书谓毅既致仕，不宜烦以碎务，石鉴等力争，乃以毅为之。铨正人流，清浊区别，其所弹贬，自亲贵者始。(《毅传》)①

司徒王浑，“奏周馥理识清正，主定九品，检括精详，褒贬允当”。张华素重张轨，安定中正蔽其善，“（张）华为延誉，得居二品”。华恒为州中正，“乡人任让轻薄无行，为恒所黜”。韩康伯为中正，“以周勰居丧废礼，脱落名教，不通其议”。陈庆之子暄，以落魄嗜酒，“不为中正所品，久不得调”②。这些都是中正秉公不挠的典型事例。

九品中正制在实行初期，对于选举制度的专职化，巩固中央集权的统治起过一定的作用。但是，随着士族势力的发展，这项制度产生了类似于察举制甚至比察举制更为严重的弊端。中正职位大多为门阀士族所垄断，这些权贵往往徇私枉法，行贿受贿，丧失选才的公正性。宫崎市定指出：“中正制度并不是一旦建立就一成不变，而是随着时势的变化而变化”；“个人才德被换成了家格高下。”③ 在中正品第过程中，才德标准逐渐被忽视，家世门第则越来越重要，甚至成为唯一标准，流弊丛生。如赵翼所言：

> 然行之未久，夏侯玄已谓中正干铨衡之权（《玄传》）。而晋卫瓘亦言：“魏因丧乱之后，人士流移，考详无地，故立此法，粗具一时选用。其始乡邑清议，不拘爵位，褒贬所加，足为劝励，犹有乡论余风。其后遂计资定品，惟以居位为重。”是可见法立弊生，而九品之升降，尤易淆乱也。④

赵翼列举西晋郑默、刘卞、孙秀、袁粲等人事例，说明当时“中正所品高下，全以意为轻重”⑤。段灼上疏亦曾指出，为了灭吴，统一天下，“故宜畴咨博采，广开贡士之路，荐岩穴，举贤才，征命考试，匪俊莫用。今台阁

① （清）赵翼：《廿二史札记》卷八《九品中正》，第129—130页。
② （清）赵翼：《廿二史札记》卷八《九品中正》，第130页。
③ ［日］宫崎市定著：《九品官人法研究——科举前史》，韩昇、刘建英译，第345页。
④ （清）赵翼：《廿二史札记》卷八《九品中正》，第129页。
⑤ （清）赵翼：《廿二史札记》卷八《九品中正》，第130页。

选举，途塞耳目，九品访人，唯问中正。故据上品者，非公侯之子孙，则当途之昆弟也。二者苟然，则荜门蓬户之俊，安得不有陆沉者哉!”① 之所以出现这种弊端，原因在于，“进退人才之权，寄之于下，岂能日久无弊?”② 也就是说，“九品访人，唯问中正”，国家选士、用人的大权下移，为地方豪强势力所把持，导致英才“陆沉”。

魏曹芳在位时，司马懿当政，于各州设大中正，任用世族豪门担任，选取标准则以家世为重，维护世族特权。大小中正选士需稽查谱牒，无论是士族豪门，还是寒士平民，无不重视籍贯、门第和家世出身问题。这种选士标准产生严重弊端：“高门华阀有世及之荣，庶姓寒人无寸进之路，选举之弊，至此而极。”③ 一些正直大臣如刘毅、卫瓘上书要求废除中正制。

西晋武帝太康年间，尚书仆射刘毅上疏，抨击九品中正制的流弊：“夫九品有八损，而官才有三难，皆兴替之所由也。人物难知，一也；爱憎难防，二也；情伪难明，三也。”④ “损政之道”表现在八个方面：

其一，“今立中正，定九品，高下任意，荣辱在手。操人主之威福，夺天朝之权势。爱憎决于心，情伪由于己。公无考校之负，私无告讦之忌。用心百态，求者万端”；“今之中正，不精才实，务依党利；不均称尺，务随爱憎。”“或以货赂自通，或以计协登进，附托者必达，守道者困悴。无报于身，必见割夺；有私于己，必得其欲。是以上品无寒门，下品无势族”。

其二，“置州都者，取州里清议，咸所归服，将以镇异同，一言议。不谓一人之身，了一州之才，一人不审便坐之。若然，自仲尼以上，至于庖牺，莫不有失，则皆不堪，何独责于中人者哉!”“驳违之论横于州里，嫌雠之隙结于大臣”。“况乃人伦交争而部党兴，刑狱滋生而祸根结。”

其三，“本立格之体，将谓人伦有序，若贯鱼成次也。为九品者，取下者为格，谓才德有优劣，伦辈有首尾”。今之中正，“公以为格，坐成其私”。“使得上欺明主，下乱人伦。乃使优劣易地，首尾倒错。推贵异之器，使在凡品之下；负戴不肖，越在成人之首。”

---

① 《晋书》卷四八《段灼传》，第1347页。
② （清）赵翼：《廿二史札记》卷八《九品中正》，第130页。
③ （清）赵翼：《廿二史札记》卷八《九品中正》，第131页。
④ （唐）杜佑：《通典》卷一四《选举二》，第78页。

其四，“置中正，委以一国之重，无赏罚之防”。“培一人之势，使得纵横，无所顾惮。诸受枉者抱怨积直，独不蒙天地无私之德，而长壅蔽于邪人之铨”。

其五，“昔在前圣之世”，“隆乡党之议，崇六亲之行，礼教庠序以相率”，“故天下之人退而修本”。“今一国之士多者千数，或流徙异邦，或取给殊方，面犹不识，况尽其才力！而中正知与不知，其当品状，采誉于台府，纳毁于流言。任己则有不识之蔽，听受则有彼此之偏。所知者以爱憎夺其平，所不知者以人事乱其度；既无乡老纪行之誉，又非朝廷考绩之课；遂使进官之人，弃近求远，背本逐末。位以求成，不由行立，品不校功，党誉虚妄。”

其六，“凡所以立品设状者，求人才以理物也，非虚饰名誉，相为好丑”。“今则反之，于限当报，虽职之高，还附卑品，无绩于官，而获高叙，是为抑功实而隆虚名也。上夺天朝考绩之分，下长浮华朋党之士。”

其七，“凡官不同事，人不同能，得其能则成，失其能则败。今品不状才能之所宜，而以九等为例。以品取人，或非才能之所长；以状取人，则为本品之所限。若状得其实，犹品状相妨，系絷选举，使不得精于才宜。况今九品，所疏则削其长，所亲则饰其短。徒结白论，以为虚誉，则品不料能，百揆何以得理，万机何以得修？”

其八，“前之九品诏书，善恶必书，以为褒贬，当时天下，少有所忌。今之九品，所下不彰其罪，所上不列其善，废褒贬之义，任爱憎之断，清浊同流，以植其私”。“进者无功以表劝，退者无恶以成惩。惩劝不明，则风俗污浊，天下人焉得不解德行而锐人事？”①

总之，九品中正制，“虽职名中正，实为奸府”；“自魏立以来，未见其得人之功，而生仇薄之累。毁风败俗，无益于化，古今之失，莫大于此。”因此，刘毅主张宜罢中正，除九品，“立一代之美制”②。疏奏后，司马炎下诏解答。后来司空卫瓘等亦共同上表提出省除九品制，恢复古代“乡议里选”制度。司马炎最终没有采纳。

九品中正制不仅成为维护和巩固门阀统治的重要工具，而且本身就是构

---

① 《晋书》卷四五《刘毅传》，第1274—1277页。

② 《晋书》卷四五《刘毅传》，第1277页。

成门阀制度的重要组成部分。到南朝时期，在中正评议中，所重视的只是魏晋间远祖的名位，而辨别血统和姓族只须查谱牒，中正的品第反成无足轻重的例行公事。如《新唐书》卷一九九《柳冲传》所言：

> 魏氏立九品，置中正，尊世胄，卑寒士，权归右姓已。其州大中正、主簿，郡中正、功曹，皆取著姓士族为之，以定门胄，品藻人物。晋、宋因之，始尚姓已。然其别贵贱，分士庶，不可易也。于时有司选举，必稽谱籍，而考其真伪。故官有世胄，谱有世官，贾氏、王氏谱学出焉。由是有谱局，令史职皆具。过江则为"侨姓"，王、谢、袁、萧为大；东南则为"吴姓"，朱、张、顾、陆为大；山东则为"郡姓"，王、崔、卢、李、郑为大；关中亦号"郡姓"，韦、裴、柳、薛、杨、杜首之；代北则为"虏姓"，元、长孙、宇文、于、陆、源、窦首之。

为了保持士族的纯正及特权地位，晋太元中，散骑常侍河东贾弼开始撰《姓氏簿状》，"大披群族，所撰十八州百一十六郡，合七百一十二篇，士庶略无遗阙。其子孙代传其业。"[①] 南朝宋王弘、刘湛好其书。刘湛为选曹，在《姓氏簿状》基础上撰成《百家谱》，作为铨选人才时的依据。这种选士偏向，加深了高门士族与庶族寒人的政治和社会鸿沟。

十六国时期，社会政治极度动荡，各少数民族政权更迭频繁，但也接受魏晋典章制度，采纳九品中正制，只是其作用与影响难以与两晋南朝相提并论。史载后赵石季龙下书曰：

> 三载考绩，黜陟幽明，斯则先王之令典，政道之通塞。魏始建九品之制，三年一清定之，虽未尽弘美，亦缙绅之清律，人伦之明镜。从尔以来，遵用无改：先帝创临天下，黄纸再定。至于选举，铨为首格。自不清定，三载于兹。主者其更铨论，务扬清激浊，使九流咸允也。吏部选举，可依晋氏九班选制，永为揆法。选毕，经中书、门下宣示三省，然后行之。其著此诏书于令。铨衡不奉行者，御史弹坐以闻。[②]

北魏初、中期，未行九品中正制。孝文帝改制，班定族姓，始立九品中

① （唐）杜佑：《通典》卷三《食货·乡党》，第22页。
② 《晋书》卷一〇六《石季龙载记上》，第2764页。

正制。但自河阴之变后，此制亦流于形式。

综上所述，九品中正制实施范围广、历时久，其弊端也为世人所诟病。唐人柳冲指出："官之弊，至于尚姓。"[①] 然而，这样一种弊端丛生的制度，却历魏晋南北朝三四百年而莫之能改，究其原因，"盖当时执权者即中正高品之人，各自顾其门户，固不肯变法，且习俗已久，自帝王以及士庶皆视为固然，而无可如何也"[②]。这既是现存选官制度惯性作用的结果，更是封建统治阶级内部特定集团维护自身利益的政治需要。随着南朝后期门阀制度的衰落，隋文帝统一中国后，最终废除了九品中正制。

第二节 九品中正制对察举选士的影响

自汉代创制，察举选士成为封建王朝选拔官吏的主要途径。察举制是中国古代选官制度化和规范化之开端，为汉王朝选拔了大量儒学人才，是维系封建统治的重要制度，也为此后人才选拔制度提供了宝贵经验。曹魏建立的九品中正制作为一种铨选官吏的方法，并没有取代察举制。魏晋南北朝时期，统治者继续实行察举制，只是在九品中正制的冲击下，察举制地位下降，选士科目也发生变化。

一、九品中正制与察举之关系

察举制与九品中正制在选士制度上既有一定关联，又存在明显差异。两者的共同之处在于，都是以选官为目的；所不同的是：察举作为贡举方法，考察和确立被举者的入仕资格，分科录用；中正制则是一种铨选方法，主要是划分和确定士人的品级，授予相应的官职。

"察举"作为选士方法，是由三公九卿、地方郡守等官员通过考察，把品德高尚、才干出众的平民或下级官吏推荐给朝廷，经朝廷考核后或直接授予官职或提高官位。与先秦实行的禅让制、世卿世禄制、军功爵制等选官制度

① 《新唐书》卷一九九《柳冲传》，第5678页。

② （清）赵翼：《廿二史札记》卷八《九品中正》，第131页。

相比，察举制具有系统性、规范化，并以儒学政治理念为指导思想，以儒家道德观为选士标准的特征，是儒家倡导的“举贤与能”政治理念的制度化实践。另一方面，察举制度虽然对两汉社会的政治稳定、官僚阶层更新等发挥了积极作用，但是，这种制度本身以及实行过程中也存在不少流弊。如被举者弄虚作假，名不副实；举荐者滥用职权，营私舞弊，利用门生、故吏关系，形成利益集团及门阀士族势力。这些弊端严重背离了察举选士的初衷，加之东汉后期政治腐败，导致察举制的败坏。

九品中正制属于后起的制度，在某种意义上可以说是针对汉末察举制流弊及社会动荡所制定的权宜之制。它既保留了察举制下“乡闾评议”的选士传统，又增设“中正”这一专门职位，扩大了地方官员选士的权力。

从选官制度来看，魏晋和南朝做官的途径，基本上可分为三类：“第一类是中正定品第，由吏部或公府擢用。这一类在西晋最为重要。第二类是中正定品第，由州郡擢用或由州郡察举秀才、孝廉，再经策试做官。这一类到南朝宋、齐年间，变得非常重要。第三类是入国子学或太学，做国子生或太学生，结业时经过考试入仕。这一类与九品中正制度无关，在两晋之时最不重要，却是最有生命力的一类，到梁朝时候，得到了引人注目的发展。”[①] 严格说来，只有第二类选官途径才将九品中正制与察举制连接起来，共同发挥选士任官的作用。

在分析九品官人法与察举制科、试经的关系上，宫崎市定认为：“秀才、孝廉、贤良和试经，都分为甲乙丙三等，丙似乎又有上下之分。而且，这些等第分别对应于乡品的二品、三品和四品。”他还列表说明秀、孝、贤良之考试等第、乡品与起家官品的对应关系，乡品与官品相差约四品。[②] 阎步克认为上述观点的证据并不充分，并列举三方面理由：第一，“虽然乡品较高者起家官品也相应较高，二者在某些品级上也确实以相差四品者居多，可是这种关系并不严格”。第二，关于考试等第与任官的关系，“这大致是依上、中、下第三等分别拜为议郎、中郎和郎中，原则上都应先为散郎，只不过有时史传略去了拜郎之情节”。第三，议郎、中郎与郎中乃冗散之职，被称为“散郎”或“王官”，其来源复杂，或自察举，或为赐官，“此职没有与之对应的乡

① 万绳楠：《魏晋南北朝文化史》，第45页。

② ［日］宫崎市定著：《九品官人法研究——科举前史》，韩昇、刘建英译，第85—86页。

品”。由此可见，“乡品高下与察举科目类别有一定关系，但与考试等第决无联系”①。这表明，在九品中正制下选官与考试关联度并不高，决定士人官品的最重要因素乃是门第出身。

总之，九品中正制与察举制在选官路径上具有交叉关系。中正评定士人品第，是其入仕的基本条件；察举选士作为入仕路径之一，受中正品第制约，其地位与作用显然降低。

二、察举地位下降及科目演变

魏晋时期，沿用汉代察举制度。《苏氏演义》卷上记载：“自吴、魏、晋，皆以郡举孝廉，察秀才，故州郡长史别驾皆赴举察。”然而，在九品中正制下，察举选士不为统治者所重视。不仅察举对象的社会阶层发生了变化，而且察举科目、次数及考试活动也有所减少。

（一）察举式微的原因及表现

这一时期，察举地位下降，原因是多方面的。

首先，从选官标准来看，魏晋统治者以家世门第作为授官的主要标准，“贵仕素资，皆由门庆，平流进取，坐至公卿”②，无须通过察举途径；只有寒门庶族子弟才借助察举入仕，而其出路远逊于高门士族。

察举选士受政治导向和社会需要影响。阎步克指出：“曹魏察举在从各阶层广泛取人这一点上，大致承袭了汉代的传统。作为对比，同期发展起来的清官入仕迁转之途，就在相当程度上为高官权贵所占据。”③“西晋前期，由于君主和事功派官僚的努力，察举一度尚称繁荣，并在取才选能、扩大统治基础、绥抚蜀吴士人和崇隆经术抑止浮华之上，多少发挥了某些作用。”④但是，“察举制在此期已不如汉代那样，是士人之入仕荣途了。在九品官人法的制约之下，察举已被置于低于‘清途’的地位之上”⑤。这种状况既挫伤了士人参与察举的积极性，也缩小了察举选士的范围。

---

① 阎步克：《察举制度变迁史稿》，第166—168页。
② 《南齐书》卷二三《褚渊王俭传论》，第438页。
③ 阎步克：《察举制度变迁史稿》，第181页。
④ 阎步克：《察举制度变迁史稿》，第192页。
⑤ 阎步克：《察举制度变迁史稿》，第173—174页。

其次，在政治哲学与价值取向上，魏晋名士崇尚的老庄之学，与察举制的宗旨相悖，消解了察举选士的思想基础。

经过汉末、魏、晋的改朝换代，世族集团内部残酷的政治倾轧以及名实乖戾的社会风气，动摇了士阶层对儒学的政治信仰。魏正始中，一批名士承袭东汉清议的风气，就一些哲学问题进行辨析问难，怀疑乃至否定汉代以来倡导的正统思想。他们用道家的思想阐释儒家学说，兴起“玄学”之风。如何晏、王弼倡导“贵无论”，认为：“天地万物皆以无为本。无也者，开物成务，无往不存者也。阴阳恃以化生，万物恃以成形，贤者恃以成德，不肖恃以免身。故无之为用，无爵而贵矣。”① 在自然与名教关系上，王弼提出“名教本于自然”，主张顺应自然之道，以“无为”代替“有为”，实行无为而治。阮籍早年崇尚儒学；中期推崇老庄之学，主张名教与自然结合；后期独尚自然，反对名教。为了躲避司马氏的迫害，阮籍“言及玄远，而未曾评论时事，臧否人物”②。嵇康在价值取向上，“每非汤、武而薄周、孔”③，提出“越名教而任自然”④。这股清谈之风对两晋乃至南朝政治、学术和选士活动产生了深远影响：“学者以《老》、《庄》为宗而黜《六经》，谈者以虚荡为辨而贱名检，行身者以放浊为通而狭节信，进仕者以苟得为贵而鄙居正，当官者以望空为高而笑勤恪。”⑤

最后，就察举实施的主体而言，代表世家大族政治利益的大小中正把持士人的品评权，他们所制定的选官标准和察举方式不利于普通士人的选拔。

魏晋以降，世族集团不仅在政治上占据统治地位，而且在文化、教育上享有特殊优势，从而为其入仕提供了有力保障。阎步克指出：“中古士族以其独特文化素质强化其家族对官位的垄断，因而其文化的一面，又使选官在某种程度上，保持了一部分‘择优’形式；当然这‘优’又是根据士族特有的标准来衡量的。”⑥ 这些政治理念和选士标准不利于察举制的实施。此外，就参加察举的普通士人之文化基础来看，由于受政治动荡、玄学冲击

① 《晋书》卷四三《王衍传》，第1236页。
② 《三国志》卷一八《魏书·李通传》注引王隐《晋书》载司马昭语，第536页。
③ （三国魏）嵇康：《与山巨源绝交书》，载戴明扬《嵇康集校注》，第198页。
④ （三国魏）嵇康：《释私论》，载戴明扬《嵇康集校注》，第402页。
⑤ 《晋书》卷五《孝愍帝纪论》，第136页。
⑥ 阎步克：《察举制度变迁史稿》，第156页。

等因素影响，魏晋时期儒学教育衰落，这在很大程度上也制约了察举活动的开展。

魏晋察举制的衰落，表现在多方面。

其一，从官职分布来看，这一时期察举地位明显下降。

据研究者统计，“西晋时代，高门权贵子弟由察举入仕者，比例有明显减少，下层士人却有相当增加，同时又有一批蜀吴人士由之入仕，后两类人物合计占62.6%”①。再就士族地域分布及内部分层变化来看，“偏于一地的著姓，二三流士族以及门望不够之官僚子弟，如果不能与高门比肩进入‘清途’，他们就多以察举入仕”。如安乐秀才张寔，虽“家世孝廉”，而其父不过受叔锡官得乡品五品；敦煌索氏，“累世官族”，但在朝廷中并无势力，而“一姓得举者即考得八人”，包括索充为孝廉，索靖、索袭为贤良，索鲠、索绻、索璆、索聿、索琳为秀才。② 这些都是典型例证。

其二，在选拔方式上，察举考试难以正常举行。

曹魏时期，在任官考课方面，不少学人和官员都主张变革。魏明帝太和中，“大议考课之制，以考内外众官”。杜恕认为：“用不尽其人，虽才且无益，所存非所务，所务非世要。”于是上疏曰：

> 其欲使州郡考士，必由四科，皆有事效，然后察举，试辟公府，为亲民长吏，转以功次补郡守者，或就增秩赐爵，此最考课之急务也。臣以为便当显其身，用其言，使具为课州郡之法，法具施行，立必信之赏，施必行之罚。至于公卿及内职大臣，亦当俱以其职考课之也。③

上述奏议要求考课注重实效，经过察举录用。这一主张并未得到实施。

魏明帝景初中，刘劭受诏作都官考课。史言：“散骑常侍刘劭作都官考课之法七十二条，考核百官，其略欲使州郡考士必由四科，皆有效，然后察举；或辟公府，为亲人长吏。”④ 考课法本来只是考察官吏，刘劭要求更广泛地推行到州郡考士与察举辟召，包括选举士人。杜预批评刘劭考课法，“立法累细，历代不能通”。傅嘏也责难刘劭考课法，指出：

---

① 阎步克：《察举制度变迁史稿》，第184页。

② 阎步克：《察举制度变迁史稿》，第186页。

③ 《三国志》卷一六《魏书·杜恕传》，第500—501页。

④ （唐）杜佑：《通典》卷一五《选举三·考绩》，第86页。

昔先王之择才，必本行于州闾，讲道于庠序，行具而谓之贤，道修则谓之能。乡老献贤能于王，王拜受之，举其贤者，出使长之，科其能者，入使治之，此先王收才之义也。方今九州之民，爰及京城，未有六乡之举，其选才之职，专任吏部。案品状则实才未必当，任薄伐则德行未为叙，如此则殿最之课，未尽人才。述综王度，敷赞国式，体深义广，难得而详也。①

傅嘏回顾先王举贤任能的做法，强调乡闾评议、学校培养、德与行相统一。如今选才，专任吏部，难以全面评量一个人的才能和德行。品状只重道德，不免遗漏才能；如论家世高低，又不能照顾德行。因此，考课法在选举方面至少应包括德、才、品状和家世。曹叡意在使品第高低有一定标准，以驾驭混杂的议论，由于反对者多以及曹叡之死，上述考课法并不能实行。

齐王芳嘉平元年（249），魏太傅司马懿专国政，奏博问大臣得失。王昶陈治略五事，要求兴办太学，恢复察举考试，整顿吏治。其对策包括：

其一，欲崇道笃学，抑绝浮华，使国子入太学而修庠序；其二，欲用考试，考试犹准绳也，未有舍准绳而意正曲直，废黜陟而空论能否也；其三，欲令居官者久于其职，有治绩则就增位赐爵；其四，欲约官实禄，励以廉耻，不使与百姓争利；其五，欲绝侈靡，务崇节俭，令衣服有章，上下有叙，储谷畜帛，反民于朴。②

上述奏议得到诏书褒赞，并使王昶撰百官考课事。此后，司马氏篡魏，受社会政治因素制约，王昶的考试选才建议未能实施。这种状况对晋代察举选士活动产生了负面影响。史载：

晋元帝初制：扬州岁举二人，诸州各一人。先是，以兵乱务存慰悦，远方孝秀到，不策试，普皆除署。至是，帝申明旧制，皆令试经，有不中举者，制刺史太守免官。大兴三年（320），秀孝多不敢行，其有到者

① 《三国志》卷二一《魏书·傅嘏传》，第623页。
② 《三国志》卷二七《魏书·王昶传》，第749页。

并托疾。①

针对现状，尚书郎孔坦提出奏议："自丧乱以来，十有余年，干戈载扬，俎豆礼戢，家废讲诵，国阙庠序，率尔责试，窃以为疑。……可申明前下，崇修学校，普延五年，以展讲习，钧法齐训，示人轨则。"② 晋元帝采纳了这一建议，将孝廉考试延伸至七年，秀才如故。实际上，这一时期，不仅察举选士标准降低，整个官场也陷入混乱状态。御史中丞熊远上书元帝，陈述选官用人之失：

> 选官用人，不料实德，惟在白望，不求才干，乡举道废，请托交行。有德而无力者退，修望而有助者进；称职以违俗见讥，虚资以从容见贵。是故公正道亏，私途日开，强弱相陵，冤枉不理。今当官者以理事为俗吏，奉法为苛刻，尽礼为谄谀，从容为高妙，放荡为达士，骄蹇为简雅。③

马端临评论说："孝廉诸科，自东汉以来皆有策试之事，夫以文墨小技而定其优劣，已不足以称其科名矣。今观东晋之事，则应举者皆不能试之人，且以孝廉、秀才自名，而必迟以五岁，待其讲习。乃能预于试，不亦有靦面目乎？"④ 这也从一个侧面反映出魏晋察举选士的衰落。

其三，在察举科目上，特科数量及常科次数显著减少。

魏晋时期，统治者出于军事、政治等现实需要，频繁下诏举行特科察举。如曹魏时期曾诏举"隽德茂才"、"良将"、"隐学之士能消灾复异者"、"贤良笃行之士"、"贤才"等特殊人才；西晋时期制举设"勇猛秀异"、"将帅"、"贤良方正"、"任边郡者"、"守令之才"、"淹滞"、"寒素"、"计吏"、"良吏"、"廉吏"、"四行"等科。⑤ 但是，与两汉相比，这一时期察举特科科目则减少。汉代常见的特科，如"明法"、"尤异"、"治剧"，此时已属罕见。阎步克指出："贤良科盛于两汉，至曹魏已不甚重要。西晋时一度重要，但所

① （宋）王钦若等：《册府元龟》卷六三九《贡举部·条制一》，第 7666 页。
② 《晋书》卷七八《孔愉附从子坦传》，第 2055 页。
③ 《晋书》卷七一《熊远传》，第 1887 页。
④ （元）马端临：《文献通考》卷二八《选举考一》，第 817 页。
⑤ 阎步克：《察举制度变迁史稿》，第 95、130、140 页。

取人数有限。"① 虽然曹魏以下察举仍有"四科"之名目，但实际实施中已经不包括"明法"一项在内了。"察举中只考察德行、经术与行政能力，却并不检验是否通于文法律令，也无传统的笺奏文案之试。虽称'四科'，实仅三项；且非分类取人，而是要求一人兼有；其中心环节，则是试经，即'贡士以经学为先'。"②

在察举常科方面，从案例来看，据统计，西晋之秀才考得47例，孝廉50例，合计97例（包括举而不就者）。东晋之秀才只考得19例，孝廉仅8例，合计27例。西晋约50余年，东晋则100余年，然东晋之秀孝仅为西晋之27.8%。另外，"西晋秀孝举而不就者26例，应举者71例；而东晋之秀孝举不就者13例，应举者为14例。西晋之应举比例为73.2%，东晋之应举比例为51.9%"。由此可见，"察举至此已处于相当低落之中"，吸引力也大为下降。③

（二）察举活动举隅

魏晋时期，尽管察举选士处于式微状态，但仍被保留下来，成为普通士人晋身的一种路径。"由于察举对士人之才行功能之审察相对地较为严格，更多地体现了择优原则，因此也就使一些下层士人以至寒门单贱，有可能以才行功能得举，因缘时会发挥才能而迁至中高级职位。如无察举之法，各州各郡大约会有不少下层士人要白首衡门、永无出头之日的。"④ 这表明察举制在一定程度上发挥了促进社会流动的功能。

为了鼓励地方举荐人才，曹魏时期放宽了察举孝廉的人口比例。魏文帝黄初二年（221），"初令郡国口满十万者，岁察孝廉一人，其有秀异，无拘户口"。这与东汉和帝时期"每二十万人岁举一人"的规定相比，举额比例增加了一倍。次年正月，文帝又下诏曰："今之计、孝，古之贡士也；十室之邑，必有忠信，若限年然后取士，是吕尚、周晋不显于前世也。其令郡国所选，勿拘老幼；儒通经术，吏达文法，到皆试用。有司纠故不以实者。"⑤ 这显示

---

① 阎步克：《察举制度变迁史稿》，第134页。

② 阎步克：《察举制度变迁史稿》，第104—105页。

③ 阎步克：《察举制度变迁史稿》，第194页。

④ 阎步克：《察举制度变迁史稿》，第191页。

⑤ 《三国志》卷二《魏书·文帝纪》，第79页。

了曹魏统治者对选才的重视。

在察举程序和选拔方式上，魏晋时期既有因袭，也有变革。在察举时间安排上，大体保留两汉旧制，“岁举诸科，大约是年终得举，岁尽入都，次年初参加策试或接受审查，然后加以除拜”①。在选拔方式上，也出现一些变化。“曹魏时中止了孝廉笺奏之试。晋代以降，又形成了孝廉射策试经术、秀才对策试文辞的二科并立之格局。”② 以下根据《三国志》、《晋书》等史册所载，略述这一时期察举孝廉、秀才及贤良方正各科之活动。

1. 察举孝廉

（1）三国（220—265）时期

魏文帝曹丕继位后，三府议：“举孝廉，本以德行，不复限以试经。”司徒华歆提出：“丧乱以来，六籍堕废，当务存立，以崇王道。夫制法者，所以经盛衰。今听孝廉不以经试，恐学业遂从此而废。若有秀异，可特征用。患于无其人，何患不得哉？”③ 魏文帝从其言，保留了孝廉试经制度。太和二年（221）六月，魏明帝曹叡下诏：“尊儒贵学，正教之本也。自顷儒官或非其人，将何以宣明圣道？其高选博士，才任侍中、常侍者；申敕郡国，贡士以经学为先。”④ 这就再次肯定了孝廉试经制度。此外，将儒生、文吏正式归为儒生一科，强化了“以文取士”的发展方向。⑤ 兹据《三国志·魏书》、《晋书》各本传记载，略述曹魏时期举孝廉 11 人（含汉末 3 人）事例如下：

> 郭淮，字伯济，太原阳曲人也。（裴松之注按：《郭氏谱》：淮祖全，大司农；父缊，雁门太守。）（汉献帝）建安中举孝廉，除平原府丞。⑥
>
> 杨脩，字德祖，太尉彪子也。谦恭才博。建安中，举孝廉，除郎中，丞相请署仓曹属主簿。⑦

以上郭淮、杨脩二人，均出自名门，说明汉末举孝廉重视家世。

① 阎步克：《察举制度变迁史稿》，第 141 页。
② 阎步克：《察举制度变迁史稿》，第 134 页。
③ 《三国志》卷一三《魏书·华歆传》，第 403 页。
④ 《三国志》卷三《魏书·明帝纪》，第 94 页。
⑤ 阎步克：《察举制度变迁史稿》，第 100 页。
⑥ 《三国志》卷二六《魏书·郭淮传》，第 733 页。
⑦ 《三国志》卷一九《魏书·陈思王植传》注引《典略》，第 558 页。

杜畿，字伯侯，京兆杜陵人也。少孤，继母苦之，以孝闻。年二十，为郡功曹，守郑县令。……举孝廉，除汉中府丞。会天下乱，遂弃官客荆州，建安中乃还。……追赠太仆，谥曰戴侯。子（杜）恕嗣。①

（杜恕）弟（杜）宽，字务叔。清虚玄静，敏而好古。以名臣门户，少长京师，而笃志博学，绝于世务，其意欲探赜索隐，由此显名，当涂之士多交焉。举孝廉，除郎中。②

以上杜畿、杜宽二例，为父子相继，说明汉魏时期举孝廉具有家族延续性。

苏则，字文师，扶风武功人也。少以学行闻，举孝廉茂才，辟公府，皆不就。起家为酒泉太守，转安定、武都。……《魏略》曰：（苏）则世为著姓，（汉献帝）兴平中，三辅乱，饥穷，避难北地。客安定，依富室师亮。③

由上述注引《魏略》所言可推知，苏则不应孝廉茂才之辟举，从某种程度上讲，乃是“高门”不愿低就，反映出当时高层士族的一般心态。

（杜）挚，字德鲁。初上笳赋，署司徒军谋吏。后举孝廉，除郎中，转补校书。④

王基，字伯舆，东莱曲城人也。少孤，与叔父翁居。……（魏文帝）黄初中，察孝廉，除郎中。⑤

崔游，字子相，上党人也。少好学，儒术甄明……魏末，察孝廉，除相府舍人，出为氐池长，甚有惠政。⑥

唐彬，字儒宗，鲁国邹人也。父台，太山太守。……举孝廉，州辟主簿，累迁别驾。⑦

鲁芝，字世英，扶风郿人也。世有名德，为西州豪族。父为郭汜所

① 《三国志》卷一六《魏书·杜畿传》，第493—497页。
② 《三国志》卷一六《魏书·杜恕传》注引《杜氏新书》，第508页。
③ 《三国志》卷一六《魏书·苏则传》，第490—491页。
④ 《三国志》卷二一《魏书·王卫二刘傅传》注引《文章叙录》，第622页。
⑤ 《三国志》卷二七《魏书·王基传》，第750页。
⑥ 《晋书》卷九一《儒林传·崔游》，第2352页。
⑦ 《晋书》卷四二《唐彬传》，第1217页。

害，芝襁褓流离，年十七，乃移居雍，耽思坟籍。郡举上计吏，州辟别驾。魏车骑将军郭淮为雍州刺史，深敬重之。举孝廉，除郎中。[①]

侯史光，字孝明，东莱掖人也。幼有才悟，受学于同县刘夏。举孝廉，州辟别驾。（魏元帝）咸熙初，为洛阳典农中郎将，封关中侯。[②]

上述六例多为家道中落或迁徙边陲的士卒子弟，表明曹魏后期应举孝廉者的家世逐渐下降。

另据《三国志》之《蜀书》、《吴书》记载，蜀国、吴国也察举孝廉。兹略举十例，其中蜀国四例（含东汉末三例）、吴国六例（含东汉末五例）：

张裔，字君嗣，蜀郡成都人也。治《公羊春秋》，博涉史、汉。汝南许文休入蜀，谓裔干理敏捷，是中夏钟元常之伦也。刘璋时，举孝廉，为鱼复长，还州署从事，领帐下司马。[③]

马忠，字德信，巴西阆中人也。少养外家，姓狐，名笃，后乃复姓，改名忠。为郡吏，建安末举孝廉，除汉昌长。[④]

王嗣，字承宗，犍为资中人也。其先，延熙世以功德显著。举孝廉，稍迁西安围督、汶山太守，加安远将军。[⑤]

张翼，字伯恭，犍为武阳人也。高祖父司空浩，曾祖父广陵太守纲，皆有名迹。建安末，张翼举孝廉，为江阳长，徙涪陵令，迁梓潼太守，累迁至广汉、蜀郡太守。[⑥]

以上四例多属于家道中落之士人。

朱儁，字公伟，会稽人。少好学，为郡功曹，察孝廉，举进士。[⑦]

士燮，字威彦，苍梧广信人也。其先本鲁国汶阳人，至王莽之乱，

---

① 《晋书》卷九〇《良吏传·鲁芝》，第2328页。

② 《晋书》卷四五《侯史光传》，第1289页。

③ 《三国志》卷四一《蜀书·张裔传》，第1011页。

④ 《三国志》卷四三《蜀书·马忠传》，第1048页。

⑤ 《三国志》卷四五《蜀书·潘濬传》注引《益部耆旧杂记》，第1090页。

⑥ 《三国志》卷四五《蜀书·张翼传》，第1073页。

⑦ 《三国志》卷四六《吴书·孙坚传》注引《续汉书》，第1094页。文中“举进士”一词，近代以来学者理解不一。何焯曰：史传言“举进士”始见于此。梁章钜说：此与后人由科举出身者相仿。周寿昌说：“进士”两字恐是“高第”之误。沈家本说：两汉无进士之名，此云举进士，未详其义。

避地交州。六世至燮父赐，桓帝时为日南太守。燮少游学京师，事颍川刘子奇，治《左氏春秋》。察孝廉，补尚书郎，公事免官。父赐丧阕后，举茂才，除巫令，迁交阯太守。①

刘繇，字正礼，东莱牟平人也。齐孝王少子封牟平侯，子孙家焉。繇伯父宠，为汉太尉。裴松之注引《续汉书》曰：繇祖父本，师受经传，博学群书，号为通儒。举贤良方正，为般长，卒官。宠字祖荣，受父业，以经明行修，举孝廉，光禄（大夫）察四行，除东平陵令。繇父舆，一名方，山阳太守。繇兄岱，字公山，历位侍中，兖州刺吏。……（刘）繇年十九，从父韪为贼所劫质，繇篡取以归，由是显名。举孝廉，为郎中，除下邑长。②

孙翊，字叔弼，（孙）权弟也，骁悍果烈，有兄策风。太守朱治举孝廉，司空辟。③

朱治，字君理，丹杨故鄣人也。初为县吏，后察孝廉，州辟从事，随孙坚征伐。……（孙）权年十五，（朱）治举为孝廉。④

周鲂，字子鱼，吴郡阳羡人也。少好学，举孝廉，为宁国长，转在怀安。裴松之注引虞预《晋书》曰：其诸子侄悉处列位，为扬土豪右。⑤

以上六例举孝廉者均出身世族，或为经学仕宦之家，或为地方豪右，这表明吴国延续了东汉末期豪强控制察举的传统。

（2）两晋（265—420）时期

司马氏建立的晋王朝统治 156 年，其中西晋（265—317）52 年、东晋（317—420）104 年。两晋统治时间远长于三国时期，但受九品中正制和门阀政治影响，其察举孝廉、秀才的数量不断下降。据阎步克考证，西晋举孝廉 50 例、东晋举孝廉 8 例，共计 58 例。⑥ 从应举者家世来看，虽然两晋举孝廉

① 《三国志》卷四九《吴书·士燮传》，第 1191 页。
② 《三国志》卷四九《吴书·刘繇传》注，第 1392 页。
③ 《三国志》卷五一《吴书·宗室传》，第 1212 页。
④ 《三国志》卷五六《吴书·朱治传》，第 1303 页。
⑤ 《三国志》卷六〇《吴书·周鲂传》，第 1392 页。
⑥ 阎步克：《察举制度变迁史稿》，第 194 页。

者也有一些出自仕宦家庭，但出身寒素[①]者逐渐增多。这里根据《晋书》各本传记载，略述这一时期举孝廉10人（西晋7人）事例：

陈寿，字承祚，巴西安汉人也。少好学，师事同郡谯周，仕蜀为观阁令史。……及蜀平，坐是（笔者按：指社会非议）沈滞者累年。司空张华爱其才，以寿虽不远嫌，原情不至贬废，举为孝廉，除佐著作郎，出补阳平令。撰《蜀相诸葛亮集》，奏之。除著作郎，领本郡中正。[②]

窦允，字雅，始平人也。出自寒门，清尚自修。少仕县，稍迁郡主簿。察孝廉，除浩亹长。勤于为政，劝课田蚕，平均调役，百姓赖之。迁谒者。（西晋武帝）泰始中，诏曰："当官者能洁身修己，然后在公之节乃全。身善有章，虽贱必赏，此兴化立教之务也。谒者窦允前为浩亹长，以修勤清白见称河右。是辈当擢用，使立行者有所劝。主者详复参访，有以旌表之。"[③]

李胤，字宣伯，辽东襄平人。祖敏，汉河内太守，去官还乡里，辽东太守公孙度欲强用之，敏乘轻舟浮沧海，莫知所终。……初仕郡上计掾，州辟部从事、治中，举孝廉，参镇北将军事。[④]

陈頵，字延思，陈国苦人也。少好学，有文义。……（晋惠帝）元康中，举孝廉，而州将留之。頵荐同县焦保曰："保出自寒素，禀质清冲，若得参嘉命，必能光赞大猷，允清朝望，使黄宪之徒不乏于豫土，令頵庶免臧文之责。"州乃辟保。[⑤]

值得指出的是，陈頵还提出了贡举试经策，并开举"武略任将率者"，进行面试，以杜绝奔竞之徒，选拔真才实学者。据《晋书》本传记载，晋元帝太兴初，以疾征。久之，白衣兼尚书，因陈时务。陈頵提出：

昔江外初平，中州荒乱，故贡举不试。宜渐循旧，搜扬隐逸，试以经策。又马隆、孟观虽出贫贱，勋济甚大，以所不习，而统戎事，鲜能

① 关于"寒素"的界定，《晋书》卷四六《李重传》记载司徒左长史荀组以为："寒素者，当谓门寒身素，无世祚之资。"

② 《晋书》卷八二《陈寿传》，第2137页。

③ 《晋书》卷九〇《良吏传·窦允》，第2332页。

④ 《晋书》卷四四《李胤传》，第1253页。

⑤ 《晋书》卷七一《陈頵传》，第1892—1893页。

以济。宜开举武略任将率者，言问核试，尽其所能，然后随才授任。举十得一，犹胜不举，况或十得二三。日磾降虏，七世内侍；由余戎狄，入为秦相。岂藉华宗之族，见齿于奔竞之流乎！宜引幽滞之隽，抑华校实，则天清地平，人神感应。①

陈頵上述主张实属难能可贵，在魏晋察举史上具有重要地位。

（范）乔，字伯孙……好学不倦。……元康中，诏求廉让冲退履道寒素者，不计资，以参选叙。尚书郎王琨乃荐（范）乔曰："乔禀德真粹，立操高洁，儒学精深，含章内奥，安贫乐道，栖志穷巷，箪瓢咏业，长而弥坚，诚当今之寒素，著厉俗之清彦。"时张华领司徒，天下所举凡十七人，于乔特发优论。又吏部郎郗隆亦思求海内幽遁之士，乔供养衡门，至于白首，于是除乐安令。辞疾不拜。乔凡一举孝廉，八荐公府，再举清白异行，又举寒素，一无所就。②

苏峻，字子高，长广掖人也。父模，安乐相。峻少为书生，有才学，仕郡主簿。年十八，举孝廉。永嘉之乱，百姓流亡，所在屯聚，峻纠合得数千家，结垒于本县。于时豪杰所在屯聚，而峻最强。③

有时举孝廉，应举者需要通过经术考试才能录取。如：

魏舒，字阳元，任城樊人也。少孤，为外家宁氏所养。……年四十余，郡上计掾察孝廉。宗党以舒无学业，劝令不就，可以为高耳。舒曰："若试而不中，其负在我。安可虚窃不就之高以为己荣乎！"于是自课，百日习一经，因而对策升第。除渑池长，迁浚仪令，入为尚书郎。④

东晋察举孝廉三人：

丁潭，字世康，会稽山阴人也。祖固，吴司徒。父弥，梁州刺史。潭初为郡功曹，（晋元帝时）察孝廉，除郎中，稍迁丞相西阁祭酒。⑤

① 《晋书》卷七一《陈頵传》，第1894页。
② 《晋书》卷九四《隐逸传·范乔》，第2432—2433页。
③ 《晋书》卷一〇〇《苏峻传》，第2628页。
④ 《晋书》卷四一《魏舒传》，第1186页。
⑤ 《晋书》卷七八《丁潭传》，第2062页。

何琦，字万伦，司空充之从兄也。祖父龛，后将军。父阜，淮南内史。琦年十四丧父，哀毁过礼。……乃为郡主簿，察孝廉，除郎中，以选补宣城泾县令。司徒王导引为参军，不就。①

也有出身寒门者，交接士族而得举孝廉。如：

易雄，字兴长，长沙浏阳人也。少为县吏，自念卑贱，无由自达，乃脱帻挂县门而去。因习律令及施行故事，交结豪右，州里稍称之。仕郡，为主簿。……举孝廉，为州主簿，迁别驾。自以门寒，不宜久处上纲，谢职还家。后为舂陵令。②

2. 察举秀才

魏晋时期察举秀才的方式开始发生变革。阎步克认为，曹魏时期，秀才科察举并无对策，“直到晋代，才出现了秀才对策制度”③。史载：“《晋令》：‘举秀才必五策皆通，拜为郎中，一策不通，不得选。’”④ 秀才选拔主要是对策，有时兼及经文；秀才科“自此却成了主要的以对策取人之途了。直到唐初，秀才科才被进士科取代。秀才科初行对策之时，虽仍然兼有以此‘求言’之意图，但发展中却日重文辞，成了一种按文辞高下取人的科目了”⑤。

（1）三国时期

据《三国志》、《晋书》记载，这一时期曹魏等政权承袭东汉察举制度，举荐茂才（秀才）。以下试举五例（含东汉末一例）：

杨俊，字季才，河内获嘉人也。受学陈留边让，让器异之。……太祖除（杨）俊曲梁长，入为丞相掾属。举茂才，安陵令，迁南阳太守。宣德教，立学校，吏民称之。徙为征南军师。魏国既建，迁中尉。⑥

管辂，字公明，平原人也。……正始九年（248），举秀才。⑦

---

① 《晋书》卷八八《孝友传·何琦》，第 2292 页。

② 《晋书》卷八九《忠义传·易雄》，第 2314 页。

③ 阎步克：《察举制度变迁史稿》，第 132 页。

④ （唐）虞世南：《北堂书钞》卷七九，第 348 页。

⑤ 阎步克：《察举制度变迁史稿》，第 133—134 页。

⑥ 《三国志》卷二三《魏书·杨俊传》，第 663 页。

⑦ 《三国志》卷二九《魏书·管辂传》，第 819 页。

山涛，字巨源，河内怀人也。父曜，宛句令。涛早孤，居贫，少有器量，介然不群。……山涛年四十，始为郡主簿、功曹、上计掾。举孝廉，州辟部河南从事。……（景帝）命司隶举秀才，除郎中。①

陆逊，字伯言，吴郡吴人也。本名议，世江东大族。……（孙）权嘉逊功德，欲殊显之，虽为上将军列侯，犹欲令历本州举命，乃使扬州牧吕范就辟别驾从事，举茂才。②

贺邵子（贺）循，字彦先。……好学博闻，尤善《三礼》。举秀才，除阳羡、武康令。③

（2）两晋时期

据《晋书》所记载，西晋举行秀才对策者的事例有华谭、纪瞻二人。据推测，华谭应举秀才对策时间，约在西晋武帝太康（280—289）前期。“这是岁举秀才对策见于史籍之最早一例。”纪瞻应尚书郎陆机之策试，约在晋惠帝永熙（290）之后、永康（300）之前。就《纪瞻传》、《华谭传》所载之策试内容看，仍以“陈政”为中心内容。这里简介二人家世及其应举经历。

华谭，字令思，广陵人，出身世官家庭。祖父华融，为吴国左将军、录尚书事。父华谞，吴黄门郎。华谭期岁而孤。晋武帝太康中，刺史嵇绍荐举华谭应秀才。华谭至洛阳，晋武帝司马炎亲自策试他五道问题，涉及如何巩固国家统一，治理收复的东吴旧地，安定边疆少数民族，调整法律举措以及如何选拔人才等。华谭逐次简要回答。如第五道策问曰：

昔帝舜以二八成功，文王以多士兴周。夫制化在于得人，而贤才难得。今大统始同，宜搜才实。州郡有贡荐之举，犹未获出群卓越之伦。将时无其人？有而致之未得其理也？

华谭对曰：

臣闻兴化立法，非贤无以光其道；平世理乱，非才无以宣其业。上自皇羲，下及帝王，莫不张皇纲以罗远，飞仁风以被物。故得贤则教兴，

① 《晋书》卷四三《山涛传》，第1223页。
② 《三国志》卷五八《吴书·陆逊传》裴松之注引《吴书》，第1345页。
③ 《三国志》卷六五《吴书·贺邵传》裴松之注引虞预《晋书》，第1459页。

失人则政废。今四海一统，万里同风，州郡贡秀孝，台府简良才，以八纮之广，兆庶之众，岂当无卓越俊逸之才乎！譬犹南海不少明月之宝，大宛不乏千里之驹也。异哲难见，远数难睹，故尧、舜太平之化，二八由舜而甫显，殷汤革王之命，伊尹负鼎而方用。当今圣朝礼亡国之士，接遐裔之人，或貂蝉于帷幄，或剖符于千里，巡狩必有吕公之遇，宵梦必有岩穴之感。贤俊之出，可企踵而待也。

当时，九州秀、孝对策无逮华谭者。华谭素以才学为东土所推。同郡刘颂时为廷尉，见之叹息曰："不悟乡里乃有如此才也！"不久，华谭被授予郎中，迁太子舍人、本国中正。华谭为庐江太守，又举寒族周访为孝廉，"(周)访果立功名，时以谭为知人"①。

纪瞻，字思远，丹阳秣陵人，亦出自江南士族。祖父纪亮，为吴国尚书令。父纪陟，任光禄大夫。纪瞻少以方直知名。魏平定吴国后，纪瞻徙家历阳郡。察孝廉，不行。后举秀才，尚书郎陆机策问他六个问题，涉及治国方策、学校礼制、人才兴废缘由、刑罚变革、阴阳五行变化原理、圣人之道等。其中第三道策问曰：

庶明亮采，故时雍穆唐；有命既集，而多士隆周。故《书》称明良之歌，《易》贵金兰之美。此长世所以废兴，有邦所以崇替。夫成功之君勤于求才，立名之士急于招世，理无世不对，而事千载恒背。古之兴王何道而如彼？后之衰世何阙而如此？

纪瞻对曰：

兴隆之政务在得贤，清平之化急于拔才，故二八登庸，则百揆序；有乱十人，而天下泰。武丁擢傅岩之徒，周文携渭滨之士，居之上司，委之国政，故能龙奋天衢，垂勋百代。先王身下白屋，搜扬仄陋，使山无扶苏之才，野无《伐檀》之咏。是以化厚物感，神祇来应，翔凤飘飖，甘露丰坠，醴泉吐液，朱草自生，万物滋茂，日月重光，和气四塞，大道以成；序君臣之义，敦父子之亲，明夫妇之道，别长幼之宜，自九州，被八荒，海外移心，重译入贡，颂声穆穆，南面垂拱也。今贡贤之途已

① 《晋书》卷五二《华谭传》，第1452页。

> 阃，而教学之务未广，是以进竞之志恒锐，而务学之心不修。若辟四门以延造士，宣五教以明令德，考绩殿最，审其优劣，厝之百僚，置之群司，使调物度宜，节宣国典，必协济康哉，符契往代，明良来应，金兰复存也。

纪瞻列举历史事实，论述选贤任才对于政务的重要作用；联系现实，分析贡贤不足的原因在于教学不广，提出须推广学校教化，重视官吏考绩，奖优惩劣，激励来者。他这次秀才对策，获得了西晋朝官的赏识。此后，晋惠帝永康初，“州又举寒素，大司马辟东阁祭酒”①。纪瞻受召拜为尚书郎，与另一名士顾荣同赴京城洛阳任职。

晋惠帝时，一度停止秀才考试，有被举者对此愤愤不满。史载：

> 王接，字祖游，河东猗氏人，汉京兆尹尊十世孙也。父蔚，世修儒史之学。……（晋惠帝）永宁初，举秀才。友人荥阳潘滔遗接书曰：“挚虞、卞玄仁并谓足下应和鼎味，可无以应秀才行。”（王）接报书曰：“今世道交丧，将遂剥乱，而识智之士钳口韬笔，祸败日深，如火之燎原，其可救乎？非荣斯行，欲极陈所见，冀有觉悟耳。”是岁，三王义举，惠帝复阼，以国有大庆，天下秀孝一皆不试，（王）接以为恨。除中郎，补征虏将军司马。②

除了上述三人典型事例之外，《晋书》还记载此期其他一些察举秀才活动。被举者大多出自一般士族家庭。现略举例如下：

> 乐广，字彦辅，南阳淯阳人也。父方，参魏徵西将军夏侯玄军事。……王戎为荆州刺史，闻（乐）广为夏侯玄所赏，乃举为秀才。（裴）楷又荐广于贾充，遂辟太尉掾，转太子舍人。③
>
> 傅玄，字休奕，北地泥阳人也。祖燮，汉阳太守。父干，魏扶风太守。玄少孤贫，博学善属文，解钟律。性刚劲亮直，不能容人之短。郡上计吏再举孝廉，太尉辟，皆不就。州举秀才，除郎中，与东海缪施俱

① 《晋书》卷六八《纪瞻传》，第1819页。
② 《晋书》卷五一《王接传》，第1434—1435页。
③ 《晋书》卷四三《乐广传》，第1243页。

以时誉选入著作，撰集魏书。①

(潘) 岳从子尼，字正叔。祖勖，汉东海相。父满，平原内史。并以学行称。(潘) 尼少有清才，与岳俱以文章见知。性静退不竞，唯以勤学著述为事。……初应州辟，后以父老，辞位致养。(晋武帝) 太康中，举秀才，为太常博士。②

江统，字应元，陈留圉人也。祖蕤，以义行称，为谯郡太守，封亢父男。父祚，南安太守。……后为博士、尚书郎，参大司马、齐王冏军事。(其子) 江虨，字思玄，本州辟举秀才，平南将军温峤以为参军。③

周处，字子隐，义兴阳羡人也。父鲂，吴鄱阳太守。……（其）子周玘，字宣佩。强毅沈断有父风，而文学不及。……累荐名宰府，举秀才，除议郎。④

温峤，字太真，司徒羡弟之子也。父憺，河东太守。峤性聪敏，有识量，博学能属文，少以孝悌称于邦族。风仪秀整，美于谈论，见者皆爱悦之。年十七，州郡辟召，皆不就。司隶命为都官从事。散骑常侍庾敳有重名，而颇聚敛，峤举奏之，京都振肃。后举秀才、灼然。司徒辟东阁祭酒，补上党潞令。⑤

杜弢，字景文，蜀郡成都人也。祖植，有名蜀土，(西晋) 武帝时为符节令。父眕，略阳护军。弢初以才学著称，州举秀才。遭李庠之乱，避地南平，太守应詹爱其才而礼之。后为醴陵令。⑥

文立，字广休，巴郡临江人也。蜀时游太学，专《毛诗》、《三礼》，师事谯周，门人以立为颜回，陈寿、李虔为游夏，罗宪为子贡。仕至尚书。蜀平，举秀才，除郎中。泰始初，拜济阴太守，入为太子中庶子。⑦

熊远，字孝文，豫章南昌人也。……太守察（熊）远孝廉。属太守讨氐羌，远遂不行，送至陇右而还。后太守会稽夏静辟为功曹。及静去

① 《晋书》卷四七《傅玄传》，第1317页。
② 《晋书》卷五五《潘岳附从子尼传》，第1507—1510页。
③ 《晋书》卷五六《江统传》，第1529、1538页。
④ 《晋书》卷五八《周处附子玘传》，第1569、1572页。
⑤ 《晋书》卷六七《温峤传》，第1785页。
⑥ 《晋书》卷一〇〇《杜弢传》，第2620—2621页。
⑦ 《晋书》卷九一《儒林传·文立》，第2347页。

职，远送至会稽以归。州辟主簿、别驾，举秀才，除监军华轶司马、领武昌太守。①

高崧，字茂琰，广陵人也。父悝，少孤。……崧少好学，善史书。司空何充为扬州，引崧为主簿……转骠骑主簿，举州秀才，除太学博士，父艰去职。②

虞潭，字思奥，会稽余姚人，吴骑都尉翻之孙也。父忠，仕至宜都太守。……潭清贞有检操，州辟从事、主簿，举秀才，大司马、齐王冏请为祭酒，除祁乡令，徙醴陵令。③

陆纳，字祖言。少有清操，贞厉绝俗。初辟镇军大将军、武陵王掾，州举秀才。太原王述雅敬重之，引为建威长史。累迁黄门侍郎、本州别驾、尚书吏部郎，出为吴兴太守。④

王雅，字茂达，东海郯人，魏卫将军肃之曾孙也。祖隆，后将军。父景，大鸿胪。雅少知名，州檄主簿，举秀才，除郎中，出补永兴令，以干理著称。⑤

张寔，字安逊，学尚明察，敬贤爱士，以秀才为郎中。（晋怀帝）永嘉初，固辞骁骑将军，请还凉州，许之，改授议郎。⑥

夏方，字文正，会稽永兴人也。……吴平，除高山令。……在官三年，州举秀才，还家，卒，年八十七。⑦

这一时期，察举秀才、孝廉具有家族特征。如：

戴若思，广陵人，祖烈，吴左将军。父昌，会稽太守。“若思后举孝廉，入洛。”其弟戴邈，少好学，尤精《史》《汉》，才不逮若思，儒博过之。“弱冠举秀才，寻迁太子洗马，出补西阳内史。”⑧

杜轸兄弟子孙中，举孝廉二人、秀才三人。杜轸，字超宗，蜀郡成都人。

---

① 《晋书》卷七一《熊远传》，第 1884 页。
② 《晋书》卷七一《高崧传》，第 1894—1895 页。
③ 《晋书》卷七六《虞潭传》，第 2012—2013 页。
④ 《晋书》卷七七《陆纳传》，第 2026 页。
⑤ 《晋书》卷八三《王雅传》，第 2179 页。
⑥ 《晋书》卷八六《张寔传》，第 2226 页。
⑦ 《晋书》卷八八《孝友传・夏方》，第 2277 页。
⑧ 《晋书》卷六九《戴若思附邈传》，第 1848 页。

父雄，绵竹令。轸师事谯周，博涉经书。州辟不就，为郡功曹史。魏平蜀后，“察孝廉，除建宁令”。其子杜毗，“州举秀才，成都王颖辟大将军掾，迁尚书郎，参太傅军事”。杜毗次子杜歆，“举秀才”。杜轸弟杜烈，“明政事，察孝廉，历平康、安阳令”。杜烈弟杜良，“举秀才。补州大中正，卒”①。

3. 举贤良对策

举贤良是最早察举科目之一，包括贤良方正、贤良文学，被举者既有一般士人，也有已获孝廉等出身、担任官职的人。贤良科的选拔方式采用策论考试，考察被举者的文史素养以及分析、解决现实问题的能力。这种“策试”形式对于后来的秀才科选拔方式产生直接影响。阎步克认为：“从制度渊源看，秀才对策来源于贤良对策制度”②。就察举科目地位演变而言，魏晋时期贤良科地位下降，不如秀才科受统治者重视。

曹魏时期，诏举贤良。太和四年（230）十二月丙寅，魏明帝“诏公卿举贤良”。青龙元年（233）三月，“诏公卿举贤良笃行之士各一人”③。

吴国也曾举贤良。裴松之注引《文士传》曰：“（郑）胄字敬先，沛国人。父札，才学博达，（孙）权为骠骑将军，以札为从事中郎，与张昭、孙邵共定朝仪。胄其少子，有文武姿局，少知名，举贤良，稍迁建安太守。”④

两晋时期，察举贤良虽较少见，但间或亦举行，尤其是东晋初建，武帝非常重视察举贤良之士。

据《晋书》卷五一《挚虞传》记载，挚虞举贤良，与夏侯湛等17人策为下第，拜中郎。晋武帝诏曰：“省诸贤良答策，虽所言殊涂，皆明于王义，有益政道。欲详览其对，究观贤士大夫用心。”因诏诸贤良方正直言，会东堂策问，曰：

> 顷日食正阳，水旱为灾，将何所修，以变大眚？及法令有不宜于今，为公私所患苦者，皆何事？凡平世在于得才，得才者亦借耳目以听察。若有文武器能有益于时务而未见申叙者，各举其人。及有负俗谤议，宜先洗濯者，亦各言之。

① 《晋书》卷九〇《良吏传·杜轸》，第2331—2332页。

② 阎步克：《察举制度变迁史稿》，第133页。

③ 《三国志》卷三《魏书·明帝纪》，第99页。

④ 《三国志》卷四七《吴书·孙权传》注，第1143—1144页。

挚虞对曰：

臣闻古之圣明，原始以要终，体本以正末。故忧法度之不当，而不忧人物之失所；忧人物之失所，而不忧灾害之流行。诚以法得于此，则物理于彼；人和于下，则灾消于上。其有日月之眚，水旱之灾，则反听内视，求其所由，远观诸物，近验诸身。耳目听察，岂或有蔽其聪明者乎？动心出令，岂或有倾其常正者乎？大官大职，岂或有授非其人者乎？赏罚黜陟，岂或有不得其所者乎？河滨山岩，岂或有怀道钓筑而未感于梦兆者乎？方外遐裔，岂或有命世杰出而未蒙膏泽者乎？推此类也，以求其故，询事考言，以尽其实，则天人之情可得而见，咎征之至可得而救也。若推之于物则无忤，求之于身则无尤，万物理顺，内外咸宜，祝史正辞，言不负诚，而日月错行，夭疠不戒，此则阴阳之事，非吉凶所在也。期运度数，自然之分，固非人事所能供御，其亦振廪散滞，贬食省用而已矣。是故诚遇期运，则虽陶唐、殷汤有所不变；苟非期运，则宋、卫之君，诸侯之相，犹能有感。唯陛下审其所由，以尽其理，则天下幸甚。臣生长荜门，不逮异物，虽有贤才，所未接识，不敢瞽言妄举，无以畴答圣问。①

挚虞从法度、人物、物理三者关系，辨析社会、自然等事物演化的原理与本末，提出解决问题的根本在于最高决策者应“审其所由，以尽其理”。这一答策得到晋武帝的赏识，将挚虞擢为太子舍人，除闻喜令。

《晋书》卷五二《郤诜阮种华谭袁甫》也记载，泰始中，晋武帝诏天下举贤良直言之士，太守文立举荐郤诜、太保何曾举荐孝廉阮种应选，此外还有东平人王康等人亦参选。《晋书》本传详载此次策问的题目、答策及结果。

晋武帝诏曰：

盖太上以德抚时，易简无文。至于三代，礼乐大备，制度弥繁。文质之变，其理何由？虞、夏之际，圣明系踵，而损益不同。周道既衰，仲尼犹曰从周。因革之宜，又何殊也？圣王既没，遗制犹存，霸者迭兴

① 《晋书》卷五一《挚虞传》，第1423—1424页。

而翼辅之，王道之缺，其无补乎？何陵迟之不反也？岂霸德之浅欤？期运不可致欤？且夷吾之智，而功止于霸，何哉？夫昔人之为政，革乱亡之弊，建不刊之统，移风易俗，刑措不用，岂非化之盛欤？何修而向兹？朕获承祖宗之休烈，于兹七载，而人未服训，政道罔述。以古况今，何不相逮之远也？虽明之弗及，犹思与群贤虑之，将何以辨所闻之疑昧，获至论于谠言乎？加自顷戎狄内侵，灾害屡作，边氓流离，征夫苦役，岂政刑之谬，将有司非其任欤？各悉乃心，究而论之。上明古制，下切当今。朕之失德，所宜振补。其正议无隐，将敬听之。

郤诜对曰：

伏惟陛下以圣德君临，犹垂意于博采，故招贤正之士，而臣等薄陋，不足以降大问也。是以窃有自疑之心，虽致身于阙庭，亦僶俛矣。伏读圣策，乃知下问之旨笃焉。臣闻上古推贤让位，教同德一，故易简而人化；三代世及，季末相承，故文繁而后整。虞、夏之相因，而损益不同，非帝王之道异，救弊之路殊也。周当二代之流，承凋伪之极，尽礼乐之致，穷制度之理，其文详备，仲尼因时宜而曰从周，非殊论也。臣闻圣王之化先礼乐，五霸之兴勤政刑。礼乐之化深，政刑之用浅。勤之则可以小安，堕之则遂陵迟。所由之路本近，故所补之功不侔也。而齐桓失之葵丘，夷吾沦于小器，功止于霸，不亦宜乎！

两道策问分别是："建不刊之统，移风易俗，使天下洽和，何修而向兹？""自顷夷狄内侵，灾眚屡降，将所任非其人乎？何由而至此？"郤诜也一一作答。其对策之二曰：

臣闻蛮夷猾夏，则皋陶作士，此欲善其末，则先其本也。夫任贤则政惠，使能则刑恕。政惠则下仰其施，刑恕则人怀其勇。施以殖其财，勇以结其心。故人居则资赡而知方，动则亲上而志勇。苟思其利而除其害，以生道利之者，虽死不贰；以逸道劳之者，虽勤不怨。故其命可授，其力可竭，以战则克，以攻则拔。是以善者慕德而安服，恶者畏惧而削迹。止戈而武，义实在文，唯任贤然后无患耳。若夫水旱之灾，自然理也。故古者三十年耕必有十年之储，尧、汤遭之而人不困，有备故也。自顷风雨虽颇不时，考之万国，或境土相接，而丰约不同；或顷亩相连，而成败异流，固非天之必害于人，人实不能均其劳苦。失之于人，而求之于天，则有司惰职而不劝，百姓殆业而咎时，非所以定人志，致丰年也。宜勤人事而已。①

郤诜的答策，分析透彻，切中时弊，被晋武帝列为上第，拜议郎。阮种与东平人王康的答策也居上第，即除尚书郎。但由于毁誉之徒，或言对者因缘假托，晋武帝于是更延群士，当庭以问之。诏曰：

前者对策各指答所问，未尽子大夫所欲言，故复延见，其具陈所怀。又比年连有水旱灾眚，虽战战兢兢，未能究天人之理，当何修以应其变？人遇水旱饥馑者，何以救之？中间多事，未得宁静，思以省息烦务，令百姓不失其所。若人有所患苦者，有宜损益，使公私两济者，委曲陈之。又政在得人，而知之至难，唯有因人视听耳。若有文武隐逸之士，各举所知，虽幽贱负俗，勿有所限。故虚心思闻事实，勿务华辞，莫有所讳也。

阮种对曰：

伏惟陛下以圣哲玄览，降恤黎蒸，将济元元，同之三代，旁求俊乂，以辅至化，此诚尧、舜之用心也。臣猥以顽鲁之质，应清明之举，前者对策，不足以畴塞圣诏，所陈不究，臣诚蒙昧，所以为罪。臣闻天生蒸庶，树君以司牧之，人君道洽，则彝伦攸序，五福来备。若政有愆失，刑理颇僻，则庶征不应，而淫亢为灾。此则天人之理，而兴废之由也。昔之圣王，政道备而制先具，轨人以务，致之于本，是以虽有水旱之眚，而无饥馑之患也。自顷阴阳隔并，水旱为灾，亦犹期运之致。不然，则亦有司之不帅，不能宣承圣德，以赞扬大化，故和气未降而人事未叙也。方今百姓凋弊，公私无储，诚在于休役静人，劝啬务分，此其救也。人之所患，由于役烦网密而信道未孚也。役烦则百姓失业，网密则下背其诚，信道未孚则人无固志。此则损益之至务，安危之大端也。《传》曰："始与善，善进，则不善蔑由至。"孔子曰："视其所以，观其所由，人焉廋哉！"若夫文武隐逸之士，幽贱负俗之才，故非愚臣之所能识。谨竭愚

① 《晋书》卷五二《郤诜传》，第1439—1443页。

以对。①

阮种答策上奏后，晋武帝亲自披览，又将其擢为第一。阮种由此转任中书郎。

此外，《晋书》各本传还载有其他举贤良事例，如：

> 夏侯湛，字孝若，谯国谯人也。祖威，魏兖州刺史。父庄，淮南太守。湛幼有盛才，文章宏富，善构新词，而美容观，与潘岳友善。每行止同舆接茵，京都谓之“连璧”。少为太尉掾。泰始中，举贤良，对策中第，拜郎中。②
>
> （江）统举高平郗鉴为贤良，陈留阮修为直言，济北程收为方正，时以为知人。③

也有察孝廉、举秀才、征博士、举贤良、方正不就者，如：

> 虞喜，字仲宁，会稽余姚人，光禄潭之族也。父察，吴征虏将军。喜少立操行，博学好古。诸葛恢临郡，屈为功曹。察孝廉，州举秀才，司徒辟，皆不就。元帝初镇江左，上疏荐喜。怀帝即位，公车征拜博士，不就。……（晋成帝）咸和末，诏公卿举贤良方正直言之士，太常华恒举喜为贤良。会国有军事，不行。④
>
> 杜夷，字行齐，庐江灊人也。世以儒学称，为郡著姓。夷少而恬泊，操尚贞素，居甚贫窘，不营产业，博览经籍百家之书，算历图纬靡不毕究。寓居汝颍之间，十载足不出门。年四十余，始还乡里，闭门教授，生徒千人。惠帝时三察孝廉，州命别驾，永嘉初，公车征拜博士，太傅、东海王越辟，并不就。怀帝诏王公举贤良方正，刺史王敦以贺循为贤良，夷为方正……（王）敦于是逼夷赴洛。夷遁于寿阳。镇东将军周馥，倾心礼接，引为参军，夷辞之以疾。⑤

---

① 《晋书》卷五二《阮种传》，第1447—1448页。
② 《晋书》卷五五《夏侯湛传》，第1491页。
③ 《晋书》卷五六《江统传》，第1538页。
④ 《晋书》卷九一《儒林传·虞喜》，第2348—2349页。
⑤ 《晋书》卷九一《儒林传·杜夷》，第2353页。

4. 举“寒素”

“寒素”作为察举选士科目，起源于东汉时期，晋代延续实施。西晋时期，关于“寒素”科察举，曾引起朝臣的争议，最后由皇帝裁定。据《晋书》卷四六《李重传》记载，西晋武帝时，燕国中正刘沈举霍原为寒素，司徒府不从，刘沈又抗诣中书奏霍原，而中书复下司徒参论。司徒左长史荀组认为：

> 寒素者，当谓门寒身素，无世祚之资。（霍）原为列侯，显佩金紫，先为人间流通之事，晚乃务学，少长异业，年逾始立，草野之誉未洽，德礼无闻，不应寒素之目。

尚书吏部郎李重奏曰：

> 案如《癸酉诏书》，廉让宜崇，浮竞宜黜。其有履谦寒素靖恭求己者，应有以先之。如诏书之旨，以二品系资，或失廉退之士，故开寒素以明尚德之举。司徒总御人伦，实掌邦教，当务峻准评，以一风流。然古之厉行高尚之士，或栖身岩穴，或隐迹丘园，或克己复礼，或耄期称道，出处默语，唯义所在。未可以少长异操，疑其所守之美，而远同终始之责，非所谓拟人必于其伦之义也。诚当考之于邦党之伦，审之于任举之主。沈为中正，亲执铨衡。陈原隐居求志，笃古好学，学不为利，行不要名，绝迹穷山，韫韣道艺，外无希世之容，内全遁逸之节，行成名立，搢绅慕之，委质受业者千里而应，有孙、孟之风，严、郑之操。始举原，先谘侍中、领中书监华，前州大中正、后将军婴，河南尹轶。去三年，诸州还朝，幽州刺史许猛特以原名闻，拟之西河，求加征聘。如沈所列，州党之议既举，又刺史班诏表荐，如此而犹谓草野之誉未洽，德礼无闻，舍所征检之实，而无明理正辞，以夺沈所执。且应二品，非所求备。但原定志穷山，修述儒道，义在可嘉。若遂抑替，将负幽邦之望，伤敦德之教。如诏书所求之旨，应为二品。①

晋武帝诏从之。

① 《晋书》卷四六《李重传》，第1312页。

三、学校教育及考试的恢复

察举与学校教育具有一定的依存关系。无论是察举选士，还是实行“九品官人法”，都需以教育发展为基础。魏晋时期，多年的战乱使社会经济遭到严重破坏，学校教育停滞，察举衰微。因此，统治者在政权稳定之际，大多倡导学校教育。

(一) 学校教育的恢复及私学的发展

东汉末年，由于战乱，学校教育受到极大破坏。汉献帝建安中，侍中鲍衡奏称：官学“无所教授，兵戎未戢，人并在公而学者少。”① 直至曹操统一北方后，开始恢复学校教育。建安八年（203）七月，曹操下令：“其令郡国各修文学，县满五百户置校官，选其乡之俊造而教学之，庶几先王之道不废，而有以益于天下。”② 建安二十二年（217），曹操作泮宫于邺城南。总体而言，“三国之时，公私学校虽逊于两汉，然亦未尝废绝”③。以下略述之。

曹魏政权建立后不久，魏文帝曹丕下令：“复始扫除太学之灰炭，补旧石碑之缺坏，备博士之员录，依汉甲乙以考课。”④ 太学招来各州郡弟子数百人。在太学入学年龄方面，曹魏与东汉相同，均为十五入学。两晋、宋、齐之入学年龄均承于魏制。⑤ 黄初五年（224），立太学于洛阳，设置《春秋》、《穀梁》博士，制《五经》课试之法。史载：

> 时慕学者始诣太学为门人，满二岁试通一经者称弟子；不通一经罢遣。弟子满二岁试通二经者补文学掌故；不通经者听须后辈试。试通二经者亦得补掌故。掌故满二岁试通三经者擢高第，为太子舍人；不第者随后辈复试，试通亦为太子舍人。舍人满二岁试通四经者，擢其高第为郎中；不通者随后辈复试，试通亦为郎中。郎中满二岁能通五经者擢高

---

① （唐）杜佑：《通典》卷五三《礼十三》，第302页。
② 《三国志》卷一《魏书·武帝纪》，第24页。
③ 柳诒徵：《中国文化史》，第366页，注13。
④ （元）马端临：《文献通考》卷四一《学校考二》，第1199页。
⑤ 阎步克：《察举制度变迁史稿》，第106—107页。

第，随才叙用；不通者随后辈复试，试通亦叙用。①

太和二年（228）六月，魏明帝下诏："申敕郡国，贡士以经学为先。"太和四年（230）二月，诏令进行课试："其郎吏学通一经，才任牧民，博士课试，擢其高第者亟用；其浮华不务道本者皆罢退之。"阎步克指出："郎吏如欲参试，大约是个人报名申请赴学官就考。至晋代，遂把学官试经之范围扩大到了'白衣'，学业成于学校之外者，亦有参试之机会了。欲参试者，或许是由个人申请，地方官保送至学官应试。在唐代科举制度之下，投考之'乡贡'与学校之诸生同应省试。从一个长过程看，察举考试和学校考试都构成了科举制的渊源。""从曹魏之郎吏赴博士试经，到晋代'白衣'赴学官策试，已隐含投考形式之萌芽了。"②

魏明帝又诏太傅三公："以文帝典论刻石，立于庙门之外。"③ 至青龙年间（233—236），太学诸生已增加到一千多人。但是，由于博士"率皆粗疏，无以教弟子"，弟子大多只是为了"避役，竟无能为学，冬来春去，岁岁如是"④；加之世族子弟"耻非其伦"，不必通过考试求得进身之阶，因此，太学教育往往有名无实。

蜀汉政权统治40多年间，中央设立太学和博士，各州有典学，置儒林校尉、典学校尉、劝学从事、典学从事等官，涌现出许慈、尹默、谯周、胡潜等一批精通《毛诗》、《三礼》等儒家经典的学者。据《蜀书》，谯周为劝学从事，徙典学从事。

孙吴政权创立之初，忙于战争，学校教育不受重视。至黄龙二年（230）正月，吴大帝孙权"诏立都讲祭酒，以教学诸子"⑤。永安元年（258），景帝孙休诏令："按旧制，置学官，立五经博士，核取应选，加其宠禄。科见吏之中及将吏子弟有志好者，各令就业。一岁课试，差其品第，加以位赏。"⑥ 但是这一诏令并未实行。

西晋建立后，开始恢复官学。司马炎出身儒学世家，重视学校教育。晋

① （唐）杜佑：《通典》卷五三《礼十三》，第302页。
② 阎步克：《察举制度变迁史稿》，第143—144页。
③ 《三国志》卷三《魏书·明帝纪》，第97页。
④ 《三国志》卷一三《魏书·王朗传附王肃》注引《魏略》，第420—421页。
⑤ 《三国志》卷四七《吴主传》，第1136页。
⑥ （元）马端临：《文献通考》卷四一《学校考二》，第1200页。

初，任命庾旉、秦秀等为博士。泰始八年（272），有司奏请："才任四品，听留。"晋武帝复旨："已试经者留之，其余遣还郡国。大臣子弟堪受教者，令入学。"① 在太学之外，专门创设"国子学"。史载：

晋初承魏制，置博士十九人。及咸宁四年（278），武帝初立国子学，定置国子祭酒、博士各一人，助教十五人，以教生徒。博士皆取履行清淳、通明典义者，若散骑常侍、中书侍郎、太子中庶子以上，乃得召试。②

这是西晋国学之初创，其真正兴起是在晋惠帝时期。《南齐书》卷九《礼志上》记载国子助教曹思文的陈表说："晋初太学生三千人，既多猥杂，惠帝时欲辩其泾渭，故元康三年（293），始立国子学。"凡五品以上官员的子弟，才得入国子学。"太学之与国学，斯是晋世殊其士庶，异其贵贱耳。然贵贱士庶，皆须教成，故国学、太学两存之也。"这表明，这两类学校招生对象存在官阶和社会地位的差异。由于学校教育为世家大族所垄断，其子弟可凭借门第进身，因而多不重视学习。"八王之乱"和"永嘉之乱"后，洛阳之太学和国学均毁于战火。

东晋草创之际，统治者对学校教育颇为重视。晋元帝正式登基之前，朝臣纷纷上书，建议恢复礼学。征南军司戴邈上疏曰：

今或以天下未一，非兴礼学之时，此言似之而不其然。夫儒道深奥，不可仓卒而成。古之俊乂必三年而通一经，比天下平泰然后修之，则功成事定，谁与制礼作乐者哉？又贵游之子未必有斩将搴旗之才，亦未有从军征戍之役，不及盛年讲肄道义，使明珠加磨莹之功，荆璞发采琢之荣，不亦良可惜乎！

……今天地告始，万物权舆，圣朝以神武之德，值革命之运，荡近世之流弊，继千载之绝轨，笃道崇儒，创立大业。明主唱之于上，宰辅督之于下。夫上之所好，下必有过之者焉，是故双剑之节崇，而飞白之俗成；挟琴之容饰，而赴曲之和作；君子之德风，小人之德草，实在感之而已。臣以暗浅，不能远识格言；奉诵明令，慷慨下风，谓宜以三时

① 《宋书》卷一四《礼志一》，第356页。

② 《晋书》卷二四《职官志》，第736页。

之隙渐就修建。①

骠骑将军兼中书监王导奏请兴建太学，其中论及兴学的意义及举措：

其取才用士，咸先本之于学。故《周礼》，卿大夫献贤能之书于王，王拜而受之，所以尊道而贵士也。人知士之贵由道存，则退而修其身以及家，正其家以及乡，学于乡以登朝，反本复始，各求诸己，敦朴之业著，浮伪之竞息，教使然也。……诚宜经纶稽古，建明学业，以训后生，渐之教义，使文武之道坠而复兴，俎豆之仪幽而更彰。……今若聿遵前典，兴复道教，择朝之子弟并入于学，选明博修礼之士而为之师，化成俗定，莫尚于斯。②

后军将军应詹也上疏言：

性相近，习相远，训导之风，宜慎所好。魏正始之间，蔚为文林。元康以来，贱经尚道，以玄虚宏放为夷达，以儒术清俭为鄙俗。永嘉之弊，未必不由此也。今虽有儒官，教养未备，非所以长育人才，纳之轨物也。宜修辟雍，崇明教义，先令国子受训，然后皇储亲临释奠，则普天尚德，率土知方矣。③

上述建议为晋元帝采纳，但是，时逢王敦起兵，政局动荡，兴学之议并未实施。直至晋成帝咸康三年（337），才复建国子学。晋穆帝永和八年（352），因殷浩兴军西征，国子学只得遣散征集来的学生。

在办学规模上，东晋国子学时有变化。其初，方修学校，简省博士，置《周易》王氏、《尚书》郑氏、《古文尚书》孔氏、《毛诗》郑氏、《周官》《礼记》郑氏、《春秋左传》杜氏服氏、《论语》《孝经》郑氏博士各一人，凡九人，其《仪礼》、《公羊》、《穀梁》及郑《易》皆省不置。尚书仆射荀崧以为不可，乃上疏曰：

伏闻节省之制，皆三分置二。博士旧置十九人，今五经合九人，准古计今，犹未能半，宜及节省之制，以时施行。今九人以外，犹宜增四。

① 《晋书》卷六九《戴邈传》，第1849页。

② 《晋书》卷六五《王导传》，第1748页。

③ 《晋书》卷七〇《应詹传》，第1858—1859页。

愿陛下万机余暇，时垂省览。宜为郑《易》置博士一人，郑《仪礼》博士一人，《春秋公羊》博士一人，《榖梁》博士一人。①

上述建议为晋元帝采纳，但因为政局动荡而未能实施。直至元帝末，“增《仪礼》、《春秋公羊》博士各一人，合为十一人。后又增为十六人，不复分掌《五经》，而谓之太学博士也。孝武太元十年（385），损国子助教员为十人”②。淝水之战后，东晋政治局势稳定，学校教育有所发展。太元九年（384）四月，增造房舍一百五十间，增置太学生百余人。次年二月，又立国子学，侍中车胤受命领国子学士。这些表明东晋后期太学教育逐渐恢复。但是，国子学中贵族子弟无心向学，甚至故意纵火烧毁校舍，导致重大损失。

与官学衰微不同，这一时期，士族门第教育兴盛，私学传承不辍。士族阶层的教育内容，从过去的“五经”、“六艺”扩展到黄老之学、庄老之学、太史公之学、楚辞汉赋、琴棋书画等多方面。

以江南士族为例，东汉以来江南地区形成了许多世族。著名者如吴郡顾氏、陆氏、朱氏、张氏，吴兴沈氏、丘氏，义兴周氏，会稽贺氏、孔氏等，其中顾、陆、贺诸氏为文化士族。③ 这些吴姓士族多精于经学，在文化上有一定成就。如吴郡陆氏：孙吴时有陆绩，“博学多识，星历算数无不该览”；“作《浑天图》、注《易》释《玄》，皆传于世”④。西晋时，陆机，文章冠世，著书文300余篇，南北士人均对他交口称赞；其弟陆云，“六岁能属文”，与陆机并称“二陆”⑤；其从兄陆喜，著述甚丰。再如会稽人虞翻，世传《易》学，为江东士族中最有成就、最有影响的经师。在获罪被流放交州时，他仍“讲学不倦，门徒常数百人，又为《老子》、《论语》、《国语》训注，皆传于世”⑥。这些士族的存在及其发展，无疑推动了江左地区私学的发展。

① 《晋书》卷七五《荀崧传》，第1977—1978页。
② 《晋书》卷二四《职官志》，第736页。
③ 陈寅恪：《述东晋王导之功业》，载《金明馆丛稿初编》，第57页。
④ 《三国志》卷五七《吴书·陆绩传》，第1328—1329页。
⑤ 《晋书》卷五四《陆云传》，第1481页。
⑥ 《三国志》卷五七《吴书·虞翻传》，第1321—1322页。

左思称赞江东“冠盖云荫”①，人才济济。吴郡名士顾荣评价“南土之士”说：“陆士光贞正清贵，金玉其质；甘季思忠款尽诚，肝干殊快；殷庆之质略有明规，文武可施用；荣族兄公让明亮守节，困不易操；会稽杨彦明、谢行言皆服膺儒教，足为公望；贺生沈潜，青云之士；陶恭兄弟才干虽少，实事极佳。凡此诸人，皆南金也。”②

西晋末年，中原战乱不已，江东相对安定，中州士人大多避乱于此，一时间建邺（今南京）成为东南文化中心。史称：“元帝镇江东，以（顾）荣为军司，加散骑常侍，凡所谋划，皆以谘焉。荣既南州望士，躬处右职，朝野甚推敬之。”后来，这些江左士人多为司马氏政权所用，而建康的文化中心地位历东晋、齐梁始终不坠，从而带动了整个江左地区文化的拓展。

（二）征选博士

魏晋时期，太学、国学教育制度及教师选拔任用，都沿袭汉代制度，在此基础上有所变革。学者引《事始》记载③：“国子祭酒，应邵《汉官仪》曰：汉置。国子博士，《晋中兴书》曰：晋武帝置。国子助教，《晋书》曰：金孝武帝太元十年（385）置。”杜佑《通典》卷五三《礼十三》按曰：

> 二汉旧事，博士之职，唯举明经之士，迁转各以本资，初无定班。魏及中朝多以侍中、常侍、儒学最优者领之。

另外，由于战乱和官学衰落，其时，博士应选者的学术水平和选拔标准都明显下降。清代学者王国维指出：

> 古文学之立于学官，盖在黄初之际。自董卓之乱，京洛为墟，献帝讬命曹氏，未遑庠序之事，博士失其官守，垂三十年。今文学日微，而民间古文之学乃日兴月盛。逮魏初复立太学博士，已无复昔人，其所以传授课试者，亦绝非曩时之学。盖不必有废置明文，而汉家四百年学官，今文之统，已为古文家取而代之矣。④

---

① （南朝梁）萧统编，（唐）李善注：《文选》卷五《吴都赋》，第152页。

② 《晋书》卷六八《顾荣传》，第1814页。

③ 张海鹏主编：《中国考试史文献集成》第一卷，第177页。

④ 王国维：《观堂集林》卷四《汉魏博士考》，第189页。

曹魏政权建立后，为了振兴经学，一些朝臣建议重视选拔经学深厚者作为太学博士。魏明帝即位，卫觊奏曰："九章之律，自古所传，断定刑罪，其意微妙。百里长吏，皆宜知律。""请置律博士，转相教授。"① 事遂施行。《三国志集解》卷二一《卫觊传》称："然而律文烦广，事比众多，离本依末，轻枉相继。"可见并未达到应有的教学效果。

同时，高柔上疏曰："臣以为博士者，道之渊薮，六艺所宗，宜随学行优劣，待以不次之位。敦崇道教，以劝学者，于化为弘。"② 魏明帝采纳其建议，太和二年（228）下诏曰："尊儒贵学，王教之本也。自顷儒官或非其人，将何以宣明圣道？其高选博士，才任侍中常侍者。申敕郡国，贡士以经学为先。"太和四年（230）又诏曰："世之质文，随教而变。兵乱以来，经学废绝，后生进趣，不由典谟。岂训导未洽，将进用者不以德显乎？其郎吏学通一经，才任牧民，博士课试，擢其高第者，亟用；其浮华不务道本者，皆罢退之。"③ 此后，刘馥之子刘靖上疏曰：

> 自黄初以来，崇立太学二十余年，而寡有成者。盖由博士选轻，诸生避役，高门子弟，耻非其伦，故无学者。虽有其名而无其人，虽设其教而无其功。宜高选博士，取行为人表，经任人师者，掌教国子。④

马端临记述曹魏太学教学状况后，按语曰：

> 两汉博士皆名儒，而由博士入官者多至公卿。今观刘馥（子刘靖）、高柔所言，则知魏时博士之遴选既不精，而博士之迁升亦复有限矣。⑤

关于曹魏时期太学博士及教学演变情形，裴松之注引《魏略》曰：

> （河东）乐详，字文载。少好学，建安初，详闻公车司马令南郡谢该善左氏传，乃从南阳步〔涉〕诣〔许，从〕该问疑难诸要，今左氏乐氏问七十二事，详所撰也。所问既了而归乡里，时杜畿为太守，亦甚好学，署详文学祭酒，使教后进，于是河东学业大兴。至黄初中，征拜博士。

① 《三国志》卷二一《魏书·卫觊传》，第611页。
② 《三国志》卷二四《魏书·高柔传》，第686页。
③ 《三国志》卷三《魏书·明帝纪》，第97页。
④ 《三国志》卷一五《魏书·刘馥传》，第464页。
⑤ （元）马端临：《文献通考》卷四一《学校考二》，第1200页。

于时太学初立，有博士十余人，学多褊狭，又不熟悉，略不亲教，备员而已。惟详五业并授，其或难解，质而不解，详无愠色，以杖画地，牵譬引类，至忘寝食，以是独擅名于远近。详学既精悉，又善推步三五，别受诏与太史典定律历。（明帝）太和中，转拜骑都尉。（乐）详学优能少，故历三世，竟不出为宰守。至（齐王曹芳）正始中，以年老罢归于舍，本国宗族归之，门徒数千人。①

此外，史册还记载选任其他博士情形。这里略举数例：

（孙）该，字公达。强志好学。年二十，上计掾，召为郎中。著《魏书》。迁博士司徒右长史，复还入著作。（魏元帝）景元二年（261）卒官。②

许慈，字仁笃，南阳人也。师事刘熙，善郑氏学，治《易》、《尚书》、《三礼》、《毛诗》、《论语》。建安中，与许靖等俱自交州入蜀。……先主定蜀，承丧乱历纪，学业衰废，乃鸠合典籍，沙汰众学，慈、潜并为学士，与孟光、来敏等典掌旧文。……先主愍其若斯，群僚大会，使倡家假为二子之容。效其讼阋之状，酒酣乐作，以为嬉戏，初以辞义相难，终以刀杖相屈，用感切之。潜先没，慈后主世稍迁至大长秋，卒。子勋传其业，复为博士。③

尹默，字思潜，梓潼涪人。……先主定益州，领牧，以为劝学从事，及立太子，以默为仆，（射）以左氏传授后主。后主践阼，拜谏议大夫。丞相亮住汉中，请为军祭酒。亮卒，还成都，拜太中大夫，卒。子宗传其业，为博士。④

韦曜，字弘嗣，吴郡云阳人也。……孙休践祚，韦曜为中书郎、博士祭酒。⑤

《晋书》卷四四《郑袤传》记载，高贵乡公曹髦执政时，“议立明堂辟雍，精选博士”。光禄勋郑袤“举刘毅、刘寔、程咸、庾峻，后并至公辅大

① 《三国志》卷一六《魏书·杜恕传》注，第507页。

② 《三国志》卷二一《魏书·刘劭传》注引《文章叙录》，第622页。

③ 《三国志》卷四二《蜀书·许慈传》，第1023页。

④ 《三国志》卷四二《蜀书·尹默传》，第1026页。

⑤ 《三国志》卷六五《吴书·韦曜传》，第1462页。

位”。《晋书》卷五〇本传详载庾峻家世和事迹：

庾峻，字山甫，颍川鄢陵人也。……历郡功曹，举计掾，州辟从事。太常郑袤见峻，大奇之，举为博士。时重《庄》、《老》而轻经史，骏惧雅道陵迟，乃潜心儒典。属高贵乡公幸太学，问《尚书》义于峻，峻援引师说，发明经旨，申畅疑滞，对答详悉。迁秘书丞。长安有大狱，久不决，拜峻侍御史，往断之，朝野称允。

晋武帝时，重视选任太学、国子学等各类博士，一些士人承传家世之学，被征为博士。如《晋书》各本传所载：

荀勖，字公曾，颍川颍阴人，汉司空爽曾孙也。……既掌乐事，又修律吕，并行于世。……又立书博士，置弟子教习，以钟、胡为法。[①]

曹志，字允恭，谯国谯人，魏陈思王植之孽子也。……咸宁初，诏曰：“鄄城公曹志，笃行履素，达学通识，宜在儒林，以弘胄子之教。其以志为散骑常侍、国子博士。”……后迁祭酒。[②]

秦秀，字玄良，新兴云中人也。父朗，魏骁骑将军。秀少敦学行，以忠直知名。咸宁中，为博士。[③]

束皙，字广微，阳平元城人，汉太子太傅疏广之后也。……皙博学多闻，与兄璆俱知名。少游国学，或问博士曹志曰：“当今好学者谁乎?”志曰：“阳平束广微好学不倦，人莫及也。”还乡里，察孝廉，举茂才，皆不就。……转佐著作郎，撰《晋书·帝纪》、十《志》，迁转博士，著作如故。[④]

在政局动荡的社会环境下，也有士人被征为博士而不就，如：

徐苗，字叔胄，高密淳于人也。累世相承，皆以博士为郡守。……弱冠，与弟贾就博士济南宋钧受业，遂为儒宗。作《五经同异评》，又依道家著《玄微论》，前后所造数万言，皆有义味。……远近咸归其义，师

① 《晋书》卷三九《荀勖传》，第1152—1154页。

② 《晋书》卷五〇《曹志传》，第1389—1390页。

③ 《晋书》卷五〇《秦秀传》，第1404页。

④ 《晋书》卷五一《束皙传》，第1427、1432页。

其行焉。郡察孝廉，州辟从事、治中、别驾，举异行，公府五辟博士，再征，并不就。武惠时计吏至台，帝辄访其安不。①

晋惠帝、晋怀帝时，朝政混乱，中央官学教育受到破坏，但仍保有国子博士、太学博士、太常博士、祭酒等学官。如：

嵇绍，字延祖，魏中散大夫康之子也。……元康初，为给事黄门侍郎。……封弋阳子，迁散骑常侍，领国子博士。②

华轶，字彦夏，平原人，魏太尉歆之曾孙也。……初为博士，累迁散骑常侍。……永嘉中，历振威将军、江州刺史。虽逢丧乱，每崇典礼，置儒林祭酒以弘道训，乃下教曰："今大义颓替，礼典无宗，朝廷滞议，莫能攸正，常以慨然，宜特立此官，以弘其事。军谘祭酒杜夷，栖情玄远，确然绝俗，才学精博，道行优备，其以为儒林祭酒。"③

刘琨，字越石，中山魏昌人，汉中山靖王胜之后也。……太尉高密王泰辟为掾，频迁著作郎、太学博士、尚书郎。④

刁协，字玄亮，渤海饶安人也。祖恭，魏齐郡太守。父攸，武帝时御史中丞。协少好经籍，博闻强记，释褐濮阳王文学，累迁太常博士、本郡大中正。⑤

晋室南渡后，一些随迁士族子弟，凭借家学优势，担任太子老师、太学博士等教职。如：

徐邈，东莞姑幕人也。祖澄之为州治中，属永嘉之乱，遂与乡人臧琨等率子弟并闾里士庶千余家，南渡江，家于京口。父藻，都水使者。邈姿性端雅，勤行励学，博涉多闻，以慎密自居。少与乡人臧寿齐名，下帷读书，不游城邑。及孝武帝始览典籍，招延儒学之士，邈既东州儒素，太傅谢安举以应选。年四十四，始补中书舍人，在西省侍帝。……时皇太子尚幼，帝甚钟心，文武之选皆一时之后。以邈为前卫率，领本

① 《晋书》卷九一《儒林传·徐苗》，第2351—2352页。
② 《晋书》卷八九《忠义传·嵇绍》，第2298—2299页。
③ 《晋书》卷六一《华轶传》，第1671页。
④ 《晋书》卷六二《刘琨传》，第1679页。
⑤ 《晋书》卷六九《刁协传》，第1842页。

郡大中正，授太子经。帝谓邈曰："虽未敕以师礼相待，然不以博士相遇也。"古之帝王，受经必敬，自魏晋以来，多使微人教授，号为博士，不复尊以为师，故帝有云。邈虽在东宫，犹朝夕入见，参综朝政，修饰文诏，拾遗补阙，劬劳左右。帝嘉其谨密，方之于金霍，有托重之意，将进显位，未及行而帝暴崩。

（徐）邈长子豁，有父风，以孝闻，为太常博士、秘书郎。①

（阮）放，字思度。祖略，齐郡太守。父颉，淮南内史。放少与孚并知名。中兴，除太学博士、太子中舍人、庶子。②

据上述史料所言，魏晋以来，"多使微人教授"，"博士"称谓逐渐泛化，以至晋孝武帝司马曜选徐邈为太子老师而不愿称之为"博士"。由此可见，"博士"的成分已发生变化，其社会政治地位随之下降。

也有江南士人，虽出身寒素但博学多才，被选任为国子学博士。如：

车胤，字武子，南平人也。曾祖浚，吴会稽太守。父育，郡主簿。……胤恭勤不倦，博学多通。家贫不常得油，夏月则练囊盛数十萤火以照书，以夜继日焉。……时惟胤与吴隐之以寒素博学知名于世。……宁康初，以胤为中书侍郎、关内侯。孝武帝尝讲《孝经》，仆射谢安侍坐，尚书陆纳侍讲，侍中卞眈执读，黄门侍郎谢石、吏部郎袁宏执经，胤与丹阳尹王混摘句，时论荣之。累迁侍中。太元中，增置太学生百人，以胤领国子博士。③

同一时期，北方割据政权也举荐汉族士人就任太学博士。如前赵刘曜统治期间，征辟台产为博士祭酒，并资以政事。史载：

台产，字国俊，上洛人，汉侍中崇之后也。少专京氏《易》，善图谶、秘纬、天文、洛书、风角、星算、六日七分之学，尤善望气、占候、推步之术。隐居商洛南山，兼善经学，泛情教授，不交当世。刘曜时，灾异特甚，命公卿各举博识直言之士一人。其大司空刘均举产。曜亲临东

---

① 《晋书》卷九一《儒林传·徐邈》，第2358页。
② 《晋书》卷四九《阮放传》，第1367页。
③ 《晋书》卷八三《车胤传》，第2177页。

堂，遣中黄门策问之，产极言其故。曜览而嘉之，引见，访以政事。……曜改容礼之，署为博士祭酒、谏议大夫，领太史令。①

总之，魏晋时期，伴随社会政治和选官制度的急剧变化，中央官学类型增加，官学教师的来源趋向多元化。博士的选任主要采用征召方式，选拔标准仍以经学水平和社会知名度为主要标准。

第三节　考试选才思想的发展

从选官制度演变来看，魏晋时期，“九品官人法”的实施，不仅没有解决“材与质合，能与任宜”的问题，而且加剧了人才选拔中的“名与实”、“公正与私情”、“中央与地方”的矛盾。这种状况促使人们进一步思考人不尽其才和官废其职的问题。在这方面，以刘劭和葛洪最为著名。这两位思想家在中国古代思想史、考试文化史上具有重要地位。此外，一些政治家、朝臣、士人也对人才选拔问题提出了诸多有价值的观点。

一、刘劭的人才品鉴思想

在中国古代人才思想史上，刘劭及其《人物志》以品鉴人物才性而著称。宋人评其著作：“述性品之上下、材质之兼偏，研幽析微，一贯于道。若度之长短，取之轻重，无铢发蔽也。”② 清人臧琳将《人物志》与《颜氏家训》并论，称其“精义美言，时时间出，亦学者不可不读之书也”③。纪昀《四库全书总目·人物志提要》指出：“其书主于论辩人才，以外见之符，验内藏之器，分别流品，研析疑似，故《隋书》以下皆著录于名家。”认为：“盖其学虽近乎名家，其理则弗乖于儒者也。”④ 因此将其书归为子部杂家类。刘劭以综核名实为出发点，融通儒、道、名、法诸家人才论，针对时

① 《晋书》卷九五《艺术传·台产》，第2503页。

② （宋）阮逸：《人物志序》，载（三国魏）刘劭《人物志》，第233页。

③ （清）臧琳：《拜经堂丛书》卷一九《经义杂记·汉魏丛书》，载《续修四库全书》编纂委员会编《续修四库全书·经部·群经·总义类》，第186页。

④ （清）永瑢、纪昀主编：《四库全书总目》（上册）卷一一七“子部杂家类”，第1009页。

弊，提出人物品鉴的原则和方法，开创“四本才性”论之先河，对此后人才选拔和培养产生重要影响。这里略论析其人才品鉴思想的来源、内容及历史价值。

（一）人才品鉴思想的来源

刘劭是曹魏时学者、文学家，广平人。汉建安时为太子舍人、秘书郎。后仕曹魏，历官尚书郎、陈留太守、骑都尉、散骑常侍。刘劭曾奉诏作《都官考课》七十二条及《说略》，其指导思想就是要解决选贤任能的政治问题。《人物志》正是这种政治需要的产物。该书是一部系统品鉴人物才性的玄学著作。它以综核名实为基本的思想出发点，针对当时人物品鉴的偏弊，提出自己一整套人物品鉴的原理、原则和方法，使人物品鉴论向理性和形而上的方向前进了一大步，开了以后“四本才性”和以老庄思想解释儒家“圣人观”而融通儒老的先河，不管是对当时还是以后的人才选拔和培养，都有重要的指导意义。

刘劭作为著名学者，著述颇多，其中有关人才品鉴的论述主要有《人物志》及《都官考课》七十二条、《说略》。《都官考课》是在曹明帝景初元年（237）奉诏所作的考核百官的法规，《说略》则是讲述《考课》的大略，现已散佚。《人物志》约成书于齐王曹芳正始年间（240—245），是其唯一完整保存至今的著作，成为认识和探讨其学术思想的重要文本。刘劭的人才品鉴思想主要来源于以下三方面。

首先，受汉末人物品鉴之风影响。东汉后期察举选士，民间清议影响广泛，社会上极为重视对士人操行、才能的品鉴。刘劭大约生于东汉灵帝光和年间（178—184），汉献帝建安年间（196—220）先后任计吏、太子舍人、秘书郎，不仅熟悉察举选士的实施过程，而且对人才评价、任用的得失有切身感受。虽然此书完成于刘劭晚年，而其思想渊源可溯至汉末。正因如此，汤用彤先生认为：“《人物志》者，为汉代品鉴风气之结果。”①

其次，适应现实人才选拔的客观需要。刘劭具有强烈的政治抱负和过人的才智，积极投身现实政治活动。曹魏时期，他历任尚书郎、陈留太守、骑

① 汤用彤：《读〈人物志〉》，载（三国魏）刘劭《人物志》，第254页。

都尉、散骑常侍，参与草拟朝章、考课吏治的实践。撰写《人物志》，其指导思想就是要解决选贤任能的政治问题。为此，必须从理论与实践上，系统深入探究人的秉性特征、人才分类、人才鉴别等相关问题。刘知幾说：“五常异禀，百行殊轨。能有兼偏，知有长短。苟随才而任使，则片善不遗；必求全而后用，则举世莫可。故刘劭《人物志》生焉。”① 这段话反映出刘劭人才品鉴思想的现实政治来源。

最后，对前人思想的继承和发展。《人物志》吸收了儒、道、名、法等学派的理论和观点，构建其人才品鉴的理论、方法。

爱新觉罗・毓鋆先生认为：“《人物志》乃《四书》之精华，是《四书》的提纲，分类聚在一起的，可以说是《四书》的简练本。”另一方面，其中“有很多地方近于道家的思想，不尽然是儒家的东西”②。在内容上，刘劭总结了汉代举选士的经验，继承此前人才学思想，并提出系统的人才学思想。在《自序》中，他高度评价人才的重要性：“夫圣贤之所美，莫美乎聪明；聪明之所贵，莫贵乎知人。知人诚智，则众材得其序，而庶绩之业兴矣。”③ 为此，刘劭关注并系统研究人才的特质和鉴识方法，形成其人才品鉴思想体系。

此外，刘劭的人才思想还受到河西政治环境和区域文化的滋润。汉末以迄东晋，中原战乱频仍，文化中心解体，河西地区相对稳定，这就为其著说提供了适宜的环境。《通鉴》卷一二三《宋纪》元嘉十六年十二月，凉州自张氏以来号为多士条记载，胡注云：“永嘉之乱，中州之人士避地河西，张氏礼而用之。子孙相承，衣冠不坠，故凉州号为多士。”陈寅恪先生指出：“盖张轨领凉州之后，河西秩序安定，经济丰饶，既为中州人士避难之地，复是流民移徙之区，百余年间纷争扰攘固所不免，但较之河北、山东屡经大乱者，略胜一筹。故托命河西之士庶犹可以苏喘息长子孙，而世族学者自得保身传代以延其家业也。又张轨、李暠皆汉族世家，其本身即以经学文艺著称，故能设学校奖儒业，如敦煌之刘昞即注魏刘劭人物志者，魏晋间才性同与之学

① （唐）刘知幾：《明本史通》内篇卷一〇《自叙》，第 266 页。

② 爱新觉罗・毓鋆讲述，陈絅整理：《毓老师说人物志》，第 3 页。

③ （三国魏）刘劭：《人物志》，第 19 页。刘劭，隋唐《经籍志》以及宋明清各种版本《人物志》，大多为刘邵。

说尚得保存于此一隅，遂以流传至今，斯其一例也。”[①] 这些都说明刘劭的人才品鉴思想受到了当时流行的“才性同”学说的影响。

（二）人才品鉴思想的内容

刘劭《人物志》共三卷十二篇，围绕如何认识和鉴别人的才质与性情而展开论述。所谓“材”（才），即才能，现代心理学称之为人的能力；所谓“性”，即性情，包括人的禀赋、气质和脾气，通常称之为人的性格。他运用“阴阳”、“元气”、“五行”、“性”、“材”、“质”等古代哲学概念，分析人的本质特征、才智来源及人物分类，并参照社会政治的需要，提出人物品鉴的原则、标准、方法与路径，构建独具特色的人才鉴识理论，为国家选拔和任用人才服务。

1. 人才品鉴的标准与方法

在《人物志》中，刘劭将才、德并列标举，作为拔选人才的标准。他提出“八观”、“五视”等鉴别人才的路径。“八观”由人的行为举止、情感反应、心理变化由表象而深至内里，反复察识。“五视”则在居、达、富、穷、贫特定情境中，考察人的品行。以人之筋、骨、血、气、肌与金、木、水、火、土五行相应，而呈显弘毅、文理、贞固、勇敢、通微等特质。此“五质”分别象征“五常”仁、义、礼、智、信，表现为“五德”。

刘劭对人物的品评，以中和为最高原则，讲究平淡无味。他说：“凡人之质量，中和最贵矣。中和之质，必平淡无味，故能调成五材，变化应节。是故观人察质，必先察其平淡，而后求其聪明。”[②] “性之所尽，九质之征也。”“其为人也，质素平淡，中睿外郎，筋劲植固，声清色怿，仪正容直，则九征皆至，则纯粹之德也！”[③] 钱穆先生认为，所谓“平淡”，“一指其人之内心讲，即其人之所好所欲望”。如孔子之“毋意、毋必、毋固、毋我”及其“无可、无不可”，就是平淡者。此外，“亦可说平淡即是不好名，不求人知。刘劭此番理论，正是针对东汉人风气，亦可谓其乃来自道家”[④]。这表明刘劭

① 陈寅恪：《隋唐制度渊源略论稿》，第26—27页。
② （三国魏）刘劭：《人物志》，第33页。
③ （三国魏）刘劭：《人物志》，第43页。
④ 钱穆：《略述刘劭〈人物志〉》，载（三国魏）刘劭《人物志》，第268页。

的人才思想融儒道学说于一体，达到了很高的境界。刘君祖评说："能平淡的人，并非真的不聪明，而是懂得劲气内敛、大智若愚。能平淡，故足以有守；真聪明，故足以有为。"[①] 这是对刘劭品评才性标准的充分肯定。

如何辨识人才，刘劭提出了九种主要表征。他认为："性之所尽，九质之征也。"所谓"九质"，是指神、精、筋、骨、气、色、仪、容、言九种有形之质或无形之质。具体而言，其差异表现在："平陂之质在于神，明暗之实在于精，勇怯之势在于筋，强弱之植在于骨，躁静之决在于气，惨怿之情在于色，衰正之形在于仪，态度之动在于容，缓急之状在于言。"也就是说，人物性情平淡与偏颇的根本在于神明，明察与昏聩的根本在于目光，勇敢与怯弱决定于禁带，体魄的强弱决定于骨骼，急躁与平静决定于血气，忧喜的情感表现于面色，形体的衰萎与庄重表现于仪容，佞媚与正直表现于容貌，宽缓与急躁表现于语言。刘劭认为："其为人也，质素平淡，中睿外郎，筋劲植固，声清色怿，仪正容直，则九征皆至，则纯粹之德也！"[②] 这是其崇尚的理想人才。

2. 人才类型与性格特点的划分

在人才形成的原因上，刘劭认为，"元气"、"阴阳"、"五行"等因素对人才生理素质起决定作用，心理素质和道德素质对人才产生重要影响。人的这些内在素质在体征上有多种表现，从而为我们观察和识别人才的特征提供了条件。《九征》篇说："人物之本，出乎情性。""凡有血气者，莫不含元一以为质，禀阴阳以立性，体五行而著行。"有了形体就可以探求其体质性情。

由于环境、条件等因素的制约，人的才能存在某些差异。归纳起来，大致分为十二类。兹将人物的才能类型、才能特点及举例列表如下（见表4－1）[③]：

---

① （三国魏）刘劭原作，刘君祖撰述：《人物志》，第27页。
② （三国魏）刘劭：《人物志》，第43页。
③ 参见罗宏曾《魏晋南北朝文化史》，第121—122页。

表 4－1　才能类型、特点和人物举例

才能类型	才能特点	人物举例
清节	德行高妙，容止可法	晏婴
法家	建法立制，强国富人	管仲
术家	思通教化，策谋奇妙	张良
国体	德淳风浴，法正天下	伊尹
器能	法正乡邑，术权事宜	子产
臧否	好尚讥诃，能察是非	子夏
伎俩	错意施巧，伎艺传奇	张敞
智意	具有权势，颇通人事	陈平
文章	善于著述，卓有文采	司马迁
儒学	传道解惑，足以安民	毛公
口辩	应答送迎，随机应变	乐毅
雄杰	胆略绝众，威猛过人	韩信

刘劭认为，由于阴阳、五行属性的差异，决定人们性格的不同。依据这些可将人物性格分为十二种类型（见表 4－2）①：

表 4－2　性格类型及其优缺点

性格类型	性格优缺点
强毅之人	历直刚毅，志在矫正，失在偏激
柔顺之人	优柔安愁，多所宽容，失在寡断
雄悍之人	勇猛强悍，雄才杰健，失在多忌
惧慎之人	小心怕事，善于恭谨，失在多疑
凌楷之人	勇往直前，强楷桢干，失在专固
辨博之人	辨析理绎，博大宽广，失在流宕
弘普之人	弘量宽爱，普博周洽，失在混浊
狷介之人	洁身自守，节于俭固，失在拘扃
休动之人	休动磊落，业务攀跻，失在疏越
沉静之人	沉静机密，精于玄微，失在迟缓
朴露之人	本真朴实，质在中诚，失在不微
韬谲之人	韬略权谋，谲诈多变，失在依违

① 参见罗宏曾《魏晋南北朝文化史》，第 122 页。

由于人的才能、性格互有差异，不可避免地同时存在着优缺点，因此，选拔人才应扬长避短，各尽其才。这就要求用人者能够准确识别人的才、性特征，避免为假象所蒙蔽。为此，刘劭还分析人们在识鉴人物的问题上经常易犯的几种错误，包括识人标准的错误、识鉴人物的方法的错误。在识人的标准和原则上，他提出“明为”的标准，“尽备”的原则和发展变化的原则。在此基础上，刘劭提出“观其夺救以明间杂”、“观其所由以辨依似”等在识鉴人物的具体方法。如学者所论：“《人物志》论偏材极为细腻深刻，处世经验愈多，愈能有所会心。”①

3. 学习对于成才的重要性

刘劭强调学习的价值：“夫学，所以成材也；恕，所以推情也；偏材之性不可移转矣。虽教之以学，材成而随之以失。虽训之以恕，推情各从其心，信者逆信，诈者逆诈。故学不道，恕不周物，此偏材之益失也。”② “夫人材不同，能各有异。有自任之能，有立法使人从之之能，有消息辨护之能，有德教师人之能，有行事使人谴让之能，有司察纠摘之能，有权奇之能，有威猛之能。”③ “故臣以自任为能，君以用人为能。臣以能言为能，君以能听为能。臣以能行为能，君以能赏罚为能。所能不同，故能君众材也。”④ “欲观其一隅，则终朝足以识之。将究其详，则三日而后足。何谓三日而后足？夫国体之人兼有三材，故谈不三日不足以尽之。一以论道德，二以论法制，三以论策术，然后乃能竭其所长，而举之不疑。”⑤

（三）人才品鉴思想的地位与影响

刘劭总结了汉代人才乡举里选的经验，继承了此前人才学思想，并提出系统的人才学思想。在《自序》中，他高度评价人才的重要性：“夫圣贤之所美，莫美乎聪明；聪明之所贵，莫贵乎知人。知人诚智，则众材得其序，而庶绩之业兴矣。”⑥ 因此，他关注并系统研究人才的特质和鉴识方法。学者评

① （三国魏）刘劭原作，刘君祖撰述：《人物志》，第47页。
② （三国魏）刘劭：《人物志》，第60页。
③ （三国魏）刘劭：《人物志》，第104页。
④ （三国魏）刘劭：《人物志》，第111页。
⑤ （三国魏）刘劭：《人物志》，第130页。
⑥ （三国魏）刘劭：《人物志》，第19页。

其著作："述性品之上下，材质之兼偏，研幽析微，一贯于道。若度之长短，取之轻重，无铢发蔽也。"①

刘劭的《人物志》流传较广，在中国中古学术思想史上具有重要地位。五凉时期名儒刘昞为《人物志》作注，不仅疏通大意，便于后人阅读，也促进了这本著作的流传，保存了魏晋时期的人才思想。陈寅恪先生指出："刘昞之注《人物志》，乃承曹魏才性之说者，此亦当日中州绝响之谈也。若非河西保存其说，则今日亦难以窥见其一斑矣。"②

从人才选拔的角度来看，《人物志》所阐发的人才品鉴思想也有一定的历史价值。刘劭以古代"元气"、"五行"、"阴阳"等学说来解释人才的某些本质性问题，如人的质、形、性、材、能的本质及其相互关系。这种人才理论虽然存在局限性，但从重视人的生理素质对人才形成的作用来看，仍具有启发意义。

二、葛洪的人才观与考试观

葛洪代表作《抱朴子》外篇现存五十卷，多涉及举贤用才问题，以《勖学》、《君道》、《务正》、《贵贤》、《任能》、《钦士》、《审举》、《备阙》、《擢才》、《名实》、《清鉴》、《尚博》、《仁明》、《广譬》、《行品》诸篇论述尤为集中。迄今，学术界对其道教思想、医学养生、科学技术、政治思想、文学、音乐乃至文化史上的突出贡献，发表颇多研究成果，也有论者从人才学的角度探讨其思想贡献。这里从科举学的视角，辨析葛洪的人才观与考试观的内涵、特征及其在科举文化史上的地位与影响。

人才观与考试观，二者相互关联，属于广义的考试文化范畴。人才观是教育思想的重要组成部分，是"关于人才现象和问题的基本观念体系。诸如对人才的本质、标准、成长过程和开发使用等每一方面的基本看法"③。它受一定的社会发展阶段、意识形态、民族文化传统、伦理观念和科学技术发展等因素的制约与影响，呈现时代性和主体性特征。人才观对教育培养目标、教育内容和方式方法产生直接影响。考试观是人们对考试的现象、本质与问

---

① （宋）阮逸：《人物志序》，载（三国魏）刘劭《人物志》，第 233 页。

② 陈寅恪：《隋唐制度渊源略论稿》，第 39 页。

③ 顾明远主编：《教育大辞典》（增订合编本）（下），第 1261 页。

题的基本认识，它涉及考试的社会根源、性质、目标、功能、内容、形式和技术手段等方面，是考试社会学、考试技术学研究的重要内容。葛洪的人才观与考试观具有丰富内涵，集中反映在对人才价值与标准、选才原则与途径、考试功能与方法等相关问题的认识上。

（一）治国以致贤任能为首务

葛洪极为重视人才的政治作用，这是与其生活的社会环境和个人阅历密切相关的。他生长于士族统治时代，察举制衰微，九品中正制盛行。其祖父葛系，仕吴任大鸿胪；其父葛悌，仕晋为邵陵太守。他虽出身士族家庭，但13岁丧父，“饥寒困瘁，躬执耕稼”，在困境中刻苦自学。“年十六，始读《孝敬》、《论语》、《诗》、《易》。”“贪广览，于众书乃无不暗诵精持。曾所披涉，自正经、诸史、百家之言，下至短杂文章，近万卷。”[①] 其后至二十岁之数年间，葛洪受学从祖葛玄弟子郑隐，悉得其炼丹秘术。[②] 这一家学传统与博学阅历，对其人才思想产生了深刻影响。

其治国思想，“虽然他自己说《外篇》属儒家，但从其具体内容、主张来看，应该属于秦汉以来的黄老新道家”。这种“黄老”思想具有鲜明的“入世”特征。[③] 这是身为道教名家的葛洪，为何深究社会治乱缘由、默察用人得失的重要原因所在。另一方面，葛洪的“知人善任”思想，又“是对《太平经》这一思想的继承与发展”[④]，有其历史文化渊源。这里主要从人才功能、人才标准和人才使用三方面，探析其人才观的内涵。

葛洪认为，贤才在治国安邦中具有不可替代的作用，举贤任能是执政者的首要任务。《抱朴子外篇・贵贤》篇（以下仅注篇名）指出：“无良辅而羡隆平者，未闻其有成也。”“故招贤用才者，人主之要务也；立功立事者，髦俊之所思也。若乃乐治定而忽智士者，何异欲致远途而弃骐騄哉！”《审举》篇进一步阐释“举才”的原因：“人君虽明并日月，神鉴未兆，然万机不可以独统，曲碎不可以亲总，必假目以遐览，借耳以广听，诚须有司，是康是赞。

① （晋）葛洪撰，杨明照校笺：《抱朴子外篇校笺》下册，卷五〇《自叙》，第653、655页。

② 钱穆：《葛洪年谱》，载刘固盛等编《葛洪研究论集》，第23—24页。

③ 熊铁基：《论葛洪在中国文化史上的地位》，载刘固盛、刘玲娣编《葛洪研究论集》，第201页。

④ 卿希泰：《试论葛洪的知人善任思想》，载杨世华主编《葛洪研究二集》，第19页。

故圣君莫不根心招贤，以举才为首务。施玉帛于丘园，驰翘车于岩薮，劳于求人，逸于用能，上自槐棘，降逮皂隶，论道经国，莫不任职。恭己无为，而治平刑措；而化洽无外，万邦咸宁。设官分职，其犹构室，一物不堪，则崩桡之由也。”

正因为举贤任能对于国家治理具有如此重要的影响，因此，明主“不吝金璧，不远千里，不惮屈己，不耻卑辞，而以致贤为首务，得士为重宝。举之者受上赏，蔽之者为窃位”[①]。在《百里》篇，葛洪还论述政府基层人才的重要性：“牧守虽贤，而令长不堪，则国事不举，万机有阙。其损败，岂徒止乎一境而已哉！令长尤宜得才，乃急于台省之官也。”

在《名实》篇，葛洪列举周之吕尚、齐之管仲、秦之百里奚、汉之娄敬的事例，阐明任用贤才对于治国的重要作用：“才诚足委，不拘于屠钓；言审可施，抽之于戎戍。或举于牛口之下，而加之于群僚之上；或拔于桎梏之中，而任以社稷之重。故能勋业隆济，拓境服远，取威定功，垂统长世也。”由此得出结论：“故明君勤于招贤，而汲汲于擢奇，导达凝滞，而严防壅蔽。”

在人才标准方面，葛洪提出诸多见解。他称赞孔门“四科”及东汉章帝建初八年（83）诏书“辟士四科”，认为“德行”、“言语”、“政事”、“文学”、“经术”、“法律”、“谋略”，均为衡量人才的重要标准。他列举：“尼父善诱，染以德教，遂成升堂之生，而登四科之哲。”[②] 在《审举》篇，他以汉代察举为例，提出：“然未贡举之士，格以四科，三事九列，是之自出，必简标颖拔萃之俊。”

葛洪采用设问、比喻的方式，阐明“言”与“文”在人才选拔中的独特作用。当时有人提出疑问：“德行者，本也；文章者，末也。故四科之序，文不居上。然则著纸者，糟粕之余事；可传者，祭毕之刍狗。卑高之格，是可识矣。文之体略，可得闻乎？”葛洪认为：“德行为有事，优劣易见；文章微妙，其体难识。”“德”与“文”不可截然分开，不能脱离“文”而论“道”：“荃可以弃，而鱼未获，则不得无荃；文可以废，而道未行，则不得无文。”他强调：“文章之与德行，犹十尺之与一丈。谓之余事，未之前闻。”

① （晋）葛洪撰，杨明照校笺：《抱朴子外篇校笺》上册，卷一三《钦士》，第325页。
② （晋）葛洪撰，杨明照校笺：《抱朴子外篇校笺》上册，卷三《勖学》，第122页。

“文之所在，虽贱犹贵。”① 在这里，他明确表达出察文以辨才的观点。《审举》篇论述了“文”与“才”的密切关系：“夫丰草不秀瘠土，巨鱼不生小水，格言不吐庸人之口，高文不堕顽夫之笔。”

葛洪坚持以发展的观念，认识人才标准、人才价值的变迁；主张选才应适时变迁，不应崇古非今。他批评“世俗神贵古昔而黩贱同时”的盲目崇古心态，反对今不如昔的人才短视行为，指出：“重所闻，轻所见，非一世之所患矣。”② 他认为：“英逸之才，非浅短所识。”“且夫爱憎好恶，古今不均，时移俗易，物同价异。”“故圣世人之良干，乃暗俗之罪人也；往者之介洁，乃末叶之羸劣也。”③ 这表明，人才标准具有社会性和时代性，选拔人才应超凡脱俗，不拘一格。

值得指出的是，葛洪特别重视选才标准的公平公正性。他指出：“夫铨衡不平，则轻重错谬；斗斛不正，则少多混乱；绳墨不陈，则曲直不分；准格倾侧，则滓杂实繁。以之治人，则虐暴而豺贪，受取聚敛，以补买官之费；立之朝廷，乱剧于棼丝。引用驽庸，以为党援，而望风向草偃，庶事之康，何异悬瓦砾而责夜光，弦不调而索清音哉！何不澄浊飞沉，沙汰臧否，严试对之法，峻贪夫之防哉！殄瘁攸阶，可勿畏乎？”④

为了以史为鉴，在《审举》、《吴失》等篇，葛洪列举东汉末年及三国孙吴政权晚世用人标准颠倒的惨痛教训：“灵、献之世，阉官用事，群奸秉权，危害忠良。台阁失选用于上，州郡轻贡举于下。夫选用失于上，则牧守非其人矣；贡举轻于下，则秀、孝不得贤矣。故时人语曰：‘举秀才，不知书；察孝廉，父别居。寒素清白浊如泥，高第良将怯如鸡。’又云：‘古人欲达勤诵经，今世图官免（勉）治生。’盖疾之甚也。”“而凡夫浅识，不辩邪正，谓守道者为陆沈，以履径者为知变。俗之随风而动，逐波而流者，安能复身于德行，苦思于学问哉！是莫不弃检括之劳，而赴用赂之速矣。”对此，他特别指出：“斯诚有汉之所以倾，来代之所宜深鉴也。”⑤ 他还引述其师郑隐的教诲：“吴之晚世，犹剧之病：贤者不用，滓秽充序，纪纲驰紊，吞舟多漏。贡

① （晋）葛洪撰，杨明照校笺：《抱朴子外篇校笺》下册，卷三二《尚博》，第107—109、113页。
② （晋）葛洪撰，杨明照校笺：《抱朴子外篇校笺》下册，卷三二《尚博》，第118、120页。
③ （晋）葛洪撰，杨明照校笺：《抱朴子外篇校笺》上册，卷一八《擢才》，第456页。
④ （晋）葛洪撰，杨明照校笺：《抱朴子外篇校笺》上册，卷一五《审举》，第385页。
⑤ （晋）葛洪撰，杨明照校笺：《抱朴子外篇校笺》上册，卷一五《审举》，第393、399—400页。

举以厚货者在前，官人以党强者为右。匪富匪势，穷年无冀。德清行高者，怀英逸而抑沦；有才（财）有力者，蹑云物以官跻。”“背公之俗弥剧，正直之道遂坏。”[①] 这些历史反思，具有重要的警示意义。

在人才使用上，葛洪提出多项原则。首先，应坚持灵活性与多样性的原则：“无以一事暗保其余，同乎己者，未必可用；异于我者，未必可忽也。”[②] 在《广譬》篇，又提出：“人才无定珍，器用无常道。进趋者以适世为奇，役御者以合时为妙”；“常制不可以待变化，一途不可以应万方，刻船不可以索遗剑，胶柱不可以谐清音。”

其次，应把握“济事”、“化俗”的根本原则：“四渎辩源，五河分流，赴卑注海，殊途同归。色不均而皆艳，音不同而咸悲，香非一而并芳，味不等而悉美。”“物贵济事，而饰为其末；化俗以德，而言非其本。故绵布可以御寒，不必貂、狐；纯素可以匠（匡）物，不在文辩。”[③]

此外，须坚持各尽所长、用人唯“明”的原则。《备阙》篇说：“役其所长，则事无废功；避其所短，则世无其弃材矣。”《务正》篇指出：“若以所短弃所长，则逸侪拔萃之才不用矣；责具体而论细礼，则匠（匡）世济民之勋不著矣。”《仁明》篇强调：“明者，才也；仁者，行也”，“无臧否之明，则心惑伪真，神乱朱紫。”这些主张反映了葛洪对人才使用的精辟见解，富有启发性。

（二）用才取士不可以不精择、详试

如何识别真才，是能否举贤用才的关键问题。为此，葛洪在总结、汲取前人经验的基础上，对士人品类作出了深入细致的论述。在《行品》篇，他提出系统的识别、选择和考验士人的途径及方法。依据各类人的品行特征，剖析39种善人、44种恶人的行为、品性特征。将前者分为圣人、贤人、道人、孝人、仁人、忠人、明人、智人、达人、雅人、重人、清人、义人、信人、文人、武人、儒人、益人、廉人、贞人、笃人、节人、辩人、谦人、顺人、干人、理人、术人、勇人、严人、艺人、勤人、劲人、审人、果人、谨

① （晋）葛洪撰，杨明照校笺：《抱朴子外篇校笺》下册，卷三四《吴失》，第142页。
② （晋）葛洪撰，杨明照校笺：《抱朴子外篇校笺》上册，卷二一《清鉴》，第512页。
③ （晋）葛洪撰，杨明照校笺：《抱朴子外篇校笺》下册，卷三九《广譬》，第333—334页。

人、良人、朴人、下人；将后者分为悖人、逆人、凶人、恶人、虐人、谗人、佞人、暴人、奸人、谄人、虚人、贪人、淫人、闇人、损人、劣人、弊人、邪人、悍人、怯人、浅人、顽人、惑人、薄人、妒人、吝人、愚人、小人、迷人、奢人、荒人、懒人、轻人、秽人、笨人、嚣人、蔽人、乱人、拙人、慝人、骄人、叛人、伪人、刺人。对于这些不同类型的人，葛洪简要描述其品行特征，颇有思想深度，成为后人识别士类的重要标准。在今天看来，这些品行判断标准仍有其认识论的价值。

纵观往迹，俯察世事，葛洪深感识士之难："人技未易知，真伪或相似。"他结合历史事例，列举人才难以分辨的十种状况。如："士有颜貌修丽，风表闲雅，望之溢目，接之适意，威仪如龙虎，盘旋成规矩。然心蔽神否，才无所堪，心中所有，尽附皮肤，口不能吐片奇，笔不能属半句；入不能宰民，出不能用兵；治事则事废，衔命则命辱。动静无宜，出处莫可"；"士有貌望朴悴，容观矬陋，声气雌弱，进止质涩。然而含英怀宝，经明行高，干过元凯，文蔚春林。官则庶绩康用，武则克全独胜"；"士有谋猷渊邃，术略入神，智周成败，思洞幽玄，才兼能事，神器无宜；而口不传心，笔不尽意，造次之接，不异凡庸"；"士有机变清锐，巧言绮粲，揽引譬喻，渊涌风厉；然而口之所谈，身不能行；长于识古，短于理今，为政政乱，牧民民怨。"其他如：外形恭虔，"中怀散放"；外表勇武，临阵心怯；梗概简缓，"而胆劲心方"；孝友温淑，而不达事要；"行己高简，风格峻峭"，"而立朝正色，知无不为"；温恭廉洁，而仁而不断，干用不足。这些例证说明，不能仅以外表判断人才之真伪。

通过对士人品类的比较分析，葛洪得出一个重要的结论："夫物有似而实非，若然而不然。料之无惑，望形得神，圣者其将病诸，况乎常人？故用才取士，推昵结友，不可以不精择，不可以不详试也。"① 对于为政者而言，如何"精择"、"详试"，既需要掌握正确的选才原则和标准，也要采用适宜的途径与方法。葛洪认为，用才取士的基本原则，应是勤学、修德、无私、通经策、有才略，并通过考试量才、交往辨志等途径，从多方面进行考察和验证。

① （晋）葛洪撰，杨明照校笺：《抱朴子外篇校笺》上册，卷二二《行品》，第548—555页。

（三）考试选才可励勤学、绝人事因缘

三国时期，“考试”一词在官文、史书中逐渐传布。《三国志·魏书·王昶传》载言：“昶陈治略五事”，“其二，欲用考试，考试犹准绳也，未有舍准绳而意正曲直，废黜陟而空论能否也。”葛洪虽不是第一个提出通过“考试”来鉴别、区分人才的学者，但却是极力提倡恢复考试选拔儒学人才的士人。《抱朴子》外篇多处论及“考”、“试”及“考试”，强调考试选才的重要作用。其考试观大致包括以下五个方面。

其一，考试选才的目标。《君道》篇论述“君”、“臣”各自职责，指出贤君应纳良言，定良规，确立考试的目标：“勿惮徙薪之烦，以省焦烂之费。鼓廉耻之陶冶，明考试之准的。”认为“昏惑之君”，“官人则顺志者为贤，擢才则以近习者为前。……器小任大，遂及于祸。”

其二，考试与学习的关系。葛洪将考试选才与学习涵养联系起来，重视学习在人才成长中的先导作用。《勖学》篇指出：“夫学者所以清澄性理，簸扬埃秽，雕煅矿璞，砻炼屯纯，启导聪明，饰染质素，察往知来，博涉劝戒，仰观俯察，于是乎在，人事王道，于是乎备。进可以为国，退可以保己。”他还强调人的才智不是天生的，需要通过外在的教育活动加以培养：“夫斫削刻画之薄伎，射御骑乘之易事，犹须惯习，然后能善。况乎人理之旷，道德之远，阴阳之变，鬼神之情，缅邈玄奥，诚难生知。虽云色白，匪染弗丽；虽云味甘，匪和弗美。故瑶华不琢，则耀夜之景不发；丹青不治，则纯钩（钧）之劲不就。火则不钻不生，不扇不炽；水则不决不流，不积不深。故质虽在我，而成之由彼也。”由此论证教育活动对于个体成才的重要作用。

葛洪认为，考试具有激励勤学、“长益风教”的积极作用：“今试用此法（笔者按：指闭卷考试），治一二岁之间，秀、孝必多不行者，亦足以知天下贡举不精之久矣。过此，则必多修德而勤学者矣”；“今且令天下诸当在贡举之流者，莫敢不勤学。但此一条，其为长益风教，亦不细矣。若使海内畏妄举之失，凡人息侥幸之求，背竞逐之末，归学问之本，儒道将大兴，而私货必渐绝，奇才可得而役，庶官可以不旷矣。”[①] 反之，“今若取富贵之道，幸

① （晋）葛洪撰，杨明照校笺：《抱朴子外篇校笺》上册，卷一五《审举》，第404、410页。

有易于学者，而复素无自然之好，岂肯复空自勤苦，执洒扫为诸生，远行寻师问道者乎？”因此，他力主恢复经学考试：“今若遐迩一例，明考课试，则必多负笈千里，以寻师友，转其礼赂之费，以买记籍者，不俟终日矣。”①

其三，考试的方式方法。葛洪重视发挥考试选才的客观性与公正性，主张恢复“试经答策”，依法从严治贪。《审举》篇要求：“秀才皆宜如旧试经答策，防其（罪）［置］对之奸，当令必绝其不中者勿署，吏加罚禁锢。其所举书不中者，刺史、太守免官，不中左迁。中者多不中者少，后转不得过故。若赇而举所不当，发觉有验者除名，禁锢终身，不以赦令原，所举与举者同罪。”针对“能言不必能行，今试经对策虽过，岂必有政事之才乎”的疑问，葛洪认为，考试是选拔经术人才不可替代的方法，“言”与“文”能够反映人的才能。他说：“古者犹以射择人，况经术乎？如其舍旃，则未见余法之贤乎此也”；“今孝廉必试经无脱谬，而秀才必对策无失指，则亦不得暗蔽也。良将高第取其胆武，犹复试以策，况文士乎？假令不能尽得贤能，要必愈于了不试也。”② 这就是说，孝廉试经、秀才对策，虽然不能尽得贤能之才，但至少公开、透明，可弥补察举选士的缺失。

在书面考试之外，葛洪提出要重视品行、实际才能的考察。《审举》篇提出：“所欲举者，必澄思以察之，博访以详之，（修）［循］其名而考其行，校同异以备虚饰。令亲族称其孝友，邦闾归其信义。尝小仕者，有忠清之效，治事之干，则寸锦足以知巧，刺鼠足以观勇也。”《广譬》篇强调实际考察的重要性：“世有雷同之誉，而未必贤也；俗有讙哗之毁，而未必恶也。是以迎而许之者，未若鉴其事而试其用；逆而距之者，未若听其言而课其实。则佞媚不以虚谈进，良能不以孤弱退。”

其四，考试实施的政治条件。葛洪认为，西晋国家政治统一，为考试选才创造了现实基础；应重视采用考试手段选拔东南地区的贤才。《审举》篇说：“今普天一统，九垓同风，王制政令，诚宜齐一。夫衡量小器，犹不可使往往而有异，况人士之格，而可参差而无检乎？江表虽远，密迩海隅，率礼教，亦既千余载矣。往虽暂隔，不盈百年。而儒学之事，亦不偏废也。惟以其土宇褊于中州，故人士之数，不得钧其多少耳。及其德行才学之高者，子

① （晋）葛洪撰，杨明照校笺：《抱朴子外篇校笺》上册，卷一五《审举》，第414、416页。

② （晋）葛洪撰，杨明照校笺：《抱朴子外篇校笺》上册，卷一五《审举》，第407页。

游、仲任之徒，亦未谢上国也。”他还指出：“昔吴土初附，其贡士见偃以不试。今太平已近四十年矣，犹复不试，所以使东南儒业衰于在昔也。……法有招患，令有损化，其此之谓也。今贡士无复试者，则必皆修饰驰逐，以竞虚名，谁肯复开卷受书哉？”这从又一侧面反映其对考试选才的重视。

其五，考试的教育与社会功能。葛洪认为，实行严格的考试选才制度，不仅能杜绝“人事因缘”，阻止“属托之冀”，有效防止营私舞弊，而且可强化最高统治者的用人权力，提高人才使用效率，激励士人勤学，改善社会风气。他提出：“余意谓新年当试贡举者，今年便可使儒官才士，预作诸策，计足周用。集上禁其留草殿中，封闭之；临试之时，亟赋之。人事因缘于是绝。当答策者，皆可会著一处，高选台省之官亲监察之。又严禁其交关出入，毕事乃遣。违犯有罪无赦。如此，属托之冀窒矣。明君恃已之不可欺，不恃人之不欺已也。亦何耻于峻为斯制乎？若试经法立，则天下可以不立学官，而人自勤乐矣。”[①] 这些表明，葛洪对于考试功能有着深刻的认识。

（四）历史地位与文化影响

《抱朴子》外篇最初写定于晋元帝建武元年（317）。据杨明照先生考证，嗣后续有订补，历时约一二年。成书时，葛洪年约三十五六岁。这是著者在“八王之乱”后，对司马氏政权用人得失与国家治乱的理性思考，主旨在于“言人间得失，世事臧否”[②]。不久，他又作《抱朴子》内篇。东晋以降，《抱朴子》内外篇流传甚广，产生了深远的历史影响。

南朝刘宋裴松之（372—451），在为陈寿《三国志》作注中，最早提及葛洪及其《抱朴子》，称“其书文颇行世”，多处引用《抱朴子》内篇的文字。梁元帝萧绎，也受《抱朴子》外篇较大影响。颜之推也曾在《颜氏家训》中论及葛洪及其著作。唐人引述《抱朴子》外篇者更为多见。[③] 当今学者杨明照撰《抱朴子外篇校笺》，详细考证其文字、典故，并附有自《隋书经籍志》至《意林》等历代有关《抱朴子》外篇之著录，为我们勾勒出该书流

① （晋）葛洪撰，杨明照校笺：《抱朴子外篇校笺》上册，卷一五《审举》，第417页。
② （晋）葛洪撰，杨明照校笺：《抱朴子外篇校笺》下册，卷五〇《自叙》，第698页。
③ 武锋：《〈抱朴子外篇〉在历史上的影响》，《浙江海洋学院学报》（人文科学版）2008年第1期。

传的脉络。①

从考试文化的历史演变来看，葛洪有关人才价值与标准、选才原则与途径、考试功能与方法的系统论述，成为隋唐科举考试之先声。

首先，在选才观念上，葛洪的思想认识，促进了考试选才观念的更新与传播，产生了重要的社会影响。在《贵贤》、《任能》、《钦士》、《审举》、《擢才》、《名实》、《清鉴》、《尚博》、《仁明》、《行品》等篇中，他提出了系统的人才观念和考试观念；尤其是关于考试的教育与社会功能的认识，为科举时代选拔人才及教育实践所印证。对此，当今学者给予高度评价："葛洪的基本观点为其后科举考试制度的建立奠定了理论基础；或者说，他的一些见解，已经与唐代科举精神相当一致。""在几百年前就已经能预见到几百年后的事，由此可见，葛洪是个很了不起的人物。"②"他提出严格选举、严明考试，以考试促进教育的光辉思想，却无疑是中国教育历史和考试历史的一大进步。"③

其次，在选才方法上，他提出以闭卷统一考试与察举相结合的选士方法，为隋唐科举制度所借鉴。"这套考试方案，当然不完全是他的发明，但却是他的创新。如果把它与隋唐以后的科举制度相对照，则不难发现其中的历史联系。有不少可取之处。"④隋唐科举选士，以统一考试为取士标准，辅以"行卷"、"公荐"，实现了选官制度的重大变革。它不仅扩大了选才的范围及效度，而且在政治文明进程中取得了历史性飞跃，促进了社会流动和文化繁荣。

最后，在考试科目与内容上，葛洪对经学、文学及策论的重视，对隋唐明经科、进士科考试产生一定的影响。"进士科具有开放性和包容性，适应汉字文化发展的要求，选拔社会所需要的通识人才。"⑤从文化演化来看，进士科的源头可追溯到孔门"四科"之"文学"科，而《抱朴子》外篇则发挥了承上启下的作用。葛洪有关文字、文学地位的独特见解及其注重韵语、骈言的写作风格，与南朝梁萧统编《昭明文选》、唐宋以下"选学"的发展，不

① （晋）葛洪撰，杨明照校笺：《抱朴子外篇校笺》，下册，"附录"，第730—742页。

② 田建荣：《中国考试思想史》，第103—104页。

③ 李军：《论葛洪的道教教育思想》，《世界宗教研究》1994年第1期。

④ 李军：《论葛洪的道教教育思想》，《世界宗教研究》1994年第1期。

⑤ 张亚群：《科举考试与汉字文化——兼析进士科一枝独秀的原因》，《中国地质大学学报》（社会科学版）2009年第6期。

无渊源关系。就此而论，葛洪的考试观与选才标准，对隋唐科举考试文体亦有一定影响。

综上所述，葛洪独具一格的人才观与考试观，在中国古代考试文化史上占有重要地位。虽然受社会发展阶段和认识的限制，其人才标准以儒学观念为依归，对考试活动的社会根源、本质特征认识不深，也未论及考试选才对学校教育的负面影响，但是，他对人才价值、用人得失、成才与学习的关系、考试的积极功能、选才的原则、途径与方法的一系列论述，颇有独到之处。这些见解对于当今的考试文化建设，仍有一定的启发意义。

三、其他人物的选才观

东汉末年至魏晋时期，群雄逐鹿，既是人才辈出的时代，也是对人才鉴别和使用要求迫切的时代。在此历史背景下，涌现出许多关注和细致研究人才问题的政治家和思想家。除了前文所述，这一时期还有其他一些重要人物，在鉴别和选拔人才方面也提出了颇有价值的观点。

（一）诸葛亮的人才思想

诸葛亮（181—234），是中国古代著名政治家、军事家。他出身东汉末年世官家庭，童年生活在家乡山东琅琊阳都县（今山东临沂市沂南县）。父亲过世后，他依叔父先后徙于豫章郡、荆州。诸葛亮年轻时就胸有大志，躬耕南阳，“好为《梁父吟》”，“每自比于管仲、乐毅”。其“性长于巧思，损益连弩，木牛流马，皆出其意；推演兵法，作八阵图，咸得其要云”①。诸葛亮“教书奏多可观，别为一集”。凡二十四篇，凡十万四千余字。这些著述反映其政治、军事、教育等思想。陈寿高度评价诸葛亮的思想品格与杰出贡献：

> 诸葛亮之为相国也，抚百姓，示仪轨，约官职，从权制，开诚心，布公道；尽忠益时者虽仇必赏，犯法怠慢者虽亲必罚，服罪输情者虽重必释，游辞巧饰者虽轻必戮；善无微而不赏，恶无纤而不贬；庶事精炼，物理其本，循名责实，虚伪不齿；终于邦域之内，咸畏而爱之，刑政虽

①《三国志》卷三五《蜀书·诸葛亮传》，第927页。

> 峻而无怨者，以其用心平而劝戒明也。可谓识治之良才，管、萧之亚匹矣。①

上述成就的取得是与诸葛亮善于知人用才密不可分的。在激烈的政治、军事斗争和治国过程中，诸葛亮十分重视对人才的培养、鉴别与选拔任用。在《诫子书》、《将苑》、《便宜十六策》等著述中，他论及德才养成、人才标准和选才方法等内容，蕴含着丰富的人才思想。这里略作论述。

1. 人才的标准

什么是人才，不同时代标准有异，同一时代不同流派学者的认识也不一样，它反映了特定的教育价值观念。在古代中国，人们主要受儒家观念支配，侧重于儒家的人才标准。与一般儒士有异，诸葛亮的教育价值观，融合了儒家、道家和兵家的思想，具有鲜明的特色。在人才标准上，他提出了八个标准，即德、才、学、识、能、忠、义、信，其中德、才最为重要。诸葛亮认为："夫治世以大德，不以小惠。"②"大德"就是从国家、社会层面的基本要求，包括法度严明，安邦富民；而小惠则是个人层面的施恩沽名，损害全局。国家选拔人才，首要的就是具备"大德"之人。这一选才标准，也体现在诸葛亮治国实践中。史载：

> （蜀后主）建兴元年（223），丞相亮开府，辟（蒋）琬为东曹掾。举茂才，琬固让刘邕、阴化、庞延、廖淳，亮教答曰："思惟背亲舍德，以殄百姓，众人既不隐于心，实又使远近不解其义，是以君宜显其功举，以明此选之清重也。"（蒋琬）迁为参军。五年，亮住汉中，琬与长史张裔统留府事。八年，代裔为长史，加抚军将军。亮数外出，琬常足食足兵以相供给。亮每言："公琰（蒋琬字）托志忠雅，当与吾共赞王业者也。"密表后主曰："臣若不幸，后事宜以付琬。"③

上述举荐蒋琬之事例，反映了诸葛亮选任政治人才的标准。诸葛亮选才，既重"德"，亦重"才"，而人的德、才是有赖后天培养的，这就是"学"。在《诫子书》中，他精辟论析了"德"、"才"、"学"三者的关系：

---

① 《三国志》卷三五《蜀书·诸葛亮传》，第934页。

② 《三国志》卷三三《蜀书·后主传》，裴松之注引《华阳国志》，第903页。

③ 《三国志》卷四四《蜀书·蒋琬传》，第1058页。

> 夫君子之行，静以修身，俭以养德。非淡泊无以明志，非宁静无以致远。夫学须静也，才须学也，非学无以广才，非志无以成学。淫慢则不能励精，险躁则不能治性。①

由此可见，德、才、学三要素在诸葛亮的人才标准中占有重要地位。此外，他对于识、能、忠、义、信的选才标准也有论述，此不赘述。

2. 识才的方法

如何选才，既要有正确标准，也需掌握恰当方法，包括对人性的透彻认识。魏晋时期，学人对于人性的讨论颇多，诸葛亮也有专门论述。在《将苑·知人性篇》中，他指出人性难识："夫知人之性，莫难察焉。美恶既殊，情貌不一，有温良而为诈者，有外恭而内欺者，有外勇而内怯者，有尽力而不忠者。"知人是善任的重要条件。为了选才，诸葛亮列举"知人之道"的七种方法：

> 一曰，间之以是非而观其志；二曰，穷之以辞辩而观其变；三曰，咨之以计谋而观其识；四曰，告之以祸难而观其勇；五曰，醉之以酒而观其性；六曰，临之以利而观其廉；七曰，期之以事而观其信。②

这些论述反映了诸葛亮对人物的洞察力，对于认识和选拔人才具有重要的参考价值。

3. 人才的使用

在国家治理和军事战争中，诸葛亮极为重视人才的作用。在《便宜十六策·举措》中，他指出："夫治国犹于治身：治身之道，务在养神；治国之道，务在举贤；是以养神求生，举贤求安。"因此，"人君选举，必求隐处"，"悬赏以待功，设位以待士，不旷庶官，辟四门以兴治务，玄纁以聘幽隐，天下归心，而不仁者远矣"。他特别强调："为人择官者乱，为官择人者治，是以聘贤求士，犹嫁娶之道也"，"以礼聘士，而其国乃宁矣"③。

其一，量才适用，扬善去弊。

三国时期，各政权间征战不已，对军事人才素质要求极为严格。诸葛亮

① （三国）诸葛亮：《诸葛亮集》，第 28 页。
② （三国）诸葛亮：《诸葛亮集》，第 28 页。
③ （三国）诸葛亮：《诸葛亮集》，第 67—68 页。

还撰《将苑》一书，将儒家的人才标准运用于军事人才的评价之中，阐述军事人才选拔和使用的原则、方式方法等。

在《将材篇》中，诸葛亮按照儒家的伦理标准以及军事技术、谋略标准，把将才划分为九类："仁将"、"义将"、"礼将"、"智将"、"信将"、"步将"、"骑将"、"猛将"及"大将"。具体标准如下：

> 道之以德，齐之以礼，而知其饥寒，察其劳苦，此之谓仁将。事无苟免，不为利挠，有死之荣，无生之辱，此之谓义将。贵而不骄，胜而不恃，贤而能下，刚而能忍，此之谓礼将。奇变莫测，动应多端，转祸为福，临危制胜，此之谓智将。进有厚赏，退有严刑，赏不逾时，刑不择贵，此之谓信将。足轻戎马，气盖千夫，善固疆场，长于剑戟，此之谓步将。登高履险，驰射如飞，进则先行，退则后殿，此之谓骑将。气凌三军，志轻强虏，怯于小战，勇于大敌，此之谓猛将。见贤若不及，从谏如顺流，宽而能刚，勇而多计，此之谓大将。①

在《将器篇》中，提出"将之器，其用大小不同"。根据品德、才能的大小，把将才从小到大分为六等：

> 若乃察其奸，伺其祸，为众所服，此十夫之将；夙兴夜寐，言词密察，此百夫之将；直而有虑，勇而能斗，此千夫之将；外貌桓桓，中情烈烈，知人勤劳，悉人饥寒，此万夫之将；进贤进能，日慎一日，诚信宽大，闲于理乱，此十万人之将；仁爱洽于下，信义服邻国，上知天文，中察人事，下识地理，四海之内视如室家，此天下之将。②

在《择材篇》中，根据士兵的品性与特长，将武士划分为六类：

> 夫师之行也，有好斗乐战，独取强敌者，聚为一徒，名曰报国之士；有气盖三军，材力勇捷者，聚为一徒，名曰突陈之士；有轻足善步，走如奔马者，聚为一徒，名曰搴旗之士；有骑射如飞，发无不中者，聚为一徒，名曰争锋之士；有射必中，中必死者，聚为一徒，名曰飞驰之士；有善发强弩，远而必中者，聚为一徒，名曰摧锋之士。此六军之善士，

① （三国）诸葛亮：《诸葛亮集》，第80—81页。
② （三国）诸葛亮：《诸葛亮集》，第81—82页。

各因其能而用之也。[①]

诸葛亮认为，为将之道有八弊：“一曰贪而无厌，二曰妒贤嫉能，三曰信谗好佞，四曰料彼不自料，五曰犹豫不自决，六曰荒淫于酒色，七曰奸诈而自怯，八曰狡言而不以礼。”这些都需避免。他指出，“将者危任”，因此，“善将者，不恃强，不怙势，宠之而不喜，辱之而不惧，见利不贪，见美不淫，以身殉国，壹意而已”。将有“五善四欲”：“五善者，所谓善知敌之形势，善知进退之道，善知国之虚实，善知天时人事，善知山川险阻。四欲者，所谓战欲奇，谋欲密，众欲静，心欲一。”在《将强篇》，他提出了“五强”要求：“高节可以厉俗，孝弟可以扬名，信义可以交友，沈虑可以容众，力行可以建功”[②]。对于将才的使用，就是要树立高尚的志向，发扬自身之长，去除弊端。

其二，多方激励，发挥人才的作用。

在人才使用中，诸葛亮注重运用“榜样激励”、“关怀激励”、“赏罚激励”等多种策略，激励将士建功立业。[③]

诸葛亮以历史上贤才为榜样，倡导举贤任才。《便宜十六策·举措篇》指出：“举措之政，谓举直措诸枉也。”“尧举逸人，汤招有莘，周公采贱，皆得其人，以致太平。”[④] 他强调治国之道在于务本：“夫本者，倡始也”；“本者，经常之法，规矩之要。”举贤根本在于兴教化：“庠序之礼，八佾之乐，明堂辟雍，高墙宗庙，所以务人之本也。”[⑤] 政治当有先后：“先理纲，后理纪；先理令，后理罚；先理近，后理远；先理内，后理外；先理本，后理末；先理强，后理弱；先理大，后理小；先理身，后理人。”治国者须从自身开始，以身作则：“人君先正其身，然后乃行其令。”“理上则下正，理身则人敬。”[⑥] 军事将领，若做到“先之以身，后之以人，则士无不勇矣”[⑦]。

在关怀激励方面，诸葛亮要求将领需有仁爱之心，关怀士兵。如前所述，

---

① （三国）诸葛亮：《诸葛亮集》，第 85—86 页。
② （三国）诸葛亮：《诸葛亮集》，第 82—84 页。
③ 林维平：《诸葛亮人才思想初探》，《湖湘论坛》1994 年第 5 期。
④ （三国）诸葛亮：《诸葛亮集》，第 67 页。
⑤ （三国）诸葛亮：《诸葛亮集》，第 62—63 页。
⑥ （三国）诸葛亮：《诸葛亮集》，第 73—74 页。
⑦ （三国）诸葛亮：《诸葛亮集》，第 100 页。

他崇尚的“仁将”，就是“知其饥寒，察其劳苦”；相反，将领“上不恤下，削敛无度；营私徇己，不恤饥寒”则是“三军之蠹，有之必败也”①。这不限于军事人才，政治人才也是如此。

在赏罚激励方面，诸葛亮强调赏罚公平：“赏以兴功，罚以禁奸；赏不可不平，罚不可不均。”② 他指出：“自奉者少恩，赏于无功者离，罚加无罪者怨，喜怒不当者灭。”③ 他提出厉士之道：“夫用兵之道，尊之以爵，赡之以财，则士无不至矣；接之以礼，厉之以信，则士无不死矣；畜恩不倦，法若画一，则士无不服矣”；“小善必录，小功必赏，则士无不劝矣。”④“故行兵之要，务揽英雄之心，严赏罚之科，总文武之道，操刚柔之术，说礼乐而敦诗书，先仁义而后智勇。”⑤ 蜀国参军、射声校尉张裔称颂诸葛亮：“公赏不遗远，罚不阿近，爵不可以无功取，刑不可以贵势免，此贤愚之所以佥忘其身者也。”⑥ 这从一个侧面反映了诸葛亮人才思想的实践成效。

（二）郤诜的选才观

郤诜，济阴单父（今山东单县）人，博学多才。西晋武帝泰始中，诏举天下贤良直言之士，郤诜应选参加对策考试。策题之一曰：“建不刊之统，移风易俗，使天下洽和，何修而向兹?”⑦ 在对策中，郤诜阐述了选才的价值、古今选士的差异、现实弊端以及对策建议。

其一，认为治国“莫大于择人而官之也”。

郤诜从用人现状、历史比较、社会心理、人性特点等方面，分析“择人”的重要性。他指出，现今之典刑虽然统一，但是，行政者的才能存在优劣差异。或以人兴，或以人废，这就是“人能弘政，非政弘人也”。因此，舍弃人才而谈论为政，虽勤何益?

其二，揭示古今用人的根本差异在于“求贤”与“求爵”的不同追求。

郤诜认为：“古人相与求贤，今人相与求爵。古之官人，君责之于上，臣

① （三国）诸葛亮：《诸葛亮集》，第90页。
② （三国）诸葛亮：《诸葛亮集》，第72页。
③ （三国）诸葛亮：《诸葛亮集》，第101页。
④ （三国）诸葛亮：《诸葛亮集》，第100页。
⑤ （三国）诸葛亮：《诸葛亮集》，第87—88页。
⑥ 《三国志》卷四一《蜀书・张裔传》，第1012页。
⑦ 《晋书》卷五二《郤诜传》，第1440页。

举之于下，得其人有赏，失其人有罚，安得不求贤乎！今之官人，父兄营之，亲戚助之，有人事则通，无人事则塞，安得不求爵乎！”这种“求贤”与“求爵”的差异，将产生截然相反的社会影响和政治结果。他指出：

> 贤苟求达，达在修道，穷在失义，故静以待之也。爵苟可求，得在进取，失在后时，故动以要之也。动则争竞，争竞则朋党，朋党则诬誷，诬誷则臧否失实，真伪相冒，主听用惑，奸之所会也。静则贞固，贞固则正直，正直则信让，信让则推贤，推贤不伐，相下无厌，主听用察，德之所趣也。故能使之静，虽日高枕而人自正；不能禁动，虽复夙夜，俗不一也。

从社会心理来看，追名求官是人之共性，不能禁止；小弊不防，终成大患。郤诜说：“人无愚智，咸慕名宦，莫不节正于外，藏邪于内，故邪正之人难得而知也。任得其正，则众正益至；若得其邪，则众邪亦集。物繁其类，谁能止之！故亡国失世者，未尝不为众邪所积也。”因此，统治者只能防微杜渐，正面引导，扶正祛邪，以免导致政权之“隆替”。

其三，联系现实弊端，提出建立用人奖惩制度。

郤诜指出：“当今之世，宦者无关梁，邪门启矣；朝廷不责贤，正路塞矣。得失之源，何以甚此！”他解释说，“责贤”就是“使之相举”；“关梁”乃是“使之相保”。“贤不举则有咎，保不信则有罚。”现实之中，由于缺少用人奖惩制度保障，致使“贪鄙窃位，不知谁升之者？兽兕出栏，不知谁可咎者？”“人之于利，如蹈水火焉。前人虽败，后人复起，如彼此无已，谁止之者？风流日竞，谁忧之者？”这种状况对社会政治危害极大。为了矫正其弊端，必须从改善选举制度这一根本入手：

> 宜创举贤之典，峻关梁之防。其制既立，则人慎其举而不苟，则贤者可知。知贤而试，则官得其人矣。官得其人，则事得其序；事得其序，则物得其宜；物得其宜，则生生丰植，人用资给，和乐兴焉。是故寡过而远刑，知耻以近礼，此所以建不刊之统，移风易俗，刑措而不用也。①

从上述对策可见，郤诜对于选官制度的重要性及实施关键的认识是颇为

---

① 《晋书》卷五二《郤诜传》，第1442页。

深刻的，特别是他明确提出了“知贤而试，则官得其人矣”的观点，将考试置于突出的地位。当然，这里的“试”乃是广义的考试，包括考察与试用等检测人才能力的多种方式。其对策获得皇帝赏识，列为上等，拜议郎。

（三）庾峻的选才观

庾峻出身士族，仕于曹魏，被举为太学博士。西晋建立后，晋武帝赐爵庾峻关中侯，迁司空长史，转秘书监、御史中丞，拜侍中，加谏议大夫。“是时风俗趣竞，礼让陵迟”①，针对选官存在的一系列问题，他上疏提出了颇有见地的建议。

其一，认为士分朝野，需因人之性，发挥各自的积极作用。

庾峻指出：“圣王之御世也，因人之性，或出或处，故有朝廷之士，又有山林之士。”两者各具独特作用，不可替代。朝廷之士，“佐主成化，犹人之有股肱心膂，共为一体也”。山林之士，被褐怀玉，又可分为三个层次：太上栖于丘园，高节出于众庶；其次轻爵服，远耻辱以全志；最下就列位，惟无功而能知止。就政治作用而言，“彼其清劭足以抑贪污，退让足以息鄙事。故在朝之士闻其风而悦之，将受爵者皆耻躬之不逮。……节虽离世，而德合于主；行虽诡朝，而功同于政”。因此，治理国家，既需“廊庙多贤才”，而在野之人“亦不失为君子”。

其二，对比秦汉不同的人才政策及其政治结果，吸取历史经验与教训。

庾峻认为，秦汉政治的一大区别在于，秦朝统治者重功爵、轻处士，汉朝则“尚德兼爱”，尊名士。他指出：“秦塞斯路，利出一官。虽有处士之名，而无爵列于朝者，商君谓之六蝎，韩非谓之五蠹。时不知德，惟爵是闻。”汉高祖采取相反政策，社会政治通畅。“帝王贵德于上，俗亦反本于下。”因此，田叔等十人，汉廷臣无能出其右者，而未尝干禄于时。“以释之之贵，结王生之袜于朝，而其名愈重。”他称赞道：“自非主臣尚德兼爱，孰能通天下之志，如此其大者乎！”因此，统治者需要借鉴前人经验，实行儒家的德政，容纳不同的人才。

其三，制定官员进退机制，保障人才合理流动。

① 《晋书》卷五〇《庾峻传》，第1392页。

庾峻批评现实中选士失平、清浊不分："国无随才任官之制，俗无难进易退之耻。位一高，虽无功而不见下，已负败而后见用。故因前而升，则处士之路塞矣。""又仕者黜陟无章，是以普天之下，先竞而后让，举世之士，有进而无退。"为了矫正这些弊端，他提出三项举措：一是限制官员的任职年龄。"今自非元功国老，三司上才，可听七十致仕，则士无怀禄之嫌矣。"二是根据考核成绩和才能大小，决定是否录用及职位高低。"吏历试无绩，依古终身不仕，则官无秕政矣。能小而不能大，可降还涖小，则使人以器矣。"三是对于人才进退以礼，使之得到应有尊重。"人主进人以礼，退人以礼，人臣亦量能受爵矣。"他还列举事例说明，真正的人才，即使退隐江湖，其品德和才能仍为社会所赞赏和尊重。

在庾峻看来，无论是朝廷之士，还是山林之士，对于国家和社会而言，都是宝贵的人才资源，需要统治者平等的对待。由于"人之性陵上，犹水之趣下也，益而不已必决，升而不已必困"，因此，必须慎重对待，制定合理的官员退出机制，使之能进能出，以避免恶性竞争。"退让不可以刑罚使，莫若听朝士时时从志，山林往往间出。无使入者不能复出，往者不能复反。然后出处交泰，提衡而立，时靡有争，天下可得而化矣。"①

总之，庾峻的选才观反映了儒士的普遍心态，它与先秦儒家倡导的"穷则独善其身，达则兼善天下"②的价值取向一脉相承。虽然其选士主张立意高远，但不免具有理想化特征，在士族豪门激烈争夺政治权力的两晋时代是难以实现的。

---

① 《晋书》卷五〇《庾峻传》，第1393—1394页。

② （战国）孟轲撰，杨伯峻译注：《孟子译注》卷十三《尽心上》，第304页。

第五章　南北朝察举制的嬗变

南北朝时期是中古政治制度变革的重要阶段，也是察举选士制度向科举考试选士变革的前期。在北方地区，经历了五胡十六国、北魏、东魏、北齐和西魏、北周的政权更替，战乱频仍，社会政治、文化教育发生了巨大而深刻的变革。在南方地区，继东晋之后，先后出现宋、齐、梁、陈四个政权，士族门阀势力经历了由盛而衰的历史转折，文化教育获得较大的发展。在察举选士实践方面，南北二朝，“选士的标准仍虽以门第出身为最重要，但对秀才和孝廉的考试已间或进行”①。学校教育的发展和察举制的复兴与演变，促进了考试选拔人才制度的兴起。

第一节　南朝察举的复兴

教育是选士的重要基础。南朝170年间历经宋、齐、梁、陈四个朝代更迭，学校教育逐渐恢复，选士制度随之发生变化。阎步克指出：“察举与学校入仕，在采用知识考试选官这一点上是相同的。魏晋察举趋衰，学校也正趋于衰微；南朝察举有复兴之势，而学校亦有复兴之势。”② 另外，这一时期私学教育也得到较大发展，这不仅推动了儒学文化传播，也为察举选士提供了人才来源。

一、学校教育和私学的发展

魏晋南北朝时期，学校教育出现新的特点。教育内容扩展，学校门类增

① 罗宏曾：《魏晋南北朝文化史》，第87页。
② 阎步克：《察举制度变迁史稿》，第203页。

加，形成国子学、太学、四门学并立之制，并出现律、书、算三学。这些都为隋唐学校教育所承袭。在经学教育方面，这一时期继承并发展了东汉注重经术考试的趋向，儒家经典仍然是学校考试的唯一内容，但经学本身已发生了显著变化。文化发展成就反映到学校教育上就是南朝刘宋时“四馆学”的创立，使玄学、史学、文学成为与儒学并列的专门学科。

（一）宋齐官学的兴办

刘裕创立的宋朝（420—479）是南朝统治时间最长的王朝，在学校教育上颇有建树。宋武帝曾诏建国学，任命范泰为国子祭酒，不久因病逝而中断兴学。直至元嘉十五年（438），宋文帝刘义隆征召雷次宗至京师，于建康城北郊鸡笼山建立儒学馆。史载：雷次宗“聚徒教授，置生百余人。会稽朱膺之、颍川庾蔚之并以儒学，总监诸生”①。次年，宋文帝又诏令何尚之立玄学，太子令何承天立史学，谢元立文学，形成“四学馆”。这是中国教育史上一个创举，扩大了学校教育的范围，促进了玄学、史学、文学专门教育的发展。

《宋书》本传记载雷次宗的学业及兴学活动：

> 雷次宗，字仲伦，豫章南昌人也。少入庐山，事沙门释慧远，笃志好学，尤明《三礼》、《毛诗》，隐退不交世务。本州辟从事，员外散骑侍郎征，并不就。
>
> 时国子学未立，上留心艺术，使丹阳尹何尚之立玄学，太子率更令何承天立史学，司徒参军谢元立文学，凡四学并建。车驾数幸次宗学馆，资给甚厚。又除给事中，不就。久之，还庐山，公卿以下，并设祖道。
>
> 后又征诣京邑，为筑室于钟山西岩下，谓之招隐馆，使为皇太子诸王讲《丧服》经。次宗不入公门，乃使自华林东门入延贤堂就业。

由上述史料可见，雷次宗既讲学于儒学馆，也举办私学道场，收徒授学。

元嘉十九年（442），宋文帝下令重建国学，召集生徒。又重修孔墓，四时飨祀。元嘉二十三年（446）九月，宋文帝亲临国子学，“策试诸生，答问凡五十九人”。十月诏曰：“庠序兴立累载，胄子肄业有成。近亲策试，睹济济之美，缅想洙、泗，永怀在昔。诸生答问，多可采览。教授之官，并宜沾

① 《宋书》卷九三《隐逸传·雷次宗》，第2293页。

赉。赐帛各有差。”[①] 元嘉二十七年（446），国学又废。

刘明帝泰始六年（470）九月，鉴于国学颓废，置总明观以集学士，或谓之东观。“置东观祭酒一人，总明访举郎二人；儒、玄、文、史四科，科置学士十人，其余令史以下各有差。”[②] 尚书左丞王谌任东观祭酒。

齐朝（479—502）是南朝统治时间最短的王朝，学校教育曾有短暂的恢复。建元四年（482），齐高帝萧道成诏立国子学，招置学生150人，以太常卿张绪为国子祭酒。永明三年（485）正月，齐武帝萧赜诏令立国学，罢省总明观。“召公卿子弟下及员外郎之胤，凡置生二百人。其年秋中悉集。”[③] 这些国子生属于贵宦子弟。又诏令王俭为国子祭酒，在住宅开设学士馆，以家为府，以总明四部书充之。王俭“十日一还，监试诸生，巾卷在庭，剑卫令史，仪容甚盛。作解散帻，斜插簪，朝野慕之，相与放效”[④]。由此可见，王俭在国子学管理严格，具有相当大的教育影响。

建武四年（497）正月，齐明帝萧鸾诏复国子学。永泰元年（498），东昏侯萧宝卷即位，尚书符依永明旧事废学，领国子助教曹思文上表阻止。曹思文指出：“今之国学，即古之太学。”“太学之与国学，斯是晋世殊其士庶，异其贵贱耳。然贵贱士庶，皆须教成，故国学太学两存之也，非有太子故立也。然系废兴于太子者，此永明之巨失也。”[⑤] 这份奏议虽然获得允准，但并未落实，国子学终究不立。

宋齐时期，地方官学也有所发展。如晋豫章太守范宁于郡立学，招集生徒，远方至者甚重。周续之年十二，“诣宁受业。居学数年，通《五经》并《纬》、《候》，名冠同门，号曰‘颜子’”[⑥]。虞愿，元嘉末，为国子生。宋末，出为晋平太守，“在郡立学堂教授”。迁中书郎，领东观祭酒。[⑦] 建元二年（480）夏，豫章王萧嶷于南蛮园东南开馆立学。“置生四十人，取旧族父祖位正佐台郎，年二十五以下十五以上补之。置儒林参军一人，文学祭酒一

① 《宋书》卷五《文帝纪》，第94页。
② 《南史》卷二二《王俭传》，第595页。
③ 《南齐书》卷九《礼志上》，第143页。
④ 《南史》卷二二《王俭传》，第595页。
⑤ 《南齐书》卷九《礼志上》，第145页。
⑥ 《宋书》卷九三《隐逸传·周续之》，第2280页。
⑦ 《南齐书》卷五三《良政传·虞愿》，第917页。

人，劝学从事二人，行释菜礼。"[①] 齐武帝永明二年（484），司州刺史刘悛于州治下立学校。[②]

（二）梁朝官学教育的发展

梁朝创立者武帝萧衍，早在萧齐时，即为竟陵王萧子良"西邸八友"之一，与沈约、谢朓、王融、萧琛、范云、任昉、陆倕等并游。史称其"博学多通，好筹略，有文武才干，时流名辈咸推许焉"[③]。他在位四十七年（502—548），重视兴办国学及地方官学，促进了儒学文化教育的发展。

天监四年（505），梁武帝"诏开五馆，建立国学，总以五经教授，置五经博士各一人"[④]。令严植之、明山宾、沈峻、贺玚、陆琏补博士，各主一馆，每馆各有数百生徒，提供生活费。同年六月，敕立孔子庙。对于那些学有成绩，"其射策通经者，即除为吏"[⑤]。又"分遣博士祭酒，到州郡立学"[⑥]。在交州、荆州、晋平等地，均有兴学记载。如贺玚之子贺革，"遍治《孝经》、《论语》、《毛诗》、《左传》"，"寻除秣陵令，迁国子祭酒，于学讲授，生徒常数百人"。湘东王"于府置学，以（贺）革领儒林祭酒，讲《三礼》，荆楚衣冠听者甚众"[⑦]。"又诏皇太子、宗室、王侯始就学受业，武帝亲屈舆驾，释奠于先师先圣，申之以谦语，劳之以束帛，济济焉，洋洋焉。"[⑧] 梁朝学校教育达到了兴盛阶段。

大同七年（541）十二月，梁武帝"于宫城西立士林馆，延集学者"[⑨]。朱异、贺琛、孔子祛等来此讲学。此时五馆生大都是寒门俊才，而且不受人数限制。《通典》卷二十七《职官九・国子监》记载："旧国子学生，限以贵贱，（梁武）帝欲招来后进，五馆生皆引寒门俊才，不限人数。"这是南朝中央官学教育的一大进步，为寒门士子提供了深造和入仕的条件。同年，国子

---

① 《南齐书》卷二二《豫章文献王传》，第408页。
② 《南齐书》卷三七《刘悛传》，第651页。
③ 《梁书》卷一《武帝纪上》，第2页。
④ 《梁书》卷四八《儒林传序》，第662页。
⑤ 《梁书》卷四八《儒林传序》，第662页。
⑥ 《梁书》卷四八《儒林传序》，第662页。
⑦ 《梁书》卷四八《儒林传・贺玚》，第673页。
⑧ 《南史》卷七一《儒林传序》，第1730页。
⑨ 《梁书》卷三《武帝纪下》，第87页。

祭酒到溉等，又表立《正言》（梁武帝所撰《孔子正言章句》）博士一人，位视国子博士。① 既有明经生，又有《周易》、《正言》等分科学生。这些反映了国学教育的新发展。

（三）陈朝的兴学活动

陈朝统治时间虽然只有三十余年，但积极兴办太学和国子学，培养和选拔儒学人才，促进了经学教育和文化事业的发展。

陈武帝永定三年（559）三月，“诏依前代置西省学士，兼以伎术者预焉”②。文帝在位时，复兴学校教育。据《陈书》各本传所记，天嘉元年（560），沈德威“授太学博士，转国子助教。每自学还私室以讲授，道俗受业者数十百人，率常如此”③。天嘉五年（564），沈不害“迁国子博士”，“敕治五礼”。天嘉中，张讥“迁国子助教”；王元规“领国子助教”，“后主在东宫，引为学士，亲受《礼记》、《左传》、《丧服》等义，赏赐优厚，迁国子祭酒”。宣帝太建三年（571），“皇太子亲释奠于太学”④。后主陈叔宝至德三年（585），“皇太子出太学，讲《孝经》”，又“释奠于先师”⑤。这些活动虽限于宫廷、贵胄阶层，但在一定程度上也反映了统治者的文化导向。

南朝时期，尽管朝代更迭频繁，太学、国学教育时断时续，博士人数少，学生规模较小，但总体上呈现复兴趋势。国学教育对象从贵族子弟扩大到寒门士子，教学分科增加，逐渐恢复经学等科目考试，使学校教育成为入仕的重要路径。官学教育活动的发展促进了察举选士的复兴。

（四）私学教育的兴盛

魏晋南北朝时期，私学教育在人才培养和文化传承中发挥了重要作用。从教育形式上看，私学可分为家族教育和私人讲学活动。就学派而言，又可分为佛家私学和儒家、佛教、道家道教兼综的私学。这一时期的家族私学，对于政治、社会、文化产生了广泛而深远的影响。钱穆认为：“欲研究中国社

① 《隋书》卷二六《百官志上》，第724页。
② 《陈书》卷二《高祖纪下》，第39页。
③ 《陈书》卷三三《儒林传·沈德威》，第442页。
④ 《陈书》卷五《宣帝纪》，第80页。
⑤ 《陈书》卷六《后主纪》，第112页。

会与中国文化，必须注意研究中国之家庭”，“而魏晋南北朝时代之门第，当为研究中国社会史与文化史以及中国家庭制度者所必须注意”。因为，“当时一切学术文化，可谓莫不寄于门第中，由于门第之护持而得传习不中断，亦因门第之培育而得生长有发展”①。这里主要论述南朝的儒家私学和家族教育。

1. 儒师讲学活动

南朝私人讲学相当普遍，教学形式多样，以居家讲学为主，教育对象大部分是寒门子弟，教育内容以儒家经学为主，兼传佛、道、玄学。这里根据《宋书》、《南齐书》、《南史》等传记所载，略举数例如下。

沈道虔，少仁爱，好《老》、《易》，居武康县北石山下。“乡里年少，想率受学。”宋“武康令孔欣之厚相资给，受业者咸得有成”②。

刘瓛，笃志好学，博通训义。刘宋时，除奉朝请不就。“聚徒教授，常有数十。”齐高帝时，武陵王萧晔为会稽太守，“上欲令瓛为晔讲，除会稽郡丞”。“学徒从之者转众。”史称：“儒业冠于当时，都下士子贵游，莫不下席受业，当世推其大儒，以比古之曹、郑。”③

吴苞，儒学善《三礼》及《老》、《庄》。宋泰始中过江，聚徒教学。冠黄葛巾，竹麈尾，蔬食二十余年。“与刘瓛俱于褚彦回宅讲授。瓛讲《礼》，苞讲《孝经》。诸生朝听瓛，晚听苞也。”齐隆昌元年（494），征为太学博士，不就。“始安王遥光及江祏、徐孝嗣共为立馆于钟山下教授，朝士多到门焉，当时称其儒者。自刘瓛以后，聚徒讲授，唯苞一人而已。”④

顾欢，家世贫贱，其父祖为农夫，但他独好学。乡中有学舍，顾欢贫无以受业，于舍壁后倚听，无遗忘者。夕则燃松节读书，或燃康自照。及长，笃志不倦。“闻吴兴东迁邵玄之能传《五经》文句，假为书师，从之受业。”年二十余，更从豫章雷次宗咨玄、儒诸义。⑤

沈麟士，博通经史，有高尚之心。隐居余不吴差山，讲经教授，从学士数十百人，各营屋宇，依止其侧。时人为之语曰：“吴差山中有贤士，开门教

---

① 钱穆：《略论魏晋南北朝学术文化与当时门第之关系》，载《中国学术思想史论丛》第 3 册，第 207 页。

② 《宋书》卷九三《隐逸传 · 沈道虔》，第 2292 页。

③ 《南史》卷五〇《刘瓛传》，第 1237 页。

④ 《南史》卷七六《隐逸传下 · 吴苞》，第 1888 页。

⑤ 《南史》卷七五《隐逸传上 · 顾欢》，第 1874 页。

授居成市。”[①]

徐伯珍，少孤贫，书竹叶及地学书。“叔父璠之与延延之友善，还怯蒙山立精舍讲授，伯珍往从学，积十年，究寻经史，游学者多依之。”“受业生凡千余人。”[②]

明僧绍，刘宋时，“隐长广郡崂山，聚徒立学。淮北没虏，乃南渡江”[③]。子元琳，亦传家业。

2. 家族教育的发展

魏晋以来，随着世家大族的成长及其门阀化，中国学术文化出现了一个明显的特征，即“学在家族”。永嘉之乱后，中原士民大规模南渡。据谭其骧先生统计，“若即以侨州、郡、县之户口数当南渡人口之约数，则截至宋世止，南渡人口共有九十万，占当时全国境人口约共五百四十万之六分之一”。南渡人口约占原西晋总人口之八分之一强。[④] 以士族为中心的人口流动，促进了中原文化向江南地区的传播。

南北朝时期，士族阶层仍享有一定的政治、经济特权，通过家族教育，保持文化优势。南迁的中原士族，尤其是王、谢、庾、郗等高级士族，均有深厚的家学渊源。如刘师培所言：“自江左以来，其文学之士，大抵皆出于世族。”[⑤] 此外，南迁士族多为魏晋显贵，好老庄，精玄学，而玄学为魏晋以来盛行之新学和“显学”，代表了中国思想文化发展趋势，具有章句训诂之学所不可比拟的文化优势。[⑥]

士族家庭重视对子弟进行语言、文学、经史等教育。颜之推在家训中列举汉代及南北两朝得失事例，告诫子弟学会读书，获得真学问。他说：“学之兴废，随世轻重。汉时贤俊，皆以一经弘圣人之道，上明天时，下该人事，用此致卿相者多矣。末俗已来不复尔，空守章句，但诵师言，施之世务，殆无一可。故士大夫子弟，皆以博涉为贵，不肯专儒。梁朝皇孙以下，总丱之

① 《南史》卷七六《隐逸传下·沈麟士》，第1891页。

② 《南齐书》卷五四《高逸传·徐伯珍》，第946页。

③ 《南齐书》卷五四《高逸传·明僧绍》，第927页。

④ 谭其骧：《晋永嘉乱后之民族迁徙》，载《长水粹编》，第294页。

⑤ 刘师培：《中国中古文学史讲义》，第87页。

⑥ 张亚群：《永嘉之乱后江左区域文化的拓展》，载董恩林、赵国华主编《中国古代历史文化研究论集——熊铁基先生七十华诞纪念》，第46页。

年，必先入学，观其志尚，出身已后，便从文吏，略无卒业者。冠冕，而为上者，则有何胤、刘献、明山宾、周舍、朱异、周弘正、贺琛、贺革、萧子政、刘绥等，兼通文史，不徒讲说也。”“光阴可惜，譬诸逝水。当博览机要，以济功业。”①

高门士族在诗文经史方面学有专长，以此施教。如琅邪王氏之书法，陈郡谢氏之诗文，均独擅江左。王融，其母为临川太守谢惠宣女，惇敏妇人。“教融书、学。融少而神明警惠，博涉有文才。”② 一般士族也重视家庭教育，亦以较高的文化修养令南人刮目相看。如宗炳，南阳涅阳人，“母同郡师氏，聪辩有学义，教授诸子”③。戴逵为东晋著名绘画家，“少博学，好谈论，善属文，能鼓琴，工书画，其余巧艺靡不毕综”④。

由于尚文风气的影响，东晋以降，诗文书画已从经学附庸上升到一家之学，为时人所推重。葛洪强调：“文章之与德行，犹十尺之与一丈，谓之余事末之前闻。”⑤《颜氏家训·杂艺篇》记载，江南谚云：“尺牍书疏，千里面目。”当时凡参与士流者无不学诗作文。“今之士俗，斯风炽矣，才能胜衣，甫就小学，必甘心而驰骛焉。”⑥ 在这种社会文化氛围里，风流才子不断涌现。侨姓高门如王、谢者自不必说，土著士族如吴兴丘氏者也积世文儒，文才相继。丘灵鞠之子丘迟擅长诗文，钟嵘《诗品》谓其“点缀映媚，似落花依草。故当浅于江淹，而秀于任昉”。据《梁书·陈伯之传》所载，丘迟《与陈伯书》：“暮春三月，江南草长，杂花生树，群莺乱飞……”这些极富诗意的描绘，曾令陈伯之心弦拨动，弃魏归梁。由此可见吴人文学成就之一斑。

士族竞娉文华，庶族寒人起而效尤。南朝寒人势力兴起后，庶族统治者多偃武修文。《南史·宋本纪中》记载，刘宋时期，“上（文帝刘义隆）好儒雅，又命丹阳尹何尚之立玄素学，著作佐郎何承天立史学，司徒参军谢元立文学，各聚门徒，多就业者。江左风俗，于斯为美。后言政化，称元嘉焉”。其子临川王刘义庆，“爱好文义，才词虽不多，然足为宗室之表。……招聚文

---

① （北齐）颜之推撰，王利器集解：《颜氏家训集解》卷三《勉学篇》，第176—177页。

② 《南齐书》卷四七《王融传》，第817页。

③ 《宋书》卷九三《隐逸传·宗炳》，第2278页。

④ 《晋书》卷九四《隐逸传·戴逵》，第2457页。

⑤ （晋）葛洪撰，杨明照校笺：《抱朴子外篇校笺》下册，卷三二《尚博》，第113页。

⑥ （南朝梁）钟嵘：《诗品·序》，第12页。

学之士，近远必至”[①]。

齐梁而下，尚文之风愈演愈烈。南兰陵萧氏于经史诗文之倡导，最为典型。齐竟陵王萧子良有“竟陵八友”，又“招致名僧，讲语佛法，造经呗新声，道俗之盛，江左未有也”[②]。萧子显颇具才气，撰有《南齐书》。梁武帝萧衍“少而笃学”，“天情睿敏，下笔成章，千赋百诗，直疏便就，皆文质彬彬，超迈今古”[③]。其长子萧统博览群书，在东宫时延集文士编订《文选》，成为我国现存最早的一部诗文选集。武帝第三子简文帝，“雅好赋诗，其自序云：‘七岁有诗癖，长而不倦’”[④]。为推广“宫体”诗，萧纲还命徐陵广收汉魏以来的艳歌，编纂成《玉台新咏》。梁武帝第七子元帝萧绎也喜作宫体诗。

在士族尚文之风的熏染下，东南文化习尚随之变迁。杜佑《通典・州郡志》叙扬州一节言：“永嘉之后，帝室东迁，衣冠避难，多所萃止。艺文儒术，斯之为盛。今虽闾閰贱品，处力役之际，吟咏不辍，盖颜、谢、徐、庾之风扇焉。”

梁武帝时代为江左文化鼎盛阶段，而士风之浮华，世俗之靡烂也登峰造极。亲历其境的颜之推曾感言：“梁朝全盛之时，贵游子弟，多不学无术，至于谚云：‘上车不落则著作，体中何如则秘书’。无不熏衣剃面，敷粉施朱。驾长檐车，跟高齿屐。坐棋子方褥，凭斑丝隐囊，列器玩于左右。从容出入，望若神仙”[⑤]；“梁世士大夫，皆褒衣博带，大冠高履，出则车舆，入则扶持……肤脆骨柔，不堪行步；体羸气弱，不耐寒暑；坐死仓卒者，往往而然”[⑥]。可见，南朝士族已完全丧失了东晋初年渡江时犹存的尚武精神，养尊处优，不思奋进。朝野上下都沉醉在管弦钟鼓、风花雪月之中。为文，“连篇累牍，不出月露之形；积案盈箱，唯是风云之状”[⑦]。为政，“宰衡以干戈为儿戏，缙绅以清谈为庙略”[⑧]。浮华之盛，无以复加。

总之，南朝时期，私学教育的发展，既培养了大量人才，产生一批文化

① 《宋书》卷五一《刘义庆传》，第 1477 页。
② 《南齐书》卷四〇《武十七王传》，第 698 页。
③ 《梁书》卷三《武帝纪下》，第 96 页。
④ 《南史》卷八《简文帝纪》，第 233 页。
⑤ （北齐）颜之推撰，王利器集解：《颜氏家训集解》卷三《勉学篇》，第 148 页。
⑥ （北齐）颜之推撰，王利器集解：《颜氏家训集解》卷四《涉务篇》，第 322 页。
⑦ 《隋书》卷六六《李谔传》，第 1544 页。
⑧ 《周书》卷四一《王褒庾信传》，第 737 页。

成果，也引发社会风尚的嬗变。

二、选士制度的特点

南朝各政权继续实行察举制度。所不同的是，随着社会经济、文化的发展，南北朝后期，门阀制度走向衰落。最主要标志就是士族在官吏选拔与任用上的特权逐渐削弱，寒人在各级政权任官比例增加，官吏铨选的士庶界限难以坚持，长期存在的清浊之分逐渐淡化，门第品位失其意义。

梁武帝具有较高的儒学素养，在位期间，注重选拔和任用一批低级士族进入秘书咨询机构乃至宰相机构。主要是因为这些士人具有较高的儒学修养、文化素质和政治才干，能够为其巩固统治服务。为此，梁武帝打破国学招生的贵贱限制，开始培养和选拔寒门俊士。

天监四年（505）正月，梁武帝下诏曰："今九流常选，年未三十，不通一经，不得解褐。若有才同甘、颜，勿限年次。若才同甘（罗）、颜（渊），勿限年次。"① 此诏所指虽是由士人铨选的流内官，一般不涉及寒人，但强调官吏必须通经，将通经与才等同看待的精神，同样适用寒人。

同年，置五经博士各一人，开馆招生。史载："旧国子学生，限以贵贱，(梁武）帝欲招来后进，五馆生皆引寒门俊才，不限人数。"② 这里所说的五馆生皆引"寒门俊才"，主要当指招纳寒微士人子弟。此前，西晋国子学生只收官品五品以上子弟。至南齐，已经下降到官品六七品的子弟。

天监八年（509）五月，梁武帝又下诏："朕思阐治纲，每敦儒术，轼闾辟馆，造次以之。故负帙成风，甲科间出，方当置诸周行，饰以青紫。其有能通一经，始末无倦者，策实之后，选可量加叙录。虽复牛监羊肆，寒品后门，并随才试吏，勿有遗隔。"③

这里所说的"寒品后门"，与寒门俊才含义相近，均指寒微士人子弟，"寒品"系指门第三品以下，而庶人、寒人、役门是没有中正之品的。据《唐六典》卷十七、《通典·职官七》所载，魏晋以下太仆属官有掌管马牛羊畜牧之事者，"羊肆"当指掌管这类事物之官吏。"牛监"与牧师令、牧监类似。

---

① 《梁书》卷二《武帝纪中》，第41页。

② 《隋书》卷二六《百官志上》，第724页。

③ 《梁书》卷二《武帝纪中》，第49页。

这一类牛监、羊肆，南朝多用寒人。“牛监羊肆”与“寒品后门”并举，说明南朝后期逐渐淡化入仕的门第界限，更为重视士人自身的经学才能。

上述诏令和举措，反映了梁武帝对于儒术的重视，鼓励和推动寒门士人钻研经学，为寒人仕进开辟了一条新途径。《隋书·百官志上》言：“陈依梁制，年未满三十者，不得入仕。唯经学生策试得第，得仕。”① 《梁书·王承传》、《陈书·萧乾传》记载，王承、萧乾均于梁代以国子生策试得第，十五岁即出仕，不受年龄限制。

在上述政策影响下，私人讲学传经之风逐渐发展。据《南史·儒林传》记载，梁、陈两代计有伏挺、孙详等十余人，为普及文化教育做出了贡献。寒人凭经学、史学、文章入仕为流内官者逐渐增多。如沈峻，“家世农夫，至峻好学。与舅太史叔明师事宗人沈麟士，在门下积年，昼夜自课”。“遂博通五经，尤长三礼。”② 为兼国子助教。经吏部郎陆倕写信向仆射徐勉推荐，奏沈峻兼五经博士。沈峻在馆讲授，听者常数百人。及中书舍人贺琛奉敕撰梁官，乃启沈峻及孔子驱补西省学士，助撰录。书成，入兼中书通事舍人。出为武康令。

梁陈之时，寒人继续凭借吏干、武功仕进，甚至升为高官显贵，与高门平起平坐。陈霸先以寒人夺取帝位，开南朝先例。寒人开始通过经史学术跻身九流，逐渐向士族转化。这些变化导致士庶界限走向模糊。

如吴兴人章华，“家世农夫，素无伐阅，至华独好学，与士君子游处，颇览经史，善属文。侯景之乱，乃游岭南，居罗浮山寺，专精习业。欧阳頠为广州刺史，署为南海太守”③。

临川南城人周迪，出身寒门。“少居山谷，有膂力，能挽强弩，以弋猎为事。”侯景之乱，周迪宗人周续起兵于临川，梁始兴王萧毅以郡让续，周迪召募乡人从之，每战必勇冠众军，遂被郡中豪族推为领袖。梁元帝授周迪持节、通直散骑常侍、壮武将军、高州刺史，封临汝县侯，邑五百户。绍泰二年（556），“除临川内史。寻授使持节、散骑常侍、信威将军、衡州刺史，领临

① 《隋书》卷二六《百官志上》，第748页。

② 《南史》卷七一《儒林传·沈峻》，第1741页。

③ 《陈书》卷三〇《章华传》，第406页。

川内史”①。当时，同郡周敷出身豪族，周迪素无簿阀，恐失众心，倚周敷族望，深求交结。周敷未能自固，事周迪甚恭。这表明，南朝后期门阀制度仍有一定影响，但是，寒人只要有才干，也能享有与士族同等地位，甚或超乎其上。

除了寒人地位的变化外，梁陈高级士族的状况也发生极大变化。在选官制度上，陈朝依然保持“官分清浊”的传统。史称，陈依梁制，“其官唯论清浊，从浊官得微清，则胜于转”②。但是，实际上，由于不少寒人通过各种渠道涌入士族行列，许多低级士族转化为高级士族，这种旨在保护士族特殊地位的入仕制度其作用已大为减弱。

以琅邪王氏为例，东晋与南朝前期，没有一名子弟入国学；举秀才者亦为声望稍逊各支。宋齐最显赫的王弘、王昙首两支，除王融因祖王僧达犯罪而死，父道琰因而流放，本人方应秀才之举外，其他无不直接起家。至南朝后期，琅邪王氏起家于梁陈，《梁书》、《陈书》、《南史》有传者共16人，即王琮、王训、王琳、王铨、王锡、王佥、王规、王褒、王承、王冲、王通、王劢、王质、王固、王玚、王瑜。其中国子生8人（王琮、王训、王锡、王佥、王承、王通、王劢、王质），举秀才4人（王规、王褒、王琳、王固），直接起家3人（王铨、王冲、王玚），起家不明者1人（王瑜）。举秀才者中，王规、王褒正是齐代最显赫之宰相王俭之嫡孙和嫡曾孙，相继袭爵南昌县侯，且为外戚（王规之妹为梁皇后）。另两人王琳、王固虽非王弘、王昙首两支，但琳父王份已仕梁位尚书左仆射而上升为新的显赫一支，王琳又尚梁公主，历清官，有子9人，诸史书有传者7人。或直接起家，即王铨；或为国子生，即王锡、王佥、王通、王劢、王质；或举秀才，即王固。

发生如此大变化的直接原因，除了梁武帝重视经术，规定国学生策试得第、出仕可不受年龄限制、促使或吸引高门适应这一形势外，还与统治集团对文学的态度有关。由于齐梁之际社会秩序较稳定，文学得到进一步发展，并博得君主、贵族、官僚的欣赏与重视。此类事例史书多有记载。

刘孝绰，出身刘宋时方兴起的高门彭城刘勔一支，因善文，得梁武帝欣

① 《陈书》卷三五《周迪传》，第479页。
② 《隋书》卷二六《百官志上》，第748页。

赏，除极清之官秘书丞。梁武帝谓舍人周舍说："第一官当用第一人。"[①] 故以孝绰居此职。

庾於陵，出身颍川庾氏，为一般高门。"七岁能言玄理。既长，清警博学有才思。"天监初，庾於陵迁尚书工部郎，待诏文德殿。出为湘州别驾，迁骠骑录事参军，兼中书通事舍人。俄领南郡邑中正，拜太子洗马，舍人如故。旧事，东宫官属，通为清选，洗马掌文翰，尤其清者。近世用人，皆取甲族有才望，时於陵与周舍并擢充职，梁武帝说："官以人而清，岂限以甲族。"[②] 时论以为美。

徐摛，出身一般高门东海徐氏。幼而好学，及长，遍览经史。属文好为新变，不拘旧体。起家太学博士，迁左卫司马。任太子宫官，为文创立"宫体"文体，春坊尽学之。梁武帝闻之怒，"召摛加让，及见，应对明敏，辞义可观，高祖意释"。因问《五经》大义，次问历代史及百家杂说，末论释教。徐摛商较纵横，应答如响，高祖甚加叹异，更被亲狎，宠遇日隆。[③]

上述事例表明，文学才能已成为入仕的重要路径。其中，举秀才、应策试堪称捷径。从现存《文选》卷三六所载齐梁三组策秀才文来看，没有文学才能是无法对策中选的。不仅如此，齐梁时期，已出仕者也往往愿意举秀才，以博得当政者赏识。如张率，出身吴郡张氏，齐末已起家著作佐郎。"建武三年（496），举秀才，除太子舍人。"[④] 顾协，出身吴郡顾氏，梁初，已起家扬州议曹从事史，兼太学博士，又举秀才。尚书令沈约览其策而叹："江左以来，未有此作。"[⑤] 迁安成王国左常侍，兼廷尉正。

此外，还有一个因素也促成了高级士族的上述变化，这就是梁武帝一代范云、周舍、徐勉、朱异诸人的示范作用。这些人出身低级士族，周舍也只是一般高门，然而，他们竟先后位宰相或握实权约数十年。其原因，晓习吏事虽是一个方面，更重要的是他们博通经史，文才出众。如徐摛，既懂五经大义、历代史，又懂百家杂说、释教，且长于吏事，因而获得梁武帝的器重。何敬容，出身高门庐江何氏，在徐勉推荐下，继任宰相。史载："久处台阁，

---

① 《梁书》卷三三《刘孝绰传》，第 480 页。
② 《梁书》卷四九《文学・庾於陵传》，第 689 页。
③ 《梁书》卷三〇《徐摛传》，第 447 页。
④ 《梁书》卷三三《张率传》，第 475 页。
⑤ 《梁书》卷三〇《顾协传》，第 445 页。

详悉旧事，且聪明识治，勤于簿领，诘朝理事，日旰不休。”由于“自晋、宋以来，宰相皆文义自逸”，何敬容独勤庶务，为世所嗤鄙，但他“处之如初，亦不屑也”[①]。这说明，在时代潮流影响下，像庐江何氏、琅邪王氏等高门士族也开始转向吏事和经术、文学了。

总之，南朝后期士族入仕特权减少，迫使高门只得提升自身的知识水平和统治才能，需要进入国学，凭借个人学识，通过考试入仕。另外，寒人子弟于吏事、武功之外，渐趋经学文史之途，进入仕途，甚至跻身士族。这些特点使得东晋以来士族与庶族、高门与寒人在铨选制度上“实自天隔”的差距明显缩小，反映了门阀制度的衰落。

三、察举标准的演化

南朝初期，沿用晋代察举制度。《文献通考》卷三十四《选举七》载：“宋制，州举秀才，郡察孝廉，皆策试。”《通典》卷十四《选举二》记述：

> 宋制，丹阳、吴会、会稽、吴兴四郡，岁举二人，余郡各一人。凡州秀才、郡孝廉，至皆策试。天子或亲临之。及公卿所举，皆属于吏部叙才铨用。凡举得失，各有赏罚。失者其人加禁锢年月多少，随部议制。……文帝元嘉中，限年三十而仕。郡县以六周而代，刺史或十余年。及孝武即位，仕者不复拘老幼，守宰以三周为满。

与汉代平民亦能游学求师明经入仕不同，东晋南朝“学在家族”，文化大致为士族垄断，寒人或平民能够得到高级文化教育者寥若晨星。[②]“中古士族以其独特文化素质强化其家族对官位的垄断，因而其文化的一面，又使选官在某种程度上，保持了一部分‘择优’形式；当然这‘优’又是根据士族特有的标准来衡量的。”[③] 步入考试之途的只是士族的一部分，还有相当一部分依旧是凭借世资“安流平进”的。[④]

南北朝门阀贵族的出身固然“皆由门庆”，但大体上也还是继承两汉以来

---

① 《梁书》卷三七《何敬容传》，第532页。
② 阎步克：《察举制度变迁史稿》，第213页。
③ 阎步克：《察举制度变迁史稿》，第140页。
④ 阎步克：《察举制度变迁史稿》，第214—215页。

岁举、辟举、征召的道路（北朝鲜卑和一般鲜卑军人自然不在其内），只是被举被召的条件主要在于门第。[①]"射策通明之策亦即试经，其录取等第虽有明经、高第、甲科等，通常却可以概称明经。""梁代仍然有秀、孝，但秀孝有额而明经似无额，秀、孝大致仍然为高门垄断，特别是秀才，这可以从列传中提到曾举秀才者的家世来推测。""南朝秀才为高门垄断，孝廉间或有寒门，但亦稀见，所以必须有另一种科目来满足寒人的要求。至于北朝则秀孝直接成为寒人入仕的道路。"梁世贵族子弟，"明经求第，则顾人答策"[②]。可见明经试第，已成为常规性的仕途。此期察举制及学校制的许多变化，确实也构成了察举到科举之演变的中间环节。

南朝时期，文法的标准弃置已久；对策之"陈政"意图已流于形式，而主要以文采辞章论高下，成了文士显示才藻之机会；同时经术也与清谈结合而变成了"谈辩之资"，名士视讲经与谈佛论道无大不同。因此，南朝察举与学校考试入仕之途的复兴，并未能立即为政府提供具备行政能力之吏员，考试选官只不过是改变了部分士族的入仕方式。[③]

《南齐书·百官志》记载，凡祭酒、博士、助教，皆"选经学为先，若其人难备，给事中以还明经者以本位领"。南齐时期，自国学出身做官者都要经过考试。史载：江蒨，"选为国子生，通《尚书》，举高第，起家秘书郎"[④]。徐勉，"起家国子生。太尉文宪公王俭时为祭酒，每称勉有宰辅之量。射策举高第，补（齐）西阳王国侍郎"[⑤]。到洽，"齐永明中为国子生，举明经，起家著作佐郎"[⑥]。这里的"举高第"、"射策举高第"、"举明经"，都是指通过考试做官，"说明这条仕途，独立在九品中正制度之外"[⑦]。

梁武帝萧衍在齐中兴二年二月上表萧宝融提出："设官分职，唯才是务。"[⑧]当皇帝后，制九流常选，不再设中正掌握，而以州望、郡宗、乡豪代之。

---

① 唐长孺：《魏晋南北朝史论丛续编》，第124页。
② （北齐）颜之推撰，王利器集解：《颜氏家训集解》卷三《勉学篇》，第148页。
③ 阎步克：《察举制度变迁史稿》，第215页。
④ 《梁书》卷二一《江蒨传》，第334页。
⑤ 《梁书》卷二五《徐勉传》，第377页。
⑥ 《梁书》卷四一《到洽传》，第589页。
⑦ 万绳楠：《魏晋南北朝文化史》，第53页。
⑧ 《梁书·武帝纪上》，第23页。

梁朝时期的射策考试，主要内容也是试经。在录取秀才或孝廉的时候，并没有明文规定要受门第的限制，而是根据对策和射策的成绩。

为了提高考试入仕之途的地位，南朝君主还采取了相应措施。史载："陈因梁制，年未满三十者，不得入仕。唯经学生策试得第，诸州迎主簿，西曹左奏及经为挽郎得仕。"① 这项规定之目的是强化考试办法在选官程序中的分量，同时还在突破门第限制上采取了更直接的措施。从整体上说，"寒门俊才"由明经对策者，数量还是根本无法与士族相比，其任用亦远不如国子生优越。②

王劢，梁世为国子《周易》生，射策举高第，除秘书郎、太子舍人、宣惠武陵王主簿、轻车河东王功曹史。③

王质，"少慷慨，涉猎书史。梁世以武帝甥封甲口亭侯，补国子《周易》生，射策高第。起家秘书郎、太子舍人、尚书殿中郎"④。

周弘正，年十岁，通《老子》、《周易》。"十五，诏补国子生，仍于国学讲《周易》，诸生传习其义。以季春入学，孟冬应举，学司以其日浅，弗之许焉。博士到恰议曰：'周郎年未弱冠，便自讲一经，虽曰诸生，实堪师表，无俟策试。'起家梁太学博士。晋安王为丹阳尹，引为主簿。"⑤

袁宪，年十四，被召为国子《正言》生。在学一岁，国子博士周弘正谓宪父君正说："贤子今兹欲策试不？"君正说："经义犹浅，未敢令试。""居数日，君正遣门下客岑文豪与宪候弘正，会弘正将登讲坐，弟子毕集，乃延宪入室，授之麈尾，令宪树义。"经过几番，终不能屈，弘正因告文豪说："卿还咨袁吴郡，此郎已堪见代为博士矣。""时生徒对策，多行贿赂，文豪请具束脩。君正说：'我岂能用钱为儿买第耶？'学司衔之。及宪试，争起剧难。宪随问抗答，剖析如流。……寻举高第。"⑥

戚衮，"少聪慧，游学京师，受《三礼》于国子助教刘文绍，一二年中，大义略备。年十九，梁武帝敕策《孔子正言》并《周礼》、《礼记》义，衮对

---

① 《隋书》卷二六《百官志上》，第748页。
② 阎步克：《察举制度变迁史稿》，第219页。
③ 《陈书》卷一七《王劢传》，第238页。
④ 《陈书》卷一八《王质传》，第247页。
⑤ 《陈书》卷二四《周弘正传》，第305页。
⑥ 《陈书》卷二四《袁宪传》，第312页。

高第。仍除扬州祭酒从事史”①。

“仪少聪警，以《周易》生举高第为秘书郎，出为乌伤令。”②

以下概述这一时期察举选士活动。

1. 察孝廉

汉代察举孝廉具有较高的社会地位，至南朝其地位下降。举孝廉注重对德行尤其是孝行的审视。宋吴兴太守王韶之举潘综为孝廉，又擢补吴逵为功曹史，吴逵以门寒固辞不就，举为孝廉，韶之赠诗曰：“群臣竞荐，旧章惟新，余亦奚贡，曰义与仁。”③ 并发教曰：“前被符，孝廉之选，必审其人，虽四科难该，文质寡备，必以孝义迈俗，拔萃著闻者，便足以显应明扬，允将符旨。”④ 南朝以孝行被举者也多因入《孝义传》而留名。

南朝举孝廉者多非士族，士族子弟不屑被举或耻于与寒人同举。史学家沈约评论说：“晋宋以来，风衰义缺，刻身励行，事薄膏胶。若夫孝立闺庭，忠被史策，多发沟吠之中，非出衣替之下。以此而言声教，不亦卿大夫之耻乎！”⑤ 此外，孝廉出自郡国，秀才出自州，孝廉不限人数，秀才员额有限，因此，秀才自然要高于孝廉，被人们所重视，并以为荣耀，而孝廉地位低下。

东汉顺帝阳嘉年间规定，举孝廉实行策试之法。晋时孝廉试经须由太常博士主持。南朝察举由吏部负责，孝廉试经是否有太常官尚不清楚。至于南朝孝廉试经的方法，史无记载。“南朝孝廉策试当为十条。”孝廉考经不仅主要靠记诵，似乎应当还有论述，有显示文章才气识见的余地，所以才有梁《孝秀对策》十二卷亡佚，将孝廉与秀才对策一起汇编成集见《隋志》“总集”部记录。

南朝举孝廉者共有 16 人，几乎不见士族。由举孝廉出身的文学家更少，仅有丘巨源、高爽两人，均出自寒门。丘巨源传在《南齐书・文学》、《南史》略同。巨源，兰陵人，“少举丹阳郡孝廉，为宋孝武所知。大明五年，敕助徐爰撰国史”。之后仕途的发展还算不错，孝武帝崩，江夏王义恭作为掌书记，明帝即位，使参诏诰，引在左右。桂阳休范在寻阳反，巨源于中书省撰

① 《陈书》卷三三《儒林传・戚衮》，第 440 页。

② 《陈书》卷二六《徐仪传》，第 236 页。

③ 逯钦立：《先秦汉魏晋南北朝诗・宋诗》卷四，第 1187 页。

④ 《宋书》卷九一《孝义传・潘综》，2248 页。

⑤ 《宋书》卷九一《孝义传论》，第 2258—2259 页。

符檄，事平，除奉朝请。这些主要得力于孝武帝的知遇之恩和他的出色文学才能。高爽传见《梁书》卷四十九《吴均传》，又见《南史》卷七十二《文学·卞彬传》。高爽，广陵今扬州人，工属文，齐永明中赠卫军王俭诗，为王俭所赏，及王俭领丹阳郡，举爽郡孝廉。梁时，历官中军临川王参军，曾为晋阳令，行迹主要在地方。两人均出自丹阳郡，丘巨源盖孝行与文义兼备，高爽举孝廉似乎仅因文义被赏，与孝行无关，在齐梁尚文的风气之下，举孝廉也有趋文的倾向，或是在秀才为士族控制的局面下，寒门文人大概也只好如此。令人意味深长的是，丘巨源因作《秋胡诗》，有讥刺语，以事见杀，高爽亦常有讥讽之文。孙廉曾为吴兴太守：

> 时广陵高爽有险薄才，客于孙廉，廉委以文记爽尝有求不称意，乃为屐谜以喻廉曰："刺鼻不知嚏，蹋面不知瞋，啮齿作步数，持此得胜人。"讥其不计耻辱，以此取名位也。①

又《南北朝杂记》载：

> 高爽，辩博多才，时刘倩为晋陵令，爽经途诣之，了不相接，爽甚衔之。俄而爽代倩为县，倩追迎，赠遗甚厚，悉受之。答书云："高晋陵自答。"或问其故，曰："刘倩迎晋陵令耳，何关爽事。"稍迁国子助教孙艳为兰陵县，爽又诣之，艳了无故人之怀爽出，从阁下过，取笔题鼓面云："身有八尺围，腹无一寸肠，面皮如许厚，被打未遽央。"艳体肥壮，腰带十围，故以此激之。②

《南史》所记略同。高爽机悟，坐事被击，作《镬鱼赋》以自况，其文甚工。高爽语多讥讽，显然来自寒门的身份给他带来不平等的待遇，这与丘巨源又是何其的相似。丘巨源以功常"望赏封，既而不获，乃与尚书令袁集书曰：罚则操笔大祸而操戈无害，论以赏科，则武人超越而文人埋没"③，自此意常不满，虽然《秋胡诗》已佚，但诗中的讥刺语当与长期积蓄在心中的不满有关。可见寒门文人即使有机会在仕途上发展，也难以获得同士族甚至

① 《梁书》卷五三《良吏传·孙谦》，第774页。
② （宋）刘敞：《南北朝杂记》，载（清）曹溶编《学海类编》第二册，第69页。
③ 《南齐书》卷五二《文学·丘巨源传》，第859页。

武人一样的待遇，文才高者尚且如此，何况他人。

至于举孝廉后的任职去向，如丘巨源那样受重用，并且能在中央长期任职的十分少见，大多数人可能与高爽一样，被任命地方。谢朓有《送江兵曹檀主簿朱孝廉还上国诗》："方舟泛春诸，携手趋上京。安知慕归客，讵忆山中情。香风蕊上发，好鸟叶间鸣。挥袂送君已，独此夜琴声。""上国"指京都建康。该诗作于建武三年，谢朓在宣城时，张荫嘉曰："前四叙事，述彼之舍己群去，有怅恨意。后四补景，述己之送彼独留，有傲岸意，诗意清超。"① 所送之人江兵曹江泌，檀主簿，皆地方官员朱孝廉，其人未详，因曾举孝廉而称则是不错的，又与朓同赋杂曲《白雪曲》，但与之同在宣城参与地方事务可以确定。

从考试内容上来说，南朝孝廉与唐科举明经是相同的，都试经；从应举者的身份和去向来看，其出身大多低微，应举后多任地方官，这一点与明经亦明显相似。南朝孝廉作为唐代科举明经的萌芽，已有"先天"不足，唐代明经与进士的差别在南朝就已经开始了。

2. 举秀才

秀才是南北朝察举的重要科目。清人赵翼指出：

> 后魏令中正掌选举，其秀才对策第居上者表叙之。北齐令中书策秀才，滥劣者有罚墨汁之例。南朝亦重此科，王融、任昉俱有《策秀才文》载《文选》，可考也。②

秀才对策考格，在刘宋明帝时已有新的定制。史载：

> （泰始）三年，都令史骆宰议策秀才考格，五问并得为上，四、三为中，二为下，一不合与第。超宗议以为"片辞折狱，寸言挫众，鲁史褒贬，孔《论》兴替，皆无俟繁而后秉裁。夫表事之渊，析理之会，岂必委牍方切治道。非患对不尽问，患以恒文弗奇。必使一通竣正，宁劣五通而常；与其俱奇，必使一亦宜采"。诏从宰议。③

① （南朝齐）谢朓著，曹融南校注：《谢宣城集校注》，第249页。
② （清）赵翼撰，曹光甫校点：《陔馀丛考》卷二八《秀才》，第527页。
③ 《南齐书》卷三六《谢超宗传》，第635页。

西晋初行秀才对策时，是“五策皆通，拜为郎中一策不通，不得选”，而骆宰之议仍对五策，只是擢第方法改为依及格之策的多少而定。《文选》载永明九年（491）、十一年（493）《策秀才文》皆为五问；天监三年为三问，或有二问未录。秀才对策采用笔答的方式，而对考试结果的评价常用“对策称旨”、“所对称旨”、“对策高第”、“对策中第”、“对策为当时第一”等词句。

南朝刘宋永初二年（421）二月己丑，宋武帝刘裕亲临延贤堂，“策试诸州郡秀才、孝廉。扬州秀才顾练、豫州秀才殷朗所对称旨，并以为著作佐郎”①。其他事例如：

刘瓛，宋（孝武帝）大明四年（460），举秀才，兄琎亦有名，先应州举，至是别驾东海王元曾与瓛父惠书曰：“比岁贤子充秀，州闾可谓得人。”②

明僧绍，“宋元嘉中再举秀才，明经有儒术”③。

王融，“少而神明警惠，博涉有文才。举秀才”④。

秀才对策较之孝廉试经更难些。孝廉试经主要靠记诵，相当于隋唐时期的明经考试；秀才对策要求文理兼备，相当于科举时代的进士。

秀才对策基本限于五问，而孝廉则基本是十条。

刘宋时，宗炳“居丧过礼，为乡闾所称。刺史殷仲堪、桓玄并辟主簿，举秀才，不就”⑤。

宗懔，南阳涅阳人。八世祖宗承，除宜都郡守，子孙因居江陵。父宗高之，梁山阴令。宗懔“少聪敏，好读书，昼夜不倦。语辄引古事，乡里呼为小儿学士”。梁武帝普通六年（525），“举秀才，以不及二宫元会，例不对策。及梁元帝镇荆州，谓长史刘之遴曰：‘贵乡多士，为举一有意少年。’之遴以懔应命，即日引见，令兼记室”⑥。

南朝秀才策试在形式上为皇帝亲策，《文选》卷三六收录齐永明九年、永明十一年王融《策秀才文》及梁天监三年任昉《策秀才文》三篇，均以“朕”之语气发问。从拟题者身份来看，王融为中书郎，任昉为吏部郎中，但

① 《宋书》卷三《武帝纪下》，第56页。
② 《南史》卷五〇《刘瓛传》，第1235页。
③ 《南齐书》卷五四《高逸传·明僧绍》，第927页。
④ 《南齐书》卷四七《王融传》，第817页。
⑤ 《宋书》卷九三《隐逸传·宗炳》，第2278页。
⑥ 《周书》卷四二《宗懔传》，第759—760页。

齐之策题是否由中书郎拟制，梁是否为吏部郎中之事，有待进一步考证。

秀才对策，原承于贤良方正科“对策陈政”之法，本有“求言”之意。但南朝秀才对策，更重视才学文采。曾拟制策题的王融、任昉均以文学著称，三篇策文又都极具文采，均被《文选》收录。从策题制式来看，已具有强烈的文学倾向，辞藻华丽，骈偶相生，这对考生而言，无疑是一种导向。王融、任昉以参掌选事身份出题，答题也必经其过目，能否入选，自然要看是否与其文学审美趣味相投。此类事例，史书多有记载。

如前所述，顾协，举秀才，尚书令沈约览其策，大加称赞。孔休源，齐建武四年（497），州举秀才，太尉徐孝嗣省其策，深善之，谓同坐曰：“董仲舒、华令思何以尚此，可谓后生之准也。观其此对，足称王佐之才。”① 琅琊王融雅相友善，乃荐之于司徒竟陵王，为西邸学士。梁朝建立后，与南阳刘之遴同为太学博士，当时以为美选。何逊，东海郯人，八岁能赋诗，“弱冠，州举秀才。南乡范云见其对策，大相称赏，因结忘年交好”。自是一文一咏，范云辄嗟赏，谓所亲曰：“顷观文人，质则过儒，丽则伤俗；其能含清浊，中今古，见之何生矣。”沈约亦爱其文，尝谓何逊曰：“吾每读卿诗，一日三复，犹不能已。”② 由此可见，南朝秀才考试对文采重视之一斑。

“以文取士”是否真能选到可堪治国人才，在当时也引起有识之士注意。梁天监中，沈约上疏曰：“秀才自别是一种任官，非若汉代取人之例也。假使秀才对五问可称、孝廉答一策能过，此乃雕虫小道，非关理功得失，以此求才，徒虚语耳。”③ 但是，南朝秀才“以文取士”的原则，却推动了文学发展。

秀才策试重才学文采，这一选士标准更易与士族文化沟通。因此，与孝廉相反，南朝秀才科应举者，不仅人数众多，而且多出自士族。据研究者统计，南朝秀才 87 人，其中绝大多数出于一二流士族。④ 与晋代相比，高门士族子弟应举秀才明显增多。

如琅琊王氏，在两晋秀才的 68 例中仅有王珉一人得举，且不屈就；在南朝得举者则有王延之、王粲之、王微、王融、王僧佑、王琳、王规、王褒、

① 《梁书》卷三六《孔休源传》，第 519 页。
② 《梁书》卷四九《文学传上·何逊》，第 693 页。
③ （唐）杜佑：《通典》卷一六《选举四·杂议论上》，第 91 页。
④ 阎步克：《察举制度变迁史稿》，第 205 页。

王固等10人（包括不应举者）。吴郡陆氏被举秀才者亦多达十人，包括陆慧晓、陆厥、陆倕、陆云公、陆琼、陆从典、陆琰、陆瑜、陆玠、陆琛。其他士族也有数量不等的得举秀才者。吴郡顾氏有顾练、顾法秀、顾愿、顾宪、顾暠之、顾协、顾则心等7人；沛国相刘氏有刘瓛、刘琎、刘琎、刘显、刘臻等五人；吴郡张氏有张融、张绪、张率、张嵊等4人；会稽山阴孔氏有孔觊、孔稚珪、孔休源、孔奂等4人；陈郡袁氏有袁濯、袁彖、袁顗等3人；彭城刘氏有刘延孙、刘潜；庐江何氏有何偃、何炯；吴兴武康沈氏有沈演之、沈冲；吴兴乌程丘氏有丘鞠、丘迟；新野庾氏有庾杲之、庾荜；济阳考城江氏有江淹、江革；兰陵萧氏有萧琛、萧恺；高阳新城许氏有许懋、许善心；南阳涅刘氏有刘之遴、刘之亨。此外，还有陈郡长平殷朗，颍川长社钟嵘，等等。①

这些士族子弟，以聪慧勤学、通博有才而被举。如顾愿，“好学，有文辞于世，大明中举秀才，对策称旨，擢为著作佐郎、太子舍人”②；孔觊，“好读书，早知名，初举扬州秀才，补主簿”③；陆厥，“少有风概，好属文，五言诗体甚新奇”。永明九年（491），“诏百官举士，同郡司徒左西掾顾暠之表荐焉。州举秀才，王晏少傅主簿，迁后军行参军”④。

《梁书》也记载不少实例。宗夬，“少勤学，有局干。弱冠，举郢州秀才，历临川王常侍、骠骑行参军”⑤。陆倕，“少勤学，善属文”。“年十七，举本州秀才”⑥。《梁书》卷四十《刘显刘之遴传》载，刘显，“幼而聪敏，当世号曰神童，天监初，举秀才”。刘之遴，“八岁能属文，十五举茂才对策，沈约、任昉见而异之。起家宁朔主簿”；其弟刘之亨，“少有令名。举秀才，拜太学博士，稍迁兼中书通事舍人，步兵校尉，司农卿。又代兄之遴为安西湘东王长史、南郡太守”。王规，“年十二，《五经》大义，并略能通。既长，好学有口辩，州举秀才，郡迎主簿”；其子王褒，“七岁能属文，弱冠举秀才”⑦。《梁书》同卷《刘潜传》载，刘潜，字孝仪，秘书监孝绰弟。幼孤，与兄弟

① 阎步克：《察举制度变迁史稿》，第205页。
② 《宋书》卷八一《顾琛传附愿》，第2087页。
③ 《宋书》卷八四《孔觊传》，第2153页。
④ 《南齐书》卷五二《陆厥传》，第897—898页。
⑤ 《梁书》卷一九《宗夬传》，第299页。
⑥ 《梁书》卷二七《陆倕传》，第401页。
⑦ 《梁书》卷四一《王规传》，第583页。

相励勤学，并工属文。孝绰常曰“三笔六诗”，三即孝仪，六即孝威。“天监五年，举秀才。起家镇右始兴王法曹行参军。”张嵊，“少方雅，有志操，能清言”。“州举秀才。起家秘书郎，累迁太子舍人、洗马、司徒左西掾、中书郎。”①《梁书》卷四十九《文学上》载，钟嵘，“与兄岏、弟屿并好学，有思理”。“齐永明中为国子生，明《周易》，卫军王俭领祭酒，颇赏接之。举本州秀才。起家王国侍郎，迁抚军行参军，出为安国令”。同传载，周兴嗣，“年十三，游学京师，积十余载，遂博通记传，善属文”。齐隆昌中，侍中谢朏为吴兴太守，唯与兴嗣谈文史而已。“及罢郡还，因大相称荐。本州举秀才。”卷五十《文学下》载，伏挺，“幼敏寤，七岁通《孝经》、《论语》。及长，有才思，好属文，为五言诗，善效谢康乐体”。“齐末，州举秀才，对策为当时第一。”同传载，陆云公，“五岁诵《论语》、《毛诗》，九岁读《汉书》，略能记忆”。“既长，好学有才思。州举秀才。累迁宣惠武陵王、平西湘东王行参军。”

据《陈书》卷十九《虞荔传附弟寄》记载，虞寄，少聪敏，“及长，好学，善属文。性冲静，有栖遁之志。弱冠举秀才，对策高第。起家梁宣城王国左常侍”。孔奂，好学，善属文，经史百家，莫不通涉。“州举秀才，射策高第。起家扬州主簿、宣惠湘东王行参军，并不就。”② 陆琼，幼聪惠有思理，六岁为五言诗，颇有词采。勤苦读书，昼夜无怠，遂博学，善属文。“永定中，州举秀才。”③ 陆琰，“幼孤、好学，有志操。州举秀才”；弟陆瑜，“少笃学，美词藻。州举秀才”。“幼长读书，昼夜不废，聪敏强记，一览无复遗失。尝受《庄》、《老》于汝南周弘正，学《成实论》于僧滔法师，并通大旨。”陆瑜从父兄陆玠，“弘雅有识度，好学，能属文。举秀才，对策高第”；陆瑜从父弟陆深，少警俊，“年十八，上《善政颂》，甚有词采，由此知名，举秀才”④。

士族子弟热衷应举秀才，不仅在于对文学才能的认可，还在于借此为仕途积累资望，或直接步入清途。如宋武帝永初二年（421），扬州秀才顾练、

① 《梁书》卷四三《张嵊传》，第609页。

② 《陈书》卷二一《孔奂传》，第283页。

③ 《陈书》卷三一〇《陆琼传》，第396页。

④ 《陈书》卷三四《文学·陆瑜传》，第463页。

豫州秀才殷朗策试“所对称旨”，直接被擢为著作佐郎。值得指出的是，通过察举秀才，选拔出一批文学名家，如钟嵘、江淹、王融、陆倕、顾协、丘迟等。其中出身高门士族者多于一般士族。这也从一个侧面反映高门士族的文化影响。

此外，被举秀才者需要到京师进行考试，这在一定程度上促进了地方与中央的文化交流。从应举秀才的籍贯分布来看，大多集中在以建康为中心的彭城、琅琊、吴郡、陈郡、会稽以及中原一带，属南朝东部地区。这些地区距离京师近，经济也较发达，为侨姓士族和南方士族聚居区，跨越中原文化和吴越文化。秀才科考试促进了南北区域文化的交流与融合。

总体而言，南朝后期，随着士族和寒门政治势力的消长，学校教育、察举选士的标准及应举者的结构也发生了一系列变化。秀才科逐渐为士族重视，选拔标准重视文学和才能。在“主威独运”与“安流平进”的制衡下，皇权虽然做出了突破门第限制的努力，但并没有足够能力充分削弱士族特权。在此社会政治背景下，“察举制和学校制未能向各阶层人士充分开放；下层知识分子也始终处于士族排抑之下和弱小状态之中，不能大量地涌现并通过公平竞争进入统治上层”①。尽管如此，察举制已为一般士族入仕开辟了新的路径，扩大其学术影响，由此改变了南朝的文化格局。

第二节　北朝察举的实施

西晋灭亡后，北方地区陷入长期分裂状态，少数民族入主中原。十六国时期，后赵（319—351）石勒政权和前秦（350—394）苻坚政权曾短暂统一北方地区，在兴学、察举方面有所恢复。北朝时期，北魏统治期间社会秩序相对安定，东魏、西魏和北齐、北周之间战争较多。自太武帝拓跋焘神䴥四年（431）令州郡举秀孝贤良，察举制度遂成为北魏政权之选官常途。② 魏孝文帝拓跋宏大力推行汉化政策，促进了儒学文化发展。就选官制度而言，北朝仍延续魏晋以来的三条入仕途径，其中第一条由吏部直接铨授最为重要。

---

① 阎步克：《察举制度变迁史稿》，第 220 页。

② 阎步克：《察举制度变迁史稿》，第 254、256 页。

西魏、北齐设立中正，先由中正评定士人等级，再实行察举；北齐选举所重仍是门品。东魏、北周废除了九品中正制，由州郡县推荐选官；北周选举所重则为有才识的“贤良”。从十六国到北朝，中原地区、河西地区的文化教育在血风腥雨中逐步得到恢复和重建，为察举选士制度的实施与变革奠定了重要基础。另一方面，北朝后期，为适应人才选拔的需要，统治者积极推动选官标准与选拔方式的变革，这些都催化了科举制的诞生。

一、北朝教育与文化的重建

魏晋南北朝时期，除了西晋短暂统一外，我国长期处于国家分裂状态。在广袤的北方地区，与东晋、南朝相对应的是十六国、北朝政权。这里所说的“北朝教育”属于广义，它包括十六国及北朝五个政权所实施的教育，范围广、历时久、影响大。十六国时期，诸国尽管存在时间长短不一，统治范围大小有异，然而，“当时诸国法制，大抵依仿汉、晋”①。柳诒徵论析其所以同化之故，原因有三：一则“杂居既久，习于中国之政教也”；二则“中国政教，根底深固，虽经三国、两晋之扰乱，其为扶世翼俗之本，故天下之公认也”；三则“诸酋割据，仍多用汉人为政也”②。及至北魏建立后，中原地区各族文化交流日渐深入；少数民族汉化程度进一步加深，这些对于中原地区乃至整个北方区域文化的重建和选官制度的演化产生了深远的历史影响。

（一）官学教育的兴办

十六国时期，民族矛盾尖锐，但少数民族统治者对留居北方的汉族士大夫优礼相待。史称羯人石勒，攻陷冀州郡县堡壁百余，“众至十余万，其衣冠人物集为君子营”，特别倚重以张宾为代表的汉族士人。于是，“神旗所经，衣冠之士靡不变节”③。裴宪、卢谌、石璞、傅畅、荀绰、崔悦、崔遇、郑略等中原世族皆为之所用。中原文物制度逐渐推广于少数民族之中，兴置官学者，亦为数颇多，前赵、前秦、前燕、后赵等均有其例。

前赵创建者刘曜，“立太学于长乐宫东，小学于未央宫西，简百姓年二十

---

① 柳诒徵：《中国文化史》，第366页，注12。
② 柳诒徵：《中国文化史》，第364页。
③ 《晋书》卷一〇四《载记·石勒上》，第2711、2720页。

五已下十三已上，神志可教者千五百人，选朝贤宿儒明经笃学以教之。以中书监刘均领国子祭酒。置崇文祭酒，秩次国子。散骑侍郎董景道以明经擢为崇文祭酒”。“曜临太学，引试学生之上第者拜郎中。”①

苻坚建立前秦后五年，“广修学官，召郡国学生通一经以上充之，公卿已下子孙并遣受业。其有学为通儒、才堪干事、清修廉直、孝悌力田者，皆旌表之。于是人思勤励，号称多士，盗贼止息，请託路绝”。他亲临太学，考学生经义优劣，品而第之。问难五经，博士多不能对。苻坚对博士王寔说：“朕一月三临太学，黜陟幽明，躬亲奖励，罔敢倦违，庶几周孔微言，不由朕而坠，汉之二武其可追乎！”王寔回答：“自刘石扰覆华畿，二都鞠为茂艸，儒生罕有或存，坟籍灭而莫纪，经沦学废，奄若秦皇。陛下神武拨乱，道隆虞夏，开庠序之美，弘儒教之风，化盛隆周，垂香千祀，汉之二武焉足论哉！”自此，苻坚每月一临太学，诸生竞相劝学。史称：苻坚临太学，“考学生经义，上第擢叙者八十三人。自永嘉之乱，庠序无闻，及坚之僭，颇留心儒学，王猛整齐风俗，政理称举，学校渐兴”②。

此外，苻坚注重征召名儒出任学官，“以安车蒲轮征隐士乐陵王欢为国子祭酒”。又责令少数民族将士入学修读儒经，禁《老》、《庄》、图谶之学。“中外四禁、二卫、四军长上将士，皆令修学。课后宫，置典学，立内司，以授于掖庭，选阉人及女隶有聪识者署博士以授经。”以翼犍荒俗，未参仁义，令入太学习礼。苻坚曾至太学，召涉翼犍问道：“中国以学养性，而人寿考，漠北啖牛羊而人不寿，何也?”翼犍不能答。又问：“卿种人有堪将者，可召为国家用。”对曰：“漠北人能捕六畜，善驰走，逐水草而已。何堪为将！”又问：“好学否?”对曰：“若不好学，陛下用教臣何为?”③ 苻坚称赞其回答得好。

慕容廆于西晋永嘉元年（307），自称鲜卑大单于。他统治幽、冀，“刑政修明，虚怀引纳，流亡士庶多襁负归之”。裴宪“与王波为之撰朝仪，于是宪章文物，拟于王者”④。“于是推举贤才，委以庶政。”以河东裴嶷、代郡鲁

① 《晋书》卷一〇三《载记·刘曜》，第2688、2692页。
② 《晋书》卷一一三《载记·苻坚上》，第2888、2895页。
③ 《晋书》卷一一三《载记·苻坚上》，第2897—2898页。
④ 《晋书》卷三五《裴宪传》，第1051页。

昌、北平阳耽为谋主，北海逄羡、广平游邃、北平西方虔、渤海封抽、西河宋奭、河东裴开为股肱，渤海封弈、平原宋该、安定皇甫岌、兰陵缪恺以文章才俊任居枢要，会稽朱左车、太山胡毋翼、鲁国孔纂以旧德清重引为宾友，平原刘赞儒学该通，引为东庠祭酒。“其世子皝率国胄束修受业焉。”① 公元337年，慕容皝建立前燕。慕容皝，“赐其大臣子弟为官学生者号高门生，立东庠于旧宫，以行乡射之礼，每月临观，考试优劣。皝雅好文籍，勤于讲授，学徒甚盛，至千余人。亲造《太上章》以代《急就》，又著《典诫》十五篇，以教胄子”。“皝亲临东庠考试学生，其经通秀异者，擢充近侍。”② 公元349年，慕容儁继燕王位后，“立小学于显贤里，以教胄子”③。

后秦姚苌，“下书令留台诸镇各置学官，勿有所废，考试优劣，随才擢叙”④。

北燕时，冯跋下书说：“可营建太学，以长乐刘轩、营丘张炽、成周翟崇为博士郎中，简二千石已下子弟年十五已上教之。”⑤

这一时期，胡族统治者不仅任用汉族士人，而且多躬染中国文化，精通诗文经史。清人赵翼称之为“僭伪诸君有文学”⑥。重视儒学事业，使魏晋以来已衰落不堪的经学又复兴于北朝。刘曜、石勒立学校，崇儒学。建兴元年(313)，“立太学，简明经善书吏署为文学掾，选将佐子弟三百人教之”。此后，“增置宣文、宣教、崇儒、崇训十余小学于襄国四门，简将佐豪右子弟百余人以教之，且备击柝之卫”⑦。石勒“亲临大小学，考诸学生经义，尤高者赏帛有差。勒雅好文学，虽在军旅，常令儒生读史书而听之，每以其意论古帝王善恶，朝贤儒士听者莫不归美焉”。“命郡国立学官，每郡置博士祭酒二人，弟子百五十人，三考修成，显升台府。于是擢拜太学生五人为佐著作郎，录述时事。”⑧ 即使是昏虐无道如石季龙者，也“颇慕经学，遣国子博士诣洛阳写石经，校中经于秘书，国子祭酒聂熊注《穀梁春秋》，列于学官”⑨。胡

① 《晋书》卷一〇八《载记·慕容廆》，第2806页。
② 《晋书》卷一〇九《载记·慕容皝》，第2826页。
③ 《晋书》卷一一〇《载记·慕容儁》，第2840页。
④ 《晋书》卷一一六《载记·姚苌》，第2971页。
⑤ 《晋书》卷一二五《载记·冯跋》，第3132页。
⑥ （清）赵翼：《廿二史札记》卷八，第127页。
⑦ 《晋书》卷一〇四《载记·石勒上》，第2720、2729页。
⑧ 《晋书》卷一〇五《载记·石勒下》，第2741、2751页。
⑨ 《晋书》卷一〇六《载记·石季龙上》，第2774页。

汉融合导致两者文化距离缩小，到淝水之战后，早先进入中原的匈奴、羯、氐诸部族已基本为汉文化所融合。在当时南人眼中，关东胡人已变成“山东杂汉”①，“河北悉是旧户，差无杂人”②。

北魏统一北方地区，开始复办太学、国子学，推动了儒学教育的恢复。道武帝拓跋珪初定中原，“始建都邑，便以经术为先，立太学，置五经博士，生员千有余人”。天兴二年（399）春，增国子太学生员至三千。四年（401）春，命乐师入学习舞，释菜于先圣、先师。③ 同年十二月，“集博士儒生，比众经文字，义类相从，凡四万余字，号曰《众文经》”，以此作为太学教科书。④ 明元帝拓跋嗣诏令：“改国子学为中书学，立教授博士。”太武帝拓跋焘始光三年（426）春，“别起太学于城东，后征卢玄、高允等，而令州郡各举才学。于是人多砥向，儒林转兴”⑤。这些反映了官学复兴的状况。

由于北方世家宗族维系及经济力量较南渡士族保持得更为完好，“北魏学校入仕之途，其特权性、士族化更为明显”⑥。在地方教育上，献文帝天安元年（466）九月，初立乡学，郡置博士 2 人，助教 2 人，学生 60 人。⑦ 秘书监、太常卿高允也上书，建议大郡立博士 2 人、助教 4 人、学生 100 人，次郡和下郡递减有差。“学生取郡中清望，人行修谨，堪循名教者，先进高门，次及中第。”⑧ 这一建议为献文帝采纳，各地相继建立州学、郡学。此外，规定太学任教及入学资格：“博士取博关经典，履行忠清，堪为人师者，年限四十以上。助教亦与博士同。年限三十以上。若道业夙成，才任教授，不拘年齿。学生取郡中清望，人行修谨，堪循名教者，先尽高门，次及中等。”⑨

孝文帝拓跋宏统治时期，北魏学校教育获得更大发展。迁都洛阳之前，孝文帝诏令：“改中书学为国子学，建明堂辟雍，尊三老五更，又开皇子之学（或称皇宗学）。”⑩ 太和十一年（487）十月，下诏说：“乡饮之礼废，则长幼

---

① 《宋书》卷八二《周朗传》，第 2095 页。
② 《宋书》卷六七《谢灵运传》，第 1774 页。
③ 《魏书》卷八四《儒林传序》，第 1841—1842 页。
④ 《魏书》卷二《太祖纪》，第 39 页。
⑤ 《魏书》卷八四《儒林传序》，第 1842 页。
⑥ 阎步克：《察举制度变迁史稿》，第 261 页。
⑦ 《魏书》卷六《显宗纪》，第 127 页。
⑧ 《魏书》卷四八《高允传》，第 1078 页。
⑨ 《北史》卷三一《高允传》，第 1126 页。
⑩ 《魏书》卷八四《儒林传序》，第 1842 页。

之序乱。孟冬十月，民闲岁隙，宜于此时导以德义。可下诸州，党里之内，推贤而长者，教其里人，父慈、子孝、兄友、弟顺、夫和、妻柔。”这表明，孝文帝改变了太武帝、献文帝的文教政策，通过乡党基层组织，推行社会教化。十三年（489）七月，立孔子庙于京师。十六年（492）二月，尊孔子为“文圣尼父”，告谥孔庙。四月，又“幸皇宗学，亲问博士经义”①。

这一时期，就读太学者产生了一些知名人物。敦煌龙勒人范绍，太和初，充太学生，转算生，颇涉经史。十六年（492），太祖选为门下通事令史，迁录事，令掌奏文案。② 李平，涉猎群书，好《礼》、《易》，颇有文才。太和初，拜通直散骑侍郎，高祖礼之甚重。频经大忧，居丧以孝称。后以例降，袭爵彭城公。拜太子中舍人，迁散骑侍郎，舍人如故，迁太子中庶子。世宗至邺，亲幸平第，见其诸子。寻正刺史，加征虏将军。“劝课农桑，修饰太学，简试通儒以充博士，选五郡聪敏者以教之，图孔子及七十二子于堂，亲为立赞。”③

北魏迁都洛阳后，太和十九年（495）四月，孝文帝“幸鲁城，亲嗣孔子庙”。诏拜孔氏四人，颜氏二人为官。又诏选诸孔宗子一人封崇圣侯，邑一百户，以奉孔子祀。“命兖州为孔子起园栢，修饰坟陇，更建碑铭，褒扬圣德。”④ 诏令在洛阳城内设立国子学、太学、四门小学。此后二十多年间，宣武帝元恪、孝明帝元诩多次颁令兴学，继续推动学校教育发展。太和中改中书学为国子学。及迁都洛邑，诏立国子太学、四门小学。世宗时，复诏营国学。

北魏末年，内乱迭起，战争频仍，学校遭到破坏。至北齐、北周时期，学校教育才逐渐复兴。北齐天保元年（550）六月，文宣帝高洋，“诏封崇圣侯邑一百户，以奉孔子之祀，并下鲁郡以时修治庙宇，务尽褒崇之至”。八月，“诏郡国修立黉序，广延髦俊，敦述儒风。其国子学生亦仰依旧铨补，服膺师说，研习《礼经》。往者文襄皇帝所运蔡邕石经五十二枚，即宜移置学馆，依次修立”⑤。皇建元年（560），孝昭帝高演，“又诏国子寺可备立官属，

① 《魏书》卷七下《高祖纪下》，第169页。
② 《魏书》卷七九《范绍传》，第1755页。
③ 《魏书》卷六五《李平传》，第1452页。
④ 《北史》卷三《孝文帝纪》，第114页。
⑤ 《北齐书》卷四《文宣纪》，第53页。

依旧置生，请习经典，岁时考试。其文襄帝所运石经，宜即施列于学馆”[①]。对比前后两条史料可见，在兴学过程中，蔡邕石经并没有真正建立使用，这也说明兴学举措落实之不易。

北齐国子寺，“掌训教胄子。祭酒一人，亦置功曹、五官、主簿、录事员。领博士五人，助教十人，学生七十二人。太学博士十人，助教二十人，学生二百人。四门学博士二十人，助教二十人，学生三百人”。国子学生，视从第七品。[②]

“齐制：诸郡并立学，置博士助教授经，学生俱差逼充员，士流及富豪之家皆不从调。”“凡是经学诸生，多出自魏末大儒徐遵明门下。”[③]

北周武帝天和中，“选良家子任太学生”，陇西狄道人辛公义，“以勤苦著称。武帝时，召入露门学，令受道义”[④]。

北周统治者重视复兴儒学教育。保定三年（563）四月，周武帝宇文邕“幸太学，以太傅、燕国公于谨为三老而问道焉”[⑤]。不久，周武帝礼请沈重、熊生等儒学大师，“是以天下慕向，文教远覃。衣儒者之服，挟先王之道，开黉舍延学徒者比肩；励从师之志，守专门之业，辞亲戚甘勤苦者成市”[⑥]。天和二年（567）七月，“立露门学，置生七十二人”。建德三年（574）五月，“初断佛、道二教，经像悉毁，罢沙门、道士，并令还民。并禁诸淫祀，礼典所不载者，尽除之”。六月下诏曰：“今可立通道观，圣哲微言，先贤典训，金科玉篆，秘迹玄文，所以济养黎元，扶成教义者，并宜弘阐，一以贯之。”周宣帝宇文赟大成二年（580）二月，“帝幸露门学，行释奠之礼”[⑦]。在北周统治者倡导下，儒学教育呈现复兴气象，“虽遗风盛业，不逮魏、晋之辰，而风移俗变，抑亦近代之美也”[⑧]。

除了儒学教育，北朝在律学、书学、医学、算学等专门教育方面也获得发展，此不赘述。

---

① 《北齐书》卷六《孝昭纪》，第 82 页。
② 《隋书》卷二七《百官志中》，第 770 页。
③ 《北齐书》卷四四《儒林传序》，第 583 页。
④ 《隋书》卷七三《循吏传・辛公义》，第 1681 页。
⑤ 《周书》卷五《武帝纪上》，第 68 页。
⑥ 《周书》卷四五《儒林传序》，第 806 页。
⑦ 《周书》卷七《宣帝纪》，第 123 页。
⑧ 《周书》卷四五《儒林传序》，第 806 页。

（二）私学教育的发展

南北分裂以后，北方世家豪族较之南渡士族，在宗族维系和经济力量方面保持得更为完好，在传承和重建文教事业上也作出了突出贡献。以下就河西地区和中原两部分，分别论述私学教育的发展状况。

1. 河西地区家族私学教育的扩展

历史上河西地区是指今甘肃、青海两省黄河以西，即河西走廊、湟水流域。这里地处中国西北边陲，寒凉僻远，文化较内地原为落后；然其毗邻西域，又是吸收西方文化的窗口。“永嘉之乱提供的特殊契机，使得河西文化一跃而起，崭露头角。在晋隋之际中国区域文化大变迁中，河西文化举足轻重，占据重要一席。它不仅推动同时代其他区域文化之进程，更为隋唐河西文化之繁荣作出了巨大贡献。”① 若就文化发展的主体而论，这一时期家族教育发挥了独特而重要的作用。

从河西家族教育之起源来看，西汉之“独尊儒术”，东汉以来世族势力膨胀，造就了河西一大批汉晋文化世家，传播、保存了儒学文化。汉末、魏晋以来，伴随中原移民的涌入，河西家族教育不断发展，促进了儒学等文化的传承和发展。陈寅恪先生指出：“盖自汉代学校制度废弛，博士传授之风气止息以后，学术中心移于家族，而家族复限于地域，故魏晋南北朝之学术、宗教皆与家庭、地域两点不可分离。”② 据《晋书》有关列传记载，西晋初年及前凉时期，河西及秦陇学者大多出于具有文化传承的士族家庭。兹举数例如下。

敦煌索氏。索靖，累世官族，父湛，北地太守。“靖少有逸群之量，与乡人氾衷、张甝、索紾、索永俱诣太学，驰名海内，号称‘敦煌五龙’。四人并早亡，唯靖该博经史，兼通内纬。州辟别驾，郡举贤良方正，对策高第。”世擅草书知名，作《草书状》，撰《索子》、《晋诗》各二十卷。《著五行三统正验论》，辩理阴阳气运。索靖五子：“鯁、绻、璆、聿、綝，皆举秀才。”③ 索袭，“虚靖好学，不应州郡之命，举孝廉、贤良方正，皆以疾辞。游思于阴阳

① 张亚群：《永嘉之乱后江左区域文化的拓展》，第 5 页。

② 陈寅恪：《隋唐制度渊源略论稿》，第 17 页。

③ 《晋书》卷六〇《索靖传》，第 1648、1650 页。

之术，著天文地理十余篇，多所启发。”① 索紞，少游京师，受业太学，博综经籍，遂为通儒。明阴阳天文，善术数占候。

北地傅氏。傅玄，北地泥阳人，祖、父世为太守。撰《傅子》一书，数十万言，并文集百余卷行于世。子傅咸，好属文论，历官显位，知名于世。

安定皇甫氏。皇甫谧，安定朝那人，汉太尉嵩之曾孙。博综典籍百家之言，著《礼乐》、《圣真》之论，所著诗赋诔颂论难甚多。又撰《帝王世纪》、《年历》、《高士》、《逸士》、《列女》等传、《玄晏春秋》，并重于世。其《针灸甲乙经》为唐时所定学生必读教材。

略阳郭氏。郭荷，其六世祖郭整，东汉著名经学家，自整及荷，世以经学致位。荷明究群籍，特善史书。敦煌人郭瑀，“少有超俗之操，东游张掖，师事郭荷，尽传其业”。精通经义，雅辩谈论，多才艺，善属文。“荷卒，瑀以为父生之，师成之，君爵之，而五服之制，师不服重，盖圣人谦也，遂服斩衰，庐墓三年。”礼毕，隐于临松薤谷，凿石窟而居，服柏实以轻身，作《春秋墨说》、《孝经错纬》，“弟子著录千余人”②。

陇西辛氏。辛谧，陇西狄道人，世称冠族。少有志尚，博学善属文，工草隶书，为时楷法。性恬静，不妄交游。召拜太子舍人、诸王文学，累征不起。“又历石勒、季龙之世，并不应辟命。虽处丧乱之中，颓然高迈，视荣利蔑如也。”③ 辛勉，博学，有贞固之操。“刘聪将署为光禄大夫，勉固辞不受。”④

敦煌宋氏。宋纤，敦煌效穀人，少有远操，沈靖不与世交，隐居酒泉南山。“明究经纬，弟子受业三千余人。不应州郡辟命，惟与阴颙、齐好友善。”“注《论语》，及为诗颂数万言。年八十，笃学不倦。”⑤

安定张氏。张轨，安定乌氏人，汉常山景王耳十七代孙。“家世孝廉，以儒学显。”少明敏好学，有器望，姿仪典则，与同郡皇甫谧善，隐于宜阳女几山。泰始初，受叔父锡官五品。累迁散骑常侍、征西军司。其子张寔，“学尚

---

① 《晋书》卷九四《隐逸传·索袭》，第2448—2449页。
② 《晋书》卷九四《隐逸传·郭瑀》，第2454页。
③ 《晋书》卷九四《隐逸传·辛谧》，第2447页。
④ 《晋书》卷八九《忠义传·辛勉》，第2311页。
⑤ 《晋书》卷九四《隐逸传·宋纤》，第2453页。

明察，敬贤爱士，以秀才为郎中”①。

上述事例说明，中原汉文化西传以后，在河西已形成一些有家学渊源的家族，这些家族成为河西文化崛起之必要基础。“永嘉之乱”后，河西地区社会政治相对安定，中原士族陆续迁徙于此，这就为家族教育提供了重要的社会文化环境。

西晋末年，张轨效仿东汉窦融故事，出为凉州牧。其间，中原大乱迭起，“中州避难来者日月相继”，流民群中不乏饱学硕士，“张氏礼而用之，子孙相承，衣冠不坠，故凉州号为多士”②。如陈留济阳人江琼，“弃官西投张轨，子孙因居凉土，世传家业”③。中原士人与河西士族荟萃一地，遂使“区区河右，而学者埒于中原”④，促进当地学术文化的繁盛。

在五凉⑤统治下的河西，百余年间相对安定。“长河外区，流沙作纪，玉关悬险，金城负固。”⑥ 境内物产丰饶，流通便捷，一片升平景象。这种有利的社会、政治、经济条件为河西文化的发展创造了适宜的环境。于是，以世家大族为支柱的五凉政权，多设学校，重士人，大力奖掖儒学。

前凉创建者张寔，出自经学世家。其父张轨为凉州牧，以宋配、阴充、氾瑗、阴澹为股肱谋主，“征九郡胄子五百人，立学校，始置崇文祭酒，位视别驾，春秋行乡射之礼”。史称：

> 初，汉末博士敦煌侯瑾谓其门人曰：“后城西泉水当竭，有双阙起其上，与东门相望。中有霸者出焉。”至魏嘉平中，郡官果起学馆，筑双阙于泉上，与东门正相望矣。至是，张氏遂霸河西。⑦

西凉创建者李嵩，是汉前将军李广之十六世孙，“世为西州右姓”。少而好学，性沈敏宽和，美器度，通涉经史，尤善文义。及长，颇习武艺，诵孙吴兵法。东晋安帝隆安四年（400），李嵩被推为“凉公”，统治十六年。就

① 《晋书》卷八六《张轨传》，第2221、2226页。

② （宋）司马光编撰，（元）胡三省音注：《资治通鉴》卷一二三《宋文帝元嘉十六年胡注》，第826页。

③ 《魏书》卷九一《江式传》，第1960页。

④ 《北史》卷八三《文苑传序》，中华书局2011年版，第2778页。

⑤ 五凉是十六国时期在河西地区建立的五个政权，包括前凉、后凉、北凉、南凉、西凉。

⑥ 《晋书》卷八六《张轨传》，第2253页。

⑦ 《晋书》卷八六《张轨传》，第2222页。

任伊始他就兴办文化教育活动：

于南门外临水起堂，名曰靖恭之堂，以议朝政，阅武事。图赞自古圣帝明王、忠臣孝子、烈士贞女，玄盛亲为序颂，以明鉴戒之义，当时文武群僚亦皆图焉。有白雀翔于靖恭堂，玄盛观之大悦。又立泮宫，增高门学生五百人。起嘉纳堂于后园，以图赞所志。①

北凉创建者沮渠蒙逊，虽为匈奴支系卢水胡人，却受汉文化影响很深，对河西硕儒刘昞、宋繇等人优礼相加。史载：

蒙逊平酒泉，拜秘书郎，专管注记。筑陆沉观于西苑，躬往礼焉，号“玄处先生”，学徒数百，月致羊酒。牧犍尊为国师，亲自致拜，命官属以下皆北面受业焉。时同郡索敞、阴兴为助教，并以文学见举，每巾衣而入。

沮渠蒙逊平酒泉，于繇室得书数千卷，盐米数十斛而已。蒙逊叹曰：“孤不喜克李歆，欣得宋繇耳。”拜尚书吏部郎中，委以铨衡之任。②

在五凉统治者的扶植下，河西经学研究风气大开。学者辈出，或著书立说，或聚徒传道，文化传承不断。前期学者如祈嘉、宋纤、郭瑀等，所授弟子动辄达千人；后期学者赵逸、刘昞、胡叟、阚骃、胡方回、宋繇、张湛等名噪一时，为中原人士所景仰。这些学者且多为门第中人，同儒学实有特殊的依存关系，对于以儒学为代表的中原汉文化在河西的复兴作出了不可磨灭的贡献。

以敦煌人宋繇为例，其家族在前凉后期世族政治倾轧中颓败，然而，正是儒学充当了宋氏迅速复兴之桥梁。史言：

（宋）繇少而有志尚，喟然谓妹夫张彦曰：“门户倾覆，负荷在繇，不衔胆自厉，何以能承先业！”遂随彦至酒泉，追师就学，闭室诵书，昼夜不倦，博通经史，诸子群言，靡不览综，吕光时举秀才，除郎中。后奔段业，业拜繇中散、常侍。繇以业无经济远略，西奔李暠，历位通显。家无余财，雅好儒学，虽在兵难之间，讲诵不废。每闻儒士在门，常倒

① 《晋书》卷八七《李暠传》，第 2259 页。

② 《魏书》卷五二《刘昞传》，第 1160—1161 页。

屣出迎，停寝政事，引谈经籍。①

再如敦煌人刘昞，出自文化世家，父刘宝，以儒学称。刘昞继承家学，并就学名儒郭瑀；学成后转而教授弟子，研究和整理文化典籍，促进了儒学文化的传承和发展。《魏书》本传详细记载其教育历程及文化成就：

昞年十四，就博士郭瑀学。时瑀弟子五百余人，通经业者八十余人。瑀有女始笄，妙选良偶，有心于昞。遂别设一席于坐前，谓诸弟子曰："吾有一女，年向成长，欲觅一快女婿。谁坐此席者，吾当婚焉。"昞遂奋衣来坐，神志肃然，曰："向闻先生欲求快女婿，昞其人也。"瑀遂以女妻之。

昞后隐居酒泉，不应州郡之命，弟子受业者五百余人。李暠私署，征为儒林祭酒、从事中郎。暠好尚文典，书史穿落者亲自补治，昞时侍侧，前请代暠。暠曰："躬自执者，欲人重此典籍。吾与卿相值，何异孔明之会玄德。"迁抚夷护军，虽有政务，手不释卷。暠曰："卿注记篇籍，以烛继昼。白日且然，夜可休息。"昞曰："朝闻道，夕死可矣，不知老之将至，孔圣称焉。昞何人斯，敢不如此。"昞以三史文繁，著《略记》百三十篇、八十四卷，《凉书》十卷，《敦煌实录》二十卷，《方言》三卷，《靖恭堂铭》一卷，注《周易》、《韩子》、《人物志》、《黄石公三略》，并行于世。

总之，五凉时期，尽管河西政权更替，但世族私学教育却传承不辍，由此维系了儒学在河西文化中的显学地位。

2. 中原地区私学教育的演变

永嘉乱后，仍有一大批世家大族留守中原。这些士族在政治军事上结坞自保，"或百室合户，或千丁共籍，依托城社，不惧燻烧"②。其"宗近将万室，烟火连接，比屋而居"③。在文化上，这些士族家庭自相传授，"世不替业"④。由此构成了以家族为代表的遍布中原各地的文化"孤岛"。如北朝高

① 《魏书》卷五二《宋繇传》，第1152—1153页。
② 《晋书》卷一二七《载记·慕容德》，第3170页。
③ （唐）杜佑：《通典》卷三《食货》，第23页。
④ 《北史》卷二一《崔宏传》，第791页。

门崔、卢二氏，世以书艺相传授。崔宏之祖崔悦，“与范阳卢谌并以博艺齐名，谌法钟繇，悦法卫瓘，而俱习索靖之草，皆尽其妙。谌传子偃，偃传子邈；悦传子潜，潜传子宏”①。崔、卢之书为北人所重。此外尚有河东裴氏、颍川荀氏、荥阳郑氏等中原文化世族。

据《晋书》有关列传所载，这些家族家学源远流长，士人辈出。如裴氏：裴秀，“八岁能属文”，“儒学洽闻”；裴頠著《崇有论》、《辩才论》；裴楷、裴宪为时人所重。荀氏：荀勖，“年十余岁能属文”，博学有才能；荀绰因才学出众为石勒所擢用。当石勒破王浚，闻“惟（裴）宪与荀绰家有书百余帙，盐米各数斛而已”，谓张宾曰：“吾不喜得幽州，喜获二子。”这些事例说明，西晋王朝解体后的中原文化已分散到私门，这种状况对于中原文化的传承产生了深远影响。

在家族教育方面，颜之推及其《颜氏家训》最具代表性，其学术成就与教育影响也最大。作为著名文学家、教育家，颜之推被范文澜称为“南北两朝最通博最有思想的学者”。他“经历南北两朝，深知南北政治、俗尚的弊病，洞悉南学、北学的短长，当时所有大小知识，他几乎都钻研过，并且提出了自己的见解。《颜氏家训》二十篇，就是这些见解的记录”②。这部著作是对当时家族教育实践的系统总结，被宋代学者陈振孙誉为“古今家训之祖”。其中有关家庭教育的意义、目的、内容、方法等方面的论述深刻而详尽，融入了作者对于儒学文化理想的不懈追求，以及“整齐门内，提撕子孙”的殷切期望。

颜之推祖先为山东琅琊士族。永嘉之际，在中原士族的大规模南迁潮流中，其九世祖颜含随晋元帝渡江，在东晋官至侍中、右光禄大夫，封西平县侯。颜氏家族成为东晋侨姓门阀士族之一。颜之推 19 岁入仕，一生历仕四朝，“曾三为亡国之人”③，历任梁元帝散骑侍郎，北齐中书舍人、黄门侍郎、平原太守，北周御史上士，隋太子召为学士，经历了南朝士族的兴衰历程。他告诫子弟要“务先王之道，绍家世之业”④，这是其最大心愿，也是《颜氏

① 《北史》卷二一《崔宏传》，第 791 页。

② 范文澜：《中国通史简编》（修订本）第二编，第 528 页。

③ 《北齐书》卷四五《颜之推传》，第 625 页。

④ （北齐）颜之推撰，王利器集解：《颜氏家训集解》卷三《勉学篇》，第 204 页。

家训》的核心思想。这里的“先王之道”，就是儒家倡导的、尧舜周公孔子一脉相承的修身齐家治国平天下之道；“家世之业”则是颜之推家族赖以安身立命的儒学事业。两者紧密相连，相辅相成。实质是要恢复儒学在思想文化上的统治地位，维护和巩固士族阶层的特殊权益。

从历史渊源来看，颜氏出自儒学故乡，“世以儒雅为业”。春秋末年，“仲尼门徒，升堂者七十有二，颜氏居八人焉”①。颜回乃孔子最得意之弟子，被后人尊称“颜子”。颜门子弟，“世善《周官》、《左氏》学”，在文史书画等方面都有较高的造诣。这样的家学传统，激励着颜之推，不仅自己好学，而且重视对子弟的教育。颜之推“昔在龆龀，便蒙诱诲”②，早传家业，习《礼》、《传》，博览群书，无不该洽，养成了深厚的文化素养。

作为一个具有远大理想的士族知识分子，颜之推对于士族社会具有一种强烈的危机感，对现实人生具有一种深刻的忧患意识，集中反映了其积极进取的人生态度，并转化为对颜氏子弟的教育内容。他揭露和批判士族的腐朽没落，主张入世涉务；要求通经致用，纠正汉儒埋首章句训诂、皓首穷经尚未通其大义之弊端，反对玄学的清谈雅论和华而不实、舍本逐末的不良学风；认为士族地位可以转换，崇尚功名事业，不重“婚”、“宦”③。颜之推认为“有学艺者，逐地而安”。勉励子弟，“若能常保数百卷书，千载终不为小人也”；“要以传业扬名为务”④。这不仅因为利禄是身外之物，生于乱世，仕途坎坷；更重要的是，功成名就，禄在其中；借建功立业，慕贤立名，可以助人伦、美教化、致太平。如其所言：“劝其立名，则获其实。且劝一伯夷，而千万人立清风矣；劝一季札，而千万人立仁风矣；劝一柳下惠，而千万人立贞风矣；劝一史鱼，而千万人立直风矣。”以及“祖考之嘉名美誉，亦子孙之冕服墙宇也，自古及今，获其庇荫者亦众矣。夫修善立名者，亦犹筑室树果，生则获其利，死则遗其泽”⑤。这些都反映出颜之推的儒学价值观和教育理念。

《颜氏家训》内容广博，除了探讨家庭教育、儒释道思想，还论及历史、军事、文学、音辞、医学、算学、琴棋书画等方面，提出了诸多精辟见解。

---

① （北齐）颜之推撰，王利器集解：《颜氏家训集解》卷五《诫兵篇》，第348页。
② （北齐）颜之推撰，王利器集解：《颜氏家训集解》卷一《序致篇》，第4页。
③ 张亚群：《“务先王之道，绍家世之业”——颜之推思想辨析》，《齐鲁学刊》1992年第4期。
④ （北齐）颜之推撰，王利器集解：《颜氏家训集解》卷三《勉学篇》、卷七《终制篇》，第148、608页。
⑤ （北齐）颜之推撰，王利器集解：《颜氏家训集解》卷四《名实篇》，第312—313页。

如在语言教育方面，颜之推特别重视辨正音辞，维护汉语的正统和规范，把正音作为区分士庶的一个重要标准。不仅如此，他还主张正音必须从幼儿教育开始。他说：“吾家儿女，虽在孩稚，便渐督正之；一言讹替，以为己罪矣。”对于语言教育之重视，由此可见一斑。颜之推及其教育著作在中国古代文化史、教育史上占有重要地位，对于隋唐科举考试、后世教育和社会文化产生了广泛影响。

在其他形式私学教育方面，也有一些典型事例。如：

韦逞母宋氏，“家世以儒学称”。自幼得其父传授家学《周官》。其后为石季龙徙之于山东。“宋氏与夫在徙中，推鹿车，背负父所授书至冀州。”其子韦逞，“时年少，宋氏昼则樵采，夜则教逞，然纺绩无废”。韦逞“遂学成名立，仕苻坚为太常。坚尝幸其太学，问博士经典，乃悯礼乐遗阙。时博士卢壶对曰：‘废学既久，书传零落，比年缀撰，正经粗集，唯《周官礼注》，未有其师。窃见太常韦逞母宋氏，世学家女，传其父业，得《周官》音义，今年八十，视听无阙，自非此母无可以传授后生。’于是就宋氏家，立讲堂，置生员百二十人，隔绛纱幔而受业。号宋氏为宣文君。赐侍婢十人。《周官》学复行于世。时称韦氏宋母焉”①。

裴让之，十六丧父，殆不胜哀。其母辛氏泣抚之曰：“弃我灭性，得为孝子乎？”由是自勉。辛氏，高明妇则，又闲礼度。“夫丧，诸子多幼弱，广延师友，或亲自教授。”②

孙灵晖，长乐武强人，魏大儒秘书监惠蔚为其族曾王父。史言：“灵晖少明敏，有器度。惠蔚一子早卒，其家书籍多在焉。灵晖年七岁，便好学，日诵数千言，唯寻讨惠蔚手录章疏，不求师友。《三礼》及《三传》皆通宗旨，然就鲍季详、熊安生质问疑滞，其所发明，熊、鲍无以异也。”③

北朝时期，一些著名儒士讲学活动频繁，转相授受，培养了众多学术和政治的人才。在教学内容方面，私学以儒家经典为主，兼教佛、道、玄诸家学术及文字、书法等。以下根据《北史》等有关传记，略述这一时期名儒私学教育事例。

---

① 《晋书》卷九六《列女传·韦逞母宋氏》，第2521—2522页。

② 《北齐书》卷三五《裴让之传》，第456页。

③ 《北齐书》卷四四《儒林传·孙灵晖》，第596页。

高允，渤海蓨人，汉太傅裒之后。“性好文学，担笈负书，千里就业。博通经史、天文、术数，犹好《春秋公羊》。”太武帝神䴥三年（430），“府解，还家教授，受业者千余人”①。次年，高允与卢玄等俱被征，拜中书博士，迁侍郎。为了防止人们利用私学反对政府，北魏统治者一度打压私人讲学。太平真君五年（444）正月，太武帝下诏曰：“今制自王公已下至于卿士，其子息皆诣太学。其百工伎巧，驺卒子息，当习其父兄所业，不听私立学校。违者师身死，主人门诛。”② 尽管如此，私学仍流行于民间。

刘兰，武邑人。年三十余，始入小学书《急就篇》。家人觉其聪敏，遂令从师。“受《春秋》、《诗》、《礼》于中山王保安。”家贫，无以自资，且耕且学。三年之后，便求其兄讲说。“其兄笑而听之，为立黉舍，聚徒二百。”刘兰读《左氏》，五日一遍，兼能《五经》。此前，张吾贵以聪辩过人，其所解说，不本先儒之旨。唯刘兰推《经》、《传》之由，本注者之意，参以纬候及先儒旧事，甚为精悉。自后《经》义审博，皆由于刘兰。刘兰“又明阴阳，博物多识，故为儒者所宗”。瀛州刺史裴植，征刘兰讲书于州南馆。“植为学主，故生徒甚盛，海内称焉。”又特为中山王英所重。“英引在馆，令授其子熙、诱、略等。兰学徒前后数千，成业者众。”③

张吾贵，中山人。少聪慧口辩。年十八，本郡举为太学博士。“吾贵先未多学，乃从郦诠受《礼》、牛天祐受《易》。诠、祐粗为开发而已，吾贵览读一遍，便既别构户牖，世人尽归之。”曾在夏学，聚徒千数，而不讲《传》。生徒窃云：“张生之于《左氏》，似不能说。”吾贵闻之，谓曰：“我今夏讲暂罢，后当说《传》。君等来日，皆当持本。”生徒怪之而已。吾贵诣刘兰，刘兰遂为讲《传》。三旬之中，吾贵兼读杜、服，隐括两家，异同悉举。“诸生后集，便为讲之，义例无穷，皆多新异，兰仍伏听。学者以此益奇之。”④

徐遵明，华阴人。幼孤，好学，年十七，随乡人毛灵和等诣山东求学。至上党，乃师屯留王聪，受《毛诗》、《尚书》、《礼记》。一年，便辞聪游燕、赵，师事张吾贵。吾贵门徒甚盛。遵明伏膺数月，乃私谓友人曰：“张生名高

---

① 《北史》卷三一《高允传》，第1118页。
② 《魏书》卷四《世祖纪下》，第91页。
③ 《北史》卷八一《儒林传上・刘兰》，第2716页。
④ 《北史》卷八一《儒林传上・张吾贵》，第2715页。

而义无检格，凡所讲说，不惬吾心。请更从师。”遂与平原田猛略就范阳孙买德。受业一年，复欲去之。猛略谓遵明曰：“君年少从师，每不终业，如此用意，终恐无成。”遵明乃指其心曰：“吾今知真师所在矣，正在于此。”乃诣平原唐迁，居于蚕舍，读《孝经》、《论语》、《毛诗》、《尚书》、《三礼》。不出门院，凡经六年，时弹筝吹笛，以自娱慰。又知阳平馆陶赵世业家有《服氏春秋》，是晋世永嘉旧写。遵明乃往读之，复经数载。因手撰《春秋义章》，为三十卷。“是后教授门徒，每临讲坐，先持执疏，然后敷讲。学徒至今，浸以成俗。”遵明讲学于外，二十余年，海内莫不宗仰。①

熊安生，长乐阜城人。少好学，励精不倦。从陈达受《三传》，从房虬受《周礼》，事徐遵明，服膺历年，后受《礼》于李宝鼎，遂博通《五经》。“然专以《三礼》教授，弟子自远方至者千余人。”北齐河清中，阳休之特奏为国子博士。“安生既为儒宗，尝受其业，擅名于后者，有马荣伯、张黑（买）奴、窦士荣、孙笼、刘焯、刘炫等，皆其门人焉。”② 所撰《周礼义疏》二十卷、《礼记义疏》三十卷、《孝经义》一卷，并行于世。周武帝宣政元年(578)，拜露门博士、下大夫。

李铉，渤海南皮人。年十六，从浮阳李周仁受《毛诗》、《尚书》，章武刘子猛受《礼记》，常山房虬受《周官》、《仪礼》，渔阳鲜于灵馥受《左氏春秋》。铉以乡里无可师者，遂与州里杨元懿、河间宗惠振等结侣诣大儒徐遵明受业。居徐门下五年，常称高第。二十三，便自潜居，讨论是非，撰定《孝经》、《论语》、《毛诗》、《三礼义疏》及《三传异同》、《周易义例》合三十余卷。“年二十七，归养二亲，因教授乡里，生徒恒至数百。燕、赵间能言经者，多出其门。”③

刘昼，渤海阜城人。“与儒者李宝鼎同乡里，受其《三礼》。又就马敬德习《服氏春秋》，俱通大义。恨下里少坟籍，便杖策入都。知太府少卿宋世良家多书，乃造焉。世良纳之，恣意披览，昼夜不息。”④

马敬德，河间人。“少好儒术，负笈随大儒徐遵明学《诗》、《礼》，略通

① 《北史》卷八一《儒林传上·徐遵明》，第2720页。
② 《北史》卷八二《儒林传下·熊安生》，第2745页。
③ 《北齐书》卷四四《儒林传·李铉》，第585页。
④ 《北齐书》卷四四《儒林传·刘昼》，第589页。

大义而不能精。遂留意于《春秋左氏》，沉思研求，昼夜不倦，解义为诸儒所称。教授于燕、赵间，生徒随之者甚众。”齐世祖为后主择师傅，赵彦深进之，入为侍讲。后主既不好学，敬德侍讲甚疏，时时以《春秋》入授。犹以师傅恩，拜国子祭酒、仪同三司、金紫光禄大夫、瀛州大中正。①

张买奴，平原人。“经义该博，门徒千余人，诸儒咸推重之。”仕齐，历太学博士、国子助教。②

权会，河间郑人。少受郑《易》，妙尽幽微；《诗》、《书》、《二礼》，文义该洽；兼明风角，妙识玄象。仕齐，初四门博士，后迁国子博士。“会参掌虽繁，教授不阙。性甚儒緈，似不能言，及临机答难，酬报如响，由是为诸儒所推。而贵游子弟慕其德义者，或就其宅，或寄宿邻家，昼夜承问，受其学业，会欣然演说，未尝懈怠。”③

李谧，初师事四门小学博士孔璠。数年后，孔璠还就谧请业。同门生为之语曰：“青成蓝，蓝谢青，师何常，在明经。”李谧以公子征拜著作佐郎，辞以授弟郁，诏许之。④

房晖远，恒山真定人，世传儒学。“幼有志行，明《三礼》、《春秋》三传、《诗》、《书》、《周易》，兼善图纬。恒以教授为务，远方负笈而从者，动以千计。”北齐南阳王绰为定州刺史，召为博士。周武帝平齐，搜访儒俊，晖远首应辟命，授小学下士。⑤

马光，武安人。少好学，从师数十年，昼夜不息，图书谶纬，莫不毕览。尤明“三礼”，为儒者所宗。“初教授瀛、博间，门徒千数。”隋开皇初，马光与张仲让、孔笼、窦仕荣、张买奴、刘祖仁等俱至，并授太学博士，时人号为六儒。其门徒“至是多负笈从入长安”⑥。

沈重，吴兴武康人。专心儒学，从师不远千里。“学业该博，为当世儒宗。至于阴阳图纬、道经、释典，无不通涉。”北周武帝“以重经明行修，乃遣宣纳上士柳裘致书礼聘，又敕襄州总管卫公直敦喻遣之，在途供给，务从

① 《北齐书》卷四四《儒林传·马敬德》，第590页。
② 《北史》卷八一《儒林传上·张买奴》，第2728页。
③ 《北史》卷八一《儒林传上·权会》，第2733页。
④ 《魏书》卷九〇《逸士·李谧传》，第1932页。
⑤ 《北史》卷八二《儒林传下·房晖远》，第2760页。
⑥ 《北史》卷八二《儒林传下·马光》，第2761页。

优厚”。武帝保定末，至于京师，诏令讨论《五经》，并校定钟律。天和中，复于紫极殿讲三教义，朝士、儒生、桑门、道士至者二千余人。天和六年(571)，授骠骑大将军、开府仪同三司、露门博士，仍于露门馆为皇太子讲《论语》。①

樊深，河乐猗氏人。弱冠好学，负书从师于河西，讲习《五经》，昼夜不倦。北魏孝庄帝永安中，随军征讨，以功累迁中散大夫。后“游学于汾晋间，习天文及历算之术”。东魏时，“于谨引为府参军事，令在馆授教子孙。周文置学东馆，教诸将子弟，以深为博士”。樊深既专经，又读诸史及《仓》、《雅》、篆、籀、阴阳、卜筮之书，儒者推其博物。后除国子博士。②

张景仁，济北人。幼孤，家贫以学书为业，遂工草隶。为儿童时，在洛京，曾诣国学摹石经。“选补内书生，与魏郡姚元标、颍川韩毅、同郡袁买奴、荥阳李超等齐名，文襄并引为宾客。”北齐文宣帝天保八年（557)，“敕教太原王绍德书。后主在东宫，武成令侍书，遂被引擢。小心恭谨，后主爱之，呼为博士。登祚，累迁通直散骑常侍，在左右。与语，犹称博士”。

上述诸人只是北朝私学名家的部分代表，此外，尚有更多普通士人的民间教学活动。值得指出的是，随着私学教育范围扩大，“博士”称谓益趋泛化。唐长孺先生指出，北朝的“博士”之称除了“博学之官”外，泛及一般儒生学究，特别是指设馆授徒的儒生，“成为学徒对老师的称谓”③。颜之推曾论及北朝儒学教育之得失，总结说：

> 洛阳亦闻崔浩、张伟、刘芳，邺下又见邢子才：此四儒者，虽好经术，亦以才博擅名。如此诸贤，故为上品。以外率多田野间人，音辞鄙陋，风操蚩拙，相与专固，无所堪能。问一言辄酬数百，责其指归，或无要会。邺下谚云：“博士买驴，书卷三纸，未有‘驴’字。”使汝以此为师，令人气塞。④

总之，北朝私学发展，不仅为当时察举选士提供了人才，而且为隋朝文化教育和科举选士奠定了重要基础。隋朝开国大臣中，不少人是由私学培养

① 《北史》卷八二《儒林传下·沈重》，第2742页。

② 《北史》卷八二《儒林传下·樊深》，第2743页。

③ 唐长孺：《唐长孺文集》(二)，第279页。

④ （北齐）颜之推撰，王利器集解：《颜氏家训集解》卷三《勉学篇》，第177页。

出来的。至于家族教育之影响，更是广泛而深远。以颜之推家族为例，在唐代科举人物中就有颜师古、颜元孙、颜杲卿、颜真卿等名家，他们或参与科举考试变革，或出身科举；而其成长则与颜氏优良的家学家风家训影响密不可分。

颜之推之孙颜师古，学问通博，擅长文字训诂、声韵、校勘之学，曾参与唐初科举考试相关改革。由于“科举考试中，多有因文字错讹而落第者”①，所以，士人举子对文字标准倍加重视。为了保证公正选士，自唐初开始，不断推动汉字规范化。唐太宗“以经籍去圣久远，文字多讹谬，诏前中书侍郎颜师古考订《五经》，颁于天下，命学者习焉”②。颜师古不仅完成了考订五经的工作，还著有《颜氏字样》和《匡谬正俗》（未完稿），为唐初汉字规范和制定科举考试的音韵标准作出了重要贡献。永徽三年（652），其子颜扬庭将其遗作整理成《匡谬正俗》8篇奏于朝廷。

颜师古侄孙颜元孙，为唐中宗嗣圣元年（684）进士，也为唐代科举考试的规范化作出了杰出贡献。他在颜师古等人的字书基础上，撰成《干禄字书》，区分和辨析唐代文字的正体、通体、俗体。取书名“干禄”，旨在为科举仕进者提供必要的备考指南。其“序言”提出：“所谓正者，并有凭据。可以施著文章、对策、碑碣，将为允当。进士考试，理宜必遵正体，明经对策，贵合经注本文，碑书多作八分，任别询旧则。”③ 唐代宗大历九年（774），颜元孙之侄、大书法家颜真卿④贬迁湖州刺史，手书《干禄字书》，并摹刻上石，遂使之盛传于世。《干禄字书》的广泛流传，对规范当时社会用字和推广科举考试产生了非常明显的积极作用。⑤

（三）北朝文化的重建

秦汉以来，地处黄河中下游的中原逐渐凝聚为统一的文化区。这是中华民族文化的核心地带，也是全国文化中心所在。在永嘉之后中国区域文化变

---

① 金滢坤：《论唐五代科举考试与文字的关系》，《首都师范大学学报》（社会科学版）2007年第3期。

② 《旧唐书》卷一八九上《儒学传上》，第4941页。

③ 转引自施安昌《关于〈干禄字书〉及其刻本》，《故宫博物院院刊》1980年第1期。

④ 颜真卿为开元二十二年（734）进士，历任监察御史、殿中侍御史等职。

⑤ 张亚群：《科举考试与汉字文化——兼析进士科一枝独秀的原因》，《中国地质大学学报》（社会科学版）2009年第6期。

迁中，中原文化区发生了继先秦之后又一次空前规模的分化改组。从西晋灭亡，洛阳文化中心地位丧失，中经北魏统一北方，洛阳文化中心地位短暂恢复，终至北周重新统一中原，重建以长安为中心的中原文化区。数百年间，中原文化走过了一段由分裂解体到统一重建的艰辛曲折历程。重建后的中原文化焕然一新，为隋唐文化繁荣奠定了坚实基础。[①]

在中原文化重建过程中，经历了胡汉融合，胡人汉化，逐渐凝结为以汉文化为主体兼具胡文化特色的统一的文化区，其中河西文化、江左文化参与其中，发挥了重要作用，留下了鲜明的文化印记。

北魏创建者鲜卑拓跋氏起于代北，虽然进居中原较晚，但也为汉族文化所融合。如其建国之初，崔宏、崔浩等中原士族为之创立制度、官爵、朝仪，制礼乐，定律令，后更发展为迁都洛阳，大规模汉化。从改革鲜卑语言风俗服饰姓氏，到实行均田、租调、三长等新制，不仅使北方社会日趋稳定，而且使北朝文物制度更加完善。当时北方政治统一，文化建设蒸蒸日上。河西江左士族昔之避乱离走者，又相率返回中原，永嘉以来移民趋势为之一变。这些人给中原带来河西、江左文化，参与文化重建。

以北上南人为例，王肃、刘芳世居江左，因难入魏。孝文帝改革，其贡献颇多。史言“佛狸（拓跋焘）已来，稍僭华典，胡风国俗，杂相揉乱。王肃为虏制官品百司，皆如中国”[②]。儒者如沈重、何妥，文学如王褒、庾信，并系梁室遗臣，被征入北，遂成中原一代宗师。沈重讲经，“辞义优恰，枢机明辩，凡所解释，咸为诸儒所推”[③]。江南北迁士人之文化影响，于此可见一斑。

河西文化参与中原文化重建，从某种意义上讲，它所发挥的作用更为关键。与魏晋以来中原浮华、奢侈风习相异，河西风俗纯正朴实，进取意识强烈。张天锡谓河西“桑椹甜甘，鸱鸮革响，乳酪养性，人无妒性”[④]。李暠说敦煌，“此郡世笃忠厚，人物敦雅”[⑤]。传统儒家立德、立功、立言的价值观念在当地文化习俗中居于支配地位，以经史故实、忠孝节烈之类为题材的诗

① 张亚群：《永嘉之乱后江左区域文化的拓展》，第23页。

② 《南齐书》卷五七《魏虏传》，第990页。

③ 《北史》卷八二《儒林传下·沈重》，第2742页。

④ 《晋书》卷八六《张轨传》，第2252页。

⑤ 《晋书》卷八七《李暠传》，第2262页。

文，常出现于河西学者的笔端，故而赢得了“凉州虽地处戎域，然自张氏以来，号有华风”① 的赞誉。

河西儒学具有务实精神，政治功利色彩浓郁。学者多通晓礼律之学，能通经致用，无空守章句之弊。索紞、宋纤、宋繇、祈嘉、宗钦等于专精经术之外，又博涉史地、诸子群言；刘昞号为河西硕儒，著述宏丰，有益于政。如其注《人物志》，“不涉训诂，惟疏通大意，而文词简古，犹有魏晋之遗”②。其主旨即在于探究“知人任官之本”③，体现了河西儒学尚功利的特色。这种文化特色的成因在于，河西学人不同于中原士大夫奔向玄学，大多坚守儒学；永嘉西迁的士人也往往是“善虫篆诂训”④ 者。他们对参政议事、安邦定国热情不减，信心依然，故能潜心钻研学术，以图实现夙愿。因其“俗尚朴纯，未染清言之风，浮华之习”⑤，而能汲取传统儒学中务实、进取的要点，形成崇尚功利的风气。

在经史诗文与典章制度方面，河西影响中原者颇多。据《魏书》卷五十二入魏凉州士人专传所载，就有索敞撰《丧服要记》，刘昞著《三史略记》、《凉书》、《敦煌实录》、《方言》、《靖恭堂铭》，注《周易》、《韩子》、《人物志》、《黄石公三略》，阚骃注王朗《易传》，撰《十三州志》，赵逸著述诗、赋、铭、颂五十余篇。凡此种种，不一而足。魏平凉州，曾迁北凉国人三万户于平城，士人典籍随之东移，对中原文化影响颇大。他们通过兴办教育、整理儒经、考订律制、撰修国史、传播诗文、校订文字诸方式，帮助拓跋族人尽快熟悉、接受汉文化，推动了中原少数民族的汉化进程。⑥

例如，索敞为中书博士，京师大族贵游子弟，皆受业于敞，多所成益，前后显达，位至尚书牧守者数十人；崔浩注《易》修史，河西学者张湛、宗钦、段承根均参与其事，备受他的赏识。史载：“每与余论《易》，余以《左氏传》卦解之，遂相劝为注，故因退朝之余暇，而为之解焉。”⑦ 崔浩之诛，甚至坐及宗、段二人俱死。河西学者对中原文化的影响，正如胡三省所言：

---

① 《魏书》卷五二《列传·胡叟》，第1150页。
② （清）永瑢、纪昀主编：《四库全书总目》卷一一七“子部杂家类”，第1009页。
③ 汤用彤：《汤用彤学术论文集》，第213页。
④ 《魏书》卷九一《江式传》，第1960页。
⑤ （清）皮锡瑞：《经学历史》，第180页。
⑥ 张亚群：《永嘉之乱后江左区域文化的拓展》，第17页。
⑦ 《魏书》卷五二《张湛传》，第1154页。

“魏之儒风及平凉州之后始振。”[①] 及至太和改制，李冲、常景等河西学者后裔，积极参与礼乐、律令、乡官制度之改革，则更能说明河西文化的影响。李唐皇室自称西凉李暠之后，姑不论其真实性如何，至少可以说明唐室对河西文化的倾慕。唐代科举制度即以晋隋之际为滥觞。

经过二百余年的曲折发展，到北魏后期，中原文化已初具规模。儒学之盛超过江左。《洛阳伽蓝记·景宁寺》载陈庆之语曰：“昨至洛阳，始知衣冠士族，并在中原。礼仪富盛，人物殷阜，目所不识，口不能传，所谓帝京翼翼，四方之则……北人安可不重?”由于中原文化复兴，洛阳、长安又渐成为文化中心。

河阴之变，中原政权一分为二，洛阳被洗劫一空，其文化中心地位再次丧失。然而政治分裂已不能阻挡文化整合之趋势。以邺城为中心的东魏、北齐政权，以鲜卑六镇军人为支柱，在其境内尽管大肆推行鲜卑化，但基本上继承了北魏以来胡汉融合之成果，均田制、租调制得到实行，儒学继续发展。据《北齐书·儒林传序》所载，“及天保、大宁、武平之朝，亦引进名儒，授皇太子诸经术”，“横经受业之侣，遍于乡邑；负笈从宦之徒，不远千里”。“凡是经学诸生，多出自魏末大儒徐遵明门下。……通《毛诗》者多出于魏朝博陵刘献之。”如前述名儒熊安生，为《周官》学大师，通五经，专以三礼教授，弟子自远方至者千余人。其授业擅名于后者，刘焯、刘炫尤著，孔颖达《五经正义》多采二刘之说。

以长安为中心的西魏、北周政权，以鲜卑宇文氏和汉族世族组成的关陇集团为支柱，继续推行胡汉融合政策，发展儒学，创立新制。据《周书·儒林传序》所言，在宇文泰、宇文邕、宇文毓诸人的倡导下，“是以天下慕向，文教远覃，衣儒者之服，挟先王之道，开黉舍延学徒者比肩；励从师之志，守专门之业，辞亲戚甘勤苦者成市”。学者为了创制，特别注重《周官》之研究，苏绰以儒学诚心修身、治国安邦之精神，为宇文泰奏告《六条诏书》；又与卢辩等人着手改定中央官制，与宇文泰共创府兵制，使北朝制度日趋完善。[②]

总之，经过漫长曲折的文化整合，以长安为中心，以儒学为主导的中原文化区重新凝聚起来了。从选士制度演化来看，中原文化的重建，对隋唐科

① （宋）司马光编撰，（元）胡三省音注：《资治通鉴》卷一一一《晋隆安三年胡注》，第742页。
② 张亚群：《永嘉之乱后江左区域文化的拓展》，第32—33页。

举制的创立产生了直接而重大的影响。

二、北朝察举与门第

魏晋以来，在九品中正制下选士标准变异，门第的作用大于才学，察举制地位下降，士族子弟垄断重要官职。这在东晋南朝时期最为明显。北朝时期，中原地区士族的政治势力虽然受到少数民族统治者的钳制，但仍有广泛的社会影响力。十六国时期，一些少数民族政权也采纳九品中正制。北魏孝文帝时期，为了有效维系统治，在推行汉化过程中建立了与士族门阀政治要求相适应的中正选官制度，并形成以少数民族统治者为首的新的“门第”等级。

从制度缘起来看，“北朝的中正制度，汲取魏晋源流，孝文帝以后的新制度，在此之上进一步以宋齐制度为样板”①。由于南北社会的差异，北朝选士制度更多地受到家族门第（包括家族教育）的影响。陈寅恪指出：“南北朝有先后高下之分，南朝比北朝要先进。”在经济生活和社会习俗等方面多有表现。南朝士族主要与城市、商业相联结，家族则已分解。“城市被打下之日，也就是他们灭亡之时。”北朝士族主要与农村、土地、宗族相联结，其势力可以延长或延续下来。“这影响到隋唐的历史。”②

在选士的标准方面，北朝出现重“人伦”与重“门资”的激烈争斗。万绳楠先生指出，北朝选才方针经历了“由重才到重门资又到重才的过程”，大致分为三个时期：崔浩时期，鲜卑贵族对重人伦识鉴的激烈反抗；孝文帝时期，官品与门第、鲜卑贵族与汉人士族的结合，“取士于门”制度的形成；北周苏绰时期，废除门资制度，提出选举“不限资荫，唯在得人”的方针。③

崔浩，出自清河高门士族。其父崔宏任北魏司空，其母卢氏为西晋末文学家卢谌的孙女，他与范阳高门卢玄为表兄弟；崔浩及其弟崔恬之妻，皆为太原高门郭逸之女。史载：崔浩“少好文学，博览经史。玄象阴阳，百家之言，无不关综，研精义理，时人莫及”。弱冠为直郎。天兴中，给事秘书，转

---

① ［日］宫崎市定著：《九品官人法研究——科举前史》，韩昇、刘建英译，第347—348页。

② 万绳楠整理：《陈寅恪魏晋南北朝史讲演录》，第252、254—255页。

③ 万绳楠：《魏晋南北朝文化史》，第56页。

著作郎。道武帝拓跋圭以其工书，常置左右。明元帝拓跋嗣之初，拜博士祭酒，赐爵武城子，常授太宗经书。[①] 在选士取向上，崔浩主张选士“姓族”与“人伦”并重，以建立世家高官与儒学相结合的贵族政治。这一选举方针受到了本无学术文化可言的鲜卑贵族的一致反对，遂招致杀身之祸。太平真君十一年（450），太武帝拓跋焘诛崔浩，清河崔氏无远近，及崔浩之姻亲范阳卢氏、太原郭氏、河东柳氏，均受牵连而遭夷族。不久，太武帝北巡阴山，后悔诛杀崔浩。

此狱虽因撰写国史而起，如《魏书》本传言：“（崔）浩尽述国事，备而不典。而石铭显在衢路，往来行者咸以为言，事遂闻发。”[②] 但实际上乃是以崔浩所代表的中原士族传统的高官与儒学相结合的政治理想与鲜卑贵族为代表的尚武政治两种不同选士观念激烈冲突的结果。陈寅恪认为崔浩之死的原因，既有“华夷之异，宗教之冲突，社会阶层之分别”，“但尤其应当从社会阶级上去了解”，其主要原因在于崔浩欲“齐整人伦，分明姓族”[③]。魏收评论说：“崔浩才艺通博，究览天人，政事筹策，时莫之二……遇既隆也，勤亦茂哉。谋虽盖世，威未震主，末途邂逅，遂不自全。岂鸟尽弓藏，民恶其上？将器盈必概，阴害贻祸？何斯人而遭斯酷，悲夫！”[④] 这也表明选士制度的取舍关系到不同社会政治集团的根本利益，不仅为最高统治者所重视，也产生广泛的政治和社会影响。

北魏时期，秀才、孝廉的推荐及其成绩判定，与中正有关。《通典》卷十四《选举二》记载：“后魏州郡皆有中正掌选举，每以季月与吏部铨择可否。其秀才对策居中上，表叙之。”文成帝拓跋濬和平三年（462）十月，诏曰：“今选举之官，多不以次，令班白处后，晚进居先。岂所谓彝伦攸叙者也！诸曹选补，宜各先尽劳旧才能。”[⑤] 这说明当时察举选官并非论资排辈，在相当程度上是由主持选官的中正决定取舍，门第出身是选官的重要标准。

孝文帝拓跋宏即位之初，其祖母冯太后临朝称制，延兴二年（472）诏曰：“顷者州郡选贡，多不以实，硕人所以穷处幽仄，鄙夫所以超分妄进，岂

① 《魏书》卷三五《崔浩传》，第807页。
② 《魏书》卷三五《崔浩传》，第826页。
③ 万绳楠整理：《陈寅恪魏晋南北朝史讲演录》，第190页。
④ 《魏书》卷三五《崔浩传论》，第828页。
⑤ 《魏书》卷五《高宗纪》，第120页。

所谓旌贤树德者也。今年贡举，尤为猥滥。自今所遣，皆门尽州郡之高，才极乡闾之选。”同年七月，“诏州郡县各遣二人，才堪专对者，赴九月讲武，当亲问风俗”①。自太和元年（477）开始在社会风俗、政治、经济等方面进行一系列重大改革，有意识地进行汉化。

在实际选才中，举秀才还是以门第为先，才学居其次。太和初，韩显宗曾上言曰：“进贤求才，百王之所先也。前代取士，必先正名，故有贤良、方正之称。今之州郡贡察，徒有秀、孝之名，而无秀、孝之实。而朝廷但检其门望，不复弹坐。如此，则可令别贡门望，以叙士人，何假冒秀、孝之名也？”② 这从一个侧面反映了这一时期察举以门第取人的现实。

太和十四年（490），孝文帝开始亲政，重用汉族士人，全面推行汉化政策。在察举选士方面，太和十五年（491）八月，“诏诸州举秀才，先尽才学”。十一月，仿汉人官制，大定官品，考核州郡官吏。次年正月，孝文帝“临思义殿，策问秀孝”③。太和十九年（495）孝文帝亲自拟定条制，“定姓族”，确定“勋臣八姓”，作为选任官职的原则和标准。其诏文曰：

> 代人请胄，先无姓族，虽功贤之胤，混然未分。故官达者位极公卿，其功衰之亲，仍居猥任。比欲制定姓族，事多未就，且宜甄擢，随时渐铨。其穆、陆、贺、刘、楼、于、嵇、尉八姓，皆太祖已降，勋著当世，位尽王公，灼然可知者，且下司州、吏部，勿充猥官，一同四姓。自此以外，应班士流者，寻续别敕。原出朔土，旧为部落大人，而自皇始已来，有三世官在给事已上，及州刺史、镇大将，及品登王公者为姓。若本非大人，而皇始已来，职官三世尚书已上，及品登王公而中间不降官绪，亦为姓。诸部落大人之后，而皇始已来官不及前列，而有三世为中散、监已上，外为太守、子都，品登子男者为族。若本非大人，而皇始已来，三世有令已上，外为副将、子都、太守，品登侯已上者，亦为族。凡此姓族之支亲，与其身有缌麻服已内，微有一二世官者，虽不全充美例，亦入姓族。

① 《魏书》卷七上《高祖纪》，第137页。
② 《魏书》卷六〇《韩麒麟传》，第1339页。
③ 《魏书》卷七下《高祖纪下》，第169页。

上述规定成为选官等级的依据，“于是升降区别矣”①。太和二十年（496）正月，又“诏改姓为元氏”②。鲜卑元姓门第最高，其他鲜卑穆、陆、贺、刘、楼、于、嵇、尉八姓同汉族士族崔、卢、郑、王四大姓门第相当，不得授以卑官。赵翼指出：“魏孝文光极堂大选八族以上士人，品第有九。九品之外，小人之官，复有七等。”③ 孝文帝还选择中原大姓女子作后宫，并分别为五个皇弟聘中原大姓女子为王妃，很多鲜卑公主也嫁给汉族高门，鲜卑、汉族互为姻亲。通过确立鲜卑门阀制度及各族联姻，进一步促进鲜卑贵族和汉族士人的融合，极大地提升和维护了鲜卑贵族的政治社会地位。

与此同时，孝文帝继续推行察举选士。太和十九年十月，“诏州郡诸有士庶经行修敏、文思遒逸，才长吏治、堪干政事者，以时发遣”。又“诏诸州牧精品属官，考其得失，为三等之科以闻，将亲览而升降焉”。次年三月，“诏诸州中正各举其乡之民望，年五十以上守素衡门者，授以令长”④。孝文帝虽然明令各州县举士，但是，由于其选官标准以姓族为重，寒门贤士出路狭窄，实际上阻碍了儒学人才的选拔。

赵翼指出：“魏孝文帝以贡举猥滥，乃诏州郡慎所举，亦曰门尽州郡之高，才极乡闻之选。……宋弁为本州大中正，世族多所抑降，反为时人所非，张缵、李冲、李彪、乐运、皇甫显宗之徒，欲力矫其弊，终不能挽回万一。”虽然也有张缵、李冲等少数官员仗义选才和上疏抗争⑤，但其言行不能改变北魏选官重高门、抑寒素的基本方针。“当时风尚右豪宗而贱寒畯，南北皆然，牢不可破。”⑥ 这也是九品中正制下察举选官的必然结果。北魏宣武帝、孝明帝时期，“州无大小，必置中正。既不可悉得其人，故或有蕃落庸鄙操铨覈之权，而选叙颓紊。至正始元年（504）冬，乃罢诸郡中正。时有以杂类冒登清流，遂令在位者，皆五人相保。无人保任者，夺官还役”。

---

① 《魏书》卷一一三《官氏志》，第3015页。

② 《魏书》卷七下《高祖纪下》，第179页。

③ （清）赵翼撰，曹光甫校点：《陔馀丛考》卷一七《氏族谱学·六朝重氏族》，第288页。

④ 《魏书》卷七下《高祖纪下》，第179页。

⑤ 赵翼列举事例：“（张）缵为吏部，后门寒素皆见引拔，不为贵门屈意。”李冲以魏孝文有高卑出身各有常分之诏，上疏曰：“未审上古以来，置官列位，为欲为膏粱地，为欲赞益时政？”李彪疏曰：“陛下若专以门第，不审鲁之三卿，孰若四科？”显宗曰：“陛下不应以贵承贵，以贱承贱。”乐运曰：“选举当不限资荫，惟在得人。苟得其人，自可起厮养而为卿相。”参见《陔馀丛考》卷一七《氏族谱学·六朝重氏族》。

⑥ （清）赵翼撰，曹光甫校点：《陔馀丛考》卷一七《氏族谱学·六朝重氏族》，第289页。

日本学者宫崎市定论及北魏秀孝制度的选士特点，指出："秀才和孝廉之间更重要的差别，在于表面上说先尽才学不问门地，但实际上受到门地高下的影响。门地高的贵族爱好文学，而寒士则学习经学，这在当时的南朝也一样。"这种差异"反映在朝廷上，形成重秀才轻孝廉的结果。最终经学成为寒士之习业，孝廉与经学，连同以经学为专业的博士官，都受人轻蔑"①。如前废帝时代，散骑常侍羊深有感于"胶序废替，名教陵迟"，上疏陈说取士之弊："至如当世通儒，冠时盛德，见征不过四门，登庸不越九品。以此取士，求之济治，譬犹却行以及前，之燕而向楚。积习之不可者，其所由来渐矣。"②《魏书》卷八五《文苑传》载有许多从秀才起家的名士，"而位于其前面的《儒林传》，则多为孝廉出身的寒士，罕见荣显"③。

阎步克以秀才科为例，对北魏察举的士族化特征做了实证研究。他考得北魏秀才 86 例，其中出身高门士族者达 43 人，占总数之一半；出身一般士族者有 23 人，约占总数之四分之一；加上鲜卑贵族之 2 人，"北魏以种姓举秀才者占北魏秀才之五分之四"。"北魏由清途入仕者，同时包括鲜卑与汉族种姓；而秀才察举，则主要是汉族种姓的入仕之途。"④ 实证研究还显示："较之直接入仕，秀才察举对才学更为强调；秀才有三分之一拜为博士，可见此科是北魏文化教育人才的重要来源。"这也进一步印证了北魏统治者"门尽州郡之高"⑤ 的选士政策导向及秀才科"以文取士"的选拔标准。

从人才培养与选官的关系来看，由于"乡里私学培养了大量人才，北魏采用的以察举为主的九品中正制却十分滞后"⑥，由此加剧了察举选士中"才学"与"姓氏"的矛盾。正始二年（505）正月，宣武帝曾下诏："任贤明治，自昔通规，宣风赞务，实惟多士。而中正所铨，但存门第，吏部彝伦，仍不才举。遂使英德罕升，司务多滞。不精厥选，将何考陟？八座可审议往代贡士之方，擢贤之体，必令才学并申，资望兼致。"⑦ 其目的就是要缓解选士中才学与门第的冲突。

① ［日］宫崎市定著：《科举前史——九品官人法研究》，韩昇、刘建英译，第 274 页。
② 《魏书》卷七七《羊深传》，第 1704 页。
③ ［日］宫崎市定著：《科举前史——九品官人法研究》，韩昇、刘建英译，第 274 页。
④ 阎步克：《察举制度变迁史稿》，第 259—261 页。
⑤ 《魏书》卷七下《高祖纪下》延兴二年诏，第 137 页。
⑥ 蔡丹君：《乡里社会与十六国北朝文学的本土复兴》，《文学遗产》2017 年第 1 期。
⑦ 《魏书》卷八《世宗纪》，第 198—199 页。

此后，神龟二年（519）二月，发生羽林虎贲“杀害张彝父子”事件，为了安抚武人和贵族，北魏开始按照年资而非能力选择官吏。史载，孝明帝之母灵太后掌政，“时羽林新害张彝之后，灵太后令武官得依资入选。官员既少，应选者多，前尚书李韶循常擢人，百姓大为嗟怨”。吏部尚书崔亮，“乃奏为格制，不问士之贤愚，专以停解日月为断。虽复官须此人，停日后者终于不得；庸才下品，年月久者灼然先用。沉滞者皆称其能”①。这一选士办法显然不利于社会长治久安，为此，崔亮外甥司空谘议刘景安写信规劝其舅曰：

殷周以乡塾贡士，两汉由州郡荐才，魏晋因循，又置中正。谛观在昔，莫不审举，虽未尽美，足应十收六七。而朝廷贡才，止求其文，不取其理；察孝廉唯论章句，不及治道；立中正不考人才行业，空辨氏姓高下。至于取士之途不溥，沙汰之理未精。而舅属当铨衡，宜须改张易调。如之何反为停年格以限之？天下士子，谁复修厉名行哉！

崔亮在答书中肯定其外甥的见解，但也为自己辩解原委，认为此举乃不得已而为之：“古今不同，时宜须异”，“今日之选专归尚书，以一人之鉴照察天下”，实属无能为力。其书曰：

汝所言乃有深致。吾乘时邀幸，得为吏部尚书。当其壮也，尚不如人，况今朽老而居帝难之任。常思同升举直，以报明主之恩；尽忠竭力，不为贻厥之累。昨为此格，有由而然，今已为汝所怪，千载之后，谁知我哉？可静念吾言，当为汝论之。吾兼正六为吏部郎，三为尚书，铨衡所宜，颇知之矣。但古今不同，时宜须异。何者？昔有中正，品其才第，上之尚书，尚书据状，量人授职，此乃与天下群贤共爵人也。吾谓当尔之时，无遗才，无滥举矣，而汝犹云十收六七。况今日之选专归尚书，以一人之鉴照察天下。刘毅所云：“一吏部、两郎中，而欲究竟人物，何异以管窥天，而求其博哉！”今勋人甚多，又羽林入选，武夫崛起，不解书计，唯可彍弩前驱，指踪捕噬而已。忽令垂组乘轩，求其烹鲜之效，未曾操刀，而使专割。又武人至多，官员至少，不可周溥。设令十人共一官，犹无官可授，况一人望一官，何由可不怨哉？吾近面执，不宜使

① 《魏书》卷六六《崔亮传》，第1479页。

武人入选，请赐其爵，厚其禄。既不见从，是以权立此格，限以停年耳。昔子产铸刑书以救弊，叔向讥之以正法，何异汝以古礼难权宜哉！仲尼云：德我者亦《春秋》，罪我者亦《春秋》。吾之此指，其由是也。但令当来君子，知吾意焉。

其后，甄琛、元修义、城阳王徽相继为吏部尚书，也只能是利其便已，踵而行之。魏收认为："自是贤愚同贯，泾渭无别。魏之失才，从亮始也。""崔亮既明达后事，动有名迹，于断年之选，失之逾远，救弊未闻，终为国蠹。"① 作为史官，魏收在《魏书》中不免有矫饰之过，后世多有责难；但其对崔亮"停年格"选官之制的评论还是比较客观的。

这一时期，也有其他有识之士反对"停年格"制度，要求任贤用才。史载，孝明帝孝昌初年，"会右丞阙，肃宗诏仆射、城阳王徽举人，徽遥举雄。仍除辅国将军、尚书右丞。寻转吏部郎中，迁平东将军、光禄大夫辛雄被举荐，仍除辅国将军、尚书右丞"。辛雄虽然出身陇西狄道士族，父亲曾任大将军咨议参军、汝南乡郡二郡太守、本郡中正，但是，他本人极力主张选士须以才为先，革除现行选官制度的弊端。其上疏曰：

帝王之道，莫尚于安民，安民之本，莫加于礼律。礼律既设，择贤而行之，天下雍熙，无非任贤之功也。……自神龟末来，专以停年为选。士无善恶，岁久先叙；职无剧易，名到授官。执按之吏，以差次日月为功能；铨衡之人，以简用老旧为平直。且庸劣之人，莫不贪鄙。委斗筲以共治之重，托硕鼠以百里之命，皆货贿是求，肆心纵意。禁制虽烦，不胜其欲。致令徭役不均，发调违谬，箕敛盈门，囚执满道。二圣明诏，寝而不遵；画一之法，悬而不用。自此夷夏之民相将为乱。岂有余憾哉？盖由官授不得其人，百姓不堪其命故也。

……宜及此时，早加慰抚。盖助陛下治天下者，惟在守令，最须简置，以康国道。但郡县选举，由来共轻；贵游俊才，莫肯居此。宜改其弊，以定官方。请上等郡县为第一清，中等为第二清，下等为第三清。选补之法，妙尽才望，如不可并，后地先才。不得拘以停年，竟无铨革。三载黜陟，有称者补在京名官，如前代故事，不历郡县不得为内职。则

① 《魏书》卷六六《崔亮传论》，第1485页。

> 人思自勉，上下同心，枉屈可申，强暴自息，刑政日平，民俗奉化矣。复何忧于不治，何恤于逆徒也。窃见今之守令，清慎奉治，则政平讼理；有非其才，则纲维荒秽。伏愿陛下暂留天心，校其利害，则臣言可验，不待终朝。昔杜畿宽惠，河东无警；苏则分粮，金城克复。略观今古，风俗迁讹，罔不任贤，以相化革，朝任夕治，功可立待。若遵常习故，不明选典，欲以静民，便恐无日。①

辛雄提出察举选士应“妙尽才望，如不可并，后地先才”；官员考绩须“三载黜陟，有称者补在京名官”，“不历郡县不得为内职”。这些“补选之法”，就是为了改变士族权贵对于官职的垄断，重视选士的才学标准。这封书上奏后，因孝明帝去世，未被采纳。此后，北魏察举选官制度日趋腐败。不到十年，北魏政权就陷于内乱，尔朱荣擅政，灵太后沉河，名臣巨族屠戮殆尽。武将高欢、宇文泰分别成为东魏、西魏的主政者。

北朝后期门阀制度衰落，察举选士范围逐渐扩大。在东魏、北齐，“汉族人占绝对多数，虽然有过北方鲜卑族的南侵，但其民族结构相对简单，以汉族为中心的山东文化兴盛繁荣”②。其统治者继续实施汉化政策，实施察举制。东魏天平三年（537）正月，孝静帝“诏百官举士，举不称才者两免之”③。北齐时，开始被打破北魏孝文帝确定的“门尽州郡之高”的惯例，“一度被士族独占的秀才之途，开始恢复原有的向社会各个阶层开放的特色”④。在选官方式上，北齐多沿袭北魏之制，凡州县皆置中正，但已开始重视考试的作用。其课试之法：“每策秀孝，中书策秀才，集书策考贡士，考功郎中策廉良，皇帝常服，乘舆出，坐于朝堂中楹。秀孝各以班草对。其有脱误、书滥、孟浪者，起立席后，饮墨水，脱容刀。”⑤ 北齐皇帝临朝堂策试秀孝，既说明其选官制度“大致沿用承袭了两晋南朝的考试程式”，也“表示了王朝对这种面向汉族士人的选官制度的重视”⑥。

在西魏、北周，各种民族杂居一处，“汉族人口少，北方民族的汉化和贵

---

① 《魏书》卷七七《辛雄传》，第1695—1696页。

② ［日］宫崎市定著：《九品官人法研究——科举前史》，韩昇、刘建英译，第28—29页。

③ 《魏书》卷一二《孝静纪》，第300页。

④ 阎步克：《察举制度变迁史稿》，第279页。

⑤ 《隋书》卷九《礼仪志四》，第188页。

⑥ 阎步克：《察举制度变迁史稿》，第279页。

族化尚未完全展开，这也意味着当地居民仍保留着野性”，实行以周代古制为蓝本的管制改革。“北周新制的原则，是不以门阀取人，而以才能选任官吏。”① 在这项制度变革中，西魏实权掌控者宇文泰及其谋臣苏绰起了决定性作用。史载，苏绰，武功人，出身世族家庭。“少好学，博览群书，尤善算术。”后被荐任行台郎中，深得宇文泰信任，“拜大行台左丞，参典机密”。宇文泰欲革易时政，务弘强国富民之道，因此，苏绰“得尽其智能，赞成其事。减官员，置二长，并置屯田以资军国。又为六条诏书，奏施行之”②。

“六条诏书”是西魏文帝大统七年（541）苏绰为宇文泰拟定的治国基本纲领，上奏后作为诏书颁行。其内容包括以下六个方面。

其一，“先治心”。苏绰提出：

> 凡治民之礼，先当治心。心者，一身之主，百行之本。心不清净，则思虑妄生。思虑妄生，则见理不明。见理不明，则是非谬乱。是非谬乱，则一身不能自治，安能治民也！是以治民之要，在清心而已。夫所谓清心者，非不贪货财之谓也，乃欲使心气清和，志意端静。心和志静，则邪僻之虑，无因而作。邪僻不作，则凡所思念，无不皆得至公之理。率至公之理以临其民，则彼下民孰不从化。
>
> 其次又在治身。凡人君之身者，乃百姓之表，一国之的也。表不正，不可求直影；的不明，不可责射中。今君身不能自治，而望治百姓，是犹曲表而求直影也；君行不能自修，而欲百姓修行者，是犹无的而责射中也。故为人君者，必心如清水，形如白玉。躬行仁义，躬行孝悌，躬行忠信，躬行礼让，躬行廉平，躬行俭约，然后继之以无倦，加之以明察。行此八者，以训其民。是以其人畏而爱之，则而象之，不待家教日见而自兴行矣。

其二，“敦教化”。认为：

> 天地之性，唯人为贵。明其有中和之心，仁恕之行，异于木石，不

① ［日］宫崎市定著：《九品官人法研究——科举前史》，韩昇、刘建英译，第29、31页。
② 《周书》卷二三《苏绰传》，第382页。

同禽兽，故贵之耳。然性无常守，随化而迁。化于敦朴者，则质直；化于浇伪者，则浮薄。浮薄者，则衰弊之风；质直者，则淳和之俗。衰弊则祸乱交兴，淳和则天下自治。治乱兴亡，无不皆由所化也。

然世道雕丧，已数百年。大乱滋甚，且二十岁。民不见德，唯兵革是闻；上无教化，惟刑罚是用。而中兴始尔，大难未平，加之以师旅，因之以饥馑，凡百草创，率多权宜。致使礼让弗兴，风俗未改。比年稍登稔，徭赋差轻，衣食不切，则教化可修矣。凡诸牧守令长，宜洗心革意，上承朝旨，下宣教化矣。

夫化者，贵能扇之以淳风，浸之以太和，被之以道德，示之以朴素。使百姓亹亹，中迁于善，邪伪之心，嗜欲之性，潜以消化，而不知其所以然，此之谓化也。然后教之以孝悌，使民慈爱；教之以仁顺，使民和睦；教之以礼义，使民敬让。慈爱则不遗其亲，和睦则无怨于人，敬让则不竞于物。三者既备，则王道成矣。此之谓教也。先王之所以移风易俗，还淳反素，垂拱而治天下以至太平者，莫不由此。此之谓要道也。

其三，“尽地利”。认为：

人生天地之间，以衣食为命。食不足则饥，衣不足则寒。饥寒切体，而欲使民兴行礼让者，此犹逆坂走丸，势不可得也。是以古之圣王，知其若此，故先足其衣食，然后教化随之。夫衣食所以足者，在于地利尽。地利所以尽者，由于劝课有方。

夫为政不欲过碎，碎则民烦；劝课亦不容太简，简则民怠。善为政者，必消息时宜而适烦简之中。故《诗》曰：“不刚不柔，布政优优，百禄是求。”如不能尔，则必陷于刑辟矣。

其四，“擢贤良”。其言曰：

天生蒸民，不能自治，故必立君以治之。人君不能独治，故必置臣以佐之。上至帝王，下及郡国，置臣得贤则治，失贤则乱，此乃自然之理，百王不能易也。

自昔以来，州郡大吏，但取门资，多不择贤良；末曹小吏，唯试刀笔，并不问志行。夫门资者，乃先世之爵禄，无妨子孙之愚瞽；刀笔者，乃身外之末材，不废性行之浇伪。若门资之中而行贤良，是则策骐骥而取千里也；若门资之中而得愚瞽，是则土牛木马，形似而用非，不可以涉道也。若刀笔之中而得志行，是则金相玉质，内外俱美，实为人宝也；若刀笔之中而得浇伪，是则饰画朽木，悦目一时，不可以充榱椽之用也。今之选举者，当不限资荫，唯在得人。苟得其人，自可起厮养而为卿相，伊尹、傅说是也，而况州郡之职乎。苟非其人，则丹朱、商均虽帝王之胤，不能守百里之封，而况于公卿之胄乎。由此而言，官人之道可见矣。

将求材艺，必先择志行。其志行善者，则举之；其志行不善者，则去之。而今择人者多云："邦国无贤，莫知所举。"此乃未之思也，非适理之论。所以然者，古人有言：明主聿兴，不降佐于昊天；大人基命，不擢才于后土。常引一世之人，治一世之务。……古人云："千人之秀曰英，万人之英曰隽。"今之智效一官，行闻一邦者，岂非近英隽之士也。但能勤而审察，去虚取实，各得州郡之最而用之，则民无多少，皆足治矣。孰云无贤！

夫良玉未剖，与瓦石相类；名骥未驰，与驽马相杂。及其剖而莹之，驰而试之，玉石驽骥，然后始分。彼贤士之未用也，混于凡品，竟何以异。要任之以事业，责之以成务，方与彼庸流较然不同。……若必待太公而后用，是千载无太公；必待夷吾而后任，是百世无夷吾。所以然者，士必从微而至著，功必积小以至大，岂有未任而已成，不用而先达也。若识此理，则贤可求，士可择。

然善官人者必先省其官。……清浊之由，在于官之烦省。……非直州郡之官，宜须善人，爰至党族闾里正长之职，皆当审择，各得一乡之选，以相监统。夫正长者，治民之基。基不倾者，上必安。

凡求贤之路，自非一途。然所以得之审者，必由任而试之，考而察之。起于居家，至于乡党，访其所以，观其所由，则人道明矣，贤与不肖别矣。率此以求，则庶无愆悔矣。

其五，"恤狱讼"。强调指出：

善恶既分，而赏罚随焉。赏罚得中，则恶止而善劝；赏罚不中，则民无所措手足。民无所措手足，则怨叛之心生。是以先王重之，特加戒慎。夫戒慎者，欲使治狱之官，精心悉意，推究事源。

又当深思远大，念存德教。……夫人者，天地之贵物，一死不可复生。……是以自古以来，设五听三宥之法，著明慎庶狱之典，此皆爱民甚也。

若有深奸巨猾，伤化败俗，悖乱人伦，不忠不孝，故为背道者，杀一利百，以清王化，重刑可也。识此二途，则刑政尽矣。

其六，“均赋役”。其言曰：

租税之时，虽有大式，至于斟酌贫富，差次先后，皆事起于正长，而系之于守令。若斟酌得所，则政和而民悦；若检理无方，则吏奸而民怨。又差发徭役，多不存意。致令贫弱者或重徭而远戍，富强者或轻使而近防。守令用怀如此，不存恤民之心，皆王政之罪人也。①

上述六条政策建议集中体现了苏绰的治国理念和举措，其中贯穿着选贤任能的重要思想。苏绰高度重视人才的作用，提出教化是治理天下之“要道”，实施教化既需要君主治心治身，躬行垂范，也需要牧守令长“洗心革意”，化民成俗。在选才方面，他提出：“不限资荫，唯在得人”；“将求材艺，必先择志行”；“勤而审察，去虚取实”；多途求贤，“任而试之，考而察之”；求贤择士须先用先试，“要任之以事业，责之以成务”。在赏罚、赋役方面，重视选择治狱之官和守令，以达至“刑政”和“王政”之目的。这些见解全面而深刻，表达了重视才学、品行，反对以门第取人的选官思想。

宇文泰很重视苏绰的“六条诏书”，“常置诸座右”，作为施政纲领及地方官员的为政准则，“令百司习诵之。其牧守令长，非通六条及计帐者，不得居官”②。公元556年，西魏实行新官制。这些改革举措促进了西魏政治整饬和国力发展，使西魏迅速转弱为强，为此后北周统一北方以及隋朝统一全中国创造了条件。唐朝史学家杜佑评论说：

初，霸府时，苏绰为六条诏书，其四曰擢贤良。绰深思本始，惩魏、

① 《周书》卷二三《苏绰传》，第382—391页。

② 《周书》卷二三《苏绰传》，第391页。

齐之失，罢门资之制，其所察举，颇加精慎。及武帝平齐，广收遗逸，乃诏山东诸州举明经干理者，上县六人，中县五人，下县四人。至宣帝大成元年（579），诏州举高才博学者为秀才，郡举经明行修者为孝廉，上州上郡岁一人①，其刺史僚佐州吏则自署，府官则命于朝廷。……自后周已降，选无清浊。②

上述表明西魏末年苏绰改革察举选官制度，确立了重才的标准，产生了深远影响。自北周开始，察举选士不分“清浊”，扩大了选才的广度与公平性。北周明帝武成元年（559）六月，名儒乐逊陈时宜十四条，“其五条切于政要”，第三条“明选举”提出保障选才的公开性，昭信于众：

选曹赏录勋贤，补拟官爵，必宜与众共之，有明扬之授。使人得尽心，如睹白日。其材有升降，其功有厚薄，禄秩所加，无容不审。即如州郡选置，犹集乡闾，况天下选曹，不取物望。若方州列郡，自可内除。此外付曹铨叙者，既非机事，何足可密。人生处世，以荣禄为重，修身履行，以纂身为名。然逢时既难，失时为易。其选置之日，宜令众心明白，然后呈奏。使功勤见知，品物称悦。③

乐逊的选士主张反映北周儒士的普遍要求，也揭示了察举制变革的一般趋势，这就是公开公正选拔人才。总之，北朝政权虽几经更迭，但都承袭了魏晋九品中正制和察举选士制度，选士的标准从重门第逐渐向尚才学转化。

三、北朝察举活动举隅

北朝察举选士可溯至十六国时期。选士科目包括贤良、方正、直言、孝廉、秀才、明经等察举科目以及太学等博士选拔考试。在察举选士方式上，“北方政权在采用察举选官制度之时，大致沿用承袭了两晋南朝的考试程式，但大同之中亦有小异”。从察举考试内容看，“北朝察举之中，秀才、孝廉二科是基本科目。秀才主要考试文学辞采，孝廉则主要考试经术章句”④。北齐

① 《周书》卷七《宣帝纪》在此句之后补充说：“下州下郡三岁一人。”第116页。
② （唐）杜佑：《通典》卷一四《选举二》，第80—81页。
③ 《周书》卷四五《儒林传·乐逊》，第816页。
④ 阎步克：《察举制度变迁史稿》，第263—264页。

孝廉之举大致就是一种经术考试。“魏齐之学校，未见明经之举；周代则有了‘明经’一科。”① 秀才和孝廉的策问是有所区别的，秀才考论议，孝廉问经义，沿袭魏晋之制。② 这一时期察举贤良、孝廉、秀才、明经等科事例颇多，以下择要略作论述。

1. 举贤良文学

十六国时期，前秦有秀孝对策及贤良察举之制。史载：“徐嵩，字元高，盛之子也，少以清白著称。苻坚时举贤良，为郎中，稍迁长安令，贵戚子弟犯法者，嵩一皆考竟，请托路绝。”③ 前燕有计吏察举之制。北燕冯跋曾举贤良：“分遣使者巡行郡国……昌黎郝越、营丘张买成、周刁、温建德、何纂，以贤良皆擢叙之。”④

前赵刘曜统治期间，出现“武功豕生犬”、“上邽马生牛”等“诸妖变”征候，为了寻求对策，刘曜沿用汉代因灾异察举贤良直言对策之法。史载：“曜命其公卿各举博识直言之士一人，司空刘均举参军台产，曜亲临东堂，遣中黄门策问之。产极言其故，曜览而嘉之引见东堂，访以政事。”台产“具陈灾异之祸，政化之阙，辞旨谅直，曜改容礼之，即拜博士祭酒、谏议大夫，领太史令”⑤。

后赵石勒采用九品中正制和察举制选拔各科人才。史载：“复续定九品。署张班为左执法郎，孟卓为右执法郎，典定士族，副选举之任。令群僚及州郡岁各举秀才、至孝、廉清、贤良、直言、武勇之士各一人。”“以牙门将王波为记室参军，典定九流，始立秀、孝试经之制。”“又下书令公卿百僚岁荐贤良、方正、直言、秀异、至孝、廉清各一人，答策上第者拜议郎，中第中郎，下第郎中。其举人得递相荐引，广招贤之路。”⑥ 阎步克指出，“至孝、廉清”应是由“孝廉”分化而来，同时将“贤良、方正、直言变成了岁举，并继承了策试与分等授官之制”⑦。这表明后赵察举选士有所发展。

---

① 阎步克：《察举制度变迁史稿》，第 304 页。
② 《魏书》卷六五《邢峦传》，第 1438 页。
③ 《晋书》卷一一五《载记·苻登》，第 2955 页。
④ 《晋书》卷一二五《载记·冯跋》，第 3130 页。
⑤ 《晋书》卷一〇三《载记·刘曜》，第 2698 页。
⑥ 《晋书》卷一〇五《载记·石勒下》，第 2737、2743、2748 页。
⑦ 阎步克：《察举制度变迁史稿》，第 252 页。

后秦姚兴在位二十二年，也实行察举选士。史言：姚兴“留心政事，苞容广纳，一言之善，咸见礼异”。“天水姜龛、东平淳于岐、冯翊郭高等皆耆儒硕德，经明行秀，各门徒数百，教授长安，诸生自远而至者万数千人。兴每于听政之暇，引龛等于东堂，讲论道艺，错综明理。”此外，后秦政权还为学者讲学提供便利。“凉州胡辩，苻坚之末，东徙洛阳，讲授弟子千有余人，关中后进多赴之请业。兴敕关尉曰：‘诸生咨访道艺，修已厉身，往来出入，勿拘常限。’于是学者咸劝，儒风盛焉。”姚兴“令郡国各岁贡清行孝廉一人”；“命百僚举殊才异行之士”①。

北魏世祖太武帝令州郡举贤良。孝文帝太和二十一年（497）五月诏：“其孝友德义，文学才干，悉仰贡举。”②

西魏时，宇文兴，“弘厚，有志度，虽流离世故，而风范可观。魏恭帝二年（555），举贤良，除本郡丞”③。

北周武帝建德四年（575）润十年，诏诸畿郡各举贤良。辛庆之，“少以文学征诣洛阳，封策第一，除秘书郎”。辛昂族人仲景，“年十八，举文学，对策高第。拜司空府主簿”④。

2. 察孝廉

五凉、前秦等政权曾察举孝廉。如氾腾，敦煌人，举孝廉，除郎中。索袭，虚靖好学，不应州郡之命。举孝廉、贤良方正，皆以疾辞。⑤建元元年（365）正月，“雍州秀才段铿对策上第，拜吏部郎中。孝廉通经者十余人，皆拜令、长”⑥。

北魏孝文帝、宣武帝时期，举孝廉者既有儒学世家者，亦有出身寒微者。前者如：李业兴，上党长子人。“祖虬，父玄纪，并以儒学举孝廉。”业兴“晚乃师事徐遵明于赵卫之间”，“后为王遵业门客。举孝廉，为校书郎”⑦。刘道斌，武邑灌津人。“自云中山靖王胜之后也。幼而好学，有器干”。及长，

① 《晋书》卷一一七《载记·姚兴上》，第2977、2980页。
② 《魏书》卷七下《高祖纪》，第181页。
③ 《周书》卷一〇《宇文兴传》，第160页。
④ 《周书》卷三九《辛庆之传》，第700页。
⑤ （北魏）崔鸿著，（清）汤球辑补：《十六国春秋辑补·下·前凉录八》，第860页。
⑥ （北魏）崔鸿著，（清）汤球辑补：《十六国春秋辑补·中·前秦录三·苻坚》，第417页。
⑦ 《魏书》卷八四《儒林传·李业兴》，第1861页。

“举孝廉入京，拜校书郎，转主书，颇为高祖所知”①。孙惠蔚，武邑武遂人。“自言六世祖道恭为晋长秋卿，自道恭至惠蔚世以儒学相传。”惠蔚年十三，粗通《诗》、《书》及《孝经》、《论语》；十八，师董道季讲《易》；十九，师程玄读《礼经》及《春秋》三《传》。周流儒肆，有名于冀方。“太和初，郡举孝廉，对策于中书省。时中书监高闾宿闻惠蔚，称其英辩，因相谈，荐为中书博士。”② 孝文帝时，有谯郡曹道，“颇涉经史，有干用。举孝廉”。太和中，任东宫主书、门下录事。景明中，任尚书都令史，领主书。后转中书舍人。③

后者如：刘桃符，中山卢奴人。“生不识父，九岁丧母。性恭谨，好学，举孝廉，射策甲科，历碎职。”④ 徐纥，乐安博昌人，家世微寒。“少好学，有名理，颇以文词见称。察孝廉，对策上第，高祖拔为主书。”⑤ 杜纂，常山九门人，“少以清苦自立”。“郡举孝廉，补豫州司士。”⑥

东魏举孝廉者如：公孙景茂，河间阜城人。“在魏，察孝廉，射策甲科，为襄城王长史，兼行参军。”北齐灭亡后，周武帝闻而召见，与语器之，授济北太守。⑦ 权会，河间莫人，“志尚沉雅，动遵礼则。少受《郑易》，探赜索引，妙尽幽微，《诗》、《书》、《三礼》，文义该洽，兼明风角，妙识玄象。魏武定初，本郡贡孝廉，策居上第，解褐四门博士”。后修国史，监知太史局事。北齐孝昭帝皇建中，转加中散大夫。⑧

北齐举孝廉者如：邢峙，河间莫人。北齐文宣帝天保初，“郡举孝廉，授四门博士，迁国子助教，以经入授皇太子”。后拜国子博士。孝昭帝皇建初，除清河太守，有惠政。⑨

3. 举秀才

赵翼指出：“晋载记诸僭伪之君，虽非中国人，亦多有文学。”东晋惠帝

---

① 《魏书》卷七九《刘道斌传》，第1757页。
② 《魏书》卷八四《儒林传·孙惠蔚》，第1852页。
③ 《魏书》卷七九《曹道传》，第1761页。
④ 《魏书》卷七九《刘桃符传》，第1757页。
⑤ 《魏书》卷九三《恩幸传·徐纥》，第2007页。
⑥ 《魏书》卷八八《良吏传·杜纂》，第1905页。
⑦ 《隋书》卷七三《循吏传·公孙景茂》，第1680页。
⑧ 《北齐书》卷四四《儒林传·权会》，第592页。
⑨ 《北齐书》卷四四《儒林传·邢峙》，第589页。

元康间，略阳、天水等郡大量流民避难于梁、益，流民首领李庠，才兼文武，为州郡“举秀异科”①，拜中军骑督。

十六国时期，少数民族统治者也有举秀才活动。如南燕有秀才之举。史载，建平二年（401），慕容德过齐城临淄，登营丘，望晏婴冢，对随从说：“礼，大夫不逼城葬。平仲古之贤人，达礼者也，而生居近市，死葬近城，岂有意乎？”青州秀才晏谟对曰：“孔子称臣先人平仲贤，则贤矣。岂不知高其梁，丰其礼？盖政在家门，故俭以矫世。存居湫隘，卒岂择地而葬乎！所以不远门者，犹冀悟平生意也。”慕容德以晏谟从至汉城阳景王庙，宴庶老于申池，北登社首山，问以齐之山川丘陵，贤哲旧事。晏谟历对详辩，画地成图。慕容德深嘉之，拜尚书郎。②

西凉举秀才活动留下了珍贵历史记录。据学者研究，《吐鲁番出土文书》第一册哈拉和卓九一号墓文书，其第二份为《西凉建初四年（408）秀才对策文》，包括策题及三人的对策片段。策试为五问五答，与晋制正合；对策时间为建初四年正月一日，策问时间则在建初三年（407）十二月三十日。“这是今之所见最早的秀才对策实物，弥足珍贵。”③

其他如前凉、后赵、后凉等政权也察举秀才，此不赘述。

北魏至北周时期，举秀才事例屡见诸史册。北魏孝明帝熙平元年（516）二月，“初听秀才对策，第居中上已上，叙之”④。北齐武成帝河清二年（563）正月，“帝诏监朝堂策试秀才”⑤。北朝所举秀才大多出身士族家庭。

河东闻喜裴氏：裴骏，“弱冠，通涉经史，好属文，性方检，有礼度，乡里宗敬焉”。一门三秀才。长子裴修，清辩好学。年十三，补中书学生，迁秘书中散，转主客令。“二弟三妹并在幼弱，抚养训诲，甚有义方。”次子裴务，“举秀才，州郡主簿”。三子裴宣，“通辩博物，早有声誉。”“举秀才，至都，见司空李訢，与言自旦至夕，訢嗟善不已。司空李冲有人伦鉴识，见而重之。”长孙裴美，少有美名。“举秀才，州主簿。”⑥

---

① （清）赵翼：《廿二史札记》卷八《僭伪诸君有文学》，第127页。
② 《晋书》卷一二七《载记·慕容德》，第3169页。
③ 阎步克：《察举制度变迁史稿》，第254页。
④ 《魏书》卷九《肃宗纪》，第223页。
⑤ 《北齐书》卷七《帝纪·武成》，第91页。
⑥ 《魏书》卷四五《裴骏传》，第1022页。

裴氏另有五支八人举秀才（含东魏一人、北周一人）：

裴延儁，魏冀州刺史徽之八世孙。曾祖天明，谘议参军、并州别驾。祖双虎，河东太守。少偏孤，“涉猎坟史，颇有才笔。举秀才，射策高第，除著作佐郎”。迁尚书仪曹郎，转殿中郎、太子洗马，又领本邑中正及太子友。堂弟裴景融，笃学好属文。孝明帝正光初，“举秀才，射策高第，除太学博士”①。

裴敬宪，益州刺史裴宣第二子。少有志行，学博才清，扶训诸弟，专以读诵为业。淡于荣利，风气俊远，郡征功曹不就，诸府辟命，先进其弟，世人叹美之。“司州牧、高阳王雍举秀才，射策高第，除太学博士。”②

裴佗，其先因晋乱避地凉州。苻坚平河西，东归桑梓，因居解县焉。父裴景，惠州别驾。裴佗少治《春秋杜氏》、《毛诗》、《周易》，并举其宗致。“举秀才，以高第除中书博士，转司徒参军、司徒记室、扬州任城王澄开府仓曹参军。”③

裴侠，一门三秀才。祖裴思齐，举秀才，拜议郎。“侠幼而聪慧，有异常童。”“州辟主簿，举秀才。”北魏孝明帝正光中，解巾奉朝请。稍迁员外散骑侍郎、义阳郡守。子裴肃，北周武帝天和中，“举秀才，拜给事中士”④。

裴让之，年十六丧父，其母辛氏高明妇则，又闲礼度。诸子多幼弱，广延师友，或亲自教授。裴让之“少好学，有文俊辩，早得声名”。东魏孝静帝天平中，“举秀才，对策高第。累迁屯田主客郎中”。省中语曰：“能赋诗，裴让之。”为太原公开府记室。⑤

范阳卢氏：卢氏为北州冠族，在北朝有多人举秀才，这里仅述五人：

卢诞，一门二秀才。曾祖卢晏，博学善隶书，有名于世。祖卢寿，太子洗马。父卢叔仁，“年十八，州辟主簿。举秀才，除员外郎”。北魏宣武帝魏景明中，被征入洛，授威远将军、武贲中郎将。卢诞幼而通亮，博学有词彩。“郡辟功曹，州举秀才，不行。起家侍御史。”⑥

卢观，“少好学，有儁才，举秀才，射策甲科，除太学博士、著作佐郎。

---

① 《魏书》卷六九《裴延儁传》，第1534页。

② 《魏书》卷八五《文苑传·裴敬宪》，第1870页。

③ 《魏书》卷八八《良吏传·裴佗传》，第1906页。

④ 《周书》卷三五《裴侠传》，第620页。

⑤ 《北齐书》卷三五《裴让之传》，第465页。

⑥ 《周书》卷四五《卢诞传》，第807页。

与太常少卿李神儁、光禄大夫王诵等在尚书上省撰定朝仪，拜尚书仪曹郎中”[①]。

卢文伟，一门二秀才。文伟少孤，有志尚，颇涉经史，笃于交游，少为乡间所敬。州辟主簿。“年三十八，始举秀才。除本州平北府长流参军。”子卢询祖，“有学术，文章华靡，为后生之俊。举秀才入京”[②]。

河间莫邢氏：邢峦，“少而好学，负帙寻师，家贫厉节，遂博览书传”。“州郡表贡，拜中书博士，迁员外散骑侍郎，为高祖所知赏。”有司奏策秀、孝，诏曰：“秀、孝殊问，经权异策，邢峦才清，可令策秀。”邢虬，“少为《三礼郑氏》学，明经有文思。举秀才上第，为中书议郎，尚书殿中郎”。邢产，“好学，善属文。少时作《孤蓬赋》，为时所称。举秀才，除著作佐郎”[③]。邢臧，光禄少卿虬长孙。年二十一，北魏孝明帝神龟中，“举秀才，问策五条，考上策，为太学博士”[④]。

陇西狄道李氏：李宝，私署凉王皓之孙。真君五年（444），因入朝，遂留京师，拜外都大官。转镇南将军、并州刺史。还，除内都大官。文成帝初，改授镇北将军。其子李彦，颇有学业。“高祖初，举司州秀才，除中书博士。”史称：“李氏自初入魏，人位兼举，因冲宠遇，遂为当世盛门。”[⑤]李琰之，司空李韶之族弟。早有盛名，时人号曰神童。“弱冠举秀才，不行。”[⑥]

陇西狄道辛氏：辛绍先，五世祖辛怡，晋幽州刺史。父辛渊，私署凉王李暠骁骑将军。次子辛穆，“据茂才，东雍州别驾”。长孙辛祥，“举司州秀才。司空行参军，迁主簿”[⑦]。

河东汾阴薛氏：薛辩，其先自蜀徙于河东之汾阴，因家焉。祖陶，与薛祖、薛落等分统部众，故世号“三薛”。薛辩孙薛洪隆，解褐阳平王国常侍，稍迁河东太守。薛洪隆长子薛驎驹，“好读书，举秀才，除中书博士”[⑧]。

范阳郦氏：郦夔弟郦显度，“司州秀才，尚书库部郎”。郦夔子郦恽，“好学，有文才，尤长吏干”。北魏孝明帝正光中，刺史裴延儁用为主簿，令其修

① 《魏书》卷八五《文苑传・卢观》，第 1871 页。
② 《北齐书》卷二二《卢文伟传》，第 320 页。
③ 《魏书》卷六五《邢峦传》，第 1449 页。
④ 《魏书》卷八五《文苑传》，第 1871 页。
⑤ 《魏书》卷三九《李宝传附李彦》，第 898 页。
⑥ 《魏书》卷八二《李琰之传》，第 1797 页。
⑦ 《魏书》卷四五《辛穆传》，第 1026 页。
⑧ 《魏书》卷四二《驎驹传》，第 944 页。

起学校。“又举秀才，射策高第，为奉朝请。”后延俊为讨胡行台尚书，引为行台郎。①

河东解柳氏：柳崇，七世祖轨，晋廷尉卿。柳崇方雅有器量，“兼有学行。举秀才，射策高第。解褐太尉主簿、尚书右外兵郎中”。后迁太子洗马、本郡邑中正。柳崇族弟柳敬起，起家中书博士，转城阳王文学。敬起弟仲起，“举秀才，咸阳王禧为牧，辟西曹书佐”②。柳虬，司会庆之兄。“年十三，便专精好学。时贵游子弟就学者，并车服华盛，唯虬不事容饰。”遍受《五经》，略通大义，兼博涉子史，雅好属文。北魏孝明帝孝昌中，“扬州刺史李宪举虬秀才，兖州刺史冯俊引虬为府主簿”③。

赵郡李氏：李同轨，学综诸经，多所治诵，兼读释氏，又好医术。“年二十二，举秀才，射策，除奉朝请，领国子助教。”④ 李均，赵郡太守。其孙李叔胤，“举秀才，著作佐郎。历广陵王谘议、南赵郡太守”⑤。李谧，相州刺史安世之子。少好学，博通诸经，周览百氏。“州再举秀才，公府二辟，并不就。”⑥

清河崔氏：崔休，御史中丞逞之玄孙。“少孤贫，矫然自立。举秀才，入京师，与中书郎宋弁、通直郎邢峦雅相知友。”⑦ 崔儦，清河武成人，世为著姓。少与范阳卢思道、陇西辛德源同志友善。每以读书为务，负恃才地，忽略世人。大署其户曰：“不读五千卷书者，无得入此室。”数年之间，遂博览群言，多所通涉。“解属文，在齐举秀才，为员外散骑侍郎，迁殿中侍御史。”⑧ 崔暹，性猛酷，少仁恕，奸猾好利，能事势家。“初以秀才累迁南兖州刺史”，后免官。⑨

崔光，本名孝伯，孝文帝赐名。东清河鄃人。父灵延，刘骏龙骧将军、长广太守。崔光年十七，随父徙代。家贫好学，昼耕夜诵，佣书以养父母。

① 《魏书》卷四二《郦范传附郦恽》，第952页。
② 《魏书》卷四五《柳崇传》，第1031页。
③ 《周书》卷三八《柳虬传》，第680页。
④ 《魏书》卷八四《儒林传·李同轨》，第1860页。
⑤ 《魏书》卷四九《李叔胤传》，第1103页。
⑥ 《魏书》卷九〇《逸士传·李谧》，第1932页。
⑦ 《魏书》卷六九《崔休传》，第1525页。
⑧ 《隋书》卷七六《文学传·崔儦》，第1733页。
⑨ 《魏书》卷八九《酷吏传·崔暹》，第1925页。

太和六年（482），拜中书博士，转著作郎。其长子崔励，“器学才行最有父风。举秀才”，历员外郎、骑侍郎、太尉记室、散骑侍郎。①

博陵安平崔氏②：崔挺，六世祖崔赞，魏尚书仆射。五世祖崔洪，晋吏部尚书。父崔郁，濮阳太守。“少敦学业，多所览究，推人爱士，州闾亲附焉。”三世同居，门有礼让。家徒壁立，兄弟怡然，手不释卷。“举秀才，射策高第，拜中书博士，转中书侍郎。”尚书李冲甚重之。“高祖（孝文帝）将辨天下氏族，仍亦访定，乃遥授挺本州大中正。”③

昌黎韩氏：韩麒麟，自云汉大司马增之后。父韩瑚，秀容、平原二郡太守。孝文帝时，韩麒麟任冠军将军、齐州刺史。长子韩兴宗，好学有文才。年十五，受道太学。后司空高允奏为秘书郎，参著作事。次子韩显宗，“太和初，举秀才，对策甲科，除著作佐郎”④。

太原晋阳郭氏：郭祚，魏车骑郭淮弟亮之后。少孤贫，涉历经史，习崔浩之书，尺牍文章见称于世。孝文帝初，“举秀才，对策上第”。拜中书博士，转中书侍郎，迁尚书左丞，长兼给事黄门侍郎。⑤

荥阳开封郑氏：郑羲，魏将作大匠浑之八世孙。曾祖豁，慕容垂太常卿。“文学为优，弱冠举秀才。”文成帝末，拜中书博士。其侄孙郑伯猷，“博学有文才，早知名。举司州秀才，以射策高第，除幽州平北府外兵参军，转太学博士，领殿中御史”⑥。

鲜卑贵族：穆崇之子子琳，“举秀才，为安戎令，颇有吏干”⑦。

京兆中山韦氏：韦祐，“世为州郡著姓。祖骈，雍州主簿。举秀才，拜中书博士”。父韦义，前将军、上洛郡守。⑧

出自其他士族的秀才，如：

渤海蓚李氏：李叔宝，“州举秀才，拜顿丘公国郎中令”。族侄李长仁，

---

① 《魏书》卷六七《崔光传》，第1500页。

② 从族望上看，清河崔氏比博陵崔氏门望高，后者每受前者轻视。参见毛汉光《中国中古社会史论》，第143页。

③ 《魏书》卷五七《崔挺传》，第1265页。

④ 《魏书》卷六〇《韩麒麟传》，第1338页。

⑤ 《魏书》卷六四《郭祚传》，第1421页。

⑥ 《魏书》卷五六《郑羲传》，第1244页。

⑦ 《魏书》卷二七《穆崇传》，第677页。

⑧ 《周书》卷四三《韦祐传》，第774页。

"颇有学涉，举秀才，射策高第，拜中书博士，转中书侍郎"。另一侄李述，有学识。"州举秀才，拜太常博士，使诣长安，册祭燕宣王庙。"①

武功苏氏：苏亮，一门二秀才。祖苏权，魏中书侍郎、玉门郡守。父苏祐，泰山郡守。"亮少通敏，博学，好属文，善章奏。初举秀才，至洛阳，遇河内常景，景深器之。"其弟苏湛，少有志行，与苏亮俱著名西土。"年二十余，举秀才，除奉朝请，领侍御史，加员外散骑侍郎。"②

西河介休宋氏：宋世景，河南尹翻之地三弟。少自修立，与弟宋道玙下帷诵读，博览群言，尤精经义。族兄宋弁甚重之。"举秀才，对策上第，拜国子助教，迁彭城王勰开府法曹行参军。"③

北平阳氏：阳尼④，少好学，博通群籍，与上谷侯天护、顿丘李彪齐名。幽州刺史胡泥以尼学艺文雅，乃表荐之。征拜秘书著作郎，奏佛道宜在史录。后改中书学为国子学。时中书监高闾、侍中李冲等以尼硕学博识，举为国子祭酒。从子阳藻，少孤，有雅志，涉猎经史。"太和初，举秀才，射策高第。以母疾还。征拜中书博士。"⑤

清河房氏：房亮，父法延，谯郡太守。"亮好学，有节操。太和中，举秀才，为奉朝请。"⑥ 拜秘书郎，又兼员外散骑侍郎，副中书侍郎宋弁使于萧赜。还，除尚书二千石郎中、济州中正。

河内温司马氏：司马楚之，一门二秀才。晋宣帝弟太常馗之八世孙。父荣期，司马德宗梁益二州刺史。子司马澄，司州秀才，司空功曹参军、给事中。司马叔璠，晋安平献王孚之后。父昙之，司马德宗河间王。子司马祖珍，"年十五，举秀才。解褐员外散骑侍郎"⑦。

中山毋极甄氏：甄琛⑧，汉太保甄邯之后。父甄凝，州主簿。甄琛少敏

---

① 《魏书》卷七二《李叔虎传》，第1617页。

② 《周书》卷三八《苏亮传附苏湛》第678—679页。

③ 《魏书》卷八八《良吏传·宋世景》，第1902页。

④ 毛汉光将阳尼家世出身化为"寒素"。他认为，介于"士族"与"寒素"之间，即稍有门资，父祖之一任官而又微达士族标准者，特以"小姓"称之。参见毛汉光《中国中古社会史论》，第146、176页。

⑤ 《魏书》卷七二《阳尼传》，第1602页。

⑥ 《魏书》卷七二《房亮传》，第1621页。

⑦ 《魏书》卷三七《司马叔璠传》，第861页。

⑧ 毛汉光将甄琛家世出身化为"寒素"。参见毛汉光《中国中古社会史论》，第176页。

悟，“颇学经史，称有刀笔，而形貌短陋，鲜风仪。举秀才”[1]。太和初，拜中书博士，迁谏议大夫，时有所陈，亦为孝文帝知赏。

还有一些秀才出自仕宦或业儒世家，如：

孙绍，昌黎人。世仕慕容氏。少好学，通涉经史，颇有文才，阴阳术数，多所贯涉。堂弟孙彝，“太和中，举秀才。稍迁步兵校尉”[2]。

冯元兴，东魏郡肥乡人，其世父冯僧集，官至东清河、西平原二郡太守。元兴少有操尚，随僧集在平原就读儒师。年二十三，还乡教授，常数百人。“领僚孝廉，对策高第，又举秀才。”[3] 魏孝文帝时，齐郡曹昂，“有学识，举秀才”[4]。孝庄帝永安中，任太学博士兼尚书郎。

眭豫，赵郡高邑人，父眭寂，梁北平太守。眭豫“弱冠，州举秀才”[5]。北齐文宣帝天保中，参议礼令。历晋州道行台郎、大理正、奉车都尉。入馆，迁员外散骑常侍，寻兼祠部郎中。

孙灵晖，长乐武强人，出自儒学世家。“举冀州刺史秀才，射策高第，授员外将军。”[6] 后以儒术甄明，擢授太学博士。迁北徐州治中，转潼郡太守。

刘叔宗，乐陵平昌人，“和谨，颇有学业，举秀才”[7]。稍迁沧州治中。曾随山东豪右高昂起事。孝庄帝永安中，加镇远将军、谏议大夫。

荀士逊，广平人，“好学有思理，为文清典，见赏知音”。东魏孝静帝武定末，举司州秀才。[8]

吕思礼，东平寿张人。性温润，不杂交游。“讲《书》论《易》，其锋难敌。”年十九，举秀才，对策高第。除相州功曹参军。[9]

值得指出的是，北朝后期，伴随门阀制度的衰落，察举秀才的门第开始降低，一些出身寒门的士人也能够凭借自己的才学，通过察举考试而跻身于秀才之列，如李铉、刘昼、樊逊、马敬德等人。这方面内容下章再探讨。

---

① 《魏书》卷六八《甄琛传》，第1509页。
② 《魏书》卷七八《孙绍传附孙彝》，第1727页。
③ 《魏书》卷七九《冯元兴传附曹昂》，第1760页。
④ 《魏书》卷七九《冯元兴传附曹昂》，第1761页。
⑤ 《北齐书》卷四五《文苑传·眭豫》，第627页。
⑥ 《北齐书》卷四四《儒林传·孙灵晖》，第596页。
⑦ 《北齐书》卷二一《刘叔宗传》，第299页。
⑧ 《北齐书》卷四五《文苑传·荀士逊》，第616页。
⑨ 《周书》卷三八《吕思礼传》，第682页。

4. 举明经

北朝后期，一些士人通过应明经科察举而入仕，其中亦有出身寒微者。如：

张雕，中山北平人。家世贫贱，而慷慨有志节，雅好古学。精力绝人，负笈从师，不远千里。遍通《五经》，尤明《三传》，弟子远方就业者以百数，诸儒服其强辨。东魏末，“以明经召入霸府，高祖（北齐神武帝高欢）令与诸子讲读”①。

北周武帝建德六年（577）三月，“诏山东诸州，各举明经干治者二人，若奇才异术，卓尔不群者，弗拘多少”。九月，“诏东土诸州儒生，明一经已上，并举送，州郡以礼发遣”②。有的被举者出身官宦家庭。如安定乌氏人梁毗，祖、父均为刺史。梁毗“性刚謇，颇有学涉。周武帝时，举明经，累迁布宪下大夫”③。

5. 其他荐举

北魏时期，还有举荐博士、御史等选士活动。如：

常景，河内人，父为天水太守。少聪敏，初读《论语》、《毛诗》，一受便览。及长，有才思，雅好文章。廷尉公孙良举为律博士，孝文帝“亲得其名，既而用之。后为门下录事、太常博士”④。宣武帝正始初，诏尚书、门下于金墉中书外省考论律令，敕常景参议。

魏收，巨鹿下魏阳人，父为小官。魏收初除太学博士。北魏孝庄帝永安三年（530），除北主客郎中。“节闵帝立，妙简近侍，诏试收为《封禅书》，收下笔便就，不立稿草，文将千言，所改无几。”迁散骑侍郎，寻敕典起居注，并修国史，兼中书侍郎。及孙搴死，司马子如荐收，召赴晋阳，以为中外府主簿。⑤

祖珽，范阳遒人，出身官宦家庭。神情机警，辞藻遒逸，少驰令誉，为世所推。“起家秘书郎，对策高第，为尚书仪曹郎中，典仪注。”⑥

---

① 《北齐书》卷四四《儒林传·张雕》，第594页。
② 《周书》卷六《武帝纪下》，第104页。
③ 《隋书》卷六二《梁毗传》，第1479页
④ 《魏书》卷八二《常景传》，第1801页。
⑤ 《北齐书》卷三七《魏收传》，第485页。
⑥ 《北齐书》卷三九《祖珽列传》，第513页。

综上所述，北朝察举制的实施，由于受士族政治及九品中正制影响，具有士族化特征，总体上所选拔的官员多是门第中人。另外，北魏末年至北齐、北周，门阀势力逐渐衰落，士庶界限淡化，察举考试开始注重才学，扩大了寒人仕进机会，从而为隋唐时期考试选拔人才制度的产生铺平了道路。

第六章　科举考试的萌芽

科举制度的产生是一个渐进的历史过程。南北朝后期，在政治上，伴随寒人势力的崛起和察举制的复兴，世家大族门阀势力开始衰落，新兴的庶族地主阶层为了巩固自己的政权，需要改变九品选士之制，以建立适合自己政治需要的考试选官制度。在文化教育上，南北朝时期官学、私学教育的恢复与发展，为考试选士提供了文化基础。从考试制度的演变来看，南北朝时期察举选士注重考试的作用，选官制度逐渐发生变革，出现科举制度的萌芽。这些都为隋唐时期科举制度的创立奠定了重要基础。

第一节　考试选士的社会政治动因

科举考试制度的产生，具有其错综复杂的历史背景，受社会经济、政治、文化、教育多种因素的推动。就社会政治因素而言，南北朝后期经济制度改革、政治权力结构的演变，促进了科举选士制度的萌芽。

一、均田制下农民人身依附关系的松动

选官制度变革不可避免地受经济因素制约。魏晋时期兴起的九品中正制，是与地主庄园制经济形态相适应的，它强化了世家大族对农民人身的束缚。庄园制下，农民沦落为农奴，没有人身自由可言；九品中正制下，寒门士人没有入选“上品”的路径。这两者之间存在必然的联系。南北朝后期，随着经济制度、政治结构的变化，选官制度也发生变革。“科举制度是在世族门阀庄园经济衰落、庶族地主经济发展的历史背景下，适应加强中央集权的政治

需要而产生的。"① 这是科举制度萌芽的经济动因。

北魏初年，中国北方长期战乱，人民流离失所，户口迁徙，田地大量荒芜，国家赋税收入受到严重影响。为保证国家赋税来源，北魏政府把掌握的土地分配给农民，农民向政府缴纳租税，并承担一定的徭役和兵役。自太和元年（477）开始，北魏孝文帝在社会风俗、政治、经济等方面进行一系列重大改革。太和九年（485），依照汉人李安世之议，颁布和实施均田令。凡15岁以上的男子，每人授给种植谷物的露田40亩，女子20亩。又制定新的租调制。均田农户除丁男负担征戍、杂役外，一夫一妇出帛或出布一匹（四丈），粟二石。15岁以上未婚男女四人，从事耕织的奴婢八人，耕牛二十头，其租调都分别相当于一夫一妇的数量。北齐继续推行均田制，略有变化。取消了受倍田的规定。北魏对奴婢受田没有限制。北齐则按官品限制在300人至60人之间。另外规定了赋税。北齐一般从年18岁起受田。

这种按人口限额授受的土地制度，协调了统治阶级内部矛盾，缓和被统治者的反抗，使劳动力与土地结合，有利于政府对农民的控制，以及恢复和发展农业生产，保证政府赋役来源。同时通过奴婢、耕牛受田（隋以前）或依照官品授永业田（隋以后）等方式，保障了贵族官僚地主利益。农民有了安居乐业的可能，生产积极性提高，同时大片荒地被开垦出来，粮食产量不断增加，推动了北方经济的恢复和发展，有利于国家征收赋税和徭役，巩固了北魏的统治。

从社会关系来看，实行均田制、租调制，封建国家代表地主阶级对农民进行统治，通过户籍制度把农民束缚在一定的行政区域内，均田农民对地主阶级的人身依附关系较前松弛，这又为普通士人参加科举考试创造了前提条件。隋朝至唐朝前期一直实行均田制，在一定程度上推动了科举考试制度的创立和实施。

二、寒人势力的兴起

从社会阶级结构来看，科举考试制度的萌芽，是与寒门势力的崛起密切

① 参见张亚群《科举制演变的外部条件与内在机制》，载王炳照、徐勇主编《中国科举制度研究》，第43页。

相连的。这是科举考试制度得以产生的一个重要政治动因。

南北朝时期寒门势力的兴起是当时社会政治发展的一大趋势。在南朝，宋、齐、梁、陈四个朝代的皇帝都是寒人出身，阶级结构已发生变化，士族高门政治权力逐渐被削弱。另一方面，南朝皇帝为了维护统治，还需要得到士族门阀的支持。因此，依然保留九品中正制度，保障贵族、高门“依流进取”，世袭做高官。

在政权实际运行中，南朝统治者依靠庶族势力支持，维持统治。皇帝为了既不改变士族已有的官职，又要适应变化的现实政治需要，于是在官职机构上实行变通，通过临时委任职位，控制各派势力。陈寅恪指出：“一般说来，在南朝，高门仍做大官，汉族做小官。君主为与贵族争权，在同一个系统中，把重权寄给原系微不足道的小官。这种小官既为皇权所寄，渐次变成真宰相大臣。”其结果导致“南朝官制名实不符，高官如宰相、领军，有名而无实权，低官如舍人、制局监无名而有重权”①。这在中国政治史上也是屡见不鲜的现象。

从历史渊源来看，东汉末年以来，随着豪强地主势力的发展，封建王朝中央权力削弱，汉末权臣左右朝政。魏晋以下，愈演愈烈。赵翼指出：“魏正始、晋永熙以来，皆大臣当国。晋元帝忌王氏之盛，欲政自己出，用刁协、刘隗等为私人，即召王敦之祸。自后非幼君即孱主，悉听命于柄臣，八九十年，已成故事。”② 这种状况导致统治阶级内部动乱不已，政权更迭频繁，也为寒门势力兴起提供了历史机遇。

正在崛起中的庶族地主和寒人，为了巩固自己获得的地位并争取更大权益，迫切要求在选官制度上能享有与士族同等的待遇。从南朝宋、齐开始，寒人承担的中书舍人等职已掌握了部分选举权。《南史·恩倖传》称，宋孝武帝“凡选授、迁转、诛赏大处分”，莫不与舍人戴法兴、巢尚之“参怀”；齐“綦母珍之居舍人之任，凡所论荐，事无不允，内外要职及郡丞、尉，皆论价而后施行”。时又有捉敕、御刀，亦称亲要，谚有“欲求贵职依刀、敕，须得富贵事御刀”。至梁代，“随着士族阶层的进一步没落，寒人地主势力的进一

① 万绳楠整理：《陈寅恪魏晋南北朝史讲演录》，第168、173页。

② （清）赵翼：《廿二史札记》卷八《南朝多以寒人掌机要》，第136页。

步壮大，就出现了考试取士、不问家资的新制度”①。这是南朝科举考试选士制度的萌芽。

在北朝，北魏孝文帝“定姓族”，确立鲜卑贵族特殊政治地位，在全国范围内推行门阀制度。但是，由于受汉族士族高门和鲜卑自身民族文化传统的制约，北朝士族势力影响小于南朝。孝文帝时，大臣李冲、李彪、韩显宗等，对于以姓族为重的选官标准，曾提出激烈批评和谏诤。鲜卑贵族没有门阀传统，门第观念不强，虽经孝文帝大力倡导，一般说真正重视的仍是当朝的官位和权势。对一般贵族而言，官位仍先于门望。在北朝少数民族统治阶层，门阀观念缺乏社会基础，无法广泛流行。宣武帝即位后，大量重用寒人，甚至以出自夷土，时望轻之的高肇为宰相、三公。北魏末期，政治混乱，战争频仍，汉族、鲜卑高门士族受到严重打击，寒人兴起更多。在此历史背景下，北朝后期门阀制度比南朝更为衰落。

北魏社会为寒人提供了远较南朝宽松的政治环境，北魏寒人的政治地位相对较高，有不少人担任品级较高的官职，甚至有寒人升迁至宰相的例子。唐长孺先生据此认为，“寒人的兴起在北不在南”②。这些“寒门士人”，其实多为乡里士人中的中下层阶级，他们是洛阳都城中新兴文化力量的主要构成者。

当时，还有一些无法获得出仕机会的寒门士人因文章才华而受到鲜卑贵族接引，为其服务。③ 如：“京兆王愉好文章，颇著诗赋。时引才人宋世景、李神俊、祖莹、邢晏、王遵业、张始均等，共申宴喜。招四方儒学宾客严怀真等数十人，馆而礼之。”④ 这其中的祖莹、邢晏也曾进行私学讲授，是较为著名、有作品存于史传者的文学家。又如清河王怿，“以忠而获谤，乃鸠集昔忠烈之士，为《显忠录》二十卷，以见意焉”⑤。这里的“鸠集昔忠烈之士”达二十卷的人，应该也是身在洛阳的远方文士。鲜卑贵族与乡里士人之间关系密切，而并不一定只限于一般主客的关系。当时的鲜卑贵族，也有从师于乡里儒师者。如元彝兄顺，“九岁师事乐安陈丰”，“撰《帝录》二十卷，诗

① 张承宗等主编：《六朝史》，第 284 页。

② 唐长孺：《魏晋南北朝史论丛续编》，第 124 页。

③ 蔡丹君：《乡里社会与十六国北朝文学的本土复兴》，《文学遗产》2017 年第 1 期。

④ （宋）王钦若等：《册府元龟》卷二九二《宗室部》，第 738 页。

⑤ 《魏书》卷二二《清河王怿传》，第 592 页。

赋表颂数十篇，今多亡佚”①。

南朝寒人虽位居三公，仍对高门企羡、敬重；而高门往往不因寒人握有权势，据有高位，而改变对之轻视的态度，这在北朝便几乎看不到。东晋南朝需要继续两三代维持住一定的官位，方可更换门庭，由寒人升士族，或由次门升高门；而在北朝后期，尽管魏孝文帝典定姓族时，有三世官位的要求，可实际上寒人只要一代取得高官要职，一般就被视为盛门，即便汉族第一流高门也不拒绝与之联姻。

北朝后期门阀制度，大体相当于曹魏、西晋初步形成的门阀制度与东晋以后确立了的门阀制度的混合体。一方面从北魏孝文帝以后评定了按血缘关系区别的汉族士族和鲜卑姓族；另一方面依鲜卑习气，真正重视的仍是当前官位、权势——略相当于西晋刘毅所说的势族。许多出身低微的势族，与按血缘关系区分的士族、姓族并存。前者实际上起着瓦解门阀制的作用。因为这些势族，不论胡汉，多半靠吏干、武功起家，儒学传统和文化素质一般很差；特别是魏孝明帝以后又处在不断动乱之中，势族更迭频繁，很难发展成新的稳定的士族。相反，他们的存在却排挤、压制了旧有的高门，尤其是汉族高门的仕进。南朝高门“平流进取，坐至公卿”，北朝很少见到，原因就在于此。

自魏宣武帝即位至北周灭亡，八十年中，位宰相（录尚书事、尚书令、仆射）者，汉族第一流高门（卢、王、郑、两崔、两赵），只有清河崔亮于北魏时任尚书仆射一年，博陵崔遇与崔昂于北齐时分别任尚书仆射两年和三月。而且这三人仕进、升迁靠的都是个人才干，并不是门阀特权。这和南朝后期王、谢两族至少形式上仍多为宰相，也很不同。由于在宦上门阀与官位难以一致，所以在“婚”上也就无法不作某些通融。《魏书·郑羲传》：自灵太后预政，淫风稍行，及元叉擅权，公为奸秽。自此素族名家，遂多乱杂，法官不加纠治，婚宦无贬于世，有识咸以叹息矣。②

除了军功，吏干在北朝也一直受重视。魏孝文帝改革时本来似乎想引导人们把吏干与儒术、文才、学识结合起来。所重用或重视的人，汉族中多属这一类型。如王肃、宋弁、郭祚、李彪、崔光、邢峦、崔休、甄琛等均是。

① 《魏书》卷一九《元顺传》，第485页。

② 《魏书》卷五六《郑羲传》，第1238—1239页。

其中如李彪，家寒微，只因学博坟籍，兼优吏职，便被孝文帝不断提拔，升任清官散骑常侍（从三品），兼度支尚书（三品），以至等望清华。这种做法，和随后南朝梁武帝信用范云、徐勉、朱异等，指导思想颇为相近。

北朝后期在政权中占主导地位的鲜卑贵族，在重视官位、权势的同时，还十分重视军功。这种风尚与东晋南朝重文轻武、重学识轻吏事的风气可谓迥然有别。北朝后期，由于门阀制度不够发展，通过考试用人、取士，范围也比南朝要宽。鲜卑贵族尚武，而骑射之类的高低，最好的办法便是通过比赛、考试决定。以此用于取士也是很自然的。在鲜卑贵族习惯比赛、考试风气的影响下，加上汉魏以来察举考试之法的影响，考试选才便成为重要趋势。

首先，在学校和察举中继续推行的射策、对策制，由于种种原因，已由士族垄断逐渐转为容纳寒人。通过此途，寒人仕进的越来越多。

其次，有的官职可由白衣不经学校或察举，直接通过考试取得。如孝明帝熙平初，"中尉、东平王匡博召辞人，以充御史。同时射策者八百余人，子升与卢仲宣、孙搴等二十四人为高第。于时预选者争相引决，匡使子升当之，皆受屈而去"①。这次策试改变了温子升等中第者的个人命运。这里以温子升等三人为例，略作论述。

据《魏书·文苑传》记载，温子升，自云太原人，晋大将军温峤之后。世居江左。祖恭之，刘义隆彭城王义康户曹，避难归国，家于济阴冤句，因为其郡县人。父温晖，兖州左将军府长史，行济阴郡事。《魏书》本传称其"家世寒素"，台湾学者毛汉光将温子升家世归入"小姓"②。温子升参加此策试前，为广阳王渊家贱客，在马坊教诸奴子书。策试中，温子升胜出，如孙搴言："朝来靡旗乱辙者，皆子升逐北。"于是得以补御史，而跨入清流官行列。

卢仲宣，范阳涿人，卢观弟。他虽出身士族，但在参加此次策试之前亦无官职。才学优洽，乃逾于卢观，但文体颇细。兄弟俱以文章显，论者美之。通过这次策试，卢仲宣获得太尉属。

孙搴，乐安人，出身寒门，少厉志勤学。其第一任官职为御史中官位最低的检校御史，也是通过这次策试获得的；后再迁国子助教。太保崔光引修

---

① 《魏书》卷八五《文苑传·温子升》，第1875页。

② 毛汉光：《中国中古社会史论》，第176页。

国史，频历行台郎，以文才著称。北齐神武帝高欢署相府主簿，专典文笔。孙搴能通鲜卑语，兼宣传号令。《北齐书》本传称其“学浅而行薄”。司马子如与高季式召孙搴饮酒，醉甚而卒。神武帝亲临之。司马子如磕头请罪，神武帝说：“折我右臂，仰觅好替还我。”子如举魏收，季式举陈元康。①

以上三人皆由白衣身份参加射策选士而获官职，进入统治阶级上层。这是北朝后期铨选制度一个重要发展，有利寒人仕进。通过举荐制度而跻身上流社会者，还有其他一些事例，此不赘述。

最后，某些要官可由已有官职的人考试取得。《魏书·宇文忠之传》载：“忠之好荣利，自为中书郎六七年矣，遇尚书省选右丞，预选者皆射策，忠之入试焉。既获丞职，大为忻满，志气嚣然。”② 这一制度同样对寒人有利。《北齐书·杨愔传》载：典选二十余年，取士多以言貌，时致谤言。杨愔把卢思道用为员外将军（从八品），长兼员外郎（从七品），高出另外两个人，正和他用人多以言、貌之说相吻合。至于几案断割，莫过崔成之，恐亦为口试。后来唐代吏部试中身、言、书、判四条标准，这时已有了三条（除书）的萌芽。③

《北齐书·辛术传》载：辛术位吏部尚书。天保末，文宣（帝）尝令术选百员官，参选者二三千人，术题目士子，人无谤。此处虽未提到考试，但其经过与前一次十分相像，相隔时间也很近，参选者与入选者之比例更加悬殊，所作题目，恐怕也是通过了考试的。辛术用人，史称重视才器，管库（指寒人）必擢，门阀不遗，则天保末这次题目，自亦守此精神，其中包括拔擢一些有才干的小官（类似管库），所以才会人无谤。④

三、考试选士的政治基础

科举考试制度的产生及其实施，除了政治势力推动外，还需要适宜的政治基础，包括统一而有力的政权机构、行政设施以及管理制度。具体来说，大致包括以下几个方面。

---

① 《北齐书》卷二四《孙搴传》，第 342 页。
② 《魏书》卷六九《宇文忠之传》，第 1795 页。
③ 《北齐书》卷三四《杨愔传》，第 456 页。
④ 《北齐书》卷三八《辛术传》，第 502 页。

首先，国家统一局面为科举考试提供了必要的政治环境。

魏晋以来，中国长期处于军阀混战、豪强割据的分裂状态之中。南北朝后期，随着民族文化融合的发展和北周政治势力的崛起，再度出现统一趋势。这就为国家推行统一的考试选才制度提供了必要的政治环境。北周静帝大定元年（581）正月，诏曰："帝王设官，惟才是务；人臣报国，荐贤为重。……今四海宁一，八表无尘，元辅执钧，垂风扬化。若使天下英杰，尽升于朝，铨衡陟降，量才而处，垂拱无为，庶几可至。于是遣戎秩上开府以上，职事下大夫以上，外官刺史以上，各举清平勤干者三人。被举之人，居官三年有功过者，所举之人，随加赏罚。""二月庚申，大丞相、随王杨坚为相国，总百揆。……甲子，随王杨坚称尊号，帝逊于别宫。"①

其次，社会阶级结构的变化和皇权的加强，奠定了考试选士的社会基础。

魏晋南北朝时期的长期混乱和动荡，在经济、政治上大大地削弱了世族大地主的实力，中小地主的地位逐渐上升，开始与世族大地主在政治上并驾齐驱，并逐渐占据优势。要求以个人才能作为选官标准，以考试为基本方式，取代长期以来实行的以出身、门第为标准，通过推荐方式的察举选士制度。

田余庆指出："南朝皇帝恢复了绝对权威，可以驾驭士族"；"只是士族有人物风流的优势，皇帝才擢才取士。""从宏观考察东晋南朝近三百年总的政治体制，主流是皇权政治而非门阀政治，门阀政治只是皇权政治在东晋百年间的变态，是政治体制演变的回流。""皇权政治的各种制度经过南朝百余年的发展，终于与北朝合流而形成隋唐制度的重要渊源。"②

最后，地方行政管理机构的变革为统一考试选士权力提供了条件。

北朝后期，为了适应选士的需要，统治者开始改革地方行政管理机构。"进入隋朝以后，发生了两件促成选举制度改革的事情。第一件是文帝在开皇三年废郡，以州直接领县；第二件，与此相关，州县长官不得辟署属僚，其任用权收归中央。"③"曹魏当初设置的中正，绵延三百六十多年后消亡了。"隋文帝的地方制度改革，"中央的方针打破了既往的贵族制度，门第不再是成为官僚的条件，所以，必须进行纯粹个人才干的资格认定。这必然要扩大以

① 《周书》卷八《静帝纪》，第136页。

② 田余庆：《东晋门阀政治》，第355页。

③ ［日］宫崎市定著：《九品官人法研究——科举前史》，韩昇、刘建英译，第36页。

前也实行过的考试制度，这种转换不能不说是堪与建立九品官人法相媲美的大变革”①。

隋朝统一中国后，为了加强中央集权，扩大地主阶级的政权基础，正式废除了九品中正制，将选官权力收归中央，开始实行以考试为主要手段、面向普通士人开放的选士制度。

第二节 考试选士的文化教育基础

考试与文化关系密切，科举考试制度的产生在很大程度上是儒学文化在特定社会政治经济背景下演化的产物。汉代察举制与独尊儒术相连，北朝后期考试选士制度的发展也是儒学文化复兴的结果。儒学与科举相互影响：“科举制产生于传统儒学文化土壤，反过来又通过育才、选才、用才机制，强化了儒学的统治地位，并重塑了中华民族的文化性格。”② 南北朝时期，儒学复兴，文化融合，教育发展，这些都为科举考试制度的萌芽提供了重要的文化教育基础。

一、南北朝时期学术文化的发展

在中国古代文化史上，魏晋南北朝是第二次“百家争鸣”的时代，在思想文化与教育等方面取得了巨大进步。在思想文化方面，玄学兴起，佛教开始与中国本土文化融合，道教走向成熟，儒学失去昔日独尊地位；文学开始摆脱两汉经学的樊篱，作为一门独立的学科与经学分庭抗礼。这些都促进了学校教育的发展。

（一）主要文化成就

魏晋南北朝时期，自然科学取得了长足的进步。以数学为例，唐代算学科考试的算经十书，除了《周髀算经》和《九章算术》两部著作产生于西汉

---

① ［日］宫崎市定著：《九品官人法研究——科举前史》，韩昇、刘建英译，第316页。

② 张亚群：《科举学的文化视角》，《厦门大学学报》（哲学社会科学版）2002年第6期。

后期，余下多为魏晋南北朝时期的新成果，主要包括刘徽的《海岛算经》，甄鸾的《五曹算经》和《五经算术》、《夏侯阳算经》、《张丘建算经》，祖冲之的《缀术》以及《孙子算经》和《数术记遗》等。①

在儒学方面，东晋南北朝时期，儒学分为“南学”和“北学”二宗，沿着不同文化轨迹演变，各具特点。《隋书》卷七五《儒林传序》评述说：“自晋室分崩，中原丧乱，五胡交争，经籍道尽。魏氏发迹代阴，经营河朔，得之马上，兹道未弘。暨夫太和之后，盛修文教，搢绅硕学，济济盈朝，缝掖巨儒，往往杰出，其雅诰奥义，宋及齐、梁不能尚也。”可见，在传承汉代经学方面，北朝略胜南朝。而南朝经学承袭魏晋玄学之风，解经自成一体系，由此形成与“北学”迥异的经学特色。

从文本源流来看，“南北所治，章句好尚，互有不同。江左《周易》则王辅嗣，《尚书》则孔安国，《左传》则杜元凯。河、洛《左传》则服子慎，《尚书》、《周易》则郑康成。《诗》则并主于毛公，《礼》则同遵于郑氏。大抵南人约简，得其英华，北学深芜，穷其枝叶。考其终始，要其会归，其立身成名，殊方同致矣”②。从选士的角度来看，南北儒学治学方法、所据注本虽有差异，但在人才培养和选拔中发挥的作用并无二致。

在文学方面，这一时期，除了传统的诗赋继续发展，田园诗、山水诗、山水散文相继兴起。文学开始与经学分庭抗礼，在社会文化中具有独立的地位，开启了文学自觉的时代。就其对考试选士的历史影响而言，南北朝察举秀才考试文辞，唐代进士科考试趋向以诗赋取士，都是与这一时期文学独立发展以及山水诗、田园诗、“宫体”诗的兴盛密切相关的。

在史学方面，成就丰硕。魏晋南北朝时期，史学著作之多，体裁之杂，题材之广，类目之齐，超过了以往任何一个时期。据《隋书・经籍志》所载，史部书籍通计存佚 874 部，16558 卷，其中仅纪传、编年体史书，就多达百部以上。史家不下百人，其中作后汉史者有 14 家，作晋史者有 26 家。受社会环境影响，这一时期的史家，往往是“既文，既博；亦玄，亦史”。“当时史家的哲学思想既多不同，私人修史的风气又十分盛行，因而史学著作大大超

① 张亚群：《从中国传统文化演进看科举考试的起源》，载教育部考试中心编《中国考试史专题论文集》，第 581 页。

② 《隋书》卷七五《儒林传序》，第 1705—1706 页。

越了前代”①。史学著作的繁盛，不仅促进了隋唐时期史学的发展，也为考试选才奠定了重要的文化基础。

在文字学方面，也有发展。晋人吕忱所撰的《字林》和南朝梁人顾野王所撰的《玉篇》，代表了文字训诂学的新成就。据《隋书·经籍志》记载，《字林》凡七卷，按《说文解字》部首分为540部，收字达12824字；而《说文解字》收9353字。该书还酌收一些异体字；注释较详，小楷也写得好。这些都是其特点和优点。“这部书在当时影响很大，北魏文字训诂家江式曾经上表推荐它。在唐朝时，书学博士亦以《说文》、《字林》掌教诸生。”② 此外，晋人郭璞所撰的《尔雅注》也是一部流传后世颇有影响的文字学著作。在书法艺术上，这一时期完成了从隶书到楷书的转变，篆、隶、楷、行、草诸体臻于完善，魏碑兴起。在北朝书家中，具有家学渊源的首推卢氏、崔氏和江氏，如卢玄家族、卢诞家族、江式家族、博陵崔挺家族。这一时期文字学、书法艺术的发展成就，同样为隋唐学校教育和科举选士所继承，产生了深远的历史影响。

上述这些文化成就为隋唐时期科举考试内容的定型奠定了基础。从考试内容上考察，从隋代进士科到唐代的秀才、明经、进士、明法、明书、明算六个常科以及非常设的史科、开元礼、道举、三礼、三传等科，这些科目的设立，是与魏晋南北朝时期文化发展分不开的，是这一阶段文化教育发展的必然结果。③

（二）南北文化整合的影响

科举制度的萌芽还得益于这一时期南北文化的融合。众所周知，魏晋南北朝是我国古代史上最为动荡、民族矛盾极为尖锐的阶段之一，国家大分裂，文化冲突广泛而持久。经过数百年民族大融合，最终建立了新的统一的国家。田余庆指出，综观东晋南朝和十六国北朝时期历史演变，“留下来的真正有价值的历史遗产，是江南的土地开发和文化创造，是北方的民族进步和民族融

---

① 罗宏曾：《魏晋南北朝文化史》，第488页。

② 罗宏曾：《魏晋南北朝文化史》，第498页。

③ 张亚群：《从中国传统文化演进看科举考试的起源》，载教育部考试中心编《中国考试史专题论文集》，第580页。

合”。“这种结论，仅从东晋百年历史还难看得清楚。只有当沙石澄清中尘埃落定的隋唐时期到来，我们放眼南北，后顾前瞻，才能把握这一历史进程的脉络。”① 科举制度的产生也是如此。科举制度就是这种“文化创造”和“民族融合”的产物，最终在隋唐时期成型。

这一时期，南北文化取得了巨大成就。“南朝重要著作都是文学，北朝重要著作多切实用，北士著书远比南士少，贡献却比南士多。南北两朝文化上各种成就，作为整体来看，是战国以来又一次出现的辉煌时期。”② 北朝文化贡献，其中包括均田制、府兵制、科举制等在内的制度文化。“总而言之，二代之制度因时间与地域参错综合之关系，遂得演进，臻于美备，徵诸史籍，其踪象明显，多可推导，绝非偶然或突然所致者也。”③ 隋朝统一中国后，推动了南北文化的融合。

文化整合是指“在文化相互接触过程中，一个文化系统作为主位文化，以其文化价值为核心，以其内在结构为参照系，对其他客位文化的文化特质进行选择和建构的功能和过程”④。在此过程中，不同文化相互吸收、融化、调和而趋于一体化，特别是当有不同文化的族群杂居在一起时，他们的文化必然相互吸收、融合、涵化，发生内容和形式上的变化，逐渐整合为一种新的文化体系。任何一个民族的文化从来都不是一成不变的，它受政治、经济、教育、军事等社会活动的影响而发生一定的迁移、演化和整合。科举制在文化整合中以中原传统的优秀文化为基础，其中尤以儒家文化为主，与少数民族地区文化和其他国家文化进行交流融合。在南北文化整合过程中，考试选士制度发挥了重要的媒介作用。这是由考试选士的特殊地位和自身特点所决定的。⑤

南北文化的整合表现在以下诸多方面。

首先，以考试选拔人才，推动了南北学术的沟通及儒学经典的统一与规范。

“永嘉之乱，中州士族南迁，魏晋新学如王弼的《易》注、杜预的《左

① 田余庆：《东晋门阀政治》，第356页。
② 范文澜：《中国通史简编》（修订本）第二编，第528页。
③ 陈寅恪：《隋唐制度渊源略论稿》，第158页。
④ 胡启勇：《文化整合论》，《贵州民族学院学报》（哲学社会科学版）2002年第1期。
⑤ 张亚群：《科举考试的文化整合功能》，《探索与争鸣》2007年第12期。

传》注，均移到了南方，江左学术文化思想从而发达起来。宋时青徐二州为北魏所占，新学北传，至隋王弼《易》注、杜预《左传》注盛行，旧学浸微。”① 唐代科举科目繁多，分科考试各有侧重，但经术、文学占主导地位。孔颖达奉敕编纂《五经正义》，折中“南学”、“北学”，以此作为科举取士的统一教材。②

陈寅恪指出：“江左士大夫多不屑研求刑律，故其学无大发展”，“北魏前后定律能综合比较，取精用宏，所以能成此伟业者，实有广收博取之功，并非偶然所致也”，“北齐法律最为史家称道”③。法律乃官僚行政之命脉，而魏、齐律学，竟然胜过文化昌明之南朝，正反映了南北政治的不同发展倾向。而且为北朝定律者多为汉族士族，这也说明在强大皇权之下，他们正在日益被纳入行政官僚的规范之中。④

南朝士族文化在不断衰落。颜之推指出，梁朝全盛之时，贵游子弟，多无学术。“多见士大夫耻涉农商，差务工伎，射则不能穿札，笔则才记姓名，饱食醉酒，忽忽无事，以此销日，以此终年。或因家世余绪，得一阶半级，便自满足，全忘修学；及有吉凶大事，议论得失，蒙然张口，如坐云雾；公私宴集，谈古赋诗，塞默低头，欠伸而已。”“明经求第，则顾人答策；三九公谯，则假手赋诗。”⑤

其次，以士族正音为考试规范，促进了汉语言文字的规范化。

无论是察举策试，还是后世的科举考试，都涉及语言文字的标准规范问题。这实际上体现了考试以什么标准作为国家意志与社会意志。南北朝后期及隋唐时期，经济、政治制度取法于北朝，而文化标准尤其是汉语言文字标准则以南朝为正统。

考试是社会文明和学校教育发展到一定阶段的产物。作为一种独特的教育测量方法或手段，考试是由举办者按照一定的标准，对被测试者的知识、智力和技能进行定量测评，以发挥鉴别、评价、选拔人才的作用。“考试不是某一个体或某类机构的特殊行为，所反映的不是单纯的个体意志。考试是一

① 万绳楠整理：《陈寅恪魏晋南北朝史讲演录》，第256页。
② 张亚群：《科举考试的文化整合功能》，《探索与争鸣》2007年第12期。
③ 陈寅恪：《隋唐制度渊源略论稿》，第111—112页。
④ 阎步克：《察举制度变迁史稿》，第272页。
⑤ （北齐）颜之推撰，王利器集解：《颜氏家训集解》卷三《勉学》，第148页。

种普遍存在的社会文化现象，其基本属性之一表现为社会性；它反映特定国家和社会的群体意志，具有文化整合、社会整合的特殊功能。”考试之所以隐含某种“意志”，是由包括特定社会的主流意识形态、学科知识结构以及命题者的意图等多种外在因素所赋予的。社会主流意识形态是国家意志的重要表现，它对考试内容的选择与考试标准的制定产生潜在的影响。历史上的科举考试以儒家经典及文史知识、技能作为考试的基本内容和取士的主要标准，原因在于儒家思想及其文化载体在当时社会意识形态、文化形态中占据主导地位。①

日本学者平田昌司认为，唐代铨选的“声、言”标准，完全继承了南朝士族之类品第标准，“言辞辩正”似乎成为唐代士族阶层阻止社会流动化的一种手段。唐初，“南人依靠文化水平的优越性掌握礼部，定下了对自己比较有利的《切韵》韵部‘同用’规则。这是贡举制度上南北音系之争的一个开端”。唐代进士科诗赋试题采用以《切韵》为代表的押韵规范，保持了南朝以来的文化风格。②

“中国音韵学上的切韵，也是南朝士大夫带到北方去的。”③ 隋初陆法言写定《切韵》，乃用开皇初年刘臻、颜之推、萧该等八人论难的记录为准则，主要取材于江左、关东名流的音韵学著作。陈寅恪指出：“须知永嘉南渡，侨寓建邺的胜流，都是出仕西晋、居于洛阳的名流。其远祖则又是东汉时期以经明行修致身通显的儒士。而东晋、南朝的侨姓高门，源出此数百年来一脉绵延的士族，所操的语言为北语，这种北语以洛阳及其近旁语言为标准。即南朝史料中常见的‘洛生咏’或‘洛下书生咏’。”④ 颜之推以此为优。

颜之推总结说：“南方水土和柔，其音轻举而切诣，失在浮浅，其辞多鄙俗。北方山川深厚，其音沈浊而讹钝，得其质直，其辞多古语。然冠冕君子，南方为优；闾里小人，北方为愈。易服而与之谈，南方士庶，数言可辩；隔垣而听其语，北方朝野，终日难分。而南染吴、越，北杂夷虏，皆有深弊，

① 张亚群：《也谈考试的“意志”问题》，《湖北招生考试》（理论版）2003 年第 Z1 期。

② ［日］平田昌司：《切韵与唐代功令——科举制度与汉语史第三》，载潘悟云主编《东方语言与文化》，第 343、336、341—342 页。

③ 万绳楠整理：《陈寅恪魏晋南北朝史讲演录》，第 259 页。

④ 万绳楠整理：《陈寅恪魏晋南北朝史讲演录》，第 261 页。

不可具论。”“吾家儿女，虽在孩稚，便渐督正之；一言讹替，以为己罪矣。”①

汉字属于单音节，存在声调变化，讲究四声平仄。与此相适应，科举考试重视正音和声韵。从唐初颜师古的《颜氏字样》与《匡谬正俗》、郎知本的《正名要录》，到杜延业的《群书新定字样》、颜元孙的《干禄字书》、欧阳融的《经典分毫正字》，至大历十一年（776）张参完成《五经文字》、太和七年（833）唐玄度著《九经字样》，形成了持续不断的汉字规范化运动。②

成书于唐代前期的《干禄字书》，颇具典型性。作者颜元孙为唐中宗嗣圣元年（684）进士，在颜师古等人的字书基础上撰成此书。他区分和辨析唐代文字的正体、通体、俗体。取书名“干禄”，旨在为科举仕进者提供必要的备考指南。其“序言”提出：“所谓正者，并有凭据。可以施著文章、对策、碑碣，将为允当。进士考试，理宜必遵正体，明经对策，贵合经注本文，碑书多作八分，任别询旧则。”③《干禄字书》的广泛流传，对规范当时社会用字产生了非常明显的推动作用。

二、考试选士的教育基础

考试选士与文化教育密切相关，在没有找到一种合理的选士与选官办法前，考试是唯一公正且有效的方法。考试需要考生们加强学习，特别是对考试内容加以了解；同时，通过学校教育，一方面能培养学生的知识水平，而且对于培养他们的政治素质，了解国家的统治政策，为培养统治阶级需要的人才打下了坚实基础。科举制度是一种典型的文官考试制度，有助于选拔优秀的官员。

（一）专门教育的发展

魏晋南北朝教育出现了许多新的特点，对隋唐科举考试产生了直接影响。这一时期，官学衰微而私学发达，士族门第教育兴盛；教育内容从过去的“五经”、“六艺”扩展到黄老之学、庄老之学、太史公之学、楚辞汉赋、琴

① （北齐）颜之推撰，王利器集解：《颜氏家训集解》卷七《音辞篇》，第530页。

② 张亚群：《科举考试与汉字文化——兼析进士科一枝独秀的原因》，《中国地质大学学报》（社会科学版）2009年第6期。

③ 转引自施安昌《关于〈干禄字书〉及其刻本》，《故宫博物院院刊》1980年第1期。

棋书画等多方面；学校门类增加，形成国子学、太学、四门学并立之制，并出现律、书、算三学。这些都为隋唐学校教育所承袭。

自西晋武帝在洛阳设立国子学开始，南北朝继承太学、国子学。宋文帝在建康设立儒学、玄学、文学和史学“四学馆”，实行分科教育，增加了中央官学的类型。北齐改国子学为国子寺。南北朝时期文学、史学、律学、书学、医学等专门教育获得发展。

在经学教育方面，这一时期继承并发展了东汉注重经术考试的趋向，儒家经典仍然是学校考试的唯一内容，但经学本身已发生了显著变化。南朝继承魏晋经学传统，形成“南学”特色；北朝则承袭东汉经学遗风，形成“北学”特长。经学发展总趋势是以古文经学为根底，打破师法，博采众说。这种新的学风引起经学教育内容和教学方法的变化，开始注重剖析义理和讲解注疏。这些对于唐代新的儒学著作《五经正义》、《周礼注疏》、《仪礼注疏》产生巨大影响。①

律博士及弟子员，始置于曹魏明帝时，转相教授。其后，十六国时期，后赵石勒任命律学祭酒。后秦姚兴，“立律学于长安，召郡县散吏以授之。其通明者还之郡县，论绝刑狱。若州郡县不能决者，谳之廷尉”。“于时号无怨滞。”②《唐六典》卷二一《国子监》记载：“《晋·百官志》：廷尉官属有律博士员……东晋、宋、齐并同。”南朝梁武帝天监四年（505），置律学博士一人。陈朝、后魏设律博士。北齐有律博士四人。

书学博士始于西晋武帝时。史载：中书监兼侍中荀勖，“俄领秘书监，与中书令张华依刘向《别录》，整理记籍。又立书博士，置弟子教习，以钟、胡为法”③。西魏大统十三年（547），文帝元宝炬释奠于书学。太原阳邑人冀俊，性沉谨，善隶书，特工模写。“时俗入书学者，亦行束脩之礼，谓之谢章。俊以书字所兴，起自苍颉，若同常俗，未为合礼。遂启太祖，释奠苍颉及先圣、先师。”④ 这些举措表明书学已具有相当高的政治和社会地位。

算学作为古代“六艺”科目之一，西周即被列为官学。汉代推行“独尊

---

① 张亚群：《从中国传统文化演进看科举考试的起源》，载教育部考试中心编《中国考试史专题论文集》，第581—582页。

② 《晋书》卷一一七《载记·姚兴上》，第2980页。

③ 《晋书》卷三九《荀勖传》，第1154页。

④ 《周书》卷四七《艺术传·冀儁》，第838页。

儒术”政策后，算学教育退出官学体系，转为私学传授的内容。魏晋南北朝时期，随着天文、历法等自然知识的拓展，刘徽、虞喜等学者在算学方面取得了新的成就，算学教育重新受到人们的重视。北魏时设置专门的“算学博士”。史载：“殷绍，长乐人也。少聪敏，好阴阳术数，游学诸方，达《九章》、《七曜》。世祖时为算生博士，给事东宫西曹，以艺术为恭宗所知。”[①]据学者推测，“北魏在太学中似乎开设了算学专科”[②]。如敦煌龙勒人范绍，少而聪敏。年十二，父命就学，师事崔光。“太和初，充太学生，转算生，颇涉经史。”[③] 另据史书记载，孝文帝太和十七年（493）颁布的百官令中，有“尚书算生”、“诸寺算生”之职[④]；北周及隋朝“官品”中，与学官相关的职位，除了博士、国子博士、太学博士、太常博士、大理寺律博士、四门博士、小学博士、书学博士、掖庭局宫教博士、太学助教、四门助教，以及“学生”“书生”、“医生”等之外，又有“算学博士”、“算生”[⑤]。

值得指出的是，上列官学官品虽包含了隋朝的学校教育，但主要还是北周的官品。因为隋朝是由北周演化而来，周隋官学官品一脉相承，并且隋朝存在时间短，其教育与选士制度原本植根于北朝。此外，从上述事例也可见，北朝后期各类专门教育已相当发达。“历史上科举之兴于学校”[⑥]，北朝学校制度及专门教育的发展，为隋唐科举制的诞生提供了重要的文化和人才基础。

（二）私学教育的影响

科举制度的产生，与东晋士族的家族教育兴盛有密切关系。家族文学，陈郡谢氏有谢灵运、谢惠连、谢庄、谢朓等著名学者。齐末谢眺被杀后，谢氏家族在文坛凋谢。琅邪王氏有王褒、王胄。彭城刘氏和兰陵萧氏以军功起家，建立皇室后，开始修文，如刘义庆、刘铄。齐梁二代皇室成员能文者甚多，如齐豫章王萧嶷之子萧子范、萧子显、萧子云、萧子晖驰名梁代。齐竟陵王萧子良、昭明太子萧统、梁晋安王萧纲、湘东王萧绎聚集众多文士，包

① 《魏书》卷九一《术艺传·殷绍》，第1955页。
② 宋大川、王建军：《中国教育制度通史》（第二卷），第81页。
③ 《魏书》卷七九《范绍传》，第1755页。
④ 《魏书》卷一一三《官氏志》，第2992页。
⑤ （唐）杜佑：《通典》卷三九《职官二十一》，第225—226页。
⑥ 张亚群：《科举革废与近代中国高等教育的转型》，第9页。

括“竟陵八友”、庾信、王褒、颜之推。梁武帝萧衍及其数子也有名作传世。萧统编《文选》三十卷，不仅对后世文学产生重要影响，而且形成“《文选》学”，为科举考试的必读参考。

士族教育事例颇多。如《世说新语·言语篇》记载：“谢太傅寒雪日内集，与儿女讲论文义，俄而雪骤，公欣然曰：‘白雪纷纷何所似?’兄子胡儿曰：‘撒盐空中差可拟。’兄女曰：‘未若柳絮因风起。’公大笑乐。”① 后世称谢道韫为“咏絮才”。同书《文学篇》记载：“谢公因子弟集聚，问：‘《毛诗》何句最佳?’遏称曰：‘昔我往矣，杨柳依依；今我来思，雨雪霏霏。’公曰：‘讦谟定命，远猷辰告。’谓此句偏有雅人深致。”② 同一故事，《晋书·列女传》记载为：“叔父安尝问：‘《毛诗》何句最佳?’道韫称：‘吉甫作颂，穆如清风。仲山甫永怀，以慰其心。’安谓有雅人深致。”③ 谢道韫，东晋安西将军谢奕之长女；谢玄，小字遏，谢奕之第三子，二人自幼受到良好的教育。于此可见士族子弟的文学素养。刘孝标注《世说新语·言语》篇引《妇人集》说，谢道韫“有文才，所著诗、赋、诔、讼，传于世”。她的作品《隋书·经籍志》著录有诗集两卷，已经亡佚。《艺文类聚》保存其《登山》（又名《泰山吟》）和《拟嵇中散咏松》两首诗（《艺文类聚》卷七《山部上》），《全晋文》收其《论语赞》。

在北朝，私学教育也很普遍。“北魏后期及东魏北齐，中央诸学往往有名无实，而民间学术却大为兴旺”④。这方面事例史书多有记载。北魏宣武帝时，“天下承平，学业大盛。故燕齐赵魏之间，横经著录，不可胜数。大者千余人，小者犹数百。州举茂异，郡贡孝廉，对扬王庭，每年逾众”⑤。这是北朝私学兴盛、选士考试发展的生动写照。

---

① （南朝宋）刘义庆撰，徐震堮校笺：《世说新语校笺》，第72页。

② （南朝宋）刘义庆撰，徐震堮校笺：《世说新语校笺》，第128页。

③ 《晋书》卷九六《列女传·王凝之妻谢氏》，第2516页。

④ 阎步克：《察举制度变迁史稿》，第303页。

⑤ 《魏书》卷八四《儒林传序》，第1842页。

第三节　科举制度的萌芽

科举考试制度是在察举选士制度的基础上，经过长期发展演变，适应现实社会政治需要而产生的。关于“科举”的特征及内涵，学术界有多种界说。比较简要的说法如韩国磐先生所论：“所谓科举制度，就是按照不同的科目来选举人才的选举制度。没有按不同的科目来分别选举人才，也就说不上什么选举制度。”① 在这里，他特别强调“分科”举人对于“科举”的重要意义。科举就是分科举人或分科取士。另一方面，我们也看到，如何“分科”，以什么“方式”和何种“标准”来选拔人才，在不同选士制度下存在显著的乃至本质的差异。科举制作为一种以公开、公平的考试手段选拔行政管理人才的制度，它经历了孕育与萌芽、创立与发展、鼎盛与衰亡的历史进程，呈现出明显的阶段性特点。② 先秦是科举选士观念的发生阶段，两汉察举是采用推荐制选士方式的实践阶段，魏晋南北朝时期是从察举制向考试选士制度演变的萌芽阶段，隋唐至明清时期乃是“通过考试选拔官员的时代”③。以下概述科举起源的代表性观点，进而从科举名词起源、考试选才制度变迁以及南北朝考试选才特点等方面，简析科举制度萌芽的过程。

一、科举起始概说

回顾20世纪的科举研究，“科举起源之争”是其中五大热点问题之一。有关科举制的起始年代，有“汉代说”、“唐代说”，而多数学者则主张始于隋代。④“这不仅是史实的考证问题，而且牵涉到对‘科举’的定义问题。”⑤

---

① 韩国磐：《隋唐五代史论集》，第295页。

② 参见张亚群《科举制演变的外部条件与内在机制》，载王炳照、徐勇主编《中国科举制度研究》，第38—39页。

③ 杨学为主编：《中国考试简史》，第39页。

④ 参见徐连达、楼劲《汉唐科举异同论》，《历史研究》1990年第5期；何忠礼《科举制起源辨析——兼论进士科首创于唐》，《历史研究》1983年第2期；刘海峰《科举制的起源与进士科的起始》，《历史研究》2000年第6期；祖慧、龚延明《科举制定义再商榷》，《历史研究》2003年第6期；张希清《科举制度的定义与起源申论》，《河南大学学报》（社会科学版）2007年第5期。

⑤ 刘海峰：《“科举学”的世纪回顾》，《厦门大学学报》（哲学社会科学版）1999年第3期。

刘海峰教授认为："考试始于西汉，科举制度则始于隋代。考试较宽泛，科举较具体。考试是科举制的核心或精髓，是科举制度的本质特征。"①

一般说来，广义的科举可溯至西汉的察举制；狭义的科举始于隋代，以进士科的创立为标志。由于研究者对史料解读不同，有关进士科设立的具体年份，学术界看法不一，归纳起来，大致有以下几种观点②：

第一类认为进士科始于隋文帝（541—604）时期，具体分为三种观点。日本学者宫崎市定认为，开皇七年（587）令各州每年向中央举贡士三人，其中大约包括了秀才、明经和进士。韩国磐先生在《关于科举制度创制的两点小考》中指出，进士科出现于开皇十五年（595）或十六年。③ 美国学者贾志扬则以开皇九年（589）作为科举制度的创始。

第二类认为进士科始于隋炀帝（605—618）时期，具体分为"大业元年（605）"、"大业二年"、"大业三年"及"大业年间（605—618）"四种观点。刘海峰教授以隋炀帝大业元年（605）进士科的创立为开端④。而持"大业二年"说者，主要依据朱熹所编《通鉴纲目》进士科系年；"大业三年"说者，则依据隋炀帝十科举人诏令，认为其"文才秀美"一科，即为进士科。

第三类认为进士科始于唐代，具体分为三种观点。认为进士科始于唐初，或始于武德五年（622），或始于唐太宗时。

也有学者从中国古代广义的"选举"视角，考察和分析历史上"平等"的思想内涵与价值资源、演变趋势，主张以"自由报考"与"一切以考试成绩为定"作为科举制度的标志，认为唐代是科举制度的起点。⑤

此外，有的研究者从比较的视角，探析汉代察举与唐代科举制度之异同，提出科举始于汉代说，隋唐"科举"是汉代察举的"派生"制度。认为："若从贯穿于各时期的主要线索来看，分科举士、考试进用之制既已具备于汉代而沿行于魏晋，那么，隋唐所做的实际上只是使之进一步完备和严密化的工作，便谈不上是创置了。"⑥ 尽管持此论者只是少数学者，但其对于汉唐选

---

① 刘海峰：《"科举"含义与科举制的起始年份》，《厦门大学学报》（哲学社会科学版）2008年第5期。

② 参见刘海峰：《科举制与"科举学"》，第3—6页。

③ 韩国磐：《隋唐五代史论集》，第297页。

④ 刘海峰：《科举制的起源与进士科的起始》，《历史研究》2000年第6期。

⑤ 何怀宏：《选举社会及其终结——秦汉至晚清历史的一种社会学阐释》，第97页。

⑥ 徐连达、楼劲：《汉唐科举异同论》，《历史研究》1990年第5期。

士制度异同的辨析颇具启发意义。

一方面，科举考试制度是从察举选士制度发展演变而来，两者具有相近甚至相同的特征。如其所论，汉代察举与唐代科举相似，设有常科和特科选士，"尤其已有孝廉这样主要从布衣中选拔官僚的经常性科目"；汉代"察举诸科业已陆续具有测量知识和技能、并以之为重要授官依据的考试环节，且日益具有明确的黜落意义"。由于制度是由社会条件来规定的，"一旦朝廷统一署用官僚成为必要并达到相当规模，便总须有一种统一的选拔制度与之相适应"。从各种荐举方式中发展出一套按科举士、考试进用之制，"除大一统政权这一总背景外，还需要下列两个基本条件"：一是社会的观念形态，即某种官方价值观的确立并被社会普遍认同，从而把一般性的荐举变为由朝廷统一指定和掌握的按科而举；二是政治体制的集权化加强到一定程度，使朝廷能够按自己的标准对各地举主在人才取舍上可能出现的差异作有效的限制。"一旦这两个条件在统一帝国中具备以后，在科举制产生的深层原因上，实际上已没有什么不可逾越的障碍了。"①

另一方面，由于时代和社会政治对于人才需求的变化以及选士方法的演化，汉、唐选士制度存在诸多差异，有的差异之大甚至决定了察举与科举的本质区分。如论者所言，汉唐选士，除了名目有异以及大量技术性的变化，"诸如县试州复、集阅互保、分场限时、谒师讲礼等众多细节，多唐有而汉无"，其最大不同在于，"常科中直接与社会基础的变化相关，并深切影响了当时和后世科举制面貌的一些规定"，主要包括"怀牒自投"、"举、选相分"以及"学校与科举紧密结合"三项。②

从古代选士制度的变迁来看，察举制之所以最终演变为科举制，是因为"有内在的规律在其间支配，同时也联系着更大范围的政治文化背景的变迁。在不同的历史时期之中，察举制的不同地位、作用和形态，联系或对应着不同的历史条件。在这些表象背后，有一些因素发挥着支配性作用"。这些因素分别是："一、官僚科层制的理性行政因素；二、官僚帝国政体之下的特权分配与权力斗争因素；三、构成了王朝官吏主要来源的知识群体因素。同时，公开竞争、平等原则和人才主义，合理的专门知识技能的考察内容，周密规

① 徐连达、楼劲：《汉唐科举异同论》，《历史研究》1990 年第 5 期。

② 徐连达、楼劲：《汉唐科举异同论》，《历史研究》1990 年第 5 期。

范的制度程式等，以及抑制权势滥用、财富腐蚀因素，特别是抑制身份特权、官位世袭和人身依附等非官僚制的和封建性的因素的措施和法规等，也对科举制度产生了深远影响。”① 这些归纳和总结，有助于我们全面认识和阐释科举制度的起源。

总之，科举制的起源是一个渐进的由观念到制度、由量变到质变的演化过程，其间受到文化观念、政治需要、经济、教育和技术等条件的推动和影响。研究科举制度的历史演变，探本溯源，不能忽视文化因素的潜在作用。从文化发展史的角度，深入探析科举考试的起源，有助于全面认识和客观评价科举制的历史作用及现实影响。② 即使是被众多学者作为科举制创立重要标志的进士科，其名称来源及科目创设也是先秦选贤任能的观念和两汉以来察举制演化的结果。

二、科举名词术语溯源

一种独特的文化在其形成和演化过程中往往衍生出一套话语体系与特殊意境，科举考试文化亦不例外。从表现形态来看，科举文化首先是汉字文化，它以特定的语言词汇和概念描述，反映历史上的科举选士活动。科举术语作为古代考试文化的载体，在历史演变过程中具有传承与变异的双重特性。科举术语一旦形成，就具有相对独立性，在一定的时空范围内传播、流行，从不同侧面反映出科举考试的历史活动。另一方面，因科举考试制度、考试科目及社会文化教育的变迁，一些科举名词术语的名称、含义随之发生变异。这方面的事例文献中多有所载。③

科举名词的起源早于科举制度的创立。“早在贡举时代即广义科举的时期，便已出现了许多专门术语，如贡举、诏举、甲科、秀才、明经、明法、射策、对策、高第、上第、下第……其中有些术语一直使用到科举时代。”④ 名词往往是理念或存在的一种反映，从科举名词术语的起源及演变，我们不难发现科举制产生的轨迹。

① 阎步克：《察举制度变迁史稿》，第 133 页。

② 张亚群：《“物有本末，事有终始”：论科举考试的文化渊源》，《河南大学学报》（社会科学版）2017 年第 3 期。

③ 张亚群：《漫议科举术语》，《中国考试》（研究版）2006 年第 7 期。

④ 刘海峰：《科举学导论》，第 329—330 页。

科举术语是在考试选才的社会实践中逐渐积累而来的。在先秦至南北朝社会文化演进过程中，伴随学校教育、治国理政、人才选拔等活动，曾产生不少与后世科举选士制度相关的名词术语。这类名词，有的起源于先秦，如进士、贡士；有的起源于两汉，如秀才、举人、孝廉、明经、射策、甲科等；还有一些名词术语，开始出现于魏晋南北朝时期，如甲第。察举制是科举术语的重要来源之一。作为科举选士之先河，察举制下的选士名目直接为科举所继承。科举名词数量众多，大体上可分为科目名称、科第名位、科举活动、考试规制及内容、科第习俗等类。以下择要考述与科举密切相关的名词术语。

其一，科举名称的起源。

科举，习称"贡举"，是古代"选举"制度的组成部分。西周选士，有诸侯贡士及乡举里选。"汉朝察举制度合贡与举为一体，既经乡里举选，又须郡国选送，实为贡举之始。"① 魏晋以前，由地方州郡向朝廷推荐人才，泛称"贡举"。与贡举相关的另一个名词"诏举"，起源于汉代，常见于两汉以降察举诏令中。

隋唐及宋代一般称科举为"贡举"或"举士"、"选士"，称职掌省试的主考官为"知贡举"；科举在隋唐和北宋时期，习惯上称为"贡举"，但其性质与内涵已发生了根本变化。南宋以后，"科举"一词逐渐流行。

从科举文献的角度来看，隋唐之前，史书常称选士为"选举"。如《汉书》本传载："（张）勃选举故不以实，坐削户二百"；"（严）延年坐选举不实贬秩"。《后汉书·和帝纪》载和帝诏曰："选举良才，为政之本，科别行能，必由乡曲。"《晋书》本传载卫瓘上疏言："故立九品之制，粗具一时选举之本耳。"唐代史学家杜佑撰《通典》，设有《选举典》，汇集历代选举的重要史料。

值得注意的是，在这部典章制度专著中，杜佑首次使用了"科举"一词。在评论西晋初年官吏考绩制度改革时，杜佑提出："今科举优劣，莫若委任达官，各考所统，在任一年以后，每岁言优者一人为上第，劣者一人为下第。因计偕以名闻。如此六载，主者总集采案。"② 这里所言"科举"一词，其含义虽与后世有异，却是中国科举史上最早出现的"科举"称谓了。

---

① 翟国璋主编：《中国科举辞典》，第71—72页。

② （唐）杜佑：《通典》卷一五《选举三·考绩》，第86页。

北宋薛居正撰《旧五代史》，首创《选举志》，由此创立正史中以“选举”总括科举与学校之先例。元代史学家马端临撰《文献通考》，特设《选举考》，考述历代选举事宜。这些事例反映出以“选举”指称或概括察举、科举选士的事实，也说明了“选举”一词使用之广泛与久远。

其二，科举科目名称的起源。

科举科目分为常科与特科（制科），隋朝创立进士科，唐代科举常科主要有秀才、明经、进士、五经、四经、三礼、三传、学究、明法、明书、明算、道科、开元礼、一史、三史、童子科等16个，制科则有贤良方正能直言极谏、儒学博通等120余科。[①] 隋唐科举科目名称中，有的起源于先秦时期或汉朝以下察举时代。

秀才之名，始见于先秦典籍，本意为才德出众的人。《管子·小匡》篇称：“农之子常为农，朴野而不慝，其秀才之能为士者，则足赖也。”汉代沿用秀才名称，“皆谓才之秀者，非竟以为士子之专称也。”[②] 如《汉书·贾谊传》说：“河南守吴公闻谊秀才，召置门下。”察举制创立后，开始以“秀才”作为选士科目。南北朝至隋代，“秀才”曾为贡举科目之最，唐初也是科举常科之一。永徽二年（651）停罢秀才科。盛唐以后，人们喜用“秀才”指代“进士”或泛指才之秀美者，由此发生了“秀才”词义的转换。[③] 明代开始，秀才专用以称府、州、县学的生员，成为科举考试最低一级科名。在科举时代后期，“秀才”甚至成为对读书人的贬称。

进士之名，始见于《礼记·王制》篇：“大乐正论造士之秀者，以告于王而升诸司马，曰进士。”注：“进士，可进受爵禄也。”至隋炀帝，始设进士科。科举时代，乃至清末废科举后，迄1912年，一直沿用。

明经之名，始见于《汉书》，原为明通经术之意。如《汉书》本传载：盖宽，“明经为郡文学，以孝廉为郎”；后成为察举科目名称。如王嘉以明经射策甲科为郎，召信臣以明经甲科为郎，孙宝以明经为郡吏。

五经之名，起于西汉，汉武帝设五经博士。汉代典籍多有此称。如《白虎通义·五经》说：“以为孔子居周之末世……闵道德之不行，故周流应聘，

① 刘海峰：《科举学导论》，第331页。
② （清）赵翼撰，曹光甫校点：《陔馀丛考》卷二八《秀才》，第527页。
③ 刘海峰：《再论唐代秀才科的存废》，《历史研究》1999年第1期。

冀行其圣德。自卫反鲁，自知不用，故追定五经以行其道。”《汉书·儒林传》说：“自武帝立五经博士，开弟子员，设科射策，劝以官禄。”至唐代，始将五经作为科举科目名称。

明法之名，始于汉代，原为明习法律之意，后成为察举科目名称。唐代科举沿用。

贤良方正之名，始于汉文帝前元二年（前178）诏举“贤良方正能直言谏者”，作为察举制科科目，贤良方正常与贤良文学并称，是汉代至南北朝选士的重要科目，并为唐宋科举考试所继承。

童子又称童子郎，作为选士科目，始于汉代察举。《后汉书》卷六十一本转载，左雄“并奏拜童子郎”；《后汉书》卷五十八本传载，臧洪，“年十五，以父功拜童子郎，知名太学”。

其三，科第名称或科第名位（科名）的起源。

科举时代，科名主要有秀才、举人（孝廉）、贡士、进士等头衔，以及甲科、乙科、甲第诸等级。秀才、进士名称之来源和演化，已见上述。这里主要考述举人、孝廉、甲科、乙科、甲第等称谓的由来。

举人之名，始于汉代察举，原为举荐人才、举贤任能之意。赵翼指出：“汉时取士无考试之法，皆令郡国守相荐举，故谓之举人。”① 东汉章帝建初元年诏曰：“前世举人贡士或起畎亩。”举人之名始见于此。汉时举人名目甚多，如贤良、方正、文学、有道、直言极谏、茂材异等、明阴阳、明兵法、能治狱、有行义之类，皆郡国所举，而孝廉特其一途耳。今专以此为举人之称，盖孝廉乃每岁所常举，其他则随时诏举故。《魏书》、《辛雄传》等传也有这样的用法。唐代贡举考试，对于各地通过解送试而参加省试的人也称“举人”或“贡举人”。这既不是一种功名，也不是一种资格，而只是一种“应举的人”②。宋金元时代皆如此。从明代开始，“举人”才成为一种出身资格。明清时代俗称“举人”为“孝廉”，因为孝廉在汉代本为郡国所举。

贡士，原泛指古代地方向中央政府推荐人才。《礼记·射义》篇记载：“诸侯岁献贡士于天子。”汉代也称孝廉为贡士。如《后汉书》本传载左雄上书：“郡国孝廉，古之贡士。”范晔评论说：“汉初诏举贤良、方正，州郡察孝

---

① （清）赵翼撰，曹光甫校点：《陔馀丛考》卷二八《举人》，第529页。

② 李茂肃主编：《科举文化辞典》，第49页。

廉、秀才，斯亦贡士之方也。”隋唐时期，称举子为贡士。宋代，以州（府）、县科举考试中试者称乡贡士。明清时期，会试中试者统称贡士。

甲科、乙科。汉代出现的以经术为内容的选士考试方法，西汉时射策分甲、乙、丙三科，东汉只分甲、乙两科。一般应用于太学诸生的考试，选补博士以及明经、察举的考试。如《汉书·萧望之传》记载：“望之以射策甲科为郎。”魏晋南北朝时孝廉、明经等选士科目的经术考试仍称“射策”，但也常称“对策”，两者已不甚区分。唐代明经有甲、乙、丙、丁三科，进士有甲、乙两科。

“高第”，经过考核，成绩优秀，名列前茅。《史记·儒林列传》载：“一岁皆辄试，能通一艺以上，补文学掌故缺；其高第可以为郎中者，太常籍奏。”亦指官吏的考绩优等。科举时代，常指科举中式。

其四，与科举考试活动相关名词的起源。

这类科举名词有考试、诏策、策问、对策、射策、公车等，也可溯至汉代察举选士活动。这些名词的使用，见证了科举与察举在语言文化上有着密切的渊源关系。

“考试”一词，是由“考”与“试”二字组合而来。单个字“考”、“试”最早见于《尚书》：“试可乃已”；“试不可用”；“敷奏以言，明试以功”；“三载考绩，三考黜陟幽明。”西汉时期，董仲舒在《春秋繁露·考功名》开始将“考试”二词连用。《东观汉记·吴良传》亦记载：“萧何举韩信，设坛即拜，不复考试。”钱穆曾论及考试两字的原始意义及其在后世的演变，指出：“考指的是考绩，试指的是试用。远在战国晚年，已有一大批中国古代的乌托邦主义者，在提倡选贤与能，在提倡考课与铨叙，其用意在规定一项政府用人之客观标准。汉代选举制度即由此提倡而来。唐代的科举，其实还是由汉代的选举制演变，而我们此刻则称之为考试制。”①

策问是察举选士的一种重要方法，最早是汉文帝前元十五年（前165）用于选拔贤良能直言极谏者。这“是我国考试制度之始”②。从考试形式上看，策问分为对策、射策两种。前者是以经义或政事等设问，将问题写在简策上，要求应举者解答的一种考试方式；后者是类似抽签考试的一种考试方

① 钱穆：《中国历代政治得失》，第51页。
② 李茂肃主编：《科举文化辞典》，第6页。

式。南朝文学理论家刘勰认为："夫对策者，应诏而陈政也。射策者，操事而献策，言中圣准，譬射侯中的。"[①] 邓嗣禹指出："盖射策者，有《礼记》乡射之遗风"；"大约行之于西汉，渐废于东汉"。[②] 汉代以降，策试考试方式，"在汉唐间策试秀才孝廉、唐宋时制科策试、明清时殿试对策中广泛使用，存在时间长达2000多年"[③]。随着"策问"形式的定型化，后世把它看成一种文体。南朝梁萧统《文选》称之为"文"。"对策"也被作为一种文体，简称"策"。

"公车"一词，原为汉代官署名，属卫尉寺的下属机构。设公车令，掌管宫殿司马门的警卫，并受理臣民上书及征召事宜。如《汉书·成帝纪》诏曰："举贤良方正能直言极谏之士，诣公车，朕将览焉。"因汉代以公家车马递送应举的人，明清时期遂以"公车"作为应试举人的代称。

此外，与科举习俗相关的名词，也有源于先秦或察举时代。《新唐书·选举志上》记载：每岁仲冬，"试已，长吏以乡饮酒礼，会属僚，设宾主，陈俎豆，备管弦，牲用少牢，歌《鹿鸣》之诗"。这一礼俗就是从先秦选士乡饮酒礼演化而来。

南北朝时期，除了承袭汉魏察举科目、名词之外，开始出现后世科举考试的一些名词术语，或将传统名词的词意加以转换，赋予新意。

如"甲第"一词，十六国时期后秦用以指称选官最高等级。史载，晋河间王子国璠、章武王子叔道从南朝投奔后秦，姚兴嘉封二人官职，"赐以甲第"[④]。这是选官中第一等。其含义与科举考试的"甲第"基本一致。对比唐制，凡进士，试时务策五道、帖一大经，经策全通者为"甲第"。策通四、帖过四以上为"乙第"。后代沿用甲第指称科举考试中的最高一等。[⑤]

再如梁时出现"甲科"之名，已具新意。史载，萧孝俨，"射策甲科，除秘书郎"[⑥]。萧大临入国学，"明经射策甲科，拜中书侍郎"[⑦]。《梁书·武帝纪中》天监八年（509）五月诏曰："朕思阐治纲，每敦儒术，轼闾辟馆，造次

① （南朝梁）刘勰：《文心雕龙·议对第二十四》，第247页。

② 邓嗣禹：《中国考试制度史》，第25页。

③ 刘海峰、李兵：《中国科举史》，第37页。

④ 《晋书》卷一一八《载记·姚兴下》，第2993页。

⑤ 杨学为主编：《中国考试大辞典》，第90页。

⑥ 《梁书》卷二三《长沙嗣王业传》，第361页。

⑦ 《梁书》卷四四《萧大临传》，第615页。

以之。故负帙成风，甲科间出，方当置诸周行，饰以青紫。其有能通一经，始末无倦者，策实之后，选可量加叙录。虽复牛监羊肆，寒品后门，并随才试吏，勿有遗隔。”有学者评论说：“明经、甲科之称，汉虽有之，但在九品中正制下，湮没无闻。”梁朝察举“无膏粱寒素之别”，以“明经射策甲科”作为国子学生入仕的路径，与汉朝所谓明经、甲科不同，是真正明经书，而与唐朝科举制下“明经”一科，则无多少区别。“可以说，科举制在梁朝已经萌芽了。”①

三、策试制度的发展

如前所述，策试作为察举选士的重要途径，是中国乃至世界考试史最早的书面考试。汉代以来，察举选士沿用策试方法，其考试程序大致为：皇帝下诏规定选拔的人才及策试的题目，举荐人举荐，皇帝亲自策问，最终授官。汉代策试的动因主要有两个方面：一是就国家急需解决的重大事项，征询应举人的对策建议，借以选拔人才和解决问题；二是遇到一些灾异现象，皇帝自我反省，通过诏举人才，减轻或消除上天的惩罚。如邓嗣禹所统计，两汉取士共56次，其中“因灾异而举者三十次，所谓取士动机，多因日食地震而发者是也”②。无论是举秀才、孝廉，还是举贤良、文学、方正、明兵法等科目，都具有解决难题、追求功用的动机。

这种策试选士方式存在许多不确定的因素，其实施环节、考试内容等需要进一步规范与完善。从考试时间上看，察举策试往往因皇帝的主观愿望或现实政治问题，才会下诏策试。从选举名称上看，名目繁多，各具差异，而且时常变化，举废无常，大多依据皇帝个人兴趣。从策试内容上看，前期察举（西汉）多为一些国家重大事务或急需解决的问题，后期察举（东汉、魏晋）重心逐渐转移到对灾异现象的解释与自己政治得失的思考。此外，策试所覆盖范围有限。皇帝下诏策试，主要面向中央或地方高官，督促其举荐人才，而这些人所关注的范围有限，只能是一些当时有声望之人。其他具有真才实学的人被排除于举士范围。这是与后世科举考试不可同日而语的。

① 万绳楠：《魏晋南北朝文化史》，第55页。
② 邓嗣禹：《中国考试制度史》，第25页。

尽管策试选士存在上述不足，但它在中国选官发展史上产生了重大影响。策试作为鉴定人才的通用方式，有助于统治者正确决策与选拔才学之士。在皇帝策试动机之中，咨询国家政务占据很大比重，而被荐举并被授予高官的士子，多由于所提见解符合皇帝要求，这既为皇帝解决了难题，也使得其决策相对正确，有助于改善社会政治，维护其统治。另外，察举时代，策试确实选拔了一批有用之才，成为治国之能臣。

采用考试形式选拔治国人才，在很大程度上是由中国文化发展特点所决定的。在中国传统社会里，儒家文化占主导地位。它崇尚宗法伦理，重视人际关系的调和，主张“选贤与能，讲信修睦”①，以实现齐家治国平天下的政治理想。“两汉以来的察举制实践表明，仅仅依靠推荐的形式选拔封建统治人才，难以克服名与实、任人唯贤与任人唯亲、家与国、中央与地方的矛盾。这就促使人们逐渐重视考试在人才选拔中的特殊作用。”② 魏晋南北朝时期，随着九品中正制弊端的加剧，策试的重要性及其在选士中的地位不断发展。

从汉代的察举征辟制中的策试到魏晋时期的九品中正制，士族对官员选拔的操纵达到顶点，而官员选拔中的各种弊端也由此而愈演愈烈。九品中正制至梁初被废除后，代之而起的是天鉴四年制定的九流常选，“无膏粱寒素之别”，不通一经，不得为官。梁武帝反对九品中正制度下的乡举里选；他制九流常选，不再设中正掌握，而以州望、郡宗、乡豪代之。

日本学者指出：“北魏以来，当局在努力完善贵族制度的同时，也出现了强化指导思想全然不同的考试制度，用客观根据黜陟人事的倾向，需要引起注意。前面曾经介绍过，在东魏高欢统治期间，曾经用考试选拔尚书省右丞。”此外，《北齐书》卷四五《樊逊传》还记载：“八年，诏尚书开东西二省官选，所司策问，逊为当时第一。”表明举办考试选拔中书（集书?）门下二省的官员。随着考试制度的推广，旧的贵族制度逐渐崩溃。③

南北朝后期，随着士族势力的衰落，以皇权为中心的大一统官僚政治的复兴，察举考试制度得到进一步的强化。“北朝的秀孝之选，形成了秀才试

① （汉）郑玄注，（唐）孔颖达等正义：《礼记正义》卷六〇《礼运》，载《十三经注疏》（下），第1414页。

② 张亚群：《科举学的文化视角》，《厦门大学学报》（哲学社会科学版）2002年第6期。

③ ［日］宫崎市定著：《九品官人法研究——科举前史》，韩昇、刘建英译，第297—298页。

文、孝廉试经的考试格局及严格的考试等第评定，出现黜落之法，使得秀孝考试成绩竞争化了，致使察举秀孝日渐向着一种以考试为中心的取士制度演变。”① 唐代科举考试中的明经试经术、进士试文辞就是渊源于此。察举考试所实行的策问、口对等考试方法也为科举考试所继承与发展。察举制下的乡举里选则成为科举“乡贡”的来源。②

四、考试选才范围的扩大

南北朝时期，科举考试制度的萌芽，还突出表现在应举者报考选择性的增加及选官考试范围的扩大。阎步克认为，“王朝设科而士人自由投考，这就是科举与察举的根本区别”。科举与察举的重要区别之一在于，读书人可“怀牒自进”，自行应举，不需地方官府荐举。与世卿世禄制、察举制相比，科举制打破血缘关系、门第、财产和特权等先赋因素的限制，主要以个人才学作为取舍标准，注重后天学习的作用，更具有客观性和平等特征。“自荐制意味着自由竞争，汉代的秀孝制度是随后兴起的贵族式选举的前奏。”③

南北朝时期，出现自由投考制度的萌芽。在南朝，这表现在梁代允许自学士人申请参加“明经”科策试之上。在北朝表现为士人“求举秀才”而刺史推荐。此外，自北齐始，孝廉可由郡学生徒学官“推择充举”，这种方式也是前所未闻的，颇有自由投考意味。④

历来察举均需先经州、郡长官推荐，而至北朝后期却出现了自愿报考的萌芽，这对有才学的寒人的仕进，无疑十分有利。在这一方面，前面提到的樊逊，即为典型事例。他出身寒人，门族寒陋，但因为学富才高，曾多次被州举为秀才，证明当时察举确已容纳寒人。可是大概由于其他环节还存在着门第歧视，所以尽管对策高第，取得出仕资格，仍然长期得不到吏部铨叙实官，只能凭此资格辗转官府中承担一些临时杂务。幸亏有了东西二省官的更选，使他摆脱了困境，被用为流内官——员外将军。官位虽不高，但这种考试制度，同样有利于寒人仕进，却是可以肯定的。

① 刘虹：《中国选士制度史》，第116页。

② 张亚群：《从中国传统文化演进看科举考试的起源》，载教育部考试中心编《中国考试史专题论文集》，第578页。

③ ［日］宫崎市定著：《九品官人法研究——科举前史》，韩昇、刘建英译，第349页。

④ 阎步克：《察举制度变迁史稿》，第299页。

北朝后期孝廉、秀才已容纳寒人。“这种情况大概始于魏末，而盛于北齐。至于北周则根本选无清浊。”① 史载：“诸郡俱得察孝廉，其博士、助教及游学之徒通经者，推择充举。射策十条，通八以上，听九品出身，其尤异者亦蒙抽擢。”准许怀牒自试，也起于北齐。② 一些出身寒门的秀才，于史有征。

李铉，九岁入学。家素贫苦，常春夏务农，冬乃入学。年三十六，丁父丧。服阕，以乡里寡文籍，来游京师，读所未见书。“州举秀才，除太学博士。”③

刘昼，“少孤贫，爱学，负笈从师，伏膺无倦”。北齐武成帝河清初，还冀州，“举秀才入京，考策不第。乃恨不学属文，方复缉缀辞藻，言甚古拙”。制一首赋，以“六合”为名，自谓绝伦，吟讽不辍。乃叹曰：“儒者劳而少功，见于斯矣。我读儒书二十余年而达策不第，始学作文，便得如是。”曾以此赋呈魏收，魏收谓人曰：“赋名六合，其愚已甚，及见其赋，又愚于名。”④

樊逊，河东北猗氏人，祖、父并无官宦。东魏时，崔暹推荐他出任大司马、襄城王元旭府傣佳行将军，樊逊表示：“家无荫第，不敢当此。”孝静帝武定七年（549），梁州刺史刘杀鬼以逊兼录事参军，仍举秀才。“尚书案旧令，下州三载一举秀才，为（武定）五年已贡开封人郑祖献，计至此年未合。”北齐文宣帝天保元年（550），本周复诏举秀才。梁州重表举逊为秀才，五年正月制诏，逊对策。尚书擢第，以逊为当时第一。天保七年（556），诏令校订群书，以供皇太子。樊逊与冀州秀才高乾和，瀛洲秀才马敬德、许散愁、韩同宝，洛州秀才傅怀德，怀州秀才古道子，广平郡孝廉李汉子，渤海郡孝廉鲍长暄，阳平郡孝廉景孙等 11 人，被尚书召共刊定。次年，“诏尚书开东西二省官选，所司策问，逊为当时第一。左仆射杨愔辟逊为其府佐。逊辞曰：‘门族寒陋，访第必不成，乞补员外司马督。’愔曰：‘才高不依常例。’特奏用之。”⑤

马敬德，“河间郡王每于教学追之，将举为孝廉，固辞不就。乃诣州求举

① 唐长孺：《魏晋南北朝史论丛续编》，第 130 页。
② 《北齐书》卷四四《儒林传序》，第 583 页。
③ 《北齐书》卷四四《儒林传・李铉》，第 584—585 页。
④ 《北齐书》卷四四《儒林传・刘昼》，第 589 页。
⑤ 《北齐书》卷四五《文苑传・樊逊》，第 614 页。

秀才，举秀才例取文士，州将以其纯儒，无意推荐。敬德请试方略，乃策问之，所答五条，皆有文理。乃欣然奉送至京。依秀才策问，唯得中第，乃请试经业，问十条并通。授国子助教，迁太学博士”。北齐后主高纬天统初，除国子博士。①

《北史·儒林传》中，许多士人的家世都不是名门望族，而是以勤学致仕的。《魏书·高祖孝文帝纪》太和十五年（491）八月：“诏诸州举秀才，先尽才学。”马敬德自求举秀才，而州刺史在对他进行预考之后予以推荐。显示了此后考试制度的方向，是值得注意的事实。它表明秀才考试的难度逐渐增大，州刺史因为要担当责任，故轻易不肯推荐，须待到有了自愿者才予以举送。② 这里值得注意的是，秀才与孝廉两科的界限已经分科考试选拔了；马敬德在州里“请试方略”，到京城“请试经业”，都得到了举办者的同意，表明其时已可以怀牒自试。这是唐朝科举考试制度的萌芽。③

察举制在其漫长而复杂的发展进程之中，已经积累了以下几个变化：察举的中心环节，已经由举荐转移到考试上来；察举的标准已由兼及孝悌、吏能，变成了以文化知识检验为主；长官的举荐权力，已经变成了搜罗文人以应试的责任；考试程式在不断严密化、规范化；从南朝自学者申请明经策试之制与北朝士人自求秀才之行中，孕育出了自由投考之萌芽；从晋之“白衣”赴太学试经，到南朝之明经举自国学，北齐郡学“推择”孝廉，以及隋代州县学校“宾贡”学士的发展之中，学校与察举之结合日益紧密，入仕、铨选与考课的区别分化日益清晰。④

南朝考试程式的严密化，“以文取人”原则的强化，秀孝与举主关系的疏远，以及自由投考制度的萌芽，确实都构成了察举、学校制向科举制发展的中间环节。尽管这一转变在南朝还没有并且也不可能完成，但这仍然为科举制度的诞生，提供了必要的条件与基础。⑤

综上所论，南北朝后期，在庶族寒人势力的推动下，伴随南北政治格局的大变革和隋王朝统一全国，一种以考试为主要选士方式、以进士科创立为

① 《北齐书》卷四四《儒林传·马敬德》，第590页。

② ［日］宫崎市定著：《九品官人法研究——科举前史》，韩昇、刘建英译，第296页。

③ 罗宏曾：《魏晋南北朝文化史》，第89页。

④ 阎步克：《察举制度变迁史稿》，第299页。

⑤ 阎步克：《察举制度变迁史稿》，第248页。

标志的新的取士制度逐渐建立起来。这就是对中国和世界历史产生深远影响的科举选士制度。科举制改变了魏晋南北朝以来选官重门第族望、贵族把持用人权的局面。人才选举注重真才实学，从而在制度层面打破了“上品无寒门，下品无世族”的传统，促进了社会阶层的流动，也扩大了封建王朝统治的政治基础。

参考文献

一、古籍

《十三经注疏》，上海世纪出版股份有限公司、上海古籍出版社 1997 年版。

《四书集注》，（宋）朱熹集注，岳麓书社 1985 年版。

《史记》，（汉）司马迁撰，中华书局 1959 年版。

《汉书》，（汉）班固撰，中华书局 1962 年版；岳麓书社 1993 年版。

《后汉书》，（南朝宋）范晔撰，岳麓书社 1994 年版；中华书局 1965 年版、2011 年版。

《三国志》，（晋）陈寿撰，中华书局 2011 年版。

《晋书》，（唐）房玄龄等撰，中华书局 1986 年版。

《宋书》，（南朝梁）沈约撰，中华书局 2011 年版。

《南齐书》，（南朝梁）萧子显撰，中华书局 2011 年版。

《梁书》，（唐）姚思廉撰，中华书局 2011 年版。

《陈书》，（唐）姚思廉撰，中华书局 2011 年版。

《魏书》，（北齐）魏收撰，中华书局 2011 年版。

《北齐书》，（唐）李百药撰，中华书局 2011 年版。

《周书》，（唐）令狐德棻等撰，中华书局 2011 年版。

《南史》，（唐）李延寿撰，中华书局 2011 年版。

《北史》，（唐）李延寿撰，中华书局 2011 年版。

《隋书》，（唐）魏徵等撰，中华书局 2011 年版。

《新唐书》，（宋）欧阳修、宋祁撰，中华书局 2011 年版。

《十六国春秋辑补》，（北魏）崔鸿撰，（清）汤球辑补，中华书局 2020 年版。

《资治通鉴》，（宋）司马光编撰，（元）胡三省音注，上海古籍出版社 1987 年版。

《战国策》，（汉）刘向撰，辽宁教育出版社 1997 年版。

《东汉会要》，（宋）徐天麟撰，上海古籍出版社 2006 年版。

《唐六典》，（唐）李林甫等撰，陈仲夫点校，中华书局 2014 年版。

《通典》,（唐）杜佑撰，中华书局 1984 年版。

《文献通考》,（元）马端临撰，中华书局 2011 年版。

《明本史通》,（唐）刘知幾撰，国家图书馆出版社 2019 年版。

《廿二史札记》,（清）赵翼撰，辽宁教育出版社 2000 年版。

《陔馀丛考》,（清）赵翼撰，曹光甫校点，上海古籍出版社 2011 年版。

《孟子译注》,（战国）孟轲撰，杨伯峻译注，中华书局 1960 年版。

《荀子集解》,（战国）荀况撰，（清）王先谦集解，中华书局 1988 年版。

《孔丛子》,（秦）孔鲋撰，上海古籍出版社 1990 年版。

《春秋繁露》,（汉）董仲舒撰，陈蒲清校注，岳麓书社 1997 年版。

《经学历史》,（清）皮锡瑞撰，上海书店 1996 年版。

《墨子》,（战国）墨翟撰，（清）毕沅校注，上海古籍出版社 1995 年版。

《老子著译及评介》，陈鼓应撰，中华书局 1984 年版。

《庄子集解・庄子集解内篇补正》,（战国）庄周撰，（清）王先谦撰，刘武撰，中华书局 1987 年版。

《淮南鸿烈集解》,（汉）刘安等撰，刘文典集解，中华书局 2013 年版。

《白话管子》,（春秋）管仲撰，张玉良、赵世超等译，三秦出版社 1998 年版。

《商君书全译》,（战国）商鞅撰，张觉译注，贵州人民出版社 1993 年版。

《韩非子集解》,（战国）韩非子撰，（清）王先慎集解，中华书局 2013 年版。

《慎子 附逸文》,（战国）慎到撰，钱熙祚校，中华书局 1985 年版。

《隶释隶续》,（宋）洪适撰，中华书局 1985 年版。

《吕氏春秋集释》,（战国）吕不韦等著，许维遹集释，中华书局 2016 年版。

《颜氏家训集解》（增补本）,（北齐）颜之推撰，王利器集解，中华书局 1993 年版。

《日知录》,（清）顾炎武撰，上海古籍出版社 2012 年版。

《论衡》,（汉）王充撰，岳麓书社 1991 年版。

《潜夫论》,（汉）王符撰，上海古籍出版社 1978 年版。

《北堂书钞》,（唐）虞世南撰，文海出版社 1978 年版。

《册府元龟》,（宋）王钦若等撰，中华书局 1989 年版。

《说苑疏证》,（汉）刘向撰，赵善诒疏证，华东师范大学出版社 1985 年版。

《世说新语校笺》,（南朝宋）刘义庆撰，徐震堮校笺，中华书局 1984 年版。

《唐摭言》,（五代）王定保撰，上海古籍出版社 2012 年版。

《人物志》,（三国）刘劭撰，中州古籍出版社 2007 年版。

《抱朴子外篇校笺》,（晋）葛洪撰，杨明照校笺，中华书局 1991 年版。

《诸葛亮集》,（三国）诸葛亮著，中华书局 2014 年版。

《嵇康集校注》，（三国）嵇康著，戴明扬校注，人民文学出版社 1962 年版。

《谢宣城集校注》，（南朝齐）谢朓撰，曹融南校注集说，上海古籍出版社 1991 年版。

《观堂集林》，王国维撰，中华书局 1959 年版。

《文心雕龙》，（南朝梁）刘勰撰，中州古籍出版社 2008 年版。

《诗品》，（南朝梁）钟嵘撰，中华书局 1991 年版。

《文选》，（南朝梁）萧统编，（唐）李善注，中华书局 1977 年版。

《先秦汉魏晋南北朝诗》，逯钦立编，中华书局 1983 年版。

《全唐诗》，（清）彭定球等编，中华书局 1960 年版。

《三苏全书》，曾枣庄、舒大刚编，语文出版社 2001 年版。

《四库全书总目》，（清）永瑢、纪昀主编，中华书局 1965 年版。

《金石萃编》，（清）王昶辑，中国书店 1985 年版。

《学海类编》，（清）曹溶编，广陵书社 2007 年版。

《制艺丛话·试律丛话》，（清）梁章钜撰，上海书店出版社 2001 年版。

《续修四库全书》，《续修四库全书》编纂委员会编，上海古籍出版社 1996 年版。

《中国考试史文献集成》第一卷（先秦至南北朝），杨学为总主编，张海鹏主编，高等教育出版社 2003 年版。

二、著作

爱新觉罗·毓鋆讲述，陈絅整理：《毓老师说人物志》，中信出版社 2016 年版。

［美］安乐哲、罗思文：《〈论语〉的哲学诠释：比较哲学的领域》，余瑾译，中国社会科学出版社 2003 年版。

陈寅恪：《隋唐制度渊源略论稿》，生活·读书·新知三联书店 1954 年版。

陈寅恪：《金明馆丛稿初编》，上海古籍出版社 1980 年版。

辞海编辑委员会编纂：《辞海》第六版，上海辞书出版社 2009 年版。

邓嗣禹：《中国考试制度史》，吉林出版集团有限责任公司 2011 年版。

范文澜：《中国通史简编》（修订本）第二编，人民出版社 1958 年版。

［美］菲利普·巴格比著：《文化：历史的投影——比较文明研究》，夏克等译，上海人民出版社 1987 年版。

高文：《汉碑集释》，河南大学出版社 1985 年版。

［日］宫崎市定著：《九品官人法研究——科举前史》，韩昇、刘建英译，中华书局 2008 年版。

顾明远主编：《教育大辞典》，上海教育出版社 1998 年版。

韩国磐：《隋唐五代史论集》，生活·读书·新知三联书店1979年版。

何怀宏：《选举社会及其终结：秦汉至晚清历史的一种社会学阐释》，生活·读书·新知三联书店1998年版。

胡美琦：《中国教育史》，三民书局1978年版。

黄留珠：《秦汉仕进制度》，西北大学出版社1985年版。

翦伯赞：《中国史纲要》，人民出版社1979年版。

教育部考试中心编：《中国考试史专题论文集》，高等教育出版社1999年版。

［新加坡］李光耀：《李光耀40年政论选》，现代出版社1994年版。

李国钧、王炳照总主编，俞启定、施克灿著：《中国教育制度通史》第一卷，山东教育出版社2000年版。

李国钧、王炳照总主编，宋大川、王建军著：《中国教育制度通史》第二卷，山东教育出版社2000年版。

李弘祺：《卷里营营：历史、教育与文化演讲集》，允晨文化实业股份有限公司2012年版。

李茂肃主编：《科举文化辞典》，明天出版社1998年版。

李双璧：《入仕之途——中外选官制度比较研究》，贵州人民出版社2000年版。

刘固盛等编：《葛洪研究论集》，华中师范大学出版社2006年版。

刘海峰：《科举考试的教育视角》，湖北教育出版社1996年版。

刘海峰：《科举制与“科举学”》，贵州教育出版社2004年版。

刘海峰：《科举学导论》，华中师范大学出版社2005年版。

刘海峰、李兵：《中国科举史》，东方出版中心2004年版。

刘虹：《中国选士制度史》，湖南教育出版社1992年版。

刘师培：《中国中古文学史讲义》，人民文学出版社1957年版。

刘泽华：《先秦政治思想史》，南开大学出版社1984年版。

刘泽华：《先秦士人与社会》，天津人民出版社2004年版。

柳诒徵：《中国文化史》，中国大百科全书出版社1988年版。

罗宏曾：《魏晋南北朝文化史》，四川人民出版社1989年版。

［英］罗素著：《中国问题》，秦悦译，学林出版社1996年版。

毛汉光：《中国中古社会史论》，上海书店出版社2002年版。

毛礼锐、瞿菊农、邵鹤亭：《中国古代教育史》，人民教育出版社1983年版。

毛礼锐、沈灌群：《中国教育通史》，山东教育出版社2005年版。

钱穆：《中国文化史导论》，商务印书馆1994年版。

钱穆：《中国历代政治得失》，生活·读书·新知三联书店2001年版。

曲士培:《中国大学教育发展史》,山西教育出版社1993年版。

谭其骧:《长水粹编》,河北教育出版社2000年版。

唐长孺:《魏晋南北朝史论丛续编》,生活·读书·新知三联书店1959年版。

唐长孺:《魏晋南北朝史论丛》,商务印书馆2010年版。

唐长孺:《唐长孺文集》,中华书局2011年版。

汤用彤:《汤用彤学术论文集》,中华书局1983年版。

田余庆:《东晋门阀政治》,北京大学出版社1989年版。

田建荣:《中国考试思想史》,商务印书馆2004年版。

万绳楠:《魏晋南北朝文化史》,黄山书社1989年版。

万绳楠整理:《陈寅恪魏晋南北朝史讲演录》,知书房出版社2010年版。

王炳照、徐勇主编:《中国科举制度研究》,河北人民出版社2002年版。

熊明安:《中国高等教育史》,重庆出版社1988年版。

熊铁基:《汉唐文化史》,湖南出版社1992年版。

熊铁基、马良怀、刘韶军:《中国老学史》,福建人民出版社1995年版。

阎步克:《察举制度变迁史稿》,辽宁大学出版社1991年版。

杨宽:《西周史》,上海人民出版社2003年版。

杨宽:《战国史》,上海人民出版社2003年版。

杨世华主编:《葛洪研究二集》,华中师范大学出版社2008年版。

杨学为主编:《中国考试大辞典》,上海辞书出版社2006年版。

杨学为主编:《中国考试简史》,高等教育出版社2009年版。

喻本伐、熊贤君:《中国教育发展史》,华中师范大学出版社2011年版。

张承宗等主编:《六朝史》,江苏古籍出版社1991年版。

张岱年、汤一介等:《文化的冲突与融合》,北京大学出版社1997年版。

张亚群:《科举革废与近代中国高等教育的转型》,华中师范大学出版社2005年版。

翟国璋主编:《中国科举辞典》,江西教育出版社2006年版。

三、论文

安作璋:《汉代的选官制度》,《山东师范学院学报》(哲学社会科学版)1981年第1期。

蔡丹君:《乡里社会与十六国北朝文学的本土复兴》,《文学遗产》2017年第1期。

葛剑雄:《科举考试与人才》,《党建与人才》1994年第3期。

何忠礼:《科举制起源辨析——兼论进士科首创于唐》,《历史研究》1983年第2期。

胡发贵:《孔子与春秋执政卿》,《光明日报》2015 年 5 月 11 日。

胡启勇:《文化整合论》,《贵州民族学院学报》(哲学社会科学版)2002 年第 1 期。

金滢坤:《论唐五代科举考试与文字的关系》,《首都师范大学学报》(社会科学版)2007 年第 3 期。

劳榦:《汉代察举制度考》,载《历史语言研究所集刊》第 17 册,中华书局 1987 年版。

李军:《论葛洪的道教教育思想》,《世界宗教研究》1994 年第 1 期。

李远哲:《中国文化与教育》(下),《参考消息》1999 年 10 月 12 日。

林维平:《诸葛亮人才思想初探》,《湖湘论坛》1994 年第 5 期。

廖晓晴:《两汉"任子"问题之探讨》,《辽宁大学学报》(哲学社会科学版)1983 年第 5 期。

刘海峰:《"科举学"发凡》,《厦门大学学报》(哲学社会科学版)1994 年第 1 期。

刘海峰:《科举制——中国的"第五大发明"》,《探索与争鸣》1995 年第 8 期。

刘海峰:《"科举学"——21 世纪的显学》,载教育部考试中心编《中国考试史专题论文集》,高等教育出版社 1999 年版。

刘海峰:《"科举学"的世纪回顾》,《厦门大学学报》(哲学社会科学版)1999 年第 3 期。

刘海峰:《再论唐代秀才科的存废》,《历史研究》1999 年第 1 期。

刘海峰:《"科举学":一个广阔而专门的研究领域》,《厦门大学学报》(哲学社会科学版)1999 年第 4 期。

刘海峰:《科举制的起源与进士科的起始》,《历史研究》2000 年第 6 期。

刘海峰:《多学科视野中的科举制》,《厦门大学学报》(哲学社会科学版)2002 年第 6 期。

刘海峰:《"科举学":求解科举研究的最大值》,《河北师范大学学报》(教育科学版)2002 年第 3 期。

刘海峰:《"科举"含义与科举制的起始年份》,《厦门大学学报》(哲学社会科学版)2008 年第 5 期。

刘家和:《论汉代春秋公羊学的大一统思想》,《史学理论研究》1995 年第 2 期。

皮明勇、魏洛:《科举兴衰与中国军事的演变》,《战略与管理》1996 年第 5 期。

[日]平田昌司:《〈切韵〉与唐代功令——科举制度与汉语史第三》,载潘悟云主编《东方语言与文化》,东方出版中心 2002 年版。

齐思和:《战国宰相表》,《史学年报》1938 年第 5 期。

齐思和:《战国制度考》,《燕京学报》1938 年第 24 期。

钱穆:《略论魏晋南北朝学术文化与当时门第之关系》,载《中国学术思想史论丛》

第3册，生活·读书·新知三联书店2019年版。

申屠炉明：《夏商学制的几个问题考辨》，《江海学刊》2001年第5期。

施安昌：《关于〈干禄字书〉及其刻本》，《故宫博物院院刊》1980年第1期。

王香梅：《汉代察举人才地域分布探略》，江西师范大学2010年硕士学位论文。

武锋：《〈抱朴子外篇〉在历史上的影响》，《浙江海洋学院学报》（人文科学版）2008年第1期。

吴建华：《科举制下进士的社会功能》，《苏州大学学报》（哲学社会科学版）1995年第1期。

徐连达、楼劲：《汉唐科举异同论》，《历史研究》1990年第5期。

杨宽：《我国古代大学的特点及其起源——兼论教师称“师”和“夫子”的来历》，《学术月刊》1962年第8期。

叶舒宪：《再论文化概念的破学科效应》，《南方文坛》2002年第3期。

［日］伊藤伸著，赵声良译：《从中国书法史看敦煌汉文文书（一）》，《敦煌研究》1995年第3期。

［日］伊原弘：《作为社会性制度的教育与科举——从底层通向权力之路》，载台湾大学东亚文明研究中心编《东亚教育与考试传统的特色》，2003年（打印稿）。

袁景蒂：《我国科举研究文献回顾与展望——基于CiteSpace文献计量分析》，《教育与考试》2017年第5期。

张文利：《孔孟与宋代理学家人格理想之比较》，《文史哲》2003年第2期。

张希清：《科举制度的定义与起源申论》，《河南大学学报》（社会科学版）2007年第5期。

张亚群：《永嘉之乱后江左区域文化的拓展》，载董恩林、张国华主编《中国古代历史文化研究论集》，华中师范大学出版社2002年版。

张亚群：《论李光耀的精英主义高等教育观》，《上海高教研究》1998年第6期。

张亚群：《从中国传统文化演进看科举考试的起源》，载教育部考试中心编《中国考试史专题论文集》，高等教育出版社1999年版。

张亚群：《科举学的文化视角》，《厦门大学学报》（哲学社会科学版）2002年第6期。

张亚群：《也谈考试的“意志”问题》，《湖北招生考试》（理论版）2003年第Z1期。

张亚群：《从考“官”到考“学”——废科举后考试文化的变革与传承》，《书屋》2005年第1期。

张亚群：《科举文化：“科举学”研究的重要领域》，《集美大学学报》（教育科学版）2005年第1期。

张亚群：《科举评价：标准、视野与影响》，《中国地质大学学报》（社会科学版）

2005 年第 5 期。

张亚群:《漫议科举术语》,《中国考试》(研究版) 2006 年第 7 期。

张亚群:《科举考试的文化整合功能》,《探索与争鸣》2007 年第 12 期。

张亚群:《科举制下通识教育传统的演变及其启示》,《华中师范大学学报》(人文社会科学版) 2009 年第 4 期。

张亚群:《科举考试与汉字文化——兼析进士科一支独秀的原因》,《中国地质大学学报》(社会科学版) 2009 年第 6 期。

张亚群:《“物有本末,事有终始”: 论科举考试的文化渊源》,《河南大学学报》(社会科学版) 2017 年第 3 期。

张亚群、杨秋玄:《东亚科举停废的动因与教育影响——国际比较的视角》,《社会科学战线》2020 年第 3 期。

周国正:《孔子对君子与小人的界定——从〈论语〉“未有小人而仁者也”的解读说起》,《北京大学学报》(哲学社会科学版) 2011 年第 2 期。

祖慧、龚延明:《科举制定义再商榷》,《历史研究》2003 年第 6 期。

四、外文资料

Benjamin A. Elman, *A Cultural History of Civil Examinations in Late Imperial China* ,Berkeley and Los Angeles: University of California Press.

Dubs. Homer Hasenpflug, *The History of the Former Han Dynasty* , Vol. 1, Baltimore: Waverly Press, Inc. , 1938.

Franklin W. Hown, “The Civil Service Recruitment System of the Han Dynasty”, *The Tsing Hua Journal of Chinese Studies* , Vol. 1:1.

Hans Bielenstein, *The Bureaucracy of Han Times* , Cambridge University Press,1980.

Ping Wen Kuo, *The Chinese System of Public Education* ,New York City: Teachers College, Columbia University, 1915.

后　记

1998年5月，教育部考试中心在北京举办了“中国考试史专题研讨会”，以科举考试为中心议题，着重对科举考试的历史作用、科举与古代学校教育的关系、科举断代研究以及科举史研究的现代意义等问题进行了广泛而深入的探讨。教育部考试中心原主任杨学为研究员在会上作了精彩报告，深入解析了科举研究的目的和意义。“科举学”的首倡者刘海峰教授，从历史和学科的视角，论析20世纪国内学术界对科举评价的深刻变化，预言“科举学”将成为21世纪一门烁然可观的显学。①

20年过去了，在学术界众多同人的努力耕耘下，国内科举研究已取得了丰硕成果。不仅产生了大批科举研究专著和论文，而且创办了专门的学术期刊，科举学研究成果进入大学课堂。从论文来看，据统计分析②，1998—2016年间，在CSSCI期刊发表的科举研究论文中，2000年之后有关科举研究的文献数量逐年攀升；尤其是2007年后，学术界呈现科举研究的大潮，2007—2016年发文量占其间19年发文量的76%。在247名作者中，有核心作者（发文量≥5篇）43位，共发文360篇。其中，发文量最多的作者为刘海峰教授（41篇），其后依次为李兵（20篇）、祝尚书（17篇）、郭培贵（16篇）、张亚群（12篇）。在科举研究的核心机构中（发文量≥8篇），厦门大学教育研究院高居榜首（84篇）。这从一个侧面反映出，刘海峰教授等一批学者推动了科举研究的发展，厦门大学教育研究院成为科举学研究的重镇。

感谢《中国科举通史》主编刘海峰教授的邀约，我有幸参与本丛书分卷

---

① 刘海峰：《“科举学”：21世纪的显学》，载教育部考试中心编《中国考试史专题论文集》，第193—205页。

② 袁景蒂：《我国科举文献研究回顾与展望——基于CiteSpace文献计量分析》，《教育与考试》2017年第5期。

的撰写工作。这是科举学研究的一项大工程，它荟萃了科举研究的最新成果，必将推动科举学研究的深入发展和广泛传播。

本卷为“科举前史卷”，主要探究科举选士制度的起源及其初始形态。在撰写过程中，笔者参阅了大量文献资料，全面系统地搜集、整理学术界有关科举研究的成果。由于所研究的对象属于古代文化教育和社会政治史的范围，查找文献和分析论证需要付出更多的时间精力。几年来，笔者在教学科研之余，多线“作战”，其中甘苦，只有过来人才有深切体会。日积月累，终于完成了本书写作。

在本书撰写过程中，得到了刘海峰教授的鼓励以及人民出版社领导和责任编辑邵永忠先生的帮助。西安电子科技大学副教授李力博士、东莞理工学院曾华博士，为本书部分章节收集和整理资料，付出了辛勤劳动。曾华博士还帮助整理参考文献。许露博士生帮助录入了部分史料。在样稿校对中，博士生罗菊芳、周堃、庞瑶帮助核查了部分资料的原文及页码。对于诸位的帮助，在此谨致诚挚的谢意！

由于个人学术水平和时间所限，不足之处在所难免，尚祈同人不吝赐教。

张亚群

2020 年 12 月

项目统筹：蒋茂凝　陈鹏鸣
责任编辑：邵永忠　刘志江
封面设计：胡欣欣
责任校对：吕　飞

图书在版编目（CIP）数据

中国科学通史．科举前史卷 / 刘海峰 主编；张亚群 著．—北京：人民出版社，2020.12（2022.5 重印）

ISBN 978-7-01-023018-4

Ⅰ．①中…　Ⅱ．①刘…②张…　Ⅲ．①科举制度—历史—中国　Ⅳ．①D691.3

中国版本图书馆 CIP 数据核字（2020）第 266866 号

中国科举通史·科举前史卷

ZHONGGUO KEJU TONGSHI KEJUQIANSHI JUAN

刘海峰　主编　张亚群　著

人民出版社出版发行

（100706　北京市东城区隆福寺街 99 号）

北京新华印刷有限公司印刷　新华书店经销

2020 年 12 月第 1 版　2022 年 5 月北京第 2 次印刷

开本：710 毫米 ×1000 毫米　1/16　印张：24.25　字数：400 千字

ISBN 978-7-01-023018-4　定价：85.00 元

邮购地址　100706　北京市东城区隆福寺街 99 号

人民东方图书销售中心　电话（010）65250042　65289539